零壹融资租赁

主编 李思明 周巍
　　　高克勤 杨燕青
　　　柏 亮
主笔 赵慧利

中国融资租赁行业
2017年度报告

中国融资租赁三十人论坛
零壹融资租赁研究中心 ◎著

·北京·

图书在版编目(CIP)数据

中国融资租赁行业 2017 年度报告 / 中国融资租赁三十人论坛,零壹融资租赁研究中心 著.
北京:中国经济出版社,2018.3
ISBN 978-7-5136-5041-0

Ⅰ.①中… Ⅱ.①零… Ⅲ.①融资租赁—研究报告—中国—2017 Ⅳ.①F832.49

中国版本图书馆 CIP 数据核字(2018)第 009280 号

责任编辑　张梦初
责任印制　马小宾
封面设计　任燕飞

出版发行　**中国经济出版社**
印　刷　者　北京富泰印刷有限责任公司
经　销　者　各地新华书店
开　　　本　787mm×1092mm　1/16
印　　　张　25.5
字　　　数　500 千字
版　　　次　2018 年 3 月第 1 版
印　　　次　2018 年 3 月第 1 次
定　　　价　128.00 元

广告经营许可证　京西工商广字第 8179 号

中国经济出版社 网址 www.economyph.com 社址 北京市西城区百万庄北街 3 号 邮编 100037
本版图书如存在印装质量问题,请与本社发行中心联系调换(联系电话:010 - 68330607)

版权所有　盗版必究(举报电话:010 - 68355416　010 - 68319282)
国家版权局反盗版举报中心(举报电话:12390)　　服务热线:010 - 88386794

中国融资租赁三十人论坛（CFL30）理事名单

主　席
杨凯生　　中国工商银行原行长
学术委员会主席
李　扬　　国家金融与发展实验室理事长
常务理事（按姓氏拼音排序）
高克勤　　融资租赁三十人论坛（天津）研究院　　院长
李思明　　君创国际融资租赁有限公司　　董事长兼总裁
刘小勇　　海航国际（中国）有限公司　　副董事长
周健工　　第一财经传媒有限公司　　CEO
万　钧　　狮桥融资租赁（中国）有限公司　　董事长兼CEO
王佳林　　中国融资租赁企业协会　　副会长兼秘书长
杨燕青　　第一财经研究院　　院长
郑常美　　兴业金融租赁有限责任公司　　总裁
赵桂才　　工银金融租赁有限公司　　总裁
周　巍　　民生金融租赁股份有限公司　　董事长
理事（按姓氏拼音排序）
程东跃　　浙江大学融资租赁研究中心　　理事长
丛　林　　工银国际控股有限公司　　董事长兼行政总裁
丁化美　　天津金融资产交易所　　总经理
梁雪文　　山重融资租赁有限公司　　总经理
潘明忠　　光大金融租赁股份有限公司　　总裁
潘俊吉　　马尼托瓦克（中国）租赁有限公司　　董事总经理
秦　群　　中建投租赁有限责任公司　　总经理
施锦珊　　鑫桥联合融资租赁有限公司　　总裁
孙　红　　山东融世华租赁有限公司　　董事长
王　蓉　　中民投租赁集团　　董事长兼总裁
王石山　　民盛租赁有限公司　　董事长兼总经理

杨　钢	中国外商投资企业协会租赁业委员会	会长
俞雄伟	浙江汇金租赁股份有限公司	董事长兼总裁
曾北华	中集融资租赁有限公司	执行董事
赵宏伟	中航资本控股股份有限公司	总经理
张希荣	长城国兴金融租赁有限公司	总裁

外部理事

邓　英	邦银金融租赁股份有限公司	总裁
江　琴	原河南九鼎金融租赁股份有限公司	总裁
徐敏俊	河北省金融租赁有限公司	董事长
张国俊	中铁建金融租赁有限公司	副董事长、党委书记
郑斯雄	中盐（上海）融资租赁有限公司	总经理

外部理事

| 柏　亮 | 零壹财经 | CEO |

本书编写人员

主　　　　编：李思明　周　巍　高克勤　杨燕青　柏　亮

编委会成员[①]（按姓名拼音排序）：

　　　　　　柏　亮　程东跃　丛　林　邓　英　丁化美　高克勤
　　　　　　江　琴　李思明　梁雪文　刘小勇　潘俊吉　潘明忠
　　　　　　秦　群　施锦珊　孙　红　万　钧　王佳林　王　蓉
　　　　　　王石山　徐敏俊　杨　钢　杨燕青　俞雄伟　曾北华
　　　　　　张国俊　张希荣　赵桂才　赵宏伟　郑常美　郑斯雄
　　　　　　周健工　周　巍

主　　　　笔[②]：赵慧利

执 笔 团 队[③]：赵慧利　吴雪阳　毛彧之　李　梦　聂伟柱
　　　　　　康　茜　徐　粲

[①] 编委会成员简介：见上页"中国融资租赁三十人论坛（CFL30）理事名单"。
[②] 主笔简介：赵慧利，零壹财经合伙人、华中区域总监，零壹融资租赁研究中心总监。
[③] 执笔团队简介：吴雪阳、毛彧之、李梦，均为零壹融资租赁研究中心研究员；聂伟柱，中国融资租赁三十人论坛秘书长；康茜、徐粲，均为融资租赁三十人论坛（天津）研究院研究员。

前 言

回顾行业变化，分析行业现状，解读行业发展环境，解析行业热点与难点，洞见行业发展方向与发展趋势，是《中国融资租赁行业年度报告》系列书籍一直坚持的写作目标。

2017年是《中国融资租赁行业年度报告》出版的第四个年头，在延续往年书籍整体写作框架的基础之上，2017年的书籍新增了第6~8章三个章节——融资租赁ABS，租赁金融债、公司债发行情况，汽车融资租赁。

其他章节内容也发生了重大变化，写作重点从以往的梳理总结转化为业界提供更多实务参考价值上。第1章（行业概况）中的行业大事记，改变了以往呈现单个大事件的盘点方式，分类总结行业整体发展现状与趋势；第2章（法律）精选了与往年截然不同的全新焦点案例进行解析，并邀请行业专家对融资租赁强制执行公证、《预算法》对融资租赁行业的影响、采矿权抵押登记问题、融资租赁国际规范等专业问题进行分析解读；第3章（监管与政策）重点解读了上海、前海自贸区的融资租赁相关政策；第4章（税收）邀请行业资深从业者重点分析了"营改增"后融资租赁行业遗留的税收问题，以期相关部门能给予行业更明确、更适应行业发展特点的税收指引；第5章（上市融资租赁公司分析）首次盘点了融资租赁行业整体的上市情况，对比分析部分企业的财务数据，重点分析了3家代表性企业的财务报告；第9章（中国融资租赁三十人论坛理事访谈录）则是本书的最大亮点，20位行业领袖慷慨分享了他们的成功经验和对行业的深刻认识，对行业发展具有重大参考价值。

过往书籍中详细解读、分析过的相关内容，在本书中亦不再赘述，下面将往年书籍的主要内容简要呈现给大家，读者可根据自身关注重点选择购买：

2014年，在中国融资租赁行业快速发展及行业外部环境发生巨大改变的大背景下，我们推出了《中国融资租赁行业2014年度报告》，从整体上回顾了过去30多年中国融资租赁行业的整体发展情况，详细解读了支持行业发展的"四大支柱"——法律、监管、税收、会计及其演化,同时也对融资租赁行业目前关心的焦点问题之一——租赁资产的流通进行了分析,并通过行业领先公司的案例呈现当前多样化的创新和探索。

《中国融资租赁行业2015年度报告》着重阐述2014年中国融资租赁行业的发展特点及发展中面临的主要问题,各种外部环境发生的主要变化,并对行业当下关注的热点问题——法律问题、"营改增"税收问题、资产交易问题、跨境融资问题等做详细解读及分析,并通过行业领先公司案例呈现当前多样化的创新和探索,并邀请行业资深人士对行业发展中面临的各项问题建言献策。

《中国融资租赁行业2016年度报告》除了介绍2015年中国融资租赁行业的发展现状之外,还推出了中国首个融资租赁行业景气指数报告;法律方面邀请了十几位律师参与,对行业法制现状、案件发生与审理情况、典型案例与法律解析,以及行业典型法律问题——租赁物登记和农机租赁补贴问题进行了评析;监管部分着重解读了2015年出台的重要政策;税收部分重点解读全面营改增政策——财税〔2016〕36号文,并选取了直租和回租的案例进行分析;会计部分翻译了国际租赁会计准则(IFRS16)政策全文及影响分析,介绍了新准则下的业务影响、操作空间及应对思路;此外对"互联网+融资租赁"、融资租赁上市等问题也进行了探讨,呈现了17家公司的案例。

《中国融资租赁行业2017年度报告》写作框架如下:

第1章,行业概况。主要内容包括:2016年度中国融资租赁行业大事记,中国融资租赁行业景气指数报告(2016Q3—2017Q2),三类租赁公司2016年的运行情况分析,国际融资租赁行业发展概况。

第2章,法律。本章节归纳整理了融资租赁案件争议焦点,精选了2016年最具代表意义的11个案例进行解析,并对融资租赁强制执行公证、《预算法》对融资租赁行业的影响、采矿权抵押登记问题、融资租赁国际规范等专业问题进行分析解读,以期给业界提供实务参考。

第3章,监管与政策。回顾了2016年融资租赁监管政策的主要变化;从区域规划、业务领域、财税补贴、保税区、人才引进、跨境融资等多个角度对比呈现不同地区的融资租赁政策;重点解读了上海、前海自贸区融资租赁相关政策。

第4章,税收。回顾了2016年融资租赁行业税收政策的主要变化,邀请融资租赁行业财务人士分析呈现了营改增后融资租赁行业遗留的税收问题。

第5章,上市融资租赁公司财务分析。统计分析了融资租赁公司上市/挂牌的整体情况,对比分析了金融租赁公司及新三板挂牌融资租赁公司的财务数据,重点对融资租赁行业最具代表性的3家上市公司——国银租赁、远东宏信、渤海金控进行了财务分析。

第6章,融资租赁ABS。本章节梳理了租赁ABS发行的政策背景及发展历程,分类统计分析了租赁ABS的历史发行数据,总结其发展特点与存在的问题,重点呈现了部分典型案例。

第7章,租赁金融债、公司债发行情况。本章节梳理了租赁金融债和公司债的发展背景与发展历程,统计分析了2016年度租赁金融债、公司债的发行数据,总结分析了其发展特点与存在的问题。

第8章,汽车融资租赁。2016年被称为"中国汽车融资租赁元年",本章节梳理了中国汽车融资租赁的发展背景与发展现状,对比分析了汽车融资租赁的不同参与主体,并选取了回租、直租、汽车共享三种不同业务模式的典型公司案例供读者参考。

第9章,中国融资租赁三十人论坛理事访谈录。本章节收录了20位中国融资租赁三十人论坛理事的精彩撰稿与发言。20位行业领袖从行业发展模式、发展现状、发展方向、发展趋势、政策环境、涉足的各个业务领域等多个视角发表了真知灼见,相信能给业内带来诸多启发。

附录。包含金融租赁公司名录,内资试点融资租赁公司名录,融资租赁法律、监管、税收政策目录。

多名业内专家参与了本书的编写,他们分别是:北京市汇融律师事务所主任、律师张稚萍,律师贺欣、孟俐君、马长春、张立国、王勇、邹颖、李雪梅,律师助理崔晓晔,研究员张福广,实习律师李艳科、任立、王松;北京市中盛律师事务所律师郑乃全;马尼托瓦克(中国)租赁有限公司财务经理洪莉。在此表示感谢!

CONTENTS 目 录

第1章 行业概况 ... 1

1.1 2016年度中国融资租赁行业大事记 ... 3
- 1.1.1 各项政策利好融资租赁行业发展 ... 3
- 1.1.2 全面营改增售后回租被定性为贷款服务 ... 3
- 1.1.3 内资租赁公司审批权下放 ... 4
- 1.1.4 新版国际租赁会计准则正式颁布 ... 4
- 1.1.5 融资租赁行业风险排查,总体风险可控 ... 4
- 1.1.6 汽车融资租赁成为新蓝海 ... 5
- 1.1.7 全国金融租赁公司达56家,城商行扎堆建金租 ... 5
- 1.1.8 融资租赁公司"上市潮" ... 5
- 1.1.9 融资租赁ABS发行金额翻番 ... 6
- 1.1.10 租赁金融债、公司债发行规模飙升 ... 6

1.2 融资租赁行业景气指数 ... 7
- 1.2.1 2016年第三季度融资租赁行业景气指数报告 ... 8
- 1.2.2 2016年第四季度融资租赁行业景气指数报告 ... 11
- 1.2.3 2017年第一季度融资租赁行业景气指数报告 ... 16
- 1.2.4 2017年第二季度融资租赁行业景气指数报告 ... 20
- 1.2.5 2016Q1—2017Q2融资租赁行业景气指数与信心指数走势 ... 25

1.3 商务部《中国融资租赁业发展报告(2016—2017)》 ... 26
- 1.3.1 总体情况 ... 26
- 1.3.2 发展特征 ... 29
- 1.3.3 趋势展望 ... 34

1.4 2016年金融租赁公司运行情况分析 ... 36
- 1.4.1 注册情况分析 ... 36

  1.4.2 业务布局分析 …………………………………………… 38
  1.4.3 股东背景分析 …………………………………………… 39
 1.5 国际融资租赁行业发展概况 ………………………………………… 41
  1.5.1 世界租赁发展概述 ……………………………………… 41
  1.5.2 世界租赁市场主体发展概况：北美洲、欧洲、亚洲 ………… 42
  1.5.3 其他区域发展概况：南美洲、非洲、澳大利亚和新西兰 …… 45
  1.5.4 各国/地区租赁投资渗透率 ……………………………… 45

第2章 法 律 ……………………………………………………………… 53

 2.1 2016年融资租赁案件争议焦点解析 ………………………………… 55
 2.2 2016年融资租赁纠纷典型案例解析 ………………………………… 58
  2.2.1 案例1：售后回租业务中，国有企业作为承租人转让租赁物是否需要履行国有资产转让程序 ……………………………… 58
  2.2.2 案例2：事业单位未按《政府采购法》采用招标方式采购货物时融资租赁合同和购买合同的效力 ……………………………… 64
  2.2.3 案例3：事业单位担保的法律效力 ……………………… 68
  2.2.4 案例4：船舶碰撞损害责任纠纷中，出租人是否承担损害赔偿责任 …………………………………………………………… 75
  2.2.5 案例5：船舶融资租赁中承租人经营船舶产生债务，海事请求人能否在船舶拍卖款项中受偿 ………………………………… 80
  2.2.6 案例6：船员对租赁船舶的优先权 ……………………… 85
  2.2.7 案例7：出租人对授权承租人设定抵押权的租赁物是否有优先受偿权 …………………………………………………………… 90
  2.2.8 案例8：机动车登记在承租人名下是否影响出租人所有权 …… 96
  2.2.9 案例9：租赁物灭失的风险由谁承担 …………………… 100
  2.2.10 案例10：自力取回租赁物的法律分析 ………………… 105
  2.2.11 案例11：银行账户中款项"占有即所有"原则的正确理解与适用 ……………………………………………………………… 113
 2.3 融资租赁强制执行公证实务问题解析 ……………………………… 119
 2.4 简析《预算法》第35条对融资租赁的影响 ………………………… 130
 2.5 依法行政，规范采矿权抵押登记 …………………………………… 137
 2.6 融资租赁国际规范 …………………………………………………… 141

第3章 监管与政策 ······ 149

3.1 2016年融资租赁监管环境主要变化与特点 ······ 151
3.2 各地区融资租赁政策综述 ······ 153
3.2.1 区域规划政策 ······ 153
3.2.2 业务领域政策 ······ 154
3.2.3 财税补贴政策 ······ 161
3.2.4 保税区政策 ······ 170
3.2.5 人才引进政策 ······ 172
3.2.6 跨境融资政策 ······ 173
3.2.7 其他政策 ······ 173
3.3 上海自贸区融资租赁相关政策 ······ 176
3.3.1 上海自贸区颁布的主要政策 ······ 177
3.3.2 上海自贸区融资租赁相关政策 ······ 180
3.4 前海自贸区融资租赁相关政策 ······ 184
3.4.1 前海自贸区颁布的主要政策 ······ 185
3.4.2 前海自贸区融资租赁相关政策 ······ 187

第4章 税 收 ······ 191

4.1 2016年融资租赁税收政策的主要变化 ······ 193
4.2 融资租赁"营改增"遗留问题 ······ 194

第5章 上市融资租赁公司财务分析 ······ 197

5.1 融资租赁公司上市/挂牌情况统计 ······ 199
5.1.1 融资租赁公司独立上市/挂牌情况 ······ 199
5.1.2 融资租赁公司控股/参股股东上市情况 ······ 199
5.2 金融租赁公司上市情况分析 ······ 204
5.2.1 母行/参股银行在A股上市的金融租赁公司财务数据分析 ······ 206
5.2.2 母行在H股上市的金融租赁公司财务数据分析 ······ 210
5.3 新三板挂牌融资租赁公司财务分析 ······ 211
5.4 代表性上市融资租赁公司财务分析 ······ 213
5.4.1 国银租赁财务分析 ······ 213
5.4.2 远东宏信财务分析 ······ 221
5.4.3 渤海金控财务分析 ······ 226

第 6 章 融资租赁 ABS ... 239

6.1 租赁 ABS 定义与分类 ... 241
6.2 租赁 ABS 政策背景及发展历程 ... 242
6.2.1 ABS 政策背景及发展历程 ... 242
6.2.2 租赁 ABS 政策背景及发展历程 ... 243
6.2.3 租赁信贷 ABS 政策背景及历史发展情况 ... 244
6.2.4 租赁企业 ABS 历史发展情况 ... 247
6.2.5 租赁 ABN 政策背景及历史发展情况 ... 249
6.3 2016 年租赁 ABS 发行情况分析 ... 252
6.3.1 2016 年租赁信贷 ABS 发行情况分析 ... 253
6.3.2 2016 年租赁企业 ABS 发行情况分析 ... 254
6.3.3 2016 年租赁 ABN 发行情况分析 ... 256
6.4 租赁 ABS 发展特点及存在的问题 ... 257
6.4.1 租赁 ABS 发展特点 ... 257
6.4.2 租赁 ABS 发展存在的问题 ... 258
6.5 典型案例 ... 259
6.5.1 2016 年度 ABS 发行量最大的租赁公司——远东租赁 ... 259
6.5.2 狮桥租赁 ABS 部分出表 ... 262
6.5.3 汽车租赁资产成 ABS 市场新宠 累计发行规模超过 200 亿元 ... 263

第 7 章 租赁金融债、公司债发行情况 ... 265

7.1 金融债 ... 267
7.1.1 概念和发展历程 ... 267
7.1.2 2016 年租赁金融债发行统计 ... 269
7.1.3 租赁金融债发行特点与存在的问题 ... 271
7.2 公司债 ... 272
7.2.1 概念、分类和发展历程 ... 272
7.2.2 2016 年租赁公司债发行统计 ... 274
7.2.3 租赁公司债发行特点与存在的问题 ... 276

第 8 章 汽车融资租赁 ... 277

8.1 汽车融资租赁发展背景及现状 ... 279
8.1.1 中国汽车融资租赁发展背景 ... 279

		8.1.2 中国汽车融资租赁行业发展现状	280
8.2	汽车融资租赁参与主体对比分析		281
8.3	代表性企业发展现状及商业模式分析		285
		8.3.1 回租为主——先锋太盟	285
		8.3.2 直租为主——花生好车	287

第9章 中国融资租赁三十人论坛理事访谈录 289

9.1	邓英：不忘初心 坚守原则 均衡发展 发挥优势——论中小金融租赁公司发展的关键	291
9.2	丁化美：开展租赁资产交易，促进租赁业发展	294
9.3	高克勤：新时期租赁行业的发展方向及实现环境	299
9.4	江琴：百亿、零不良率只是过去，现谋划"一高一基"	306
9.5	李思明：融资租赁＋创新思维	310
9.6	梁雪文：物联网时代的商用车智慧租赁——山重租赁商用车融资租赁的发展路径	313
9.7	潘明忠：梦想与现实 —— 中国飞机租赁行业未来展望	318
9.8	秦群：引进海外战略投资者的经验分享	321
9.9	万钧：展望起飞时期的中国汽车租赁业	323
9.10	王佳林：今后融资租赁业监管主基调是趋严趋紧	327
9.11	王蓉：把握新机遇 打造最具特色的中民投租赁集团	329
9.12	王石山：中资企业国际化三步走——产品、技术、金融服务	332
9.13	杨钢：中国租赁业发展展望	333
9.14	杨凯生：建设绿色融资体系，发展绿色金融	336
9.15	俞雄伟：浅析租赁资产组合管理	338
9.16	张国俊：融资融物服务国家顶层大战略 创新手段耕耘"一带一路"新市场	345
9.17	赵桂才：金融租赁推动实体经济发展	347
9.18	赵宏伟：飞机租赁业的崛起	352
9.19	郑常美：绿色租赁急需四方面差异化配套政策	354
9.20	周巍：紧抓"一带一路"三大机遇 未来十年租赁业仍处战略机遇期	358

附录 ······ 363

附录1　金融租赁公司名录 ······ 365
附录2　内资试点融资租赁公司名录 ······ 368
附录3　中国融资租赁法律政策目录 ······ 377
附录4　中国融资租赁监管政策目录 ······ 378
附录5　中国融资租赁税收政策名录 ······ 388

第 1 章

行业概况

1.1 2016年度中国融资租赁行业大事记

1.1.1 各项政策利好融资租赁行业发展

随着2015年8月《国务院办公厅关于加快融资租赁发展的指导意见》及《国务院关于促进金融租赁行业健康发展的指导意见》出台,全国各地均响应号召,先后有天津、吉林、山东、湖北等地发布促进融资租赁业发展的意见,从全行业角度促进了融资租赁以及金融租赁行业的加快发展。

2016年度针对融资租赁行业的各细分问题,提出政策支持,商务部公布了《外商投资企业设立及变更备案管理暂行办法(征求意见稿)》,对不涉及国家规定实施准入特别管理措施的外商投资企业的设立及变更实施备案管理;财政部、国家税务总局发布了《关于全面推开营业税改征增值税试点的通知》全面推开营业税改征增值税试点;财政部、海关总署、国家税务总局发布了《关于在全国开展融资租赁货物出口退税政策试点的通知》,在全国开展融资租赁货物出口退税政策试点;财政部、国家税务总局联合发布了《关于明确金融房地产开发教育辅助服务等增值税政策的通知》(财税〔2016〕140号),规定金融租赁公司发放贷款后以结息日起90天为节点,差别缴纳增值税;海关总署发布了《关于修订飞机经营性租赁审定完税价格的公告》来修订飞机经营性租赁完税价格。

1.1.2 全面营改增售后回租被定性为贷款服务

2013年12月12日,财政部、国家税务总局发布《关于将铁路运输和邮政业纳入营业税改征增值税试点的通知》(财税〔2013〕106号),将融资租赁行业纳入营改增试点,明确了融资租赁企业销售额,但于2016年3月23日下发的《关于全面推开营业税改征增值税试点的通知》(财税〔2016〕36号)中,将融资租赁行业增值税税率划为三种:不动产融资租赁按11%征收;有形动产融资租赁按17%征收;融资性售后回租视同贷款按6%征收。

36号文还延续了对增值税实际税负超过3%的部分实行增值税即征即退的政策;将融资租赁下游企业全部纳入营改增范围,完善了税收抵扣链条;明确了融资租赁公司实缴资本达 1.7 亿元的要求并制定了过渡期政策。

1.1.3　内资租赁公司审批权下放

2016 年 3 月,商务部、税务总局发布《关于天津等 4 个自由贸易试验区内资租赁企业从事融资租赁业务有关问题的通知》。文件称,自 2016 年 4 月 1 日起,商务部、税务总局将注册在自贸试验区内的内资租赁企业融资租赁业务试点确认工作委托给各自贸试验区所在的省、直辖市、计划单列市级商务主管部门和国家税务局。4 个自贸区分布在上海、广东、天津和福建。

零壹租赁统计,自内资试点融资租赁公司审批权限下放以来,自贸区内共有 14 家内资融资租赁试点企业获批。其中,天津自贸区为 12 家,上海自贸区为 1 家,广东自贸区 1 家。

1.1.4　新版国际租赁会计准则正式颁布

2018 年 1 月,国际会计准则委员会(IASB)颁布了新的租赁会计准则《国际财务报告准则第 16 号——租赁》(IFRS16),IFRS16 新准则将于 2019 年 1 月 1 日生效,届时将替换现行的《国际会计准则第 17 号——租赁》(IAS17)。按照财政部会计司 2010 年印发的《中国企业会计准则与国际财务报告准则持续趋同路线图》,我国企业会计准则将保持与国际财务报告准则的持续趋同,持续趋同的时间安排与 IASB 的进度保持同步,因此,我国租赁会计准则与 IFRS16 新准则的趋同也将在 2019 年之前完成。

IFRS16 新准则相对于 IAS17 准则变化较大,其指导原则在于要求承租人将租赁入表;而按照 IAS17 准则,承租人对于经营性租赁无须入表,仅在财务报表附注中披露即可。目前,租赁业务中,承租人按照经营性租赁进行会计确认和计量以实现"表外融资"的做法渐成趋势,IFRS16 新准则的出台将颠覆这一模式。

1.1.5　融资租赁行业风险排查,总体风险可控

商务部于 2016 年春节前后向各省、市商务主管部门内部下发了《商务部办公厅关于开展融资租赁企业风险排查工作的通知》(商办流通函〔2016〕43 号),要求对内、外资融资租赁企业非法集资风险进行重点排查。之后,多省市纷纷发文,开展融资租赁业风险排查工作。

融资租赁行业全国风险排查于 3 月底收官,根据报送信息,虽有少数企业存在失联、超杠杆经营等问题,但总体风险可控。

1.1.6 汽车融资租赁成为新蓝海

2016年3月,中国人民银行、银监会联合发布《关于加大对新消费领域金融支持的指导意见》,为汽车金融及融资租赁行业的发展助力。业内人士分析称,2016年是中国融资租赁的元年。虽然与欧美等成熟汽车市场80%的汽车金融渗透率相比,中国仅有20%,但随着中国消费者消费习惯的改变,中国汽车金融市场正迎来发展的黄金时期,市场规模正随着专业汽车租赁公司、整车厂、经销商及银行系融资租赁公司的积极加入快速增长。

2016年,一批汽车融资租赁公司发展壮大;滴滴、优步两大专车巨头正式联姻,掀开汽车租赁行业崭新的一页;7月,交通运输部发布《网络预约出租汽车经营服务管理暂行办法》,网约车运营走向合法,各地随后出台相应的网约车管理细则,汽车租赁行业的竞争越发激烈。

1.1.7 全国金融租赁公司达56家,城商行扎堆建金租

截至2016年底,全国共成立金融租赁公司56家,注册资本累计达1642.5亿元。2016年有12家金融租赁公司成立,7家金融租赁公司获批筹建。银监会披露,2017年前三季度,金融租赁行业实现盈利182.25亿元,到三季度末,行业不良率为0.93%,拨备覆盖率251.23%,资本充足率12.91%。

2016年成立的金融租赁公司中,8家为银行系,且均为城市商业银行发起设立,分别为佛山海晟金融租赁、贵阳贵银金融租赁、河南九鼎金融租赁、山东通达金融租赁、天银金融租赁、浙江稠州金融租赁、四川天府金融租赁、甘肃兰银金融租赁。另外,在2017年获批筹建的金融租赁,有青岛银行、重庆银行、汉口银行、浙商银行4家城市商业银行发起设立金融租赁公司;农村商业银行中有深圳农商行1家获批设立金融租赁公司。

从地区分布来看,贵州、福建、四川均为首次设立金融租赁公司。

1.1.8 融资租赁公司"上市潮"

2015年9月初,国务院办公厅印发《关于促进金融租赁行业健康发展的指导意见》,允许符合条件的金融租赁公司上市和发行优先股、次级债,丰富金融租赁公司资本补充渠道。

2016年上半年,中银航空租赁、国银租赁先后成功上市,有分析称,这将有可能开启中国金融租赁公司的上市潮。此外,中国融众金融控股有限公司于2016年1月在

香港上市；浙江康安融资租赁股份有限公司在新三板挂牌。包括江苏金融租赁、中建投租赁在内的 5 家融资租赁公司目前仍处于上市/挂牌准备阶段。

1.1.9 融资租赁 ABS 发行金额翻番

截至 2016 年 12 月 29 日，共发行 129 只融资租赁 ABS 产品，是 2015 年发行数量的 2 倍；发行总额达 1283.58 亿元，同比增长 123%。

2006 年，融资租赁 ABS 产品首发且仅发行 1 只，发行金额 4.77 亿元；2007—2012 年，除 2011 年发行了 1 只金额为 12.79 亿元的融资租赁 ABS 产品外，无其他产品发行；2013 年发行 1 只，发行金额 11.14 亿元；2014 年发行 5 只融资租赁 ABS 产品，发行金额 57.26 亿元；2015 年发行数量是 2014 年的 12.4 倍，共发行 62 只，发行金额累计 575.26 亿元，是 2014 年发行金额的近 10 倍。

1.1.10 租赁金融债、公司债发行规模飙升

2016 年金融租赁公司发行金融债 15 只，共计 280 亿元，加权平均利率为 3.30%。2016 年金融债发行数量、金额，相比往年都有所增加，利率同比下降 16%。2017 年所发行的金融债主要为 3 年期和 5 年期债券，其中 3 年期有 13 只；债券评级为 AAA 的有 9 只，其余的债券评级均为 AA+。

从 2016 年发行的金融债总额来看，交银金融租赁发行了 3 只金融债共计 60 亿元，发行数量和总额均为最多；其次是建信金融租赁和信达金融租赁，均发行了 2 只共计 50 亿元的金融债。

2016 年租赁公司发行公司债 20 只，发行总额 235.5 亿元，同比增速超 467%，发行数量与 2015 年基本持平。主要为 3 年期、5 年公司债，其中 5 年期 14 只，共 172.5 亿元，占 2016 发行总数的七成。

2016 年发行的租赁公司债中，远东租赁发行总额及数量位列第 1，发行了 6 只公司债，共计 130 亿元，占发行总额的 55%；其次是中民国际融资租赁，共发行了 2 只共 50 亿元公司债；发行总额第 3 的是中国环球租赁，共 3 只公司债 22 亿元。

1.2 融资租赁行业景气指数

融资租赁行业景气调查是中国融资租赁三十人论坛联合中国外商投资企业协会租赁业工作委员会于2015年建立的一项季度调查。调查对象是以中国融资租赁三十人论坛理事为基础,涵盖整个融资租赁行业内具有代表性的金融租赁公司、内资试点融资租赁公司以及外商投资融资租赁公司的高管人员。调查内容主要包括行业景气及信心状况、业务发展状况、资金获取状况、盈利状况、发展潜力状况、意见建议等6个方面。

融租租赁行业景气调查报告中的指数采用扩散指数法进行计算,即计算各选项占比c_i乘以相应的权重q_i,再相加得出最终的指数。其中,各选项占比c_i根据被调查企业租赁资产余额加权计算。所有指数取值范围在0～100%。指数在50%以上,反映该指项指标处于向好或扩张状态;低于50%,反映该项指标处于变差或收缩状态。

主要指数计算方法简单介绍如下:

1. 行业景气指数:反映企业对当前行业景气的总体判断。其中,行业景气指数的计算方法是,在回收的有效问卷中,先根据被调查企业租赁资产余额分别加权计算认为本月行业景气"偏热"与"正常"的占比,再分别赋予权重1和0.5后求和得出。

2. 行业信心指数:反映企业对未来行业信心的总体判断。指数的计算方法是,在回收的有效问卷中,先根据被调查企业租赁资产余额分别加权计算认为下月行业景气"偏热"与"正常"的占比,再分别赋予权重1和0.5后求和得出。

3. 业务发展指数:反映融资租赁业务发展状况。该指数的计算方法是,在回收的有效问卷中,先根据被调查企业租赁资产余额分别加权计算认为本月业务发展状况"更好"与"正常"的占比,再分别赋予权重1和0.5后求和得出。

4. 资金获取指数:反映企业流动性宽松程度及融资难度。该指数的计算方法是,在回收的有效问卷中,先根据被调查企业租赁资产余额分别加权计算认为本月资金状况"更好"与"正常"的占比,再分别赋予权重1和0.5后求和得出。

5. 盈利指数:反映企业盈利水平及风险暴露情况。该指数的计算方法是,在回收的有效问卷中,先根据被调查企业租赁资产余额分别加权计算认为本月盈利状况"更好"与"正常"的占比,再分别赋予权重1和0.5后求和得出。

6. 发展潜力指数:反映企业主要非财务指标的变化情况。该指数的计算方法是,在回收的有效问卷中,先根据被调查企业租赁资产余额分别加权计算认为本月展业状况"更好"与"正常"的占比,再分别赋予权重1和0.5后求和得出。

1.2.1　2016年第三季度融资租赁行业景气指数报告

"市场利率持续走低,客户融资更容易,项目不好导入。"
"转租赁的税收障碍需引起同业的重视和交流。"

2016年10月,中国融资租赁三十人论坛开展的全国融资租赁行业高管问卷调查结果显示:

1. 融资租赁行业景气指数

2016年第三季度,中国融资租赁行业景气指数为55%,这个数字较第三季度53%稍有提升,反映出整个行业的发展进一步呈现向好态势。

其中,有85%参与调查的融资租赁高管认为当前融资租赁行业景气程度"正常";有9%参与调查的高管认为当前融资租赁行业景气程度"偏冷";有6%参与调查高管认为当前融资租赁行业景气程度"偏热"。这意味着,规模较大的租赁公司对本季度行业发展态势的判断,比规模较小的租赁公司更为乐观。

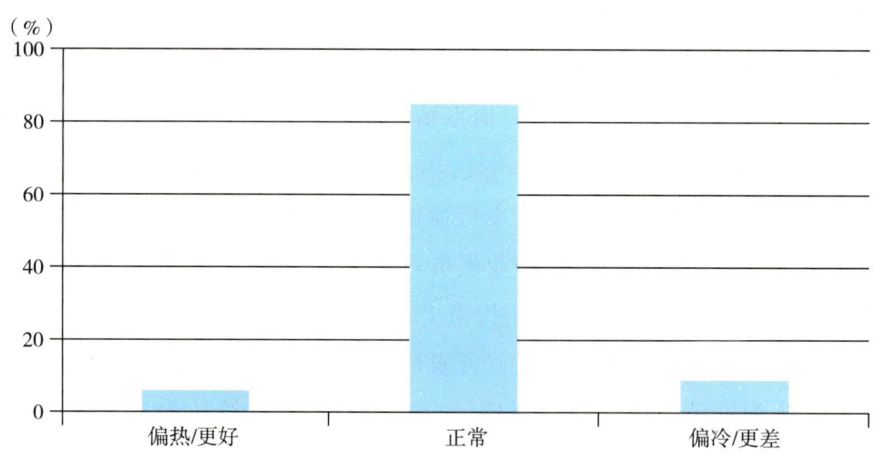

图1-1　融资租赁行业景气指数(2016Q3)

数据来源:中国融资租赁三十人论坛。

2. 信心指数

对于下一个季度(2016年第四季度),融资租赁行业信心指数为53%,较上季度上升7个百分点,一跃至荣枯线之上,反映出企业对行业未来发展整体转而持乐观态度。

其中,有82%参与调查者认为下一个季度行业发展景气程度将"持平";9%参与调查者认为下一个季度行业将"更差";9%的参与调查高管认为下一个季度行业将"更好"。

3. 业务发展指数

2016年第三季度,融资租赁行业业务发展指数为76%,全行业仍处于快速加杠杆状态。

其中,3%参与调查高管所在企业租赁资产余额比上季减少了10%~20%;6%参与调查高管所在企业租赁资产余额比上季减少了0~10%;42%参与调查高管所在企业租赁资产余额比上季增加了0~10%;31%参与调查高管所在企业租赁资产余额比上季增加了10%~20%;18%参与调查高管所在企业租赁资产余额比上季增加了20%以上。

另外我们发现,有27%的被调查高管表示所在企业第三季度非息收入占比比上季度有所提高,6%认为比上季有所下降。

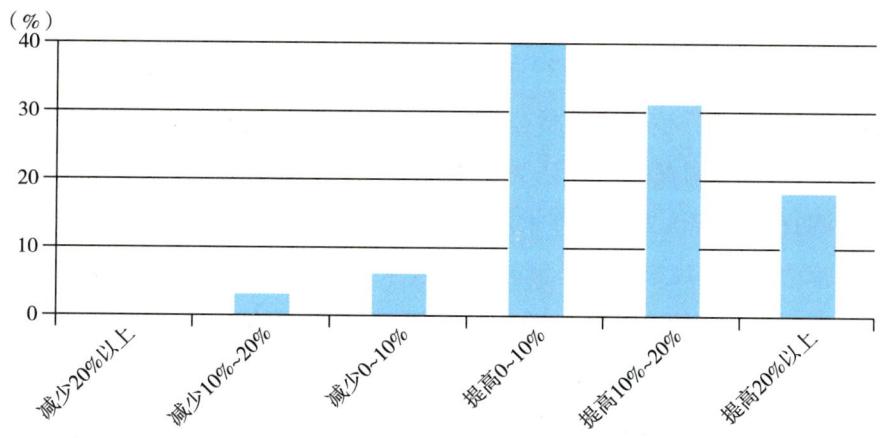

图1-2 租赁资产余额较上季末变化情况(2016Q3)

数据来源:中国融资租赁三十人论坛。

4. 资金获取指数

2016年第三季度,融资租赁行业资金获取指数为71%,较上一季度滑落2个百分点。值得关注的是,该指数已经连续三个季度出现下滑。

其中,有33%的被调查高管表示本季度所在企业资金状况较上季更好,67%的被调查高管表示基本持平。

另外,有42%的被调查高管表示本季度市场流动性宽松程度较上季度更宽松,从而导致客户融资更容易,项目不好导入。

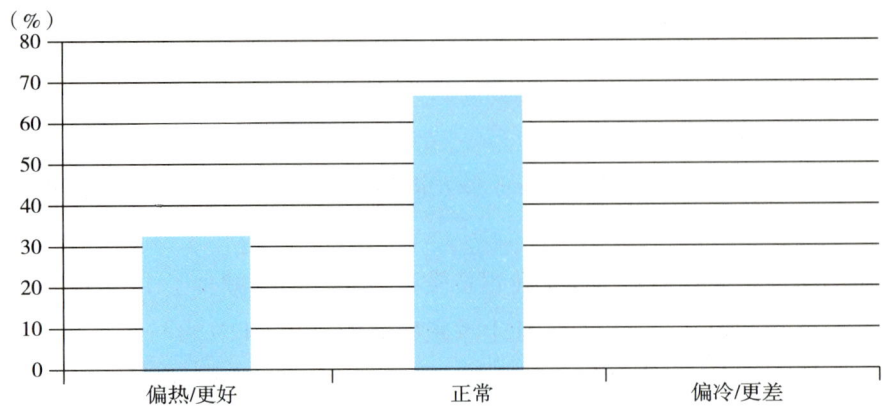

图 1-3 资金获取状况较上季度变化情况(2016Q3)

数据来源:中国融资租赁三十人论坛。

5. 盈利指数

2016 年第三季度,融资租赁行业盈利指数为 79%,这个数字较上季度上升足有 27 个百分点,显示本季度融资租赁公司盈利状况出现"明显转好"态势。

其中,21% 参与调查的高管认为三季度末利润总额较上季度末增长 20% 以上;22% 参与调查的高管认为三季度末利润总额较上季度末增长 10%~20%;45% 参与调查的高管认为三季度末利润总额较上季度末增长 0~10%;6% 参与调查的高管认为三季度末利润总额较上季度末增长减少 0~10%;3% 参与调查的高管认为三季度末利润总额较上季度末增长减少 10%~20%;另有 3% 参与调查的高管认为三季度末利润总额较上季度末增长减少 20% 以上。

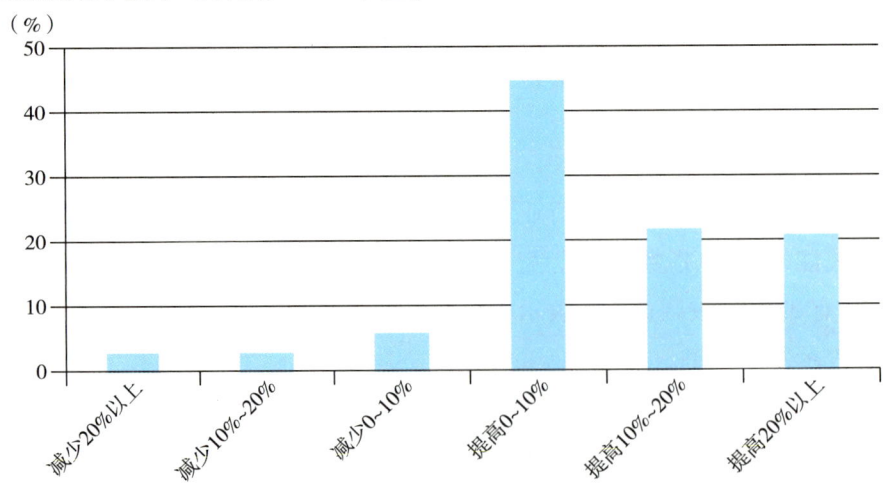

图 1-4 累计利润较上季度变化情况(2016Q3)

数据来源:中国融资租赁三十人论坛。

第1章 行业概况

6. 发展潜力指数（展业指数）

2016年第三季度，融资租赁行业发展潜力指数为61%，反映出被调查企业高管对整个行业未来发展潜力仍持"看好"态度。

其中，42%的被调查高管表示本季度企业员工总数较上季度有所增加，仅有12%的被调查高管表示本季度企业员工总数较上季有所减少。

有近36%的被调查高管表示所在企业本季业务覆盖地域比上季有所增加，而仅有6%的被调查高管表示业务覆盖地域较上季度有所减少。

表1-1 融资租赁高管问卷调查指数 （%）

时间	行业景气指数	行业信心指数	业务发展指数	资金获取指数	盈利指数	发展潜力指数
2016 Q3	55	53	76	71	79	61
2016 Q2	53	46	70	73	52	66

数据来源：中国融资租赁三十人论坛。

1.2.2 2016年第四季度融资租赁行业景气指数报告

"融资渠道开拓受阻，融资成本有所上升，资金面紧张。"

"核心央企客户及优质平台普遍下调融资成本接受水平。"

"经营租赁资产规模占比普遍有所上升。"

2017年1月，中国融资租赁三十人论坛开展的全国融资租赁行业高管问卷调查结果显示：

1. 行业景气指数

2016年第四季度，融资租赁行业景气指数为52%，较第三季度的54%下降2个百分点，反映出行业发展呈微弱收缩态势。

其中，73%参与调查的融资租赁高管认为当前融资租赁行业景气程度"正常"，较上季下降12个百分点；15%参与调查的高管认为当前融资租赁行业景气程度"偏冷"，较上季上升6个百分点；12%参与调查的高管认为当前融资租赁行业景气程度"偏热"，较上季上升6个百分点。

对于2016年第四季度，规模较大的租赁公司对行业发展态势的判断，较规模较小的租赁公司略为乐观。

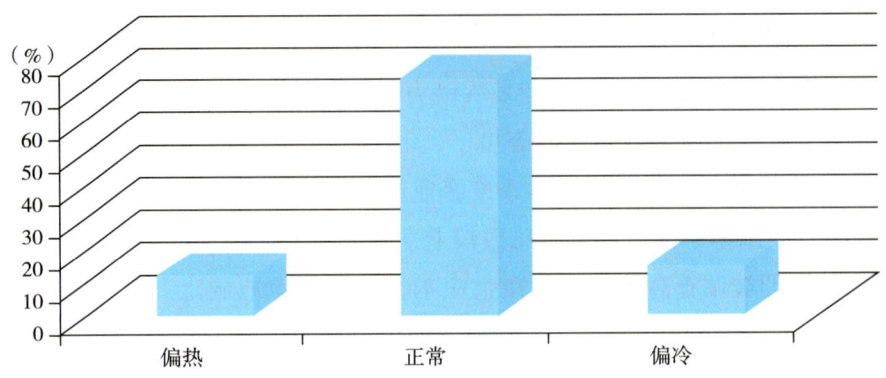

图 1-5　融资租赁行业景气指数(2016Q4)

数据来源:中国融资租赁三十人论坛。

2.行业信心指数

对于下一个季度(2017 年第一季度),融资租赁行业信心指数为 48%,较上季和上年同期分别下降 6 个和 8 个百分点,跌至荣枯线之下,反映出企业对行业未来发展持偏悲观态度。

其中,73% 参与调查者认为下一个季度行业发展景气程度将"持平";12% 参与调查者认为下一个季度行业发展将"更差";同时 15% 的参与调查高管认为下一个季度行业发展将"更好"。

对下一个季度(2017 年第一季度),规模较大的租赁公司对行业发展态势的判断,较规模较小的租赁公司略为悲观。

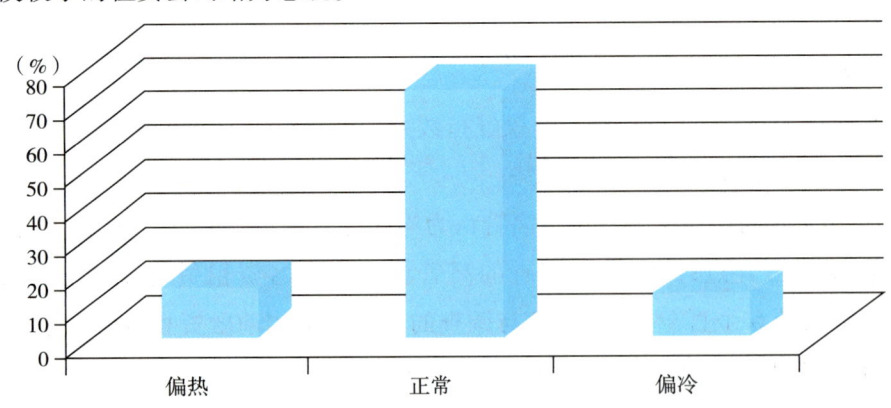

图 1-6　融资租赁行业信心指数(2016Q4)

数据来源:中国融资租赁三十人论坛。

3. 业务发展状况

重点提示：超一成受调查企业2016年第四季度资产规模不升反降。

2016年第四季度,3%参与调查高管所在企业租赁资产余额比上季减少20%以上;9%参与调查高管所在企业租赁资产余额比上季减少了0~10%;27%参与调查高管所在企业租赁资产余额比上季增加了0~10%;29%参与调查高管所在企业租赁资产余额比上季增加了10%~20%;32%参与调查高管所在企业租赁资产余额比上季增加了20%以上。

根据调查,32%参与调查的高管表示经营租赁资产占比较上季提升,另有18%的人认为比上季有所下降。

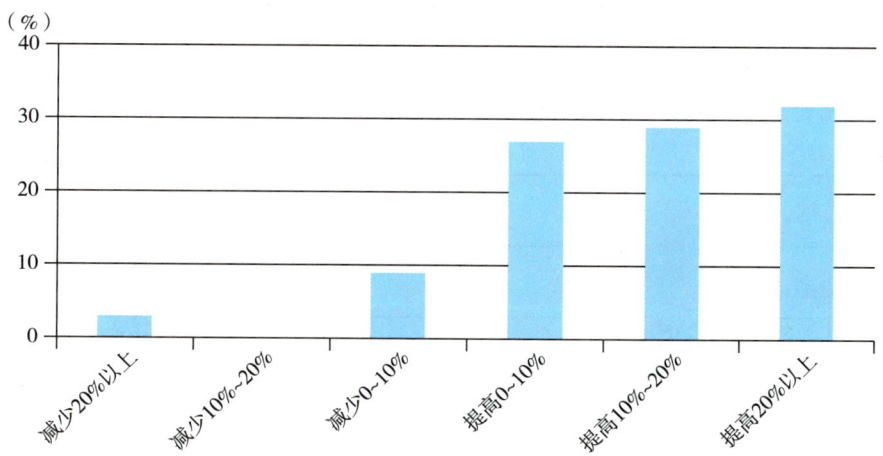

图1-7 租赁资产余额较上季末变化情况(2016Q4)

数据来源：中国融资租赁三十人论坛。

4. 资金获取状况

重点提示：超四成被调查企业认为2016年第四季度实际融资成本有所上升。

2016年第四季度,15%的被调查高管表示本季度所在企业融资较上季更容易,较上季下降18个百分点;47%的被调查高管表示基本持平,较上季下降20个百分点;38%的被调查高管表示本季度所在企业融资较上季更难,较上季上升38个百分点。

另外,42%的被调查高管表示本季实际融资成本较上季有所上升,资金面紧张。

5. 盈利状况

重点提示：本季度租赁公司不良资产率处于相对稳定阶段。

2016年第四季度,73%参与调查的高管表示本季度所在企业盈利状况较上季度更好;21%参与调查的高管表示基本持平;另有6%的高管表示较上季度更差。6%参

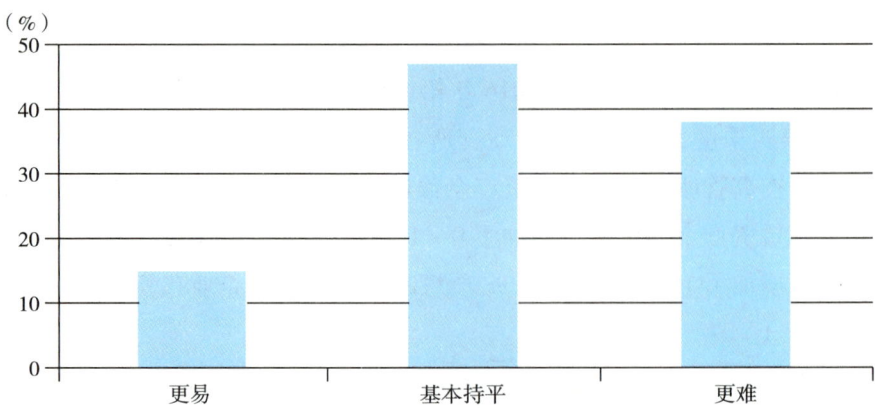

图1-8 资金获取状况较上季度变化情况(2016Q4)

数据来源:中国融资租赁三十人论坛。

与调查的高管表示,其所在公司不良资产比率较上一季度有所上升。

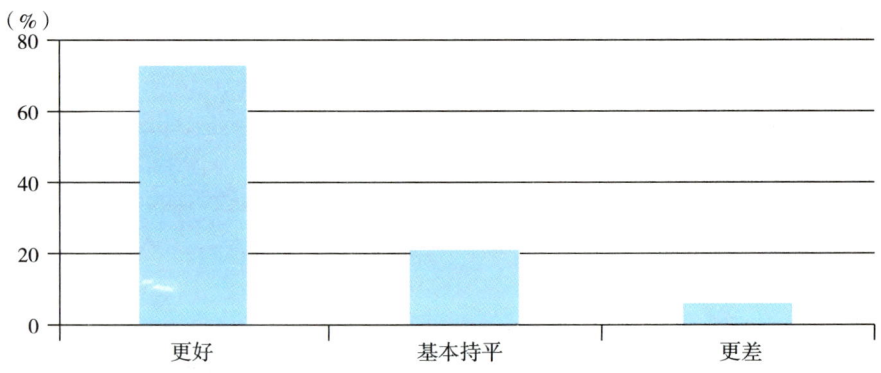

图1-9 盈利状况较上季度变化情况(2016Q4)

数据来源:中国融资租赁三十人论坛。

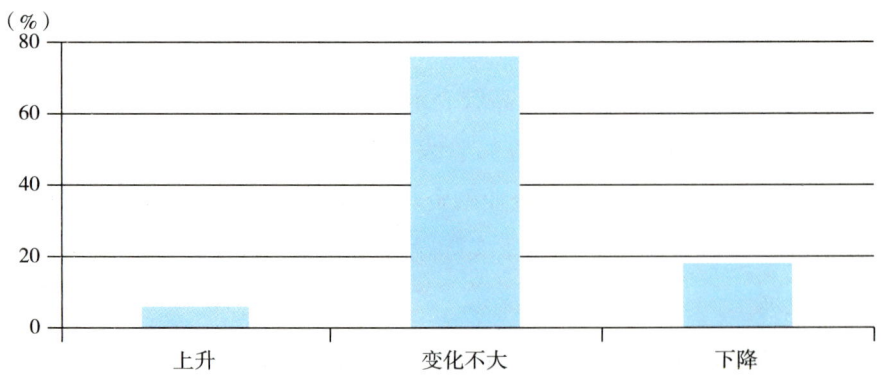

图1-10 不良资产率较上季度变化情况(2016Q4)

数据来源:中国融资租赁三十人论坛。

6. 展业状况

重点提示:41%被调查企业第四季度人员数量较上季度有所增加。

2016年第四季度,32%参与调查的高管表示本季度所在企业展业状况较上季更好;9%参与调查的高管表示本季度所在企业展业状况较上季度更差;59%参与调查的高管表示本季度所在企业展业状况和上季度持平。

另外,41%被调查企业第四季度人员数量较上季度有所增加,6%表示人员数量有所减少。

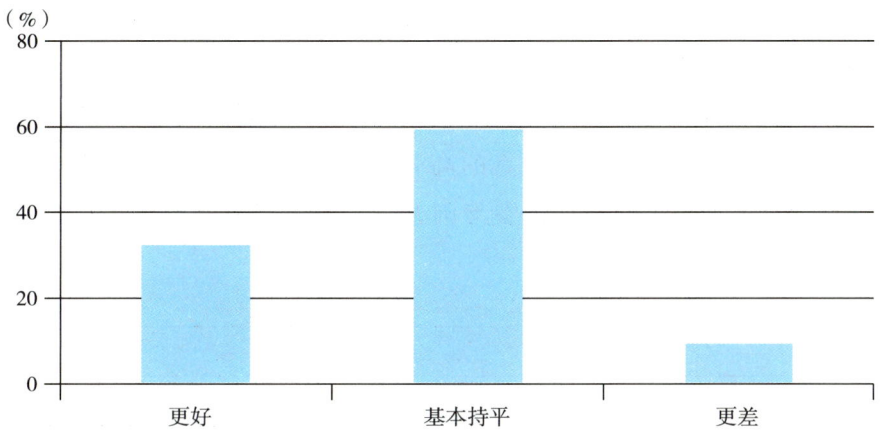

图 1－11　展业状况较上季度变化情况(2016Q4)

数据来源:中国融资租赁三十人论坛。

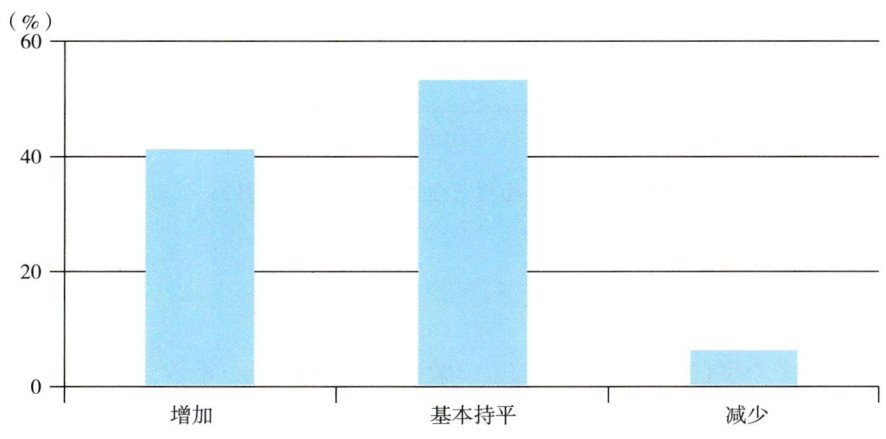

图 1－12　员工人数较上季度变化情况(2016Q4)

数据来源:中国融资租赁三十人论坛。

1.2.3　2017年第一季度融资租赁行业景气指数报告

"融资难融资贵,应收账款增加或成主要问题。"

"资金利率上升,今年融资成本较去年有一定幅度上升。"

2017年4月,中国融资租赁三十人论坛开展的全国融资租赁行业高管问卷调查结果显示:

1. 行业景气指数

2017年第一季度,融资租赁行业景气指数为50%,较第三季度的52%下降2个百分点,反映出行业发展呈微弱收缩态势。

其中,60%参与调查的融资租赁高管认为当前融资租赁行业景气程度"正常",较上季下降13个百分点;27%参与调查的高管认为当前融资租赁行业景气程度"偏冷",较上季上升12个百分点;13%参与调查高管认为当前融资租赁行业景气程度"偏热",较上季上升1个百分点。

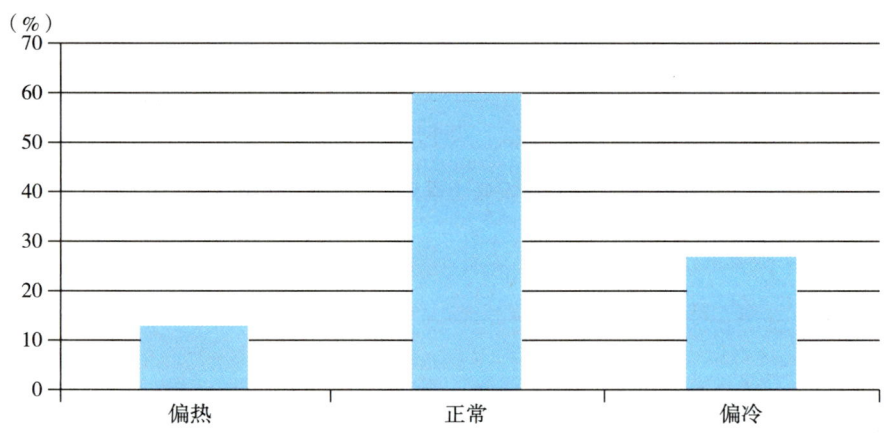

图1-13　融资租赁行业景气指数(2017Q1)

数据来源:中国融资租赁三十人论坛。

2. 行业信心指数

对于下一个季度(2017年第二季度),融资租赁行业信心指数为52%,较上季和上年同期分别上升4个和16个百分点,回升至荣枯线之上,反映出企业对行业未来发展持偏乐观态度。

其中,40%参与调查者认为下一个季度行业发展景气程度将"持平";33%参与调查者认为下一个季度行业发展将"更好";同时27%的参与调查高管认为下一个季度行业发展将"更差"。

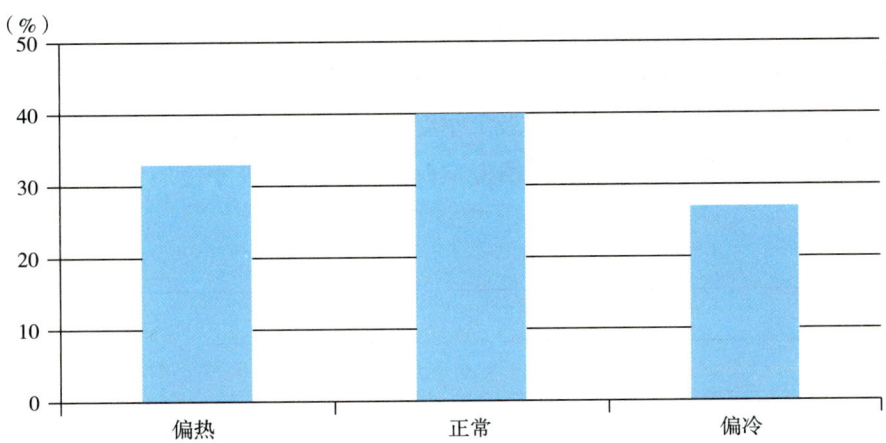

图1-14 融资租赁行业信心指数(2017Q1)

数据来源:中国融资租赁三十人论坛。

3. 业务发展状况

重点提示:超九成受调查企业2017年第一季度资产规模有所增长。

2017年第一季度,20%参与调查高管所在企业租赁资产余额比上季度增加20%以上;13%参与调查高管所在企业租赁资产余额比上季度增加了10%～20%;60%参与调查高管所在企业租赁资产余额比上季增加了0～10%;7%参与调查高管所在企业租赁资产余额比上季度减少了20%以上。

根据调查,27%参与调查的高管表示经营租赁资产占比较上季度提升,另有7%认为比上季度有所下降。

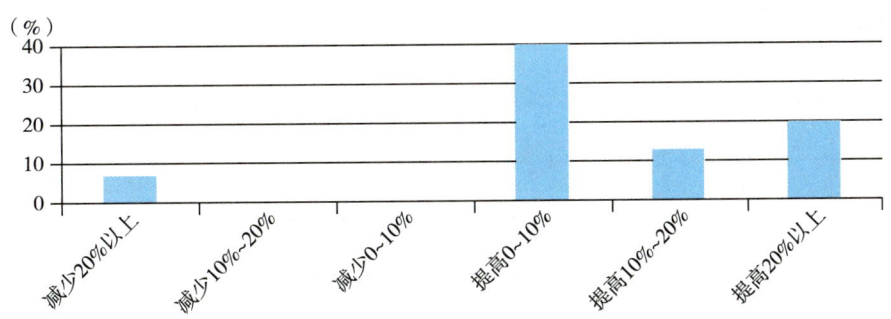

图1-15 租赁资产余额较上季末变化情况(2017Q1)

数据来源:中国融资租赁三十人论坛。

4. 资金获取状况

重点提示:逾半数被调查企业认为2017年第一季度实际融资成本有所上升。

2017 年第一季度,13%的被调查高管表示本季度所在企业融资较上季度更易,较上季度下降 2 个百分点;40%的被调查高管表示基本持平,较上季下降 7 个百分点;47%的被调查高管表示本季度所在企业融资较上季度更难,较上季度上升 9 个百分点。

另外,53%的被调查高管表示本季度实际融资成本较上季度有所上升,资金面持续紧张。

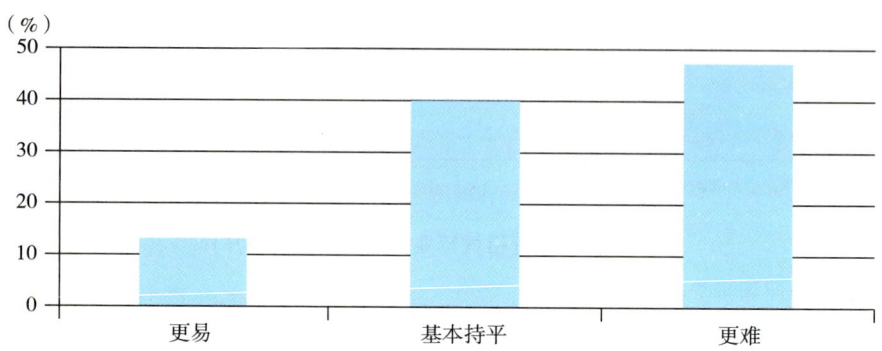

图 1-16　资金获取状况较上季度变化情况(2017Q1)

数据来源:中国融资租赁三十人论坛。

5. 盈利状况

重点提示:本季度租赁公司不良资产率处相对稳定阶段。

2017 年第一季度,60%参与调查的高管表示本季度所在企业盈利状况较上季度更好;27%参与调查的高管表示基本持平;另有 13%的高管表示较上季度更差。73%参与调查的高管表示,其所在公司不良资产比率较上一季度变化不大。

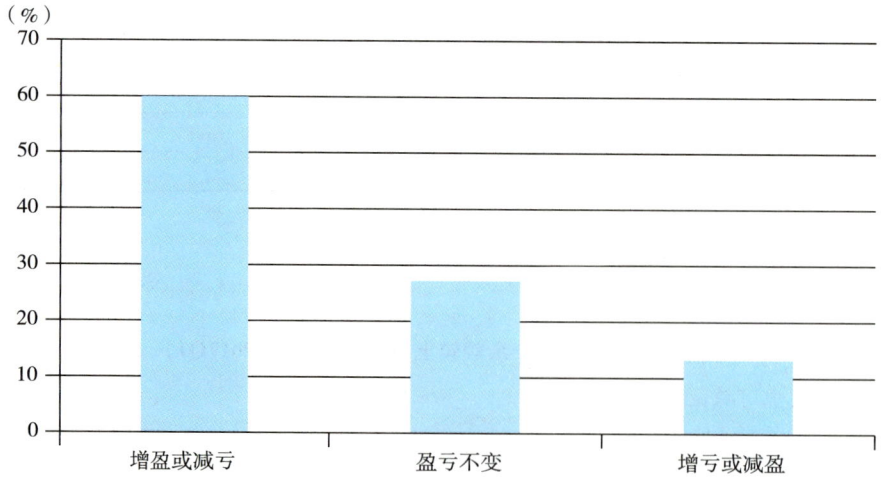

图 1-17　盈利状况较上季度变化情况(2017Q1)

数据来源:中国融资租赁三十人论坛。

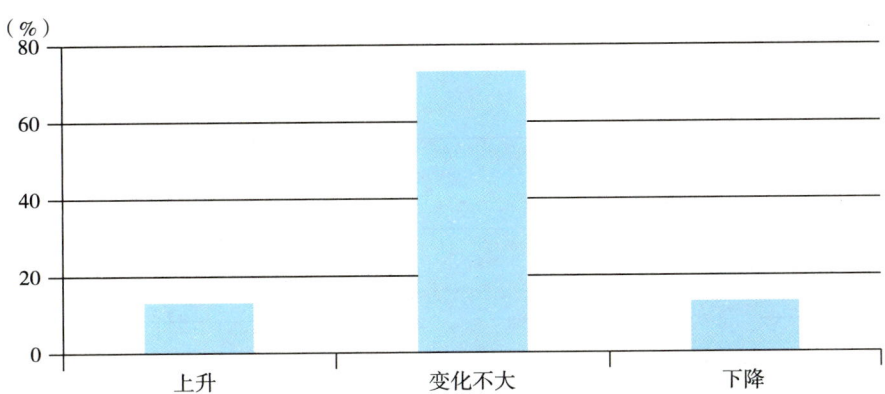

图 1-18 不良资产率较上季度变化情况（2017Q1）

数据来源：中国融资租赁三十人论坛。

6. 展业状况

重点提示：73%被调查企业第一季度人员数量较上季度有所增加。

2017年第一季度，33%参与调查的高管表示本季度所在企业展业状况较上季度更好；13%参与调查的高管表示本季所在企业展业状况较上季度更差；54%参与调查的高管表示本季度所在企业展业状况较上季度持平。

另外，73%被调查企业第一季度人员数量较上季度有所增加，本季度无企业表示人员数量减少。

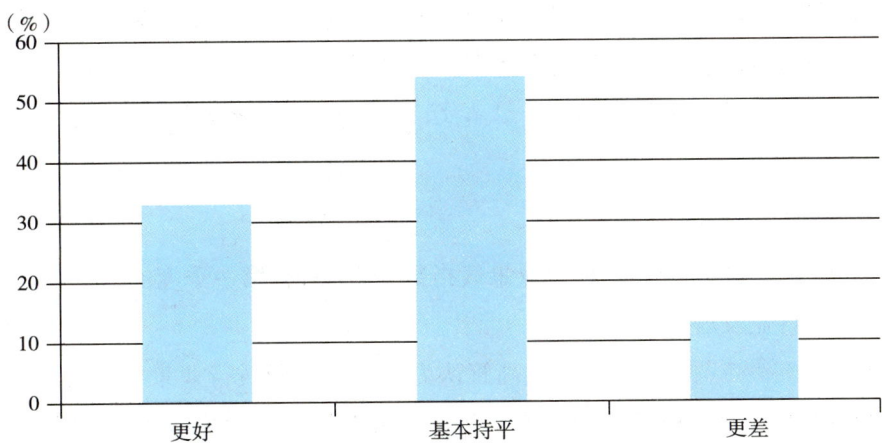

图 1-19 展业状况较上季度变化情况（2017Q1）

数据来源：中国融资租赁三十人论坛。

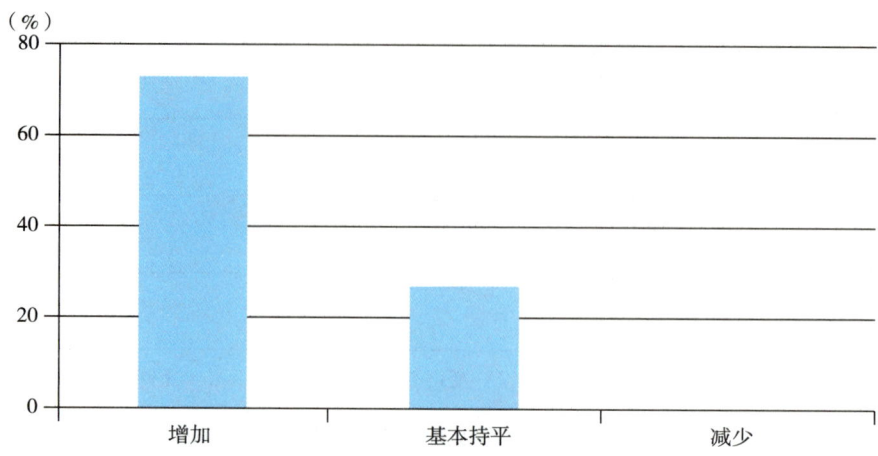

图 1-20　员工人数较上季度变化情况（2017Q1）

数据来源：中国融资租赁三十人论坛。

1.2.4　2017 年第二季度融资租赁行业景气指数报告

"金融工作会议对融资租赁行业的影响须认真评估，以便于今后五年找准跑道。"

"资金来源越来越窄，成本越来越高。两级分化加速到来，能活下去已成为大多数租赁公司主要目标。"

"银行基本只针对金租及注册资金雄厚之央企系（国企）租赁公司，其余租赁公司生存环境越来越差。同时，资产荒也加速了资金来源渠道少、成本高的租赁公司与资金来源渠道广、成本低的租赁公司之间相互合作。"

2017 年 7 月，中国融资租赁三十人论坛开展的全国融资租赁行业高管问卷调查结果显示：

1. 行业景气指数

2017 年第二季度，融资租赁行业景气指数为 48%，较第一季度的 50% 下降 2 个百分点，反映出行业发展呈收缩态势。

其中，48% 参与调查的融资租赁高管认为当前融资租赁行业景气程度"正常"，较上季下降 12 个百分点；42% 参与调查的高管认为当前融资租赁行业景气程度"偏冷"，较上季上升 15 个百分点；10% 参与调查的高管认为当前融资租赁行业景气程度"偏热"，较上季下降 3 个百分点。

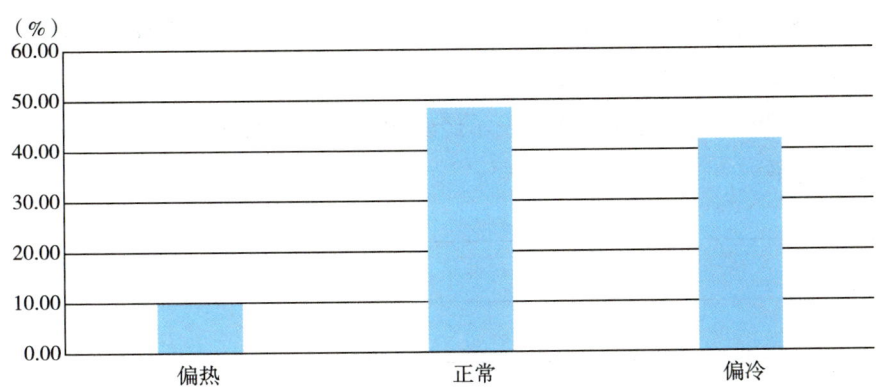

图 1-21　融资租赁行业景气指数（2017Q2）

数据来源：中国融资租赁三十人论坛。

2. 行业信心指数

对于下一个季度（2017年第三季度），融资租赁行业信心指数为56%，较上季上升4个百分点并且连续两季攀升，反映出企业对行业未来发展持偏乐观态度。

其中，58%参与调查者认为下一个季度行业发展景气程度将"持平"；10%参与调查者认为下一个季度行业发展将"更好"；同时32%的参与调查高管认为下一个季度行业发展将"更差"。

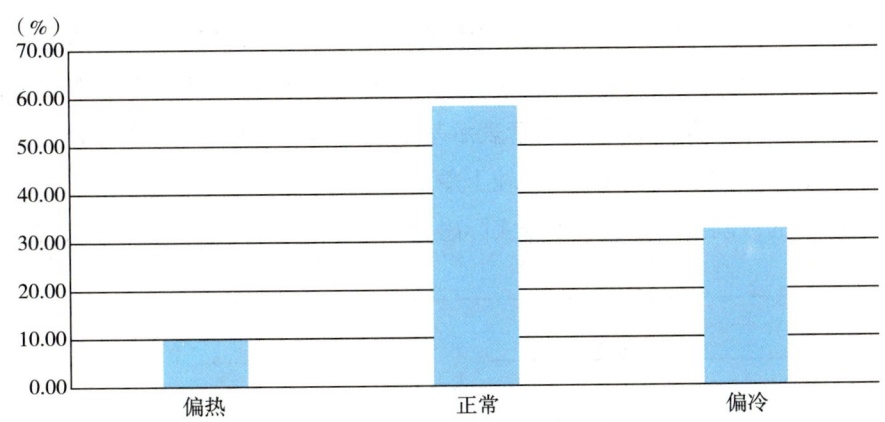

图 1-22　融资租赁行业景气指数（2017Q2）

数据来源：中国融资租赁三十人论坛。

3. 业务发展状况

重点提示：超八成受调查企业2017年第二季度资产规模有所增长。

2017年第二季度，6%参与调查高管所在企业租赁资产余额比上季增加20%以上；29%参与调查高管所在企业租赁资产余额比上季增加了10%~20%；48%参与调查高管所在企业租赁资产余额比上季增加了 0~10%;3% 参与调查高管所在企业租赁资产余额比上季减少了 20% 以上。

根据调查,29% 参与调查的高管表示经营租赁资产占比较上季提升,另有 48% 认为与上季度持平。

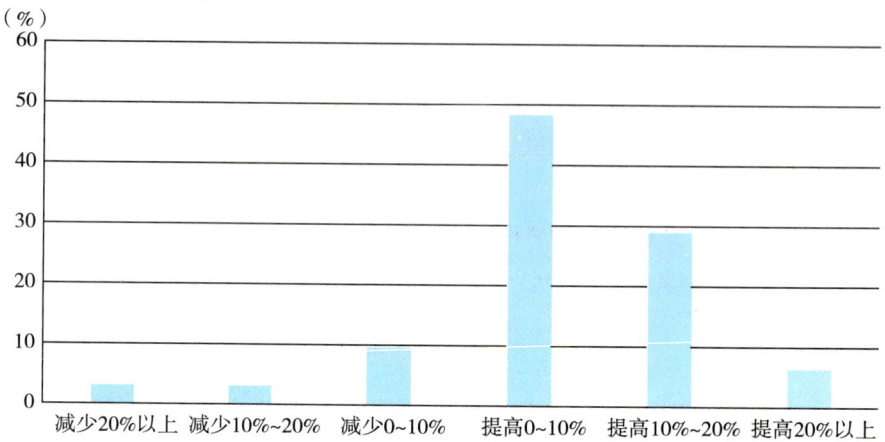

图 1-23　租赁资产余额较上季末变化情况(2017Q2)

数据来源:中国融资租赁三十人论坛。

4. 资金获取状况

重点提示:逾六成被调查企业认为 2017 年第二季度实际融资成本有所上升。

2017 年第二季度,10% 的被调查高管表示本季度所在企业融资较上季更易,较上季下降 3 个百分点;45% 的被调查高管表示基本持平,较上季上升 5 个百分点;45% 的被调查高管表示本季度所在企业融资较上季更难。

另外,66% 的被调查高管表示本季实际融资成本较上季有所上升,资金面持续紧张。

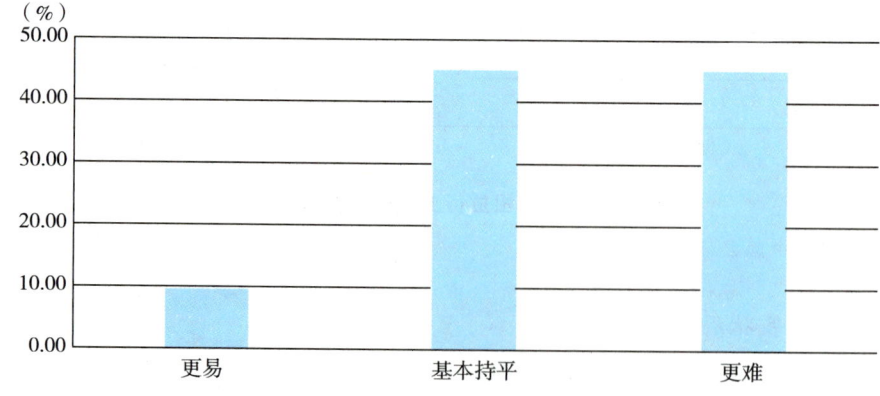

图 1-24　资金获取状况较上季度变化情况(2017Q2)

数据来源:中国融资租赁三十人论坛。

5. 盈利状况

重点提示:本季度租赁公司不良资产率处于相对稳定阶段。

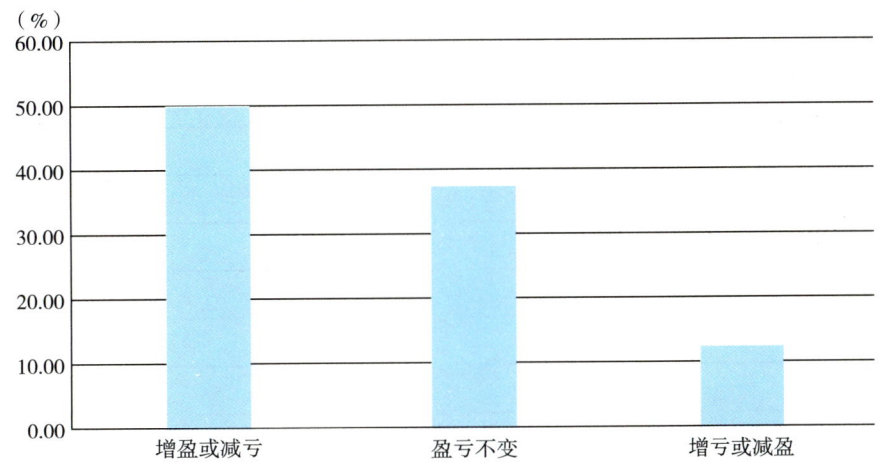

图1-25 盈利状况较上季度变化情况(2017Q2)

数据来源:中国融资租赁三十人论坛。

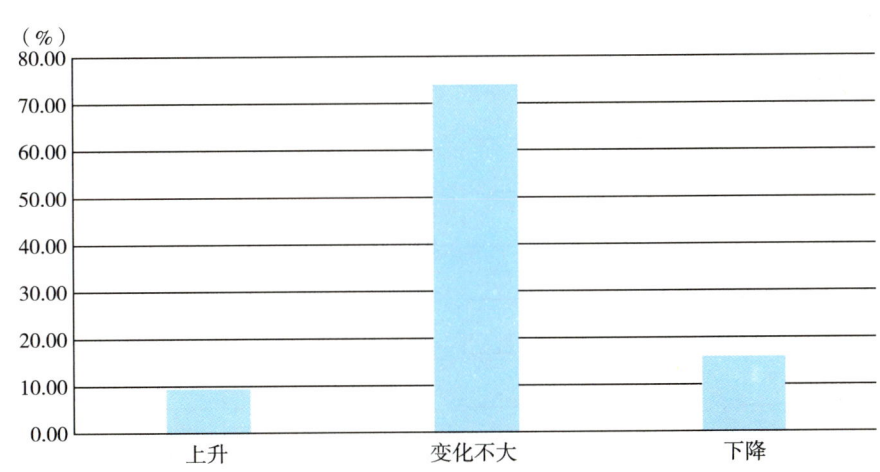

图1-26 不良资产率较上季度变化情况(2017Q2)

数据来源:中国融资租赁三十人论坛。

2017年第二季度,50%参与调查的高管表示本季度所在企业盈利状况较上季度更好;37.5%参与调查的高管表示基本持平;另有12.5%的高管表示较上季度更差。74%参与调查的高管表示,其所在公司不良资产比率较上一季度变化不大。

6. 展业状况

重点提示:逾六成被调查企业第二季度人员数量较上季度基本不变。

2017年第二季度,15%参与调查的高管表示本季度所在企业展业状况较上季更好度;12%参与调查的高管表示本季度所在企业展业状况较上季度更差;75%参与调查的高管表示本季度所在企业展业状况和上季度持平。

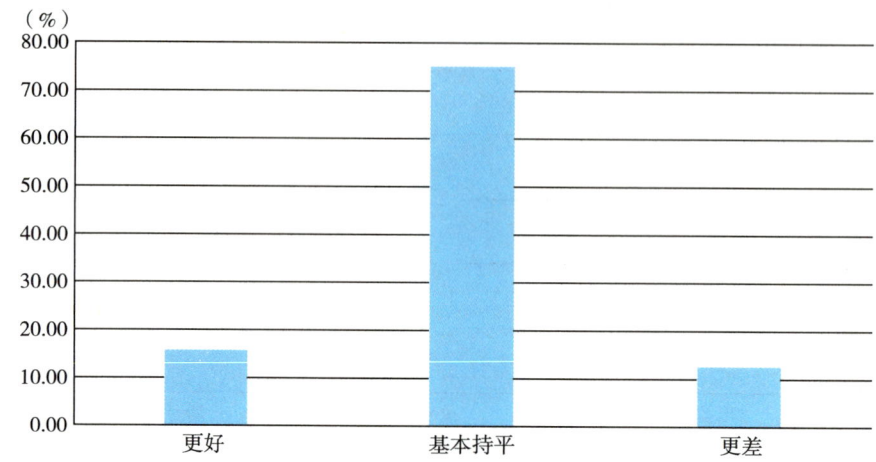

图1-27 展业状况较上季度变化情况(2017Q2)

数据来源:中国融资租赁三十人论坛。

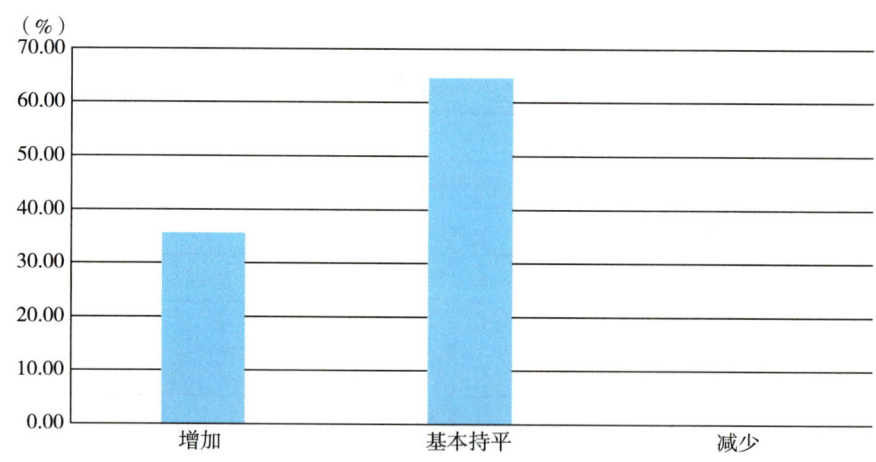

图1-28 员工人数较上季度变化情况(2017Q2)

数据来源:中国融资租赁三十人论坛。

另外,64.5%被调查企业第二季度人员数量较上季度基本不变,35.5%有所增加,上季度这一数字为73%。本季度无企业表示人员数量减少。

1.2.5 2016Q1—2017Q2 融资租赁行业景气指数与信心指数走势

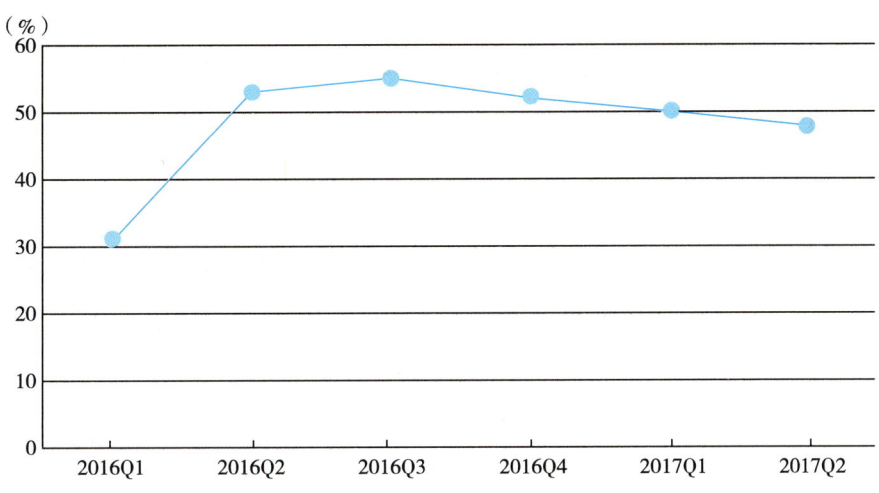

图 1-29　融资租赁行业景气指数走势（2016Q1—2017Q2）

数据来源：中国融资租赁三十人论坛。

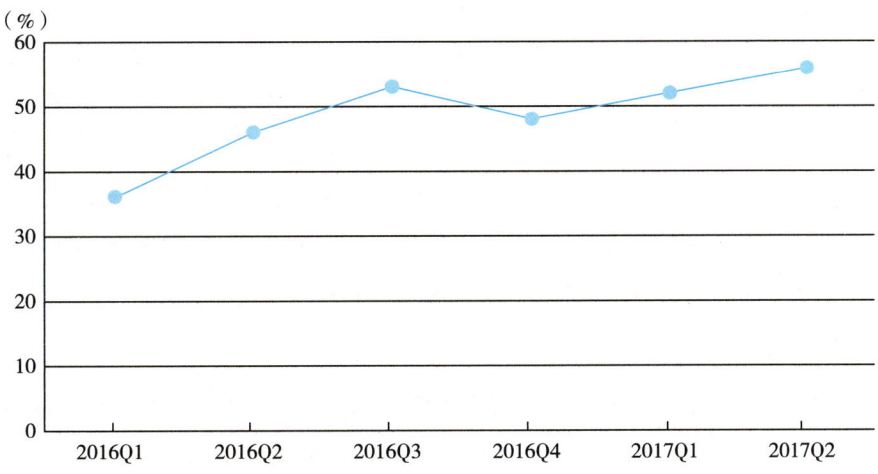

图 1-30　融资租赁行业信心指数走势（2016Q1—2017Q2）

数据来源：中国融资租赁三十人论坛。

1.3 商务部《中国融资租赁业发展报告（2016—2017）》[①]

2016年是"十三五"开局之年，也是全面建成小康社会决胜阶段的开局之年。融资租赁作为集融资与融物、贸易与技术服务于一体的现代交易方式，在我国转变经济发展模式、调整产业结构所带来机遇与挑战中逆势上扬，继续保持较高增速，融资租赁业已经成为我国现代服务业的新兴领域和重要组成部分。

1.3.1 总体情况

1. 企业数量快速增长

全国融资租赁企业管理信息服务平台数据显示，截至2016年底，我国登记在册的融资租赁企业数量共计6158家，比上年底[②]增加2543家，增幅为70.3%。其中，内资试点企业204家，增加15家，增幅为7.9%；外资租赁企业5954家，增加2528家，增幅为73.8%。2016年3月，商务部、税务总局下发《关于天津等4个自由贸易试验区内资租赁企业从事融资租赁业务有关问题的通知》（商流通函〔2016〕90号），将注册在自贸试验区内的内资租赁企业融资租赁业务试点确认工作委托给各自贸试验区所在的省、直辖市、计划单列市级商务主管部门和国家税务局。截至2016年底共确认4批15家内资融资租赁试点企业，其中天津12家，广东2家，上海1家。

2. 注册资本持续增加

截至2016年底，全国融资租赁企业注册资本金总量为19223.7亿元，同比增幅为31.3%，是2013年2884.3亿元的近7倍。其中，内资试点企业最高注册资本为221亿元，外资租赁企业最高注册资本为143亿元；注册资本超百亿元的融资租赁企业有3家，超50亿元的企业有21家。

3. 资产规模突破两万亿

截至2016年底，全国融资租赁企业资产总额21538.3亿元，比上年同期增长32.4%，

---

① 本章节所述融资租赁企业包含内资租赁试点企业和外资租赁企业，不包含金融租赁公司。
② 《2015年融资租赁行业运行情况分析》，商务部流通业发展司。

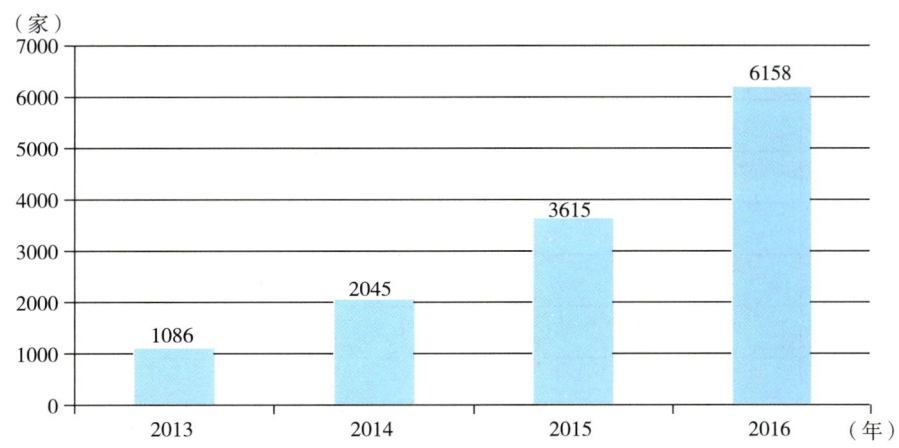

图 1-31　2013—2016 年我国融资租赁企业数量

数据来源：商务部。

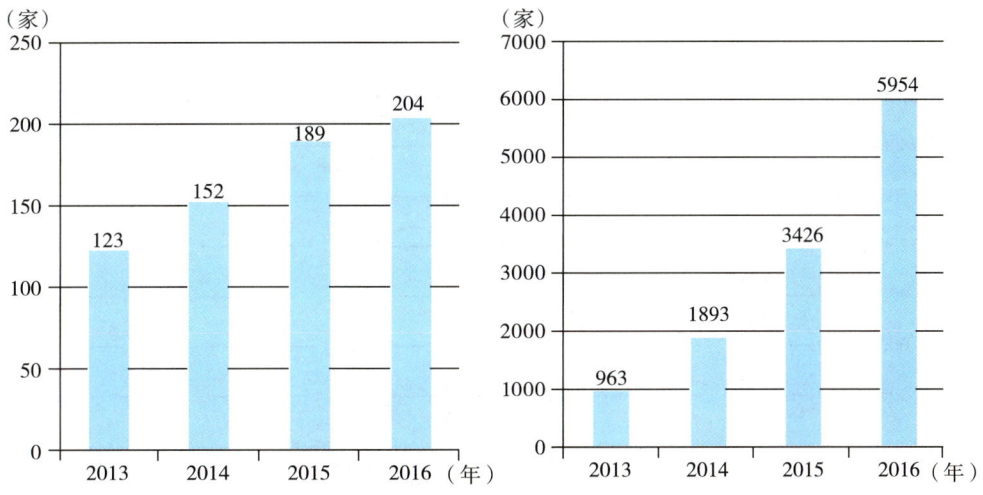

图 1-32　2013—2016 年我国内资试点（左）、外资（右）融资租赁企业数量

数据来源：商务部。

突破 2 万亿元。其中，内资试点企业资产总额 5140.1 亿元，比上年同期增长 35.2%；外资企业资产总额 16398.2 亿元，比上年同期增长 31.5%。租赁资产总额 13090.4 亿元，增长 33.8%；融资租赁资产总额 12810 亿元，增长 32.9%。总负债 14088.4 亿元，资产负债率 65.4%。从单个企业来看，总资产超过百亿元的企业达 33 家。

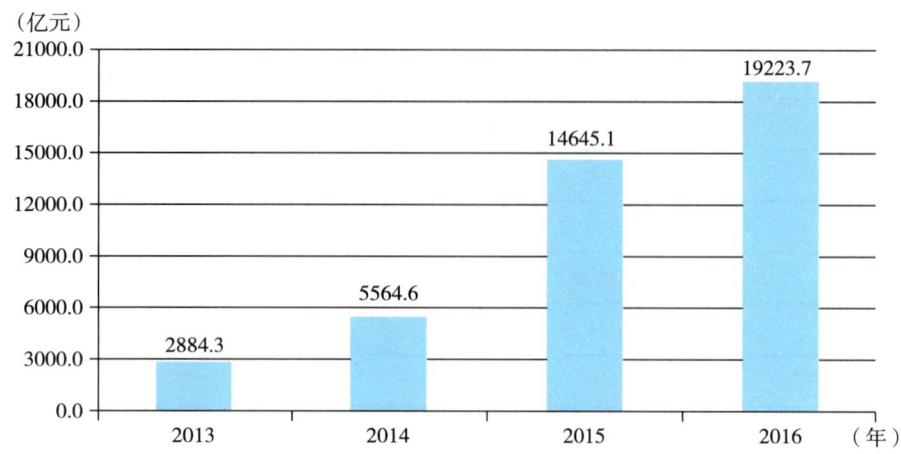

图 1-33 2013—2016 年我国融资租赁企业注册资本金总量

数据来源：商务部。

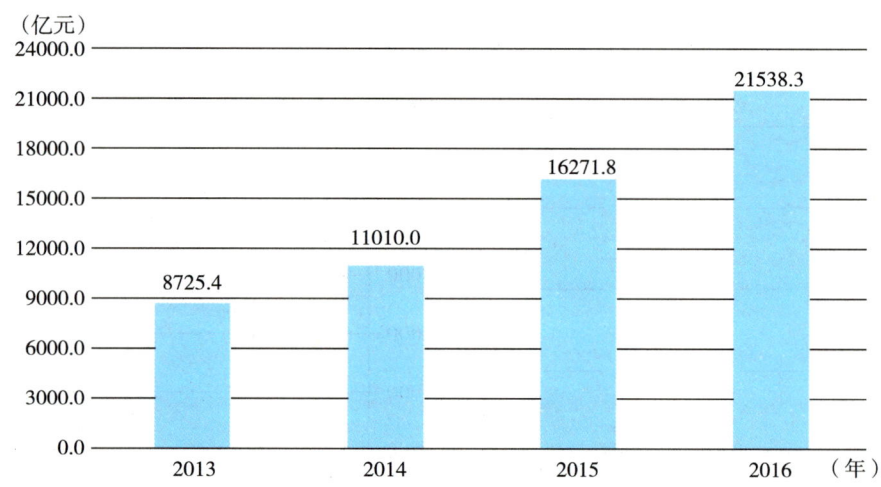

图 1-34 2013—2016 年我国融资租赁企业资产总额

数据来源：商务部。

4. 业务范围不断扩展

从行业分布看，融资租赁资产总额排名前 5 位的行业分别是能源设备、交通运输设备、基础设施及不动产、通用机械设备和工业装备，均分别超过千亿元。其中，能源设备类资产继上年再次大幅增加，显示出融资租赁在能源结构调整及环境治理等方面持续发挥作用。

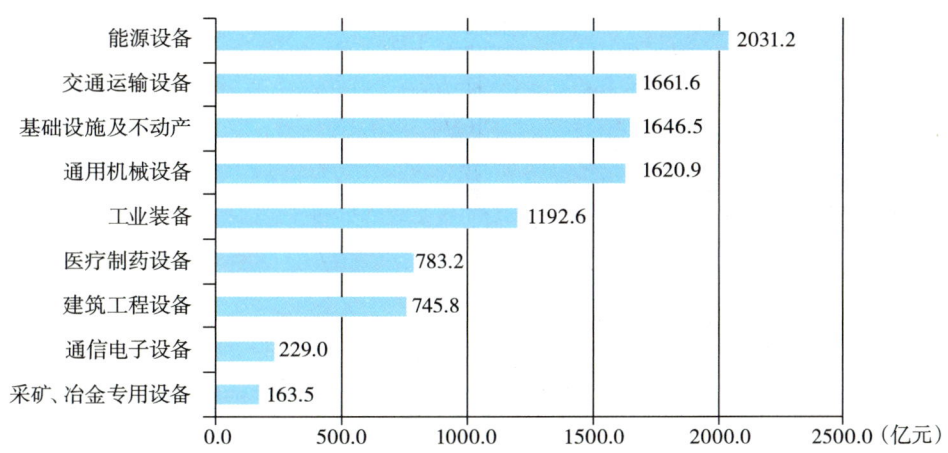

图 1-35 2016 年融资租赁资产行业分布情况

数据来源:商务部。

5. 经营效益持续提升

2016 年全行业融资租赁投放金额达到 8971.6 亿元,较上年增加 37.5%,实现营业收入 1535.9 亿元,利润总额 267.7 亿元,较上年分别增加 35% 和 25.4%,其中融资租赁业务收入 973 亿元,比上年增加 13.6%。全年融资租赁企业共缴纳税收 134.6 亿元。融资租赁企业逾期租金合计 291.5 亿元,比上年增加 74.3 亿元,继续保持较低水平。

6. 东部地区继续领跑

分区域[①]看,东部地区在融资租赁企业数量、注册资本金、资产总额等方面仍占据绝大部分,均达到全国总数九成以上。按企业数量增速排序,除陕西外,增速排名靠前的省市均属东部地区;从资产总额来看,中部地区占比有所上升。随着融资租赁聚集新区不断出现、"1+3+7"的自贸试验区试点新格局形成,我国中部、西部以及东北地区融资租赁行业还有很大的发展空间。

1.3.2 发展特征

1. 政策环境持续优化

为进一步推进供给侧结构性改革,振兴实体经济,有关部门和地区政府把握经济

---

① 东部地区是指北京、天津、河北、上海、江苏、浙江、福建、山东、广东和海南 10 省(市);中部地区是指山西、安徽、江西、河南、湖北和湖南 6 省;西部地区是指内蒙古、广西、重庆、四川、贵州、云南、西藏、陕西、甘肃、青海、宁夏和新疆 12 省(区、市);东北地区是指辽宁、吉林和黑龙江 3 省。

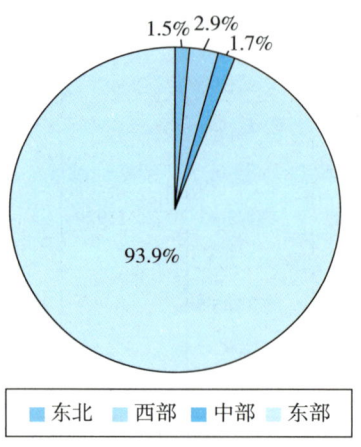

图 1-36　2016 年我国融资租赁企业区域分布

数据来源：商务部。

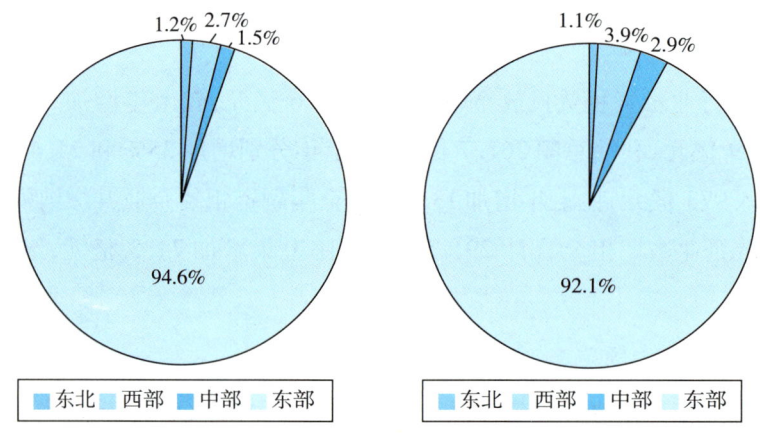

图 1-37　2016 年我国融资租赁企业注册资本及资产区域分布

数据来源：商务部。

发展新常态，针对多个融资租赁领域细分问题发布政策意见。财政部、国家税务总局全面推开营业税改征增值税试点，降低融资租赁行业税收负担；商务部将融资租赁等不涉及国家规定实施准入特别管理措施的外商投资企业设立及变更事项，由审批改为备案管理，完善国际化、便利化营商环境。天津支持企业通过融资租赁加快装备改造升级；广东自贸区允许融资租赁企业收取外币租金；陕西在公共服务领域，鼓励公交车、出租车、公务用车等实施新能源汽车融资租赁运营模式。天津、广东、广州、东莞、厦门、晋江、漳州、内蒙古、贵州、西安、济南、武汉等多地通过出口退税、利息补贴、设立融资风险补偿金或融资租赁产业发展基金等方式，对符合条件的企业融资租赁项目给予补助奖励。

2. 聚集效应更加凸显

随着政策环境优化,改革创新不断深化,尤其是自贸试验区制度设计灵活高效,投资和贸易便利化水平高,融资租赁行业积极探索、先行先试,地区聚集效应更加凸显。

上海、天津、深圳作为融资租赁行业集聚地的优势不断增强。全国融资租赁企业管理信息服务平台数据显示,截至2016年底,深圳融资租赁企业达到1637家,比上年增加2.2倍,其次为上海1606家、天津1129家,三地企业数量均已超过千家,合计占全国总数达到71%,比重较上年再提高7个百分点。从注册资本金和资产规模来看,截至2016年底,上海融资租赁企业注册资本金5652亿元,总资产8091.7亿元,占全国比重分别为31.6%和37.6%,均位于全国首位;天津融资租赁企业注册资本金3604.7亿元,总资产4151.3亿元,占全国比重分别为20.1%和19.3%;深圳融资租赁企业注册资本金4031.2亿元,总资产1365.7亿元,占全国比重分别为22.5%和6.3%。

另外,随着《关于加快融资租赁业发展的指导意见》(国办发〔2015〕68号,以下简称68号文)及各地具体实施意见的出台,新设辽宁等7个自贸试验区总体方案的发布,出现了更多重视融资租赁业发展的聚集新区。如北京、广州、重庆、厦门、大连、西安、成都、济南等多地打造融资租赁区域产业聚集中心,发挥融资租赁服务实体经济作用。

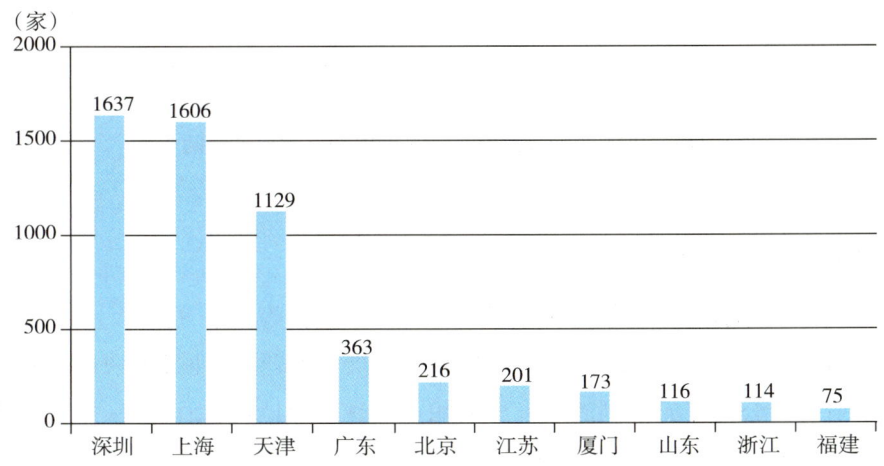

图1-38　2016年我国融资租赁企业数量排名前十的省市

数据来源:商务部。

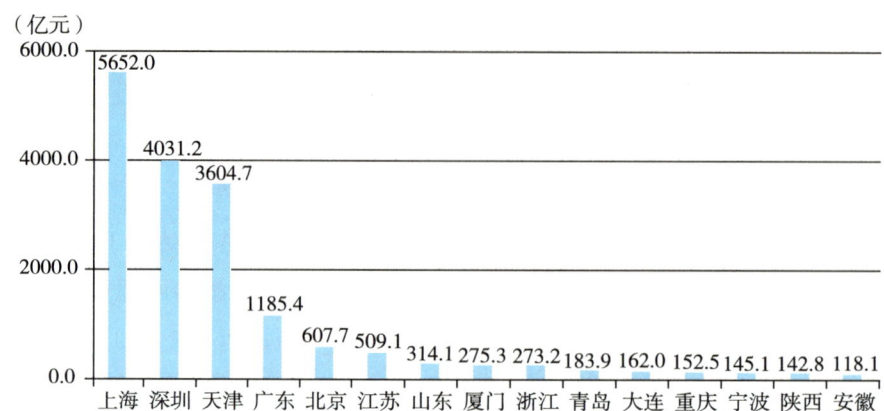

图1-39　2016年我国融资租赁企业注册资本金排名前十五的省市①

数据来源：商务部。

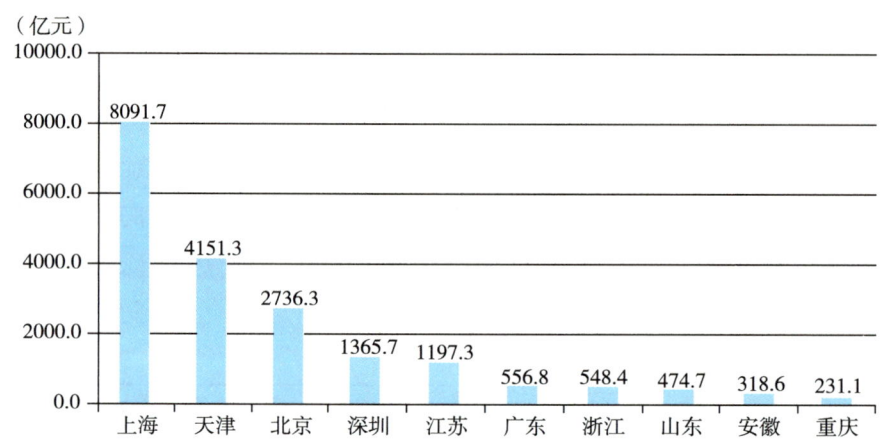

图1-40　2016年我国融资租赁企业总资产排名前十的省市

数据来源：商务部。

3. 业务创新不断加快

目前，我国飞机租赁、船舶海工租赁、大型设备租赁等融资租赁板块均已颇具规模，随着行业发展环境不断优化，业务领域继续拓展，融资租赁业务加快创新发展。湖北外资融资租赁公司完成首例涉及境外船舶业务，广东自贸区南沙片区完成船舶融资租赁第一单；合肥农委农机局在肥东县试点探索合肥农机融资租赁发展模式，仙桃建设20万亩蔬菜产业片区物流加工、生产销售一体化产业园，首次在农业领域采取融资租赁形式融资，开启农业领域融资新渠道。随着认知程度的不断加深，不论是出租人还是承租人，面对机遇与挑战，都要敢于在有效控制风险的前提下，不断创新融资租赁

---

① 计划单列市单独统计，下同。

业务模式,为企业搭建新的融资渠道。

4. 融资渠道更加多元

2016年融资租赁企业融资结构有所优化,融资渠道更加多元,资产支持证券、母公司融资、债券及海外融资等成为银行贷款以外融资租赁公司筹集资金的重要来源,有助于企业降低资金成本,更好地支撑业务发展及盈利增长。

根据中央国债登记结算公司证券化研究组发布的《2016年资产证券化发展报告》,2016年全国共发行资产证券化产品8420.5亿元,同比增长37.3%,特别是企业资产支持专项计划(以下简称"企业ABS")发行规模较2015年翻番,成为发行量最大的品种。wind数据显示,2016年我国共有65家融资租赁公司发行共118只租赁资产证券化产品,累计发行租赁企业ABS规模达1074.8亿元,同比增长110.8%,占2016年各类资产证券化产品发行规模比重已达12.8%。租赁企业ABS已成为我国企业ABS市场中最为主流的品种之一。

多家融资租赁企业获得母公司增资,以满足融资租赁公司扩大经营规模、优化资本结构以及融资租赁业务快速增长的资金需求。债券市场上,融资租赁公司通过公司债券、中期票据、短期融资券等方式融资规模也明显扩大。在海外融资市场,天津推动外债管理制度改革,支持区自贸试验区内企业境外融资,共受理21家企业申请中长期国际商贷项目,批复外债额度45.38亿美元,其中约95%用于支持自贸试区内融资租赁企业。

5. 资本投资更加活跃

随着融资租赁行业的持续快速发展,支持融资租赁发展的政策不断出台,大型企业和上市公司等各方资本加大对融资租赁业的关注和参与,融资租赁企业在资本市场中更加活跃。

据不完全统计,截至2016年底,共有291家上市公司设立或参股347家融资租赁公司,数量较上年有大幅提升。从沪、深两市上市公司所属行业来看,制造业企业数量最多,有132家,融资租赁在助力经济结构调整、产业转型升级和企业设备更新换代等方面发挥积极作用;批发和零售业企业18家,有利于企业经营模式由单一的批发零售转向包含融资租赁服务的综合化运营。各上市公司对自身融资租赁业务均有明确定位,侧重特点鲜明,致力于融资租赁与现有业务产业融合,拓宽多元融资渠道,夯实全产业链驱动商业模式,形成新的盈利增长极。

6. 形成一批竞争力强的龙头企业

融资租赁行业发展的专业化水平不断提升,企业市场竞争力持续加强,形成了一批专业优势突出、管理理念先进及具备国际竞争优势的龙头企业。2016年7月,远东宏信与渤海金控2家公司首度入选《财富》(中文版)2016年"中国500强企业"榜单,并成为首次入选的融资租赁公司。

远东宏信旗下远东国际租赁有限公司注册资本约18.2亿美元,在医疗、印刷、航运、建设、工业装备、教育、信息网络等多个基础领域优势突出,截至2016年末,远东宏信总资产规模超过1660亿元人民币,2016年实现营业收入约139亿元,同比增长约18%。

渤海金控作为唯一一家A股上市和拥有境内外平台的租赁公司,已在全球6大洲、80多个国家和地区建立分支机构或销售渠道,形成国内外并行的全球化租赁产业布局。近年来通过跨境兼并,已成为全球第3大飞机租赁公司和全球第2大集装箱租赁公司。截至2016年底,渤海金控资产总额2166.3亿元,同比增长64.2%,实现营业收入242.6亿元,同比增长146.9%;营业利润30亿元,同比增加57.9%。

1.3.3 趋势展望

1. 行业规模平稳增长

"十三五"时期,推进供给侧结构性改革是我国经济发展的战略重点,融资租赁融资与融物相结合的特性,决定了行业在推进"一带一路"、京津冀协同发展、长江经济带三大战略,以及加快壮大战略性新兴产业、培育发展新动能等方面将面临巨大发展机遇、发挥重要作用。随着行业发展环境日益完善,我国融资租赁行业规模仍将继续保持平稳较快增长,在产业结构升级、与实体经济细分领域深入结合的需求下,行业企业数量、业务实力、投放规模、业务范围有望取得更大的突破。

2. 业务领域纵深拓展

我国融资租赁企业在全球飞机租赁、集装箱租赁及航运租赁等领域的市场地位与占据份额逐年增长,医疗卫生、清洁能源、轨道交通等板块迅速延伸,社会公共事业领域融资租赁业务逐步开展。未来,融资租赁行业将进一步在推动产业转型升级、服务中小微企业以及开拓国际市场等方面拓展业务领域,将有更多融资租赁企业进入国际租赁市场。同时,资本市场、上市公司的活跃参与,使融资租赁企业能更好地解决发展过程中的资金和资本不足问题,布局全产业链和一体化资产管理解决方案,更好地发挥融资租赁对实体经济的服务支持作用。

3. 聚集效应进一步扩大

根据《国务院关于推广中国(上海)自由贸易试验区可复制改革试点经验的通知》

(国发〔2014〕65号)的精神,兼营与主营业务有关的商业保理业务、跨境人民币融资租赁业务、融资租赁业务收取外币资金、海关监管创新制度等一批改革成果和创新举措推广落地,以及新一批自贸区挂牌后自贸区融资租赁创新制度的实施,将极大地促进中西部、东北部地区融资租赁业发展,将涌现出一批新的融资租赁行业聚集区,更好地发挥规模效应,实现集群式发展。

4. 专业化水平持续提升

依托"一带一路"建设及"走出去"战略,我国融资租赁企业国际化经营的步伐明显加快,在国际市场的激烈竞争中不断学习和借鉴,优化全球产业布局,并购整合国际优质资产,实现外延式并购的规模效应,已形成一批具备开阔视野和综合实力的跨国租赁集团。未来,企业将优化资产管理与资源配置,降低资产持有风险,不断加强租赁资产管理,提升盈利能力;结合国家重大战略及企业自身在所处行业多年积累的经验和优势,延伸业务链,紧抓基础设施建设、制造业和交通运输业等领域的巨大投资需求商机,形成专业化竞争优势。

5. 风险防控不断强化

面对国内突出的结构性问题与不确定的外部环境,市场风险不断暴露,融资租赁企业将借助大数据等手段,不断完善项目立项、尽职调查、项目审查评审、合同管理、租后管理等管理流程,增强风险控制能力。同时,政府主管部门将不断强化融资租赁行业管理。商务部正加快推进法律法规建设,推动融资租赁行业统一立法,利用全国融资租赁企业管理信息服务平台等信息技术开展事中、事后监管,定期组织开展风险排查。北京、上海、深圳、福建等地强化监管力度,要求融资租赁公司通过全国融资租赁企业管理信息系统及时、准确报送信息,探索建立企业报送信息异常名录和黑名单制度,信息共享与监管协作沟通机制不断完善。

6. 发展基础持续夯实

随着配套产业与管理服务不断完善,财税等相关配套政策落到实处,业务模式持续创新,融资租赁行业发展基础正逐步夯实。统一、规范、全面的融资租赁业统计制度和评价指标体系将逐步建立,融资租赁统计方法更为完善,方便加强统计信息交流。与融资租赁交易有关的第三方服务产业创新发展,融资租赁企业配套专业咨询服务水平不断提高。行业组织自律作用有望进一步得到发挥。协会、相关院校及企业将更多地通过增设融资租赁专业、开展融资租赁培训会、建立融资租赁产业培训基地等多种形式加强行业人才培养,为行业发展营造良好的社会氛围。

1.4 2016年金融租赁公司运行情况分析

银监会披露,2016年前三季度,金融租赁行业实现盈利182.25亿元,到三季度末,行业不良率为0.93%,拨备覆盖率251.23%,资本充足率12.91%。

1.4.1 注册情况分析

截至2016年底,全国共成立金融租赁公司56家,注册资本累计达1660.97亿元。其中2016年成立12家,获批筹建但截至年底尚未成立的有7家。

表1-2 2016年新成立金融租赁公司(按成立时间排序)

企业名称	省份	注册资本(万元)	成立时间	法定代表人
河南九鼎金融租赁股份有限公司	河南	100000	2016-03-23	范大路
山东通达金融租赁有限公司	山东	100000	2016-06-06	赛志毅
广融达金融租赁有限公司	上海	50000	2016-06-15	鲍毅
中铁建金融租赁有限公司	天津	240000	2016-06-27	王秀明
佛山海晟金融租赁股份有限公司	广东	200000	2016-06-28	赵国俊
贵阳贵银金融租赁有限责任公司	贵州	200000	2016-07-15	杨琪
福建海西金融租赁有限责任公司	福建	70000	2016-09-09	庄海波
浙江稠州金融租赁有限公司	浙江	100000	2016-09-14	赵海华
天银金融租赁有限公司	天津	100000	2016-10-14	刘永浩
徐州恒鑫金融租赁股份有限公司	江苏	150000	2016-10-14	束兰根
四川天府金融租赁股份有限公司	四川	100000	2016-12-08	邢敏
甘肃兰银金融租赁股份有限公司	甘肃	50000	2016-12-09	张俊良

数据来源:零壹融资租赁研究中心。

全部56家金融租赁公司中,国银金融租赁的注册资本居首位为126.4亿元,其次为工银金融租赁,注册资本110亿元,建信金融租赁注册资本排第3,为80亿元。

第1章 行业概况

表1-3 注册资本①前十名的金融租赁公司

企业名称	省份	成立时间	注册资本(万元)
国银金融租赁股份有限公司	广东	1984-12-25	1264238
工银金融租赁有限公司	天津	2007-11-26	1100000
建信金融租赁有限公司	北京	2007-12-26	800000
兴业金融租赁有限责任公司	天津	2010-08-30	700000
交银金融租赁有限责任公司	上海	2007-12-20	700000
招银金融租赁有限公司	上海	2008-03-28	600000
昆仑金融租赁有限责任公司	重庆	2010-07-21	600000
民生金融租赁股份有限公司	天津	2008-04-02	509500
太平石化金融租赁有限责任公司	上海	2014-10-14	500000
华融金融租赁股份有限公司	浙江	2011-12-28	500000

数据来源：零壹融资租赁研究中心。

从地区分布来看，全部56家金融租赁公司分布于24个省、市、自治区，天津、上海仍是金融租赁公司分布最多的地区，天津成立9家，上海共注册7家，江苏、广东分别成立5家、4家，浙江、北京分别成立3家，重庆、山东、湖北、河南、河北、安徽、甘肃各成立2家，其他地区均成立1家。贵州、福建、四川均为首次设立金融租赁公司。

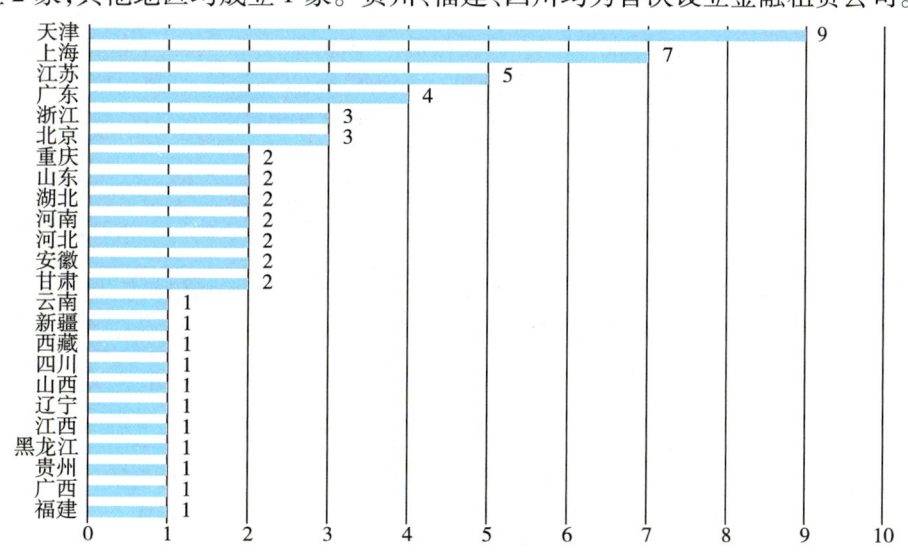

图1-41 金融租赁公司地区分布

数据来源：零壹融资租赁研究中心。

---

① 注册资本以成文之日启信宝数据为准，后期未做更新。

1.4.2 业务布局分析

从业务领域看,融资租赁公司目前主要服务的业务领域涵盖航空、航运、大型装备、工程机械、医疗行业、教育文化、三农、能源行业(含新能源)、绿色环保、车辆与轨道交通、城镇公用事业等11个行业。

表1-4 融资租赁公司主要业务领域统计①

服务领域	金融租赁公司
航空领域	工银租赁、建信租赁、民生租赁、邦银租赁、国银租赁、中信租赁、兴业租赁、哈银租赁、交银租赁、招银租赁、农银租赁、浦银租赁、江苏金租、皖江租赁、珠江租赁、信达租赁
航运领域	工银租赁、建信租赁、民生租赁、邦银租赁、国银租赁、兴业租赁、河北租赁、哈银租赁、交银租赁、招银租赁、农银租赁、浦银租赁、江苏金租、华融租赁、皖江租赁、湖北金租、珠江租赁、信达租赁
大型装备	工银租赁、建信租赁、中国外贸租赁、民生租赁、中国租赁、中信租赁、兴业租赁、河北租赁、山西租赁、哈银租赁、交银租赁、招银租赁、浦银租赁、太平石化租赁、江苏金租、苏兴租赁、江南租赁、华融租赁、永赢租赁、徽银租赁、皖江租赁、光大租赁、湖北租赁、珠江租赁、国银租赁、昆仑租赁、渝农商租赁、华夏租赁、信达租赁
工程机械	工银租赁、北银租赁、河北租赁、山西租赁、哈银租赁、交银租赁、江苏金租、皖江租赁、光大租赁、湖北租赁、珠江租赁、信达租赁
医疗领域	中国外贸租赁、北银租赁、民生租赁、中国租赁、邦银租赁、中信租赁、兴业租赁、河北租赁、山西租赁、哈银租赁、交银租赁、江苏金租、江南租赁、华融租赁、永赢租赁、徽银租赁、光大租赁、湖北租赁、珠江租赁、昆仑租赁、渝农商金融租赁、华夏租赁
教育文化领域	北银租赁、邦银租赁、山西租赁、哈银租赁、江苏金租、江南租赁、永赢租赁、光大租赁、华夏租赁
三农领域	邦银租赁、哈银租赁、农银租赁、苏兴租赁、江南租赁、徽银租赁、皖江租赁、渝农商金融租赁、华夏租赁
能源行业(含新能源)	北银租赁、民生租赁、中国租赁、中信租赁、河北租赁、山西租赁、哈银租赁、交银租赁、江南租赁、皖江租赁、光大租赁、昆仑租赁、渝农商金融租赁、信达租赁
绿色环保	民生租赁、中国租赁、邦银租赁、中信租赁、兴业租赁、浦银租赁、太平石化租赁、苏兴租赁、华融租赁、永赢租赁、昆仑租赁、渝农商金融租赁

① 由于部分金融租赁公司新成立或还未正式开展业务,所服务的主要业务领域无法获取,故此部分纳入统计的金融租赁公司共计32家。

续表

服务领域	金融租赁公司
车辆与轨道交通	民生租赁、中国租赁、邦银租赁、兴业租赁、河北租赁、山西租赁、哈银租赁、交银租赁、招银租赁、农银租赁、浦银租赁、太平石化租赁、苏兴租赁、江南租赁、华融租赁、永赢租赁、徽银租赁、湖北租赁、珠江租赁、国银租赁、昆仑租赁、渝农商金融租赁、信达租赁
城镇公用事业	中国租赁、中信租赁、兴业租赁、交银租赁、农银租赁、浦银租赁、苏兴租赁、江南租赁、永赢租赁、湖北租赁、昆仑租赁、渝农商金融租赁

数据来源：零壹融资租赁研究中心。

从纳入统计的全部32家金融租赁公司的业务领域看，涉及大型装备租赁的金融租赁公司最多，有29家，车辆与轨道交通领域次之，共23家金融租赁公司服务该行业，再次为医疗行业，有22家金融租赁公司从事该领域；涉及航运领域的金融租赁公司有18家，涉及航空领域的有16家，从事能源行业（含新能源）的金融租赁公司有14家，服务于工程机械、城镇公用事业、绿色环保三大领域的金融租赁公司各12家，涉及三农和教育文化领域的金融租赁公司相对最少，均为9家。

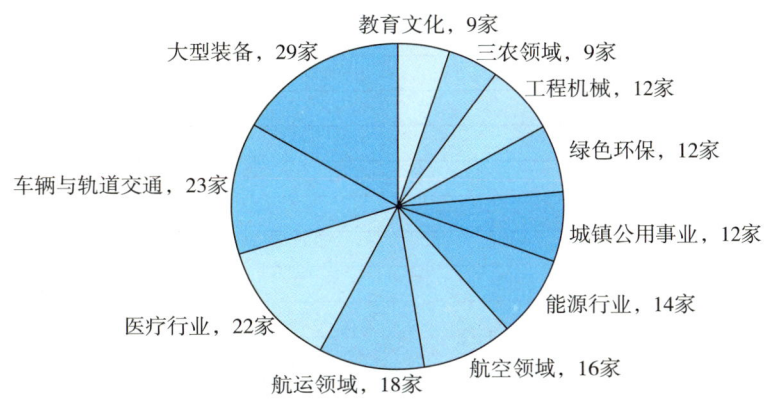

图1-42 各领域金融租赁公司分布情况

数据来源：零壹融资租赁研究中心。

1.4.3 股东背景分析

从股东类型看，全部56家金融租赁公司中，银行控股/参股设立的银行系金融租赁公司达38家，其余18家为民间资本发起设立。38家银行系金融租赁公司中，由全国性商业银行发起设立的有12家，由城市商业银行发起设立的有19家，由农村商业银行参股设立的有7家。

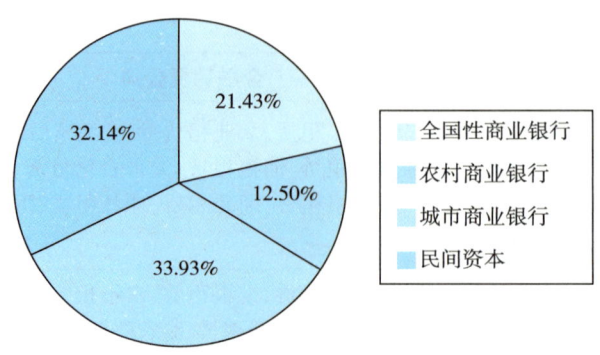

图1-43　金融租赁公司股东类型

数据来源：零壹融资租赁研究中心。

在城商行参股设立的19家金融租赁公司中,2016年成立最多,达9家;农商行参股的7家金融租赁公司中,2015年成立最多,为3家。可见,随着2014年3月新的《金融租赁公司管理办法》落地,将主要出资人制度调整为发起人制度,明确符合条件的五类机构均可作为发起人设立金融租赁公司后,越来越多的城市商业银行、农村商业银行开始涉足融资租赁行业。

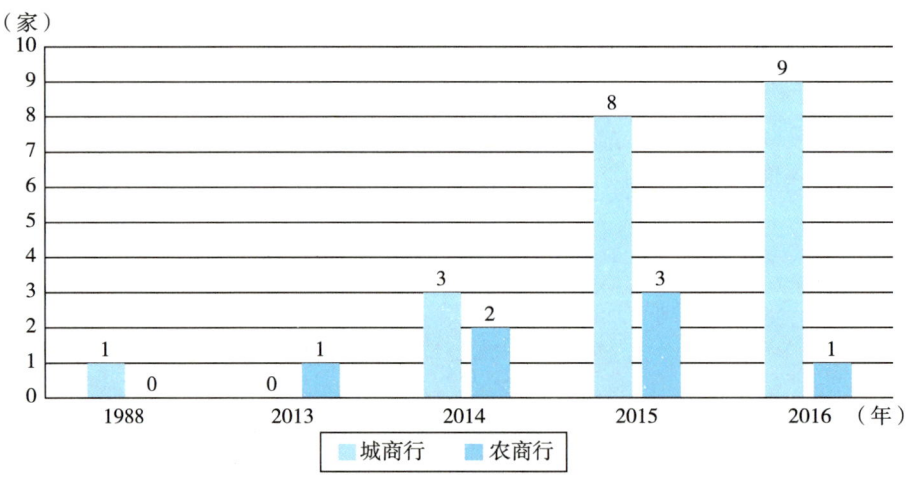

图1-44　城商行、农商行参股的金融租赁公司成立数量

数据来源：零壹融资租赁研究中心。

1.5 国际融资租赁行业发展概况

1.5.1 世界租赁发展概述

经济危机后的连续5年内,全球租赁业新业务量保持持续增长态势。《世界租赁年报2017》数据显示,世界租赁业务量排名前50的国家,2015年新增业务量超过1万亿美元,较2014年的9943.10亿美元增长6.5%。

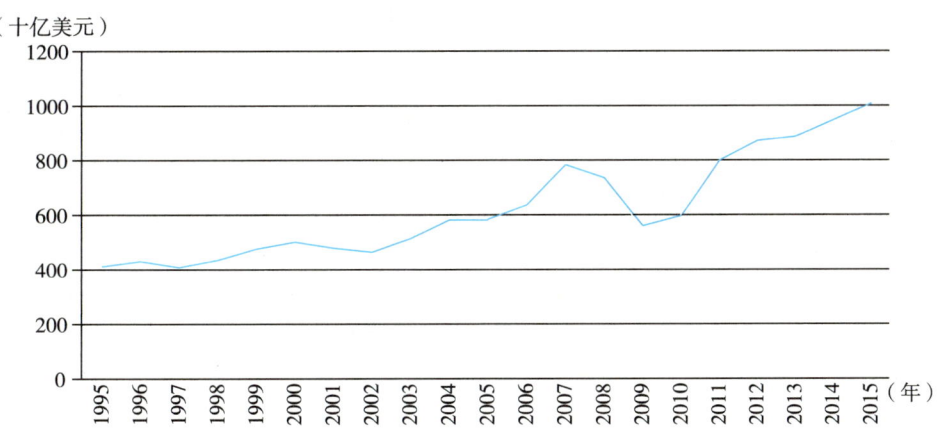

图1-45　1995—2014年世界租赁交易总量

数据来源:整理自White Clark Group Global Leasing Report。

北美洲、欧洲和亚洲仍然是世界租赁市场的主体,2015年这三个地区的租赁交易总量占全球总量的90%以上。其中,北美洲和亚洲增速可观,分别高达10.7%和14.4%。

拉丁美洲在2015年获得28.9%的增长,在全球所有地区上升幅度最大。

相比之下,若以美元表示,欧洲的租赁交易量略有下降,但这并不是由于欧元区地区的业务衰退所导致,而是由美元兑欧元汇率的影响导致。澳大利亚/新西兰地区的业务量,若以当地货币计量与上年大致相同,但若以美元计价则下降了12.4%。

《世界租赁年报2017》认为,全球经济危机后的连续5年内,全球租赁行业前景乐观,新业务量呈增长态势。

表 1-5　2014—2015 年各区域交易量及增长率

排名	地区	年成交量（十亿美元）	2014—2015 增长率（%）	2014 年世界市场份额比率	2015 年世界市场份额比率	2014—2015 市场份额变化（%）
1	北美洲	407.8	10.7	39	40.6	1.52
2	欧洲	322.8	-1.5	34.7	32.1	-2.6
3	亚洲	223	14.4	20.6	22.2	1.5
4	南美洲	13.8	28.9	1.1	1.4	0.2
5	澳大利亚/新西兰	31.2	-12.4	3.8	3.1	-0.7
6	非洲	6.7	-0.7	0.7	0.7	0
合计		1005.3				

数据来源：整理自 White Clark Group Global Leasing Report。

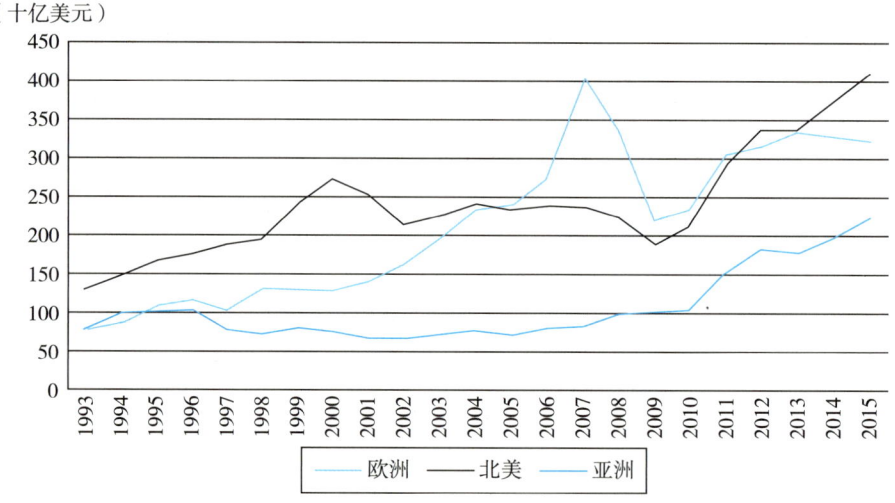

图 1-46　1993—2015 年北美洲、欧洲和亚洲地区租赁交易量

数据来源：整理自 White Clark Group Global Leasing Report。

1.5.2　世界租赁市场主体发展概况：北美洲、欧洲、亚洲

【北美洲】《世界租赁年报》中北美地区包括美国、加拿大、墨西哥 3 个国家。该地区 2015 年新增租赁业务量达 4078 亿美元，仍稳居世界首位，占全球租赁市场的份额由 2014 年的 39% 上升至 42.1%。

其中美国占据该地区的主要市场份额，也是世界上最大的单一租赁市场。2015 年美国租赁新增业务量为 3740 亿美元，比欧洲的 3228 亿美元高出 15%。

为应对美国资产金融市场错综复杂的局面,美国设备租赁与金融协会(ELFA)对其关注重点进行了调整,由直租和租购业务转移到设备融资业,这是一种涉及范围更广的金融工具。2015年美国设备金融业(租赁加担保贷款和信贷额度)总额超过1万亿美元,预计2016年将进一步增长。

2013年,加拿大商业协会(CFLA)对销售量数据的编制方法进行了优化升级,这一做法在很大程度上提升了数据的可靠性,但相较于其他地区仍缺少更精确的数据。受2014年油价暴跌的影响,2015年加拿大租赁新增业务量为261亿美元,较上一年度增长3.4%,跻身全球第8位。

墨西哥2015年租赁新增业务量为71.9亿美元,同比增速高达32%,其新业务量达到71.9亿美元,显示出稳健的发展态势。

【欧洲】2015年欧洲租赁新增业务量为3228亿美元,占世界总量的33.2%。5个欧洲国家在全球租赁新业务量排名中位列前10,占据欧洲租赁市场总量的68%。

以当地货币计量,欧洲①地区2015年实现租赁业务增长10.3%(注:表2中报告的欧洲增长数字是指当地货币的增长数字)。而以美元计量,欧洲则出现1.5%的负增长。国内经济疲弱的一些欧洲国家的租赁业务表现逊色,特别是俄罗斯(下降20%)、乌克兰(下降70%)、希腊(下降3%)。乌克兰现在已经退出了世界租赁业排名前50。考虑到俄罗斯吞并克里米亚和乌克兰东部的战争,以及由此引起的经济后果,这种业务表现也并不意外。

英国和德国分别为世界第3和第4大租赁市场,共占据欧洲租赁市场的46.9%,世界市场的15.6%。英国经济表现良好,2015年GDP同比增长3.02%,而德国增长了1.71%。

2015年,英国租赁行业新增业务量达到871.3亿美元,同比增长14%(以当地货币计量),世界排名仅次于美国和中国,居于第3位。其中业务增速最高的当属IT设备,增长率高达38%,其次是商用车和汽车金融板块,都出现了两位数的增长。总体而言,在资产融资和租赁方面,英国市场表现得稳健高效。

欧洲第2大租赁市场是德国,其2015年租赁系业务量为638.4亿美元,同比增长8.42%(以当地货币计量)。

德国是世界上最成熟的租赁市场之一,而租赁购买设备在设备融资中所占的比例仅为13%,其中融资租赁占48%,经营性租赁占39%。2015年,租赁作为投融资工具

---

① 《世界租赁年报》采用美元作为基准利率,因此报告中欧洲的数据将与Leaseurope所引用的略有差异。Leaseurope采用欧元作为基准货币,并根据汇率波动进行调整。

的比重变得越来越大,设备和建筑业行业也越来越频繁地采用租赁的方式进行融资。

在德国经济中,道路交通工具仍然是主要的资产类别(71%),其次是机械(13%)与办公设备和IT系统(6%)。从租赁设备的客户类型来看,服务、制造和运输部门租赁的设备占总销量的65%以上。

法国在全球租赁业中排名第6,2015年租赁新业务量达309.2亿美元,同比增长10%。这一增长主要得益于低通胀和高家庭消费导致的对租赁资产的更大投资。

如上所述,大多数中欧和东欧国家的经济都呈现低增长或负增长(如乌克兰、俄罗斯、塞尔维亚和爱沙尼亚)。俄罗斯租赁市场受到银行贷款利率的影响,经历了20%的负增长。尽管如此,2016年第二季度,在俄罗斯财政部的跨部门工作组会议上讨论了新的租赁改革措施,预计这些改革将为俄罗斯租赁行业带来更光明的前景。

【亚洲】2015年,亚洲租赁新业务量为2230亿美元,同比增长14.4%,占全球市场份额的22.2%,高于上年的市场占比(20.6%)。

中国央行2015年内5次降息,使银行贷款变得更加便宜,融资租赁的吸引力也因此在一定程度上有所降低。尽管如此,中国仍然是亚洲市场的最大参与者,2015年新增业务量达到1345亿美元,同比增长26%。中国租赁市场上,基础设施和制造业一直占据着主导地位,近年来汽车产业的市场份额在不断增加。

日本租赁市场从2014年的负增长(同比降低17%)中恢复过来,并在2015年经历了9%的增长,新业务量从550亿美元增加到608.4亿美元。这一增长受到了安倍政府于2013年推出"日本振兴战略"的刺激,使得租赁成为促进技术发展的手段。其中,工业设备(12%)、工厂设备(29%)、信息通信设备(3%)和医疗设备(9%)在2015年都有所增长,而施工设备(-8.8%)和运输设备(-3.4%)则出现负增长。中小企业两年来首次出现上涨,大型企业连续第三年下滑。消费税的增加可能是一个因素。

韩国是亚洲第3大租赁市场,全球排名第13,中国2015年租赁新业务量达到113.9亿美元,增长8%。运输设备和工业机械仍然是租赁的主要资产,占新业务量的80%以上。

中国台湾是亚洲第4大租赁市场。2010年以来,中国台湾一直在经历经济扩张,并受全球经济危机所带来的影响,导致前几年的租赁业务量持续下降。目前,中国台湾租赁市场正在不断增长,2015年新业务量达到106.2亿美元,较2014年同比增长10%。

2015年中国台湾监管规定发生变化,为中小企业提供了灵活的融资渠道,目的是缓解中小企业的资金短缺。同时,租赁市场扩展到高科技租赁业务,为未来的租赁业创造了乐观的前景。

最后一个进入全球租赁报告的亚洲国家是印度,其2015年的增长率仅为2.65%,但足以被纳入2015年的报告,从而使一个欧洲国家从世界排名前50的名单中剔除。

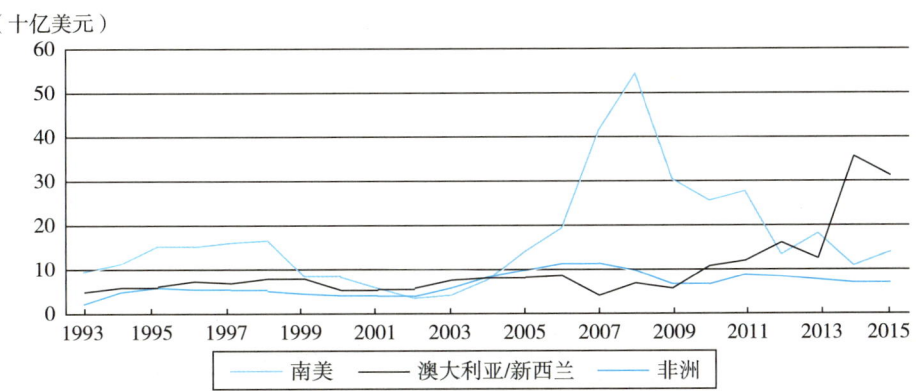

图1-47　1993—2015年南美洲、非洲、澳大利亚/新西兰地区租赁交易量

数据来源：整理自 White Clark Group Global Leasing Report。

1.5.3　其他区域发展概况：南美洲、非洲、澳大利亚和新西兰

2015年进入全球租赁交易额排名前50的还有非洲的4个国家（埃及、尼日利亚、摩洛哥和南非），拉丁美洲的5个国家（阿根廷、巴西、智利、哥伦比亚和秘鲁），以及澳大利亚、新西兰。

在以前的世界租赁年报中，并没有把动产抵押统计在澳大利亚的业务额中。在澳大利亚，动产抵押在设备融资中发挥着越来越重要的作用。按照澳大利亚设备租赁协会（AELA）的意见，2015年世界租赁年报将动产抵押也统计在澳大利亚的租赁业务额中。

由于美元汇率的差异，澳大利亚的世界排名从第6位滑落至第7位。然而，若以澳大利亚元表示（约合423亿澳大利亚元），销售额则保持不变。

除了巴西和智利，拉美地区其他国家的租赁协会重点关注的是投资组合价值，而并没有统计新增业务额，这使得确定该地区的租赁业务额变得异常困难。采用投资组合价值作为基准，有一个南美国家进入世界排名前20。拉美洲地区的租赁新业务量若以美元计算，同比增长28.9%。哥伦比亚的租赁市场2015年出现了显著增长，增长率超过21%。

非洲占全球租赁市场的份额约为0.7%，埃及、尼日利亚、摩洛哥和南非等4个非洲国家跻身全球排名前50位。该地区2015年的租赁交易额下降了0.7%，仅为67亿美元。非洲的租赁业仍处于起步阶段，除南非外，该地区有关租赁业的量化信息极度匮乏。南非的新租赁交易额小幅下降了1.16%，全球排名第27位。

《世界租赁年报2017》认为，2015年全球大部分地区的租赁业务都获得了增长，对未来几年的行业前景持乐观态度。

1.5.4　各国/地区租赁投资渗透率

表1-6 各国/地区租赁投资渗透率（2014—2015）

2014年排名	洲代码	国家/地区	2014年租赁成交额（十亿美元）	2013—2014年增长率（%）	市场渗透率	数据来源	2015年排名	洲代码	国家/地区	2015年租赁成交额（十亿美元）	2014—2015年增长率（%）	市场渗透率	数据来源
1	NA	美国	336.95	6.00	22.0	-8	1	NA	美国	374.35	11.10	22.0	-8
2	A	中国	114.85	31.06	3.4	-9	2	A	中国	136.45	25.55	4.0	-9
3	E	英国	78.16	16.45	28.6	-2	3	E	英国	87.13	14.01	31.1	-2
4	E	德国	68.19	8.36	16.4	-2	4	E	德国	63.82	8.42	16.7	-2
5	A	日本	55.85	-16.96	8.9	-1	5	A	日本	60.84	8.94	9.6	-1
6	ANT	澳大利亚	35.27	0.03	40.0	-1	6	ANT	澳大利亚	30.92	9.93	14.2	-2
7	E	法国	31.86	3.93	13.1	-2	7	E	法国	30.85	0.01	40.0	-1
8	NA	加拿大	30.89	2.63	31.0	-1	8	NA	加拿大	26.21	3.40	32.0	-1
9	E	瑞典	18.94	7.07	22.7	-2	9	E	瑞典	18.22	12.05	22.9	-2
10	E	意大利	17.78	11.35	11.7	-2	10	E	意大利	17.67	12.52	13.0	-2
11	E	俄罗斯	16.42	-12.82	—	-2	11	E	瑞士	13.79	5.25	11.5	-2
12	E	瑞士	13.05	15.50	12.0	-2	12	E	波兰	12.56	16.37	17.1	-1
13	E	波兰	12.23	23.47	15.7	-2	13	A	韩国	11.39	8.10	9.4	-1
14	A	韩国	11.11	14.80	9.8	-1	14	A	中国台湾	10.62	9.80	9.3	-2
15	A	中国台湾	9.45	15.03	8.3	-1	15	E	丹麦	9.04	24.06	28.5	-2
16	E	土耳其	8.53	50.18	11.0	-2	16	E	俄罗斯	8.69	-19.85	N/A	-2
17	E	丹麦	8.26	5.67	25.0	-2	17	E	土耳其	7.69	-9.85	10.0	-1
18	E	挪威	7.61	15.65	9.3	-2	18	E	西班牙	7.64	19.93	5.6	-2

续表

2014年排名	洲代码	国家/地区	2014年租赁成交额（十亿美元）	2013—2014年增长率（%）	市场渗透率	数据来源	2015年排名	洲代码	国家/地区	2015年租赁成交额（十亿美元）	2014—2015年增长率（%）	市场渗透率	数据来源
19	E	西班牙	7.25	45.66	5.2	-2	19	NA	墨西哥	7.19	32.00	N/A	-4
20	E	奥地利	6.53	7.02	12.5	-2	20	SA	哥伦比亚	6.14	21.00	N/A	-4
21	E	荷兰	5.56	2.88	6.0	-2	21	E	挪威	6.12	-2.39	9.8	-2
22	E	芬兰	5.52	7.04	18.0	-2	22	E	奥地利	6.09	5.90	13.3	-2
23	E	比利时	5.15	2.23	8.5	-2	23	E	荷兰	5.95	21.27	6.8	-2
24	AF	南非	4.61	0.01	未知	-7	24	E	芬兰	5.06	3.74	17.2	-2
25	SA	哥伦比亚	4.00	66.00	未知	-4	25	E	比利时	5.05	11.14	8.9	-2
26	SA	巴西	3.96	-1.30	10.9	-1	26	E	捷克共和国	4.11	20.34	12.0	-2
27	E	捷克共和国	3.83	14.05	15.2	-2	27	AF	南非	3.10	-1.16	N/A	-7
28	E	斯洛伐克	2.37	6.98	未知	-2	28	SA	秘鲁	2.70	4.00	N/A	-4
29	SA	智利	2.29	-7.66	15.0	-1	29	E	斯洛伐克	2.46	17.60	15.6	-2
30	E	葡萄牙	2.22	31.56	未知	-2	30	SA	巴西	2.43	-38.57	N/A	-1
31	A	马来西亚	1.71	-5.76	未知	-1	31	E	葡萄牙	2.36	20.85	15.7	-2
32	A	伊朗	1.69	45.00	6.2	-9	32	A	伊朗	2.14	17.00	7.3	-9
33	E	罗马尼亚	1.58	8.36	4.4	-2	33	SA	智利	1.81	-20.95	N/A	-1
34	E	匈牙利	1.45	24.00	未知	-1	34	E	罗马尼亚	1.68	18.47	4.5	-2
35	E	爱沙尼亚	1.09	-1.70	22.0	-2	35	AF	埃及	1.37	159.00	N/A	-1
36	AF	摩洛哥	1.07	-5.47	未知	-2	36	E	匈牙利	1.30	13.50	N/A	-1

续表

2014年排名	洲代码	国家/地区	2014年租赁成交额（十亿美元）	2013—2014年增长率（%）	市场渗透率	数据来源	2015年排名	洲代码	国家/地区	2015年租赁成交额（十亿美元）	2014—2015年增长率（%）	市场渗透率	数据来源
37	E	斯洛文尼亚	0.97	-4.06	13.3	-2	37	AF	尼日利亚	1.20	27.39	N/A	-1
38	E	立陶宛	0.87	-1.70	17.31	-2	38	E	立陶宛	1.17	51.42	18.20	-2
39	E	保加利亚	0.74	4.18	7.9	-2	39	A	马来西亚	1.15	-15.61	N/A	-1
40	E	拉脱维亚	0.67	-13.04	11.9	-2	40	E	斯洛文尼亚	1.12	44.61	19.6	-2
41	AF	埃及	0.58	34.94	未知	-1	41	AF	摩洛哥	1.04	5.80	N/A	-2
42	NA	墨西哥	0.57	8.00	未知	-4	42	E	爱沙尼亚	1.02	7.61	24.7	-2
43	AF	尼日利亚	0.50	11.40	未知	-1	43	E	保加利亚	0.87	20.41	9.3	-2
44	E	乌克兰	0.44	-42.63	未知	-2	44	E	拉脱维亚	0.76	28.78	14.8	-2
45	ANT	塞尔维亚和黑山	0.37	5.82	未知	-2	45	SA	阿根廷	0.73	27.00	N/A	-4
46	ANT	新西兰	0.37	0.30	未知	-8	46	ANT	新西兰	0.37	0.01	N/A	-8
47	A	乌兹别克斯坦	0.29	2.50	2.5	-1	47	E	塞尔维亚和黑山	0.34	7.86	N/A	-2
48	SA	阿根廷	0.25	45.00	未知	-4	48	A	乌兹别克斯坦	0.23	3.00	2.3	-1
49	SA	秘鲁	0.21	-8.00	未知	-4	49	A	印度	0.19	2.65	N/A	-9
50	E	希腊	0.20	22.81	1.3	-2	50	E	希腊	0.17	-2.80	1.1	-2
总计			944.31				总计			1005.30			

数据来源：(1) 国际租赁协会；(2) 欧洲租赁协会；(3) 亚洲租赁协会；(4) Alta 集团；(5) 其他贸易协会；(6) 政府统计；(7) 中央银行数据；(8) 学者评估；(9) 其他数据。

第 1 章 行业概况

表 1-7　11 个租赁业最发达的国家租赁投资渗透率（1992—2015）　　　　　　　　　　（%）

年份 国家	1992	1993	1994	1995	1996	1997	1998	1999	2000	2001	2002	2003	2004	2005	2006	2007	2008	2009	2010	2011	2012	2013	2014	2015
美国	32.3	29.4	28.7	28.1	30.9	30.9	30.9	30	31.7	31	31.1	31.1	29.9	26.9	27.7	26	16.4	17.1	17.1	21	22	22	22	22
日本	7.5	8.1	8.9	9.4	9.5	8.9	9.2	9.5	9.1	9.2	9.3	8.7	8.7	9.3	9.3	7.8	7.2	7	6.3	6.8	7.2	9.8	8.9	9.6
德国	10.4	11.1	10.9	11.5	13.3	13.6	14.7	15.1	14.8	13.5	9.8	21.7	15.7	18.6	23.6	15.5	16.2	13.9	14.3	14.7	15.8	16.6	16.4	16.7
韩国	20	23	26.2	30	26.5	28.3	13.1	2.8	2.4	1.6	3.9	4.4	5.6	7.7	9.4	N/A	10.5	4.4	4.8	8.7	8.5	8.1	9.8	9.4
英国	18.6	19	15.8	17.9	24	19.2	15	15.9	13.8	14.4	15.3	14.2	9.4	14.5	12.7	11.6	20.6	17.6	18.5	19.8	23.8	31	28.6	31.1
法国	14.6	13.1	13	15.2	15.2	12.4	17	15.7	9.2	13.7	12.9	15.4	9	11.7	11	12	12.2	3.1	10.5	11.1	12.8	12.5	13.1	14.2
意大利	11.5	10.8	13.1	16.8	16.8	10.9	12.3	12.4	12.3	10.4	8.6	7.6	11.4	15.1	15.2	11.4	16.9	10	13.1	12.3	10	9.4	11.7	13
巴西	8	10	20	20.5	18.1	20.7	20.7	12.5	11.4	7.6	3.6	3.8	7.7	13.5	16.9	19	23.8	N/A	N/A	N/A	N/A	N/A	N/A	N/A
加拿大	11	12.8	14	15.9	16.1	15.7	22	22	22.5	22	20.2	22	23.3	23.9	22	22	19.6	14	15.1	20.8	20.8	32	31	32
澳大利亚	20.3	22.1	21.8	22.3	20	25	25	25.4	20	20	20	20	20	20	18	14.2	10	10	12	27.5	27.5	10	40	40
瑞典	26.3	20	20	27	28	28	20	17.5	12.9	9.2	13	11.6	12.7	11.8	11.8	14.3	19.4	17.5	19.2	18.2	24.6	24.4	22.7	22.9

数据来源：
(1) 澳大利亚设备出租协会（租赁总额占私人资本投资的比例）；
(2) 美国商务部门、经济与统计部门、美国经济分析局和设备租赁协会（设备租赁占企业设备投资的比例）；
(3) 日本经济规划部门和设备租赁协会（设备租赁占私人资本投资的比例）；
(4) Leaseurope 年度报告；
(5) 加拿大统计局和设备出租协会（出租人购买占设备采购总额的比例）；
(6) 韩国租赁协会；
(7) 巴西租赁公司协会；
(8) 伦敦金融集团；
(9) 怀特克全球租赁报告。

表1-8 各国/地区租赁GDP渗透率（2009—2014） （%）

排名	国家/地区	2015年比率	国家/地区	2014年比率	国家/地区	2013年比率	国家/地区	2012年比率	国家/地区
1	爱沙尼亚	4.31	爱沙尼亚	4.81	爱沙尼亚	5.91	爱沙尼亚	6.32	爱沙尼亚
2	瑞典	3.03	瑞典	3.30	瑞典	3.82	瑞典	3.98	塞浦路斯
3	英国	3.02	英国	2.84	拉脱维亚	3.36	拉脱维亚	3.3	拉脱维亚
4	拉脱维亚	2.68	拉脱维亚	2.47	英国	2.67	斯洛伐克	2.53	芬兰
5	立陶宛	2.64	澳大利亚	2.47	立陶宛	2.65	英国	2.47	丹麦
6	丹麦	2.5	丹麦	2.36	丹麦	2.5	芬兰	2.43	哥伦比亚
7	瑞士	2.4	瑞士	2.30	斯洛伐克	2.48	丹麦	2.38	秘鲁
8	斯洛伐克	2.19	斯洛伐克	2.24	芬兰	2.31	加拿大	2.18	斯洛文尼亚
9	澳大利亚	2.08	芬兰	2.14	瑞士	2.19	瑞士	2.14	瑞士
10	美国	2.08	波兰	2.11	斯洛文尼亚	2.09	立陶宛	2.12	捷克共和国
11	波兰	2.08	立陶宛	2.07	波兰	2.03	斯洛文尼亚	2.09	英国
12	斯洛文尼亚	1.9	美国	1.95	德国	2.01	德国	1.92	德国
13	芬兰	1.9	德国	1.87	美国	1.92	波兰	1.86	澳大利亚
14	德国	1.71	斯洛文尼亚	1.73	奥地利	1.74	美国	1.86	波兰
15	中国台湾	1.67	加拿大	1.69	挪威	1.73	奥地利	1.75	瑞典
16	哥伦比亚	1.57	奥地利	1.63	哥伦比亚	1.62	挪威	1.72	智利
17	奥地利	1.47	挪威	1.63	中国台湾	1.6	捷克共和国	1.6	波多黎各
18	保加利亚	1.44	中国台湾	1.63	捷克共和国	1.55	中国台湾	1.59	挪威
19	加拿大	1.39	捷克	1.36	保加利亚	1.51	南非	1.49	美国
20	中国	1.37	保加利亚	1.31	摩洛哥	1.29	保加利亚	1.42	保加利亚
21	捷克共和国	1.33	中国	1.29	法国	1.25	俄罗斯	1.37	爱尔兰
22	挪威	1.28	法国	1.12	南非	1.23	法国	1.27	斯洛伐克
23	秘鲁	1.26	哥伦比亚	1.09	俄罗斯	1.22	比利时	1.24	摩洛哥
24	法国	1.05	南非	1.07	秘鲁	1.21	中国	1.24	南非
25	葡萄牙	0.98	比利时	0.99	比利时	1.13	日本	1.19	中国台湾
26	比利时	0.94	葡萄牙	0.95	中国	1.11	澳大利亚	1.17	葡萄牙
27	日本	0.93	匈牙利	0.93	日本	1.11	哥伦比亚	1.15	加拿大
28	韩国	0.83	摩洛哥	0.91	匈牙利	1.09	摩洛哥	1.08	俄罗斯
29	摩洛哥	0.83	日本	0.89	智利	0.96	马来西亚	1.06	日本
30	匈牙利	0.8	土耳其	0.88	澳大利亚	0.88	罗马尼亚	0.92	法国
31	意大利	0.77	韩国	0.87	意大利	0.87	智利	0.91	比利时
32	土耳其	0.74	智利	0.83	葡萄牙	0.83	韩国	0.91	意大利
33	荷兰	0.7	意大利	0.80	阿根廷	0.8	匈牙利	0.87	匈牙利

续表

排名	国家/地区	2015年比率	国家/地区	2014年比率	国家/地区	2013年比率	国家/地区	2012年比率	国家/地区
34	南非	0.68	俄罗斯	0.72	韩国	0.79	意大利	0.86	罗马尼亚
35	罗马尼亚	0.63	荷兰	0.67	罗马尼亚	0.78	波多黎各	0.79	中国
36	智利	0.62	罗马尼亚	0.67	荷兰	0.75	葡萄牙	0.79	韩国
37	塞尔维亚	0.55	塞尔维亚和黑山	0.60	塞尔维亚和黑山	0.72	秘鲁	0.75	澳大利亚
38	墨西哥	0.53	马来西亚	0.57	加拿大	0.71	塞尔维亚和黑山	0.75	马来西亚
39	西班牙	0.5	乌兹别克斯坦	0.55	马来西亚	0.69	荷兰	0.68	荷兰
40	伊朗	0.49	西班牙	0.49	乌兹别克斯坦	0.63	土耳其	0.63	塞尔维亚和黑山
41	乌兹别克斯坦	0.41	伊朗	0.42	土耳其	0.63	乌克兰	0.52	乌兹别克斯坦
42	埃及	0.4	乌克兰	0.25	波多黎各	0.58	墨西哥	0.46	乌克兰
43	尼日利亚	0.37	新西兰	0.23	乌克兰	0.5	西班牙	0.4	土耳其
44	马来西亚	0.36	埃及	0.19	墨西哥	0.4	埃及	0.39	西班牙
45	俄罗斯	0.35	尼日利亚	0.17	西班牙	0.39	新西兰	0.26	伊朗
46	新西兰	0.22	巴西	0.15	尼日利亚	0.24	伊朗	0.24	西班牙
47	阿根廷	0.18	秘鲁	0.11	伊朗	0.24	阿根廷	0.23	埃及
48	巴西	0.09	希腊	0.06	新西兰	0.23	巴西	0.17	阿根廷
49	希腊	0.05	阿根廷	0.06	巴西	0.16	尼日利亚	0.13	新西兰
50	印度	0.01	墨西哥	0.04	埃及	0.15	委内瑞拉	0.06	哈萨克斯坦

数据来源：London Financial Group, White Clark Group。

第 2 章

法律

2.1 2016年融资租赁案件争议焦点解析[①]

2016年,融资租赁纠纷数量延续了2015年的上升势头,持续增长,根据聚法网公布的数据,2016年全国融资租赁诉讼案件23526件,比上一年全年的20001件增加3525件,增幅达17.6%。虽然增长幅度大大低于2016年对2015年的增长幅度(74.6%),但主要原因在于2015年的基数很低,为11449件,因此,我们不能由此得出"融资租赁纠纷增长幅度放缓"的乐观结论。从已公布的判决来看,融资租赁纠纷仍然多数源于承租人违约,出租人提起诉讼,要求承租人偿还债务,也有少数案例由承租人或第三人起诉解除合同或要求出租人承担损害赔偿责任。承租人欠租抗辩的理由是多种多样的,从每一个具体案例中也折射出租赁公司面临的多角度风险。本章节从大量已公开的案例中选取了有代表性的11个案例加以分析,这些案例涉及对融资租赁相关问题的多层面争议或提示,从多个侧面折射裁判者对融资租赁相关问题的认识,提示租赁公司开展相关业务应该注意的事项。

1. 关于合同效力的争议

相对于其他交易纠纷,在融资租赁诉讼中,对方当事人质疑合同效力的比例大得惊人,这主要源于融资租赁的创新性较强,而且涉及融资,往往面临合同效力的挑战,租赁公司也经常面临"名为融资租赁,实为借贷"的误解。对租赁合同的性质和效力的疑问,相信随着租赁行业的壮大和业务的规范会尘埃落定。在商事交易中,只要合同是双方当事人真实意思的表示,不违反法律、行政法规的强制性规定,就不应该轻易认定无效。关于什么是"法律、行政法规的强制性规定",实践中有很多误区,本章节选择了2个这样的案例,以澄清是非。

2. 关于船舶融资租赁中的特殊问题

船舶是特殊动产,具有价值高、可登记、权属清晰的优点,很适宜作为租赁物,我国很多租赁公司都从事船舶融资租赁。船舶租赁具有悠久的历史,形成了独特的行业惯例,并逐渐被国际、国内法律确认。国际上有很多关于海事的公约、规则,我国也有

[①] 本部分作者为北京市汇融律师事务所主任张稚萍。

《海商法》《海事诉讼特别程序法》等海事特别法。当这些特别法与普通法如《合同法》中的规定相冲突时,根据"特别法优于普通法"的原则,《合同法》中的有些规定会让位于《海商法》的特别规定,如根据《合同法》的规定和融资租赁交易合同的约定,租赁物属于出租人所有,可以对抗承租人的破产管理人和其他债权人,但是《海商法》设定了船舶优先权制度,规定5种特定的海事请求具有船舶优先权:(1)船长、船员和在船上工作的其他在编人员根据劳动法律、行政法规或者劳动合同所产生的工资、其他劳动报酬、船员遣返费用和社会保险费用的给付请求;(2)在船舶营运中发生的人身伤亡的赔偿请求;(3)船舶吨税、引航费、港务费和其他港口规费的缴付请求;(4)海难救助的救助款项的给付请求;(5)船舶在营运中因侵权行为产生的财产赔偿请求,这些海事请求由海事请求人向船舶所有人、光船承租人、船舶经营人提出,海事请求人对产生该海事请求的船舶具有优先受偿的权利。这样一来,船舶所有权上被设定了法定权利,出租人拥有所有权的船舶上就会有其他优先权的负担。所以,租赁公司开展船舶租赁业务与开展普通动产租赁业务是不完全相同的,要关注特殊的风险。本章节选取了3个与船舶有关的争议案例。

3. 关于机动车租赁的特殊问题

机动车也很适合作为租赁物,机动车租赁的核心问题是登记在承租人名下是否会影响出租人的所有权。由于登记制度的缺失,机动车登记不像航空器和船舶登记那样能够区分出所有人和使用人。如果将机动车登记在出租人名下,则会给租赁公司带来很大的行政管理责任,也不便于承租人的正常使用。而登记在承租人名下,又会造成第三人包括司法机关误认为是承租人所有,从而对租赁公司的物权带来不良影响。实践中发生过很多案例,承租人的债权人将登记在承租人名下而实际上为租赁公司的所有权的机动车当成承租人的财产而予以查封、扣押,出租人提出异议,需要经历漫长的程序才能得到纠正。本章节选择了这样的案例,提示租赁公司的救济途径和方法。

4. 关于合同履行过程中当事人权利、义务的分配

融资租赁具有与传统租赁完全不同的特征,根据传统的民法理论,物的权、责、利及风险与所有权紧密相关,而在融资租赁中,相对于传统租赁来说,融资租赁中对当事人的权利、义务、风险承担做出了新的划分,由于融资租赁中风险与报酬几乎都转移给了承租人,所以承租人与物的联系很紧密,租赁物灭失的风险由承租人承担,租赁物对第三人造成的伤害也由承租人承担。但这些原则是在不断地争议中逐步得到加强的,一旦发生争议,承租人或其他相关主体往往会沿用对传统租赁的固有认识,而要求出租人承担不应承担的责任。本章节在选取案例的过程中,欣喜地看到了司法机关态度

的转变,诉讼比过去容易了。

5. 关于租赁物取回权的行使

融资租赁是基于资产的融资,租赁公司既有物权又有债权,物权是债权的保障。我们常常说融资租赁的优势之一就是当承租人违约时,出租人可以取回租赁物。但是实践中取回权的行使不容易,在自力取回的情况下会遇到承租人的抵制,公力取回费时费力,也不容易。取回的案例很少,本章节选取了一个这样的案例,管中窥豹,提示租赁公司一些风险,最终解决之道还有赖于法治社会建设的推进。

6. 关于账户中资金的权属

2015 年,有一些承租人破产。承租人破产时,涉及出租人破产债权申报及确认、与保证人的关系、租赁物不属于破产财产、出租人有权取回租赁物等法律问题。《破产法》属于特别法,有特别的规定和程序。本章节选取了一个破产案例,涉及承租人破产而保证人没有破产时的一些程序和责任认定问题。

本章节选取的大部分案例审结在 2016 年,个别案例审结在 2015 年底或 2017 年初,这 11 个案例中,最后一个案例其纠纷本身与融资租赁没有直接关系,但是该案例争议的问题租赁公司也经常遇到,所以也一并收入,作为风险防范或澄清法律问题的提示。这些案例从中国裁判文书网等专业网站查询而来,都是已经公开的案例。所选取的个别案例本身并不典型或完美,但是从该案例可以延伸出有价值的评论,这是本章节的目的。本章节由本所多名律师分别撰写,每个案例的书写体例不完全一致,没有刻意统一,鉴于案例已经公开,所以对其中法人当事人的信息未作处理,但对涉及自然人的案例,则只保留姓氏而隐去了实名,以姓氏加某某的方式代称;有的案例呈现了纠纷的全貌,有的则集中于对争议焦点的分析,省略了无关争议焦点的信息。案例中都附上了案号,感兴趣的读者可以从原判决中得到全部信息。有的案例评析言简意赅,观点表达清楚即可,有的评析展开论述,涉及了法理阐述,几乎可成一篇文章。笔者逐一审阅、修订了这些案例,或与作者讨论了评议焦点,希望能够使读者获益。但是时间仓促,错漏难免,还望读者海涵。

2.2 2016年融资租赁纠纷典型案例解析

2.2.1 案例1：售后回租业务中，国有企业作为承租人转让租赁物是否需要履行国有资产转让程序[①]

在与国有企业开展售后回租业务时，租赁公司经常会出现如下困惑：承租人将租赁物转让给出租人的行为是否属于国有资产转让行为？是否应履行国有资产转让程序？未履行国有资产转让程序是否影响租赁合同的效力？以下案例涉及上述问题，笔者对其进行了简要分析，以期对租赁公司起到积极的借鉴意义。

重庆诗仙太白酒业（集团）有限公司、两江融资租赁股份有限公司融资租赁合同纠纷二审案[②]

上诉人（原审被告）：重庆诗仙太白酒业（集团）有限公司（系重庆市国有资产监督管理委员会二级全资子公司，以下简称"承租人"）

被上诉人（原审原告）：两江融资租赁股份有限公司（以下简称"出租人"）

1. 案件基本事实

2014年3月6日，出租人与承租人签订《融资租赁合同》，约定："1.1……承租人出售给出租人的租赁物是承租人拥有的位于重庆市万州区天城镇塘坊大道466号的完整白酒生产线……1.2 承租人将财产出售给出租人，出租人支付购买价款，承租人再从出租人处租回使用，并依约向出租人支付租金及相关费用。租赁期限届满，承租人依约留购租赁物……2.2.1 双方确定本合同项下的租赁物购买价款合计人民币6700万元……3.1.1 租赁物现为承租人所有并占有。租赁物在承租人向出租人转移租赁物所有权之日，即视为在完整状态下由出租人向承租人交付完毕……4.1.1 自出租人支付第一笔租赁物购买价款之日起，租赁物所有权归出租人……8.1 租赁期届满，在承租人支付完本合同项下的全部款项，包括但不限于租金、租赁手续费、违约金以及其他款项后，承租人方可按本合同约定留购价格留购租赁物。租赁物留购价格为

[①] 本部分作者为北京汇融（天津）律师事务所律师贺欣。
[②] 参见重庆市高级人民法院(2017)渝民终110号二审民事判决书，2017年4月28日作出。

100元。承租人向出租人支付租赁物留购价款的时间为最后一期租金支付日……"

上述合同签订后,出租人向承租人支付了租赁物的购买款6700万元。因承租人自2014年11月起未再支付租金,出租人向承租人发出《租金催收函》和《提前终止合同通知函》。承租人于2014年12月4日出具《通知函接受明细》,载明:"一、2014年11月21日发出的《租金催收函》;二、2014年11月30日发出的《提前终止合同通知函》;……四、2014年12月2日发出的《租金催收函》。以上函件我司已接收。"

出租人发出的《提前终止合同通知函》中载明:"在租赁期内,我司经审查发现贵司已出现经营状况、财务状况严重恶化等足以影响我司债权实现的重大违约情形和预期违约之可能,并在支付2014年11月20日应付的第八期租金时出现逾期。根据《融资租赁合同》之约定,贵司已违反了该合同第15.1条、第12.2.7条的约定。根据合同之约定,我司现决定提前终止合同……如贵司未按期按上述条款向我司支付以上清算款项,我司将采取收回租赁物、处置抵押物、诉讼等手段以保障我司债权实现。贵司按约完全支付上述所有清算费用后,贵我双方无需再履行《融资租赁合同》项下的权利义务,该合同对贵我双方再无约束力。"出租人要求承租人在2014年11月30日之前进行终止清算,并支付到期未付租金、逾期利息、剩余租赁本金和违约金等。此后,出租人多次发函催收租金或者要求封存租赁物。

2. 起诉与答辩及法院的认定与判决

出租人向法院提起诉讼,请求判令:(1)承租人支付租金32327890元及按照合同约定计算的违约金;(2)承租人支付为实现债权产生的律师费76万元;(3)确认出租人有权以拍卖、变卖承租人提供的抵押物所得价款在上述第一、二项债权范围内优先受偿;(4)确认出租人有权以收取的履约保证金200万元直接抵扣上述第一项违约金;(5)本案诉讼费用由承租人负担。

承租人在一审中答辩称,其系100%国资公司,白酒生产线是重要的国有资产,该生产线转让未经相关部门审批,故即使讼争合同认定为融资租赁合同,该合同也未生效。

一审法院审理认为,根据《中华人民共和国企业国有资产管理法》第55条之规定:"国有资产转让应当以依法评估的、经履行出资人职责的机构认可或者由履行出资人职责的机构报经本级人民政府核准的价格为依据,合理确定最低转让价格。"该条对国有资产转让的价格确定作了程序性规范。但本案合同性质为融资租赁合同,虽然合同中约定了承租人将白酒生产线转让给出租人,出租人又将标的物租赁给承租人,但同时合同中也约定了留购价款,即承租人履行完融资租赁合同后支付100元即可获得租赁物的所有权。故讼争合同性质并非买卖合同,实质也并未涉及国有资产的转让,且该条规定的政府核准价格也不是审批程序。因此,承租人认为生产线转让未经相关部门审批,不符合《中华人民共和国企业国有资产管理法》第 55 条、第 56 条、第 57 条规定,应当未生效乃至无效的理由不能成立。综上,讼争合同是双方当事人的真实意思表示,成立并生效,未违反法律、行政法规的禁止性规定,应为有效合同。

一审判决如下:(1)承租人于本判决生效之日起十日内支付出租人租金 32116030 元、违约金 4826355 元(截至 2016 年 10 月 20 日),及自 2016 年 10 月 21 日起至实际付清时止,以欠付租金 36812585 元为基数,按照同期银行贷款利率四倍计算的违约金;(2)承租人于本判决生效之日起十日内支付出租人实现债权的律师费 10 万元;(3)出租人有权以拍卖、变卖承租人提供的抵押物所得价款在上述第一项和第二项确定的债权范围内优先受偿;(4)驳回出租人的其他诉讼请求。一审案件受理费 214541.51 元,由承租人负担。

3. 上诉与答辩及法院的认定与判决

承租人不服一审判决,向重庆市高级人民法院提起上诉,请求二审法院:(1)依法撤销一审判决,改判驳回出租人的全部诉讼请求;(2)本案诉讼费用由出租人负担。

承租人上诉称,一审判决认定涉案融资租赁合同合法有效是错误的。涉案的融资租赁合同系售后返租型融资租赁,当中涉及两个法律关系,一个是买卖合同关系,一个是租赁合同关系。即承租人将白酒生产线作价 6700 万元出售给出租人,后再由出租人将该白酒生产线出租给承租人。承租人系国有独资企业。根据《中华人民共和国企业国有资产管理法》第 53 条、第 54 条、第 55 条之规定,企业国有资产的转让价格应当依法评估核准,并报经履行出资人职责的机构批准。因此,涉案的融资租赁合同应系法律规定应当办理批准等手续生效的合同。在没有经过报批手续的情况下,一审判决认定涉案融资租赁合同合法有效是错误的。

出租人答辩称,讼争合同的性质是融资租赁合同,应适用融资租赁的相关法律法规,不适用资产转让的法律规定。退一步讲,即使双方融资租赁合同约定承租人将白酒生产线等出售给出租人,因承租人并非国家出资企业,其资产转让也不适用《中华人民共和国企业国有资产管理法》第 53 条、第 54 条、第 55 条之规定。承租人关于双方合同应属无效的理由不能成立。

二审法院认为,出租人与承租人在《融资租赁合同》中约定:"……1.2 承租人将财产出售给出租人,出租人支付购买价款,承租人再从出租人处租回使用,并依约向出租人支付租金及相关费用。租赁期限届满,承租人依约留购租赁物……8.1 租赁期届满,在承租人支付完本合同项下的全部款项,包括但不限于租金、租赁手续费、违约金以及其他款项后,承租人方可按本合同约定留购价格留购租赁物。租赁物留购价格为

100元。承租人向出租人支付租赁物留购价款的时间为最后一期租金支付日……"可见,双方签订合同的真实目的是出租人购买承租人自有的白酒生产线,再将该生产线出租给承租人,从而收取相应的租金报酬。这完全符合合同法规定的融资租赁合同关系的基本特征。……又因双方并非买卖合同关系,且双方在合同中约定了相应的留购条款,该合同不涉及国有资产的转让行为,承租人以该合同违反《中华人民共和国企业国有资产管理法》相关规定为由主张合同无效的上诉理由不成立,本院不予支持。综上所述,二审法院判决驳回上诉,维持原判。

4. 对本案的评析

本案涉及的主要争议焦点是:售后回租交易中,国有企业作为承租人,未履行国有资产转让程序,是否影响融资租赁合同的效力。本案两审法院均认定融资租赁合同有效,并认为融资租赁合同性质并非买卖合同,实质也并未涉及国有资产的转让。虽然本案判决并未探讨关于企业国有资产的界定等问题,但租赁公司和潜在承租人往往对企业国有资产的定义、国有企业能否不经国有资产转让程序而直接以其资产开展售后回租等提出疑问,可见厘清该等问题存在一定的必要性,笔者结合该案例,对相关问题分析如下:

(1) 国有企业拟出售的租赁物是否属于国有资产?

为了更加清晰地明确售后回租业务项下,承租人转让租赁物是否需要履行国有资产转让程序,应首先明确案涉租赁物的性质,是否属于企业国有资产。

根据《中华人民共和国企业国有资产法》(主席令第五号,以下简称《企业国有资产法》)第2条,"本法所称企业国有资产,是指国家对企业各种形式的出资所形成的权益"。由此可见,《企业国有资产法》将企业国有资产定义为出资人权益,根据我国的公司法制度,是指国家将资本投入到企业后,以出资人的身份所享有的权益。对此,全国人大常委会法工委在《中华人民共和国企业国有资产法释义》[1](以下简称《企业国有资产法释义》)中也进一步明确,企业国有资产不同于企业的法人资产,企业国有资产是指国家作为出资人对所出资企业所享有的权益,而不是指国家出资企业的各项具体财产。出资人将出资投入企业,所形成的企业的厂房、机器设备等企业的各项具体财产,属于企业的法人财产。依照《物权法》和《企业国有资产法》的规定,企业法人的不动产和动产,由企业依照法律、行政法规和企业章程享有占有、使用、收益和处分的权利。出资人对企业法人财产不具有直接的所有权,出资人对企业享有的是出资人权利,具体体现为资产收益、参与重大决策和选择管理者等权利。

---

[1] 中华人民共和国企业国有资产法释义[M].北京:法律出版社,2008:30.

此外,结合《企业国有资产法》通篇对企业法人财产的规定来看,也印证了上述分析,如《企业国有资产法》第 16 条规定,国家出资企业对其动产、不动产和其他财产依照法律、行政法规以及企业章程享有占有、使用、收益和处分的权利;第 30 条、第 42 条、第 45 条、第 47 条、第 71 条、第 73 条等均使用"转让重大财产""财产"等来表述企业的法人财产。

故,《企业国有资产法》中的企业国有资产指的是权益,即国家对企业享有的出资人权利,具体体现为资产收益、参与重大决策和选择管理者等权利,不包括国有企业的动产、不动产等法人财产。因此,案涉租赁物不属于企业国有资产,而仅是承租人的企业法人财产。

(2)租赁物转让是否应履行国有资产转让程序?

根据上述对企业国有资产定义的厘清可知,由于租赁物不属于企业国有资产,因而也不涉及企业国有资产的转让问题。就此,《企业国有资产法》第 51 条规定"本法所称国有资产转让,是指依法将国家对企业的出资所形成的权益转移给其他单位或者个人的行为;按照国家规定无偿划转国有资产的除外"。对此,全国人大常委会法工委在《企业国有资产法释义》[①]中也进一步明确,国有资产转让,对于国有独资企业来讲系出资的转让,对于国有独资公司、国有资本控股公司和国有资本参股公司而言系股权、股份的转让;国家出资企业转让厂房、机器设备等不动产、动产和其他财产,不是《企业国有资产法》规定的国有资产转让。

故,国有资产转让系出资或者股权、股份的有偿转让,并非具体法人财产的转让。因此,案涉租赁物的转让并不属于《企业国有资产法》规定的国有资产转让,而仅是企业法人财产的转让,故无须履行国有资产转让程序。

(3)售后回租的本质是融资。

关于企业法人财产的转让,虽然根据《企业国有资产法》第 47 条的规定,国有企业转让重大财产需履行资产评估程序。但售后回租业务中的转让不同于普通的买卖交易,售后回租业务中的转让行为并非实质转让。售后回租本质上是融资,出租人与承租人开展售后回租业务,本质上是为承租人提供一笔融资,出租人仅是名义上取得了租赁物所有权,租赁物仍由承租人占有、使用、收益,租赁物的全部风险仍由承租人承担,出租人并不参与对租赁物的经营活动。

国家税务总局的文件从税收的角度对此予以确认。根据国家税务总局《关于融资性售后回租业务中承租方出售资产行为有关税收问题的公告》(国家税务总局公告

---

① 中华人民共和国企业国有资产法释义[M].北京:法律出版社,2008:109.

2010年第13号),融资性售后回租业务是指承租方以融资为目的将资产出售给经批准从事融资租赁业务的企业后,又将该项资产从该融资租赁企业租回的行为。融资性售后回租业务中承租方出售资产时,资产所有权以及与资产所有权有关的全部报酬和风险并未完全转移。因而,融资性售后回租业务中,承租人出售资产的行为,不被视为销售资产的行为,不确认为销售收入,对融资性租赁的资产,仍按承租人出售前原账面价值作为计税基础计提折旧。同时,根据《财政部、国家税务总局关于全面推开营业税改征增值税试点的通知》(财税〔2016〕36号),融资性售后回租被归类为金融服务项下的贷款服务,亦非销售资产的行为。可见,财政部和国家税务总局已将融资性售后回租界定为贷款服务,其本质是融资。

结合本案,融资租赁合同约定,承租人将租赁物转让给出租人,出租人又将租赁物出租给承租人,同时也约定了留购价款,即承租人履行完融资租赁合同后支付100元即可获得租赁物的所有权。因此,从承租人对租赁物的控制及交易结果来看,租赁物并未发生实质转让。故两审法院均认定案涉融资租赁合同性质并非买卖合同,实质也并未涉及国有资产的转让。

因此,无论是从售后回租业务的本质,还是我国财政、税务主管部门对售后回租业务的相关规定及司法实践判例的角度看,售后回租业务均系承租人在形式上向出租人"出售"资产,实质上进行融资的行为,而非租赁物的转让,故无须履行相关企业法人财产转让程序。

(4) 32号文的评析。

值得一提的是,虽然《企业国有资产法》对何为企业国有资产做出了明确的规定,但仍有部分人错误地认为国有企业的法人财产属于国有资产,随着2016年7月1日《企业国有资产交易监督管理办法》(国务院国资委、财政部令第32号,以下简称"32号文")的出台,这一误解进一步加深,导致许多国有企业对能否不经国有资产转让程序,而直接以其法人财产开展售后回租业务持否定态度,这一认知已经严重影响了租赁公司售后回租业务的开展。

根据32号文第3条规定,企业国有资产交易行为包括:……(三)国有及国有控股企业、国有实际控制企业的重大资产转让行为。同时32号文还要求国有企业一定金额以上的财产转让须在产权交易机构公开进行,涉及国家出资企业内部或特定行业的确需国有及国有控股、国有实际控制企业之间非公开转让的,由转让方逐级报国家出资企业审核批准,国家出资企业负责制定本企业不同类型资产转让行为的内部管理制度,报同级国资监管机构备案。这就意味着,32号文将企业的重大资产纳入到了国有资产及国有资产转让的定义及范围之中,而《企业国有资产法》除规定了国有企业的重大财产转让需履行资产评估程序外,并未要求企业的重大资产转让需在产权交易机构公开进行或履行其他国有资产转让程序。据此,32号文扩大解释和适用了《企业国有资产法》规定的企业国有资产及其转让的范围。

《立法法》第80条明确规定,部门规章不得超出法律或行政法规规定的范围,增加公民、法人和其他组织的义务或减损其权利。由此可见,32号文将企业的重大财产纳入国有资产的范畴,并且为国有企业的重大财产转让增设了严苛的条件和要求,实质上是下位法对于上位法的扩大解释和扩大适用,违反了《立法法》及相关立法原则。

《合同法》第52条第(五)项规定,违反法律、行政法规的强制性规定的,合同无效。最高人民法院《关于适用〈中华人民共和国合同法〉若干问题的解释(一)》第4条规定,人民法院确认合同无效,应当以全国人大及其常委会制定的法律和国务院制定的行政法规为依据,不得以地方性法规、行政规章为依据。32号文作为部门规章,不能作为判定合同效力的依据,因此,若仅违反32号文规定的国有企业重大资产转让的相关程序性规定,不会必然导致合同无效。

因此,笔者认为,32号文作为部门规章,其扩大解释和适用《企业国有资产法》对企业国有资产的规定,其法律效力值得怀疑。

(5)结论。

综上所述,笔者认为,售后回租业务项下的租赁物不属于国有资产,仅是承租人的企业法人财产,无须履行国有资产转让程序,且售后回租中承租人出售租赁物的行为实质上不属于转让行为,因而承租人亦无须履行国有企业转让重大财产的程序。本案中,两审法院均认定融资租赁合同性质并非买卖合同,实质也并未涉及国有资产的转让,融资租赁合同合法有效,符合法理,应予赞同。

2.2.2 案例2:事业单位未按《政府采购法》采用招标方式采购货物时融资租赁合同和购买合同的效力[①]

根据《政府采购法》的规定,事业单位使用财政性资金采购依法制定的集中采购目录以内的或者采购限额标准以上的货物的行为,应按照《政府采购法》的规定进行采购。采购是指以合同方式有偿取得货物的行为,包括购买、租赁、委托、雇佣等。在融资租赁公司与事业单位开展融资租赁(直租)交易时,如果事业单位未按照《政府采购法》的规定采用招标方式采购货物的,融资租赁合同、购买合同的效力是否会受到影响?

---

① 本部分作者为北京市汇融律师事务所实习律师李艳科。

河北省枣强县人民医院诉远东国际租赁有限公司融资租赁合同纠纷一案二审民事判决书[①]

上诉人(原审被告):河北省枣强县人民医院

被上诉人(原审原告)远东国际租赁有限公司

1. 案件基本事实

2011年9月22日,远东国际租赁有限公司(以下简称"出租人")与河北省枣强县人民医院(以下简称"承租人")签订了一份《融资租赁合同》,约定:出租人向上海华源热疗技术有限公司(以下简称"供应商")购买微波热疗机一台出租给承租人使用;租赁成本为人民币390万元(以下币种相同),留购价格100元,租赁期共60个月,租金每月支付,租金总额4713816.30元;承租人支付出租人保证金39万元;如果承租人未按时、足额支付任一期租金或其他应付款项,出租人有权收回或处置租赁物件,并要求赔偿损失,包括全部到期和未到期的租金、违约金,违约金的计算方式如下:迟付款金额×日息万分之三×延迟付款天数。

2011年9月22日,出租人、承租人和供应商签订了一份《购买合同》,约定:出租人向供应商购买微波热疗机一台,价格390万元,承租人为最终用户;供应商向出租人提供保证金58.5万元以担保承租人履行租赁合同,为方便支付,保证金在出租人支付设备款时直接抵扣。

在上述两份合同签订之前,即2011年9月9日,供应商与出租人已签订协议,约定供应商向出租人提供保证金58.5万元,担保承租人履行租赁合同,保证金从设备款中直接扣除。之后,出租人向供应商分两笔支付了设备款2535000元和78万元,共计3315000元;承租人收到设备并验收合格,出租人向承租人发送了起租通知书、租金变更通知书及明细。承租人按时交付租金至2013年6月,截至2013年7月起未再付款。

出租人遂起诉要求判令:(1)承租人支付2493051.58元(租金2860796.75元,到2013年9月27日的违约金22154.83,留购价款100元,扣除保证金39万元);(2)承租人支付上述款项2493051.58元的逾期违约金(日息万分之三,从2013年9月28日计至全部清偿日);(3)承租人承担财产保全费和诉讼费;(4)在承租人清偿前述(1)、(2)、(3)项债务前,租赁物的所有权属于出租人,出租人有权以处置租赁物的价款抵偿上述债务,未能抵偿部分,出租人有权继续向承租人追偿。

---

① 参见上海市第一中级人民法院(2014)沪一中民六(商)终字第156号民事判决书,2014年6月19日作出。

2. 一审法院的认定和判决

一审法院认为：

本案的争议焦点在于涉案《融资租赁合同》和《购买合同》的效力。承租人认为其是事业单位，应按照《政府采购法》规定进行集中采购和招投标的程序采购所需货物和服务，未按照《政府采购法》强制规定的程序操作的，应依据《合同法》第52条确定合同无效。一审法院认为，出租人是具备融资租赁业务资质的主体，而承租人作为事业单位具有独立法人资格，是适格的合同主体；若承租人违反《政府采购法》，则应由相关人员承担行政责任，与本案应承担的民事责任无关，且出租人基于善意，信赖承租人而与承租人签订了《融资租赁合同》和《购买合同》，承租人未办理相关手续的后果不应由出租人承担，因此出租人与承租人签订的《融资租赁合同》和《购买合同》是当事人真实意思的表示，内容不违反法律、行政法规的强制性规定，依法具有法律效力，当事人均应恪守。

一审法院判决：

（1）承租人应于本判决生效之日起十日内给付出租人截至2013年9月27日的租金、违约金、留购价款人民币2493051.58元；（2）承租人应于本判决生效之日起十日内给付出租人自2013年9月28日起至实际清偿之日止的违约金（按中国人民银行的规定及原、被告的合同约定计算）；（3）承租人全额支付上述第一至第二项任何一项付款义务前，《融资租赁合同》项下租赁物件（型号为WB-1型微波热疗机一台）所有权归出租人所有，出租人有权以处置租赁物件所获价款抵偿上述全额或部分款项，未能抵偿部分，由承租人继续清偿；（4）案件受理费29686元、财产保全费5000元，由承租人负担。

3. 上诉与答辩以及二审法院的认定和判决

承租人不服提起上诉称：出租人、供应商和案外人北京国信华盛医疗器械公司恶意串通，欺诈承租人签订合同，合同各方当事人也没有根据《政府采购法》的规定进行招投标，故涉案《融资租赁合同》《购买合同》均属无效。请求：撤销原判，改判驳回出租人原审诉请，并由出租人承担一、二审诉讼费。出租人辩称：原判正确，请求维持。双方在二审庭审中均未有新的举证。

二审法院审理认定：

本案的争议焦点是涉案合同的效力。承租人称其签约时受到欺诈，合同应属无效，但其在签约后从未针对合同效力提起过撤销之诉，相反履行了较长时间，故该主张不能成立。承租人还提出合同的签订未采用招投标方式，违反了《政府采购法》。二审法院认为,本案合同各方当事人均系有完全意思能力的主体,意思表示真实,内容不违法,故合同完全符合《合同法》所规定的成立生效要件;至于有关当事人在订约过程中未严格执行《政府采购法》的相关规定,则属于行政执法的范围,可由相关行政机关依法处理,与本案无关。综上,双方之间的融资租赁关系合法有效,双方应依约履行。

二审法院判决:

除纠正原判中违约金计算错误和表述不严密的问题外,二审法院维持了原判。

4.对本案的评析

本案的争议焦点在于承租人作为事业单位未严格执行《政府采购法》的相关规定通过公开招标方式采购货物,相关的《融资租赁合同》和《购买合同》的效力是否会因此受到影响。

根据《政府采购法》第43条的规定,政府采购合同适用合同法。采购人和供应商之间的权利和义务,应当按照平等、自愿的原则以合同方式约定。因此事业单位按照《政府采购法》相关规定采购货物并签署的《融资租赁合同》《购买合同》的效力认定,仍应按照《合同法》的相关规定进行判断。

根据《合同法》第52条第(五)款的规定,违反法律、行政法规的强制性规定的合同无效。那么《政府采购法》第27条的规定(即采购人采购规定数额标准以上的货物应当采用公开招标方式;因特殊情况需要采用公开招标以外的采购方式的,应当在采购活动开始前获得设区的市、自治州以上人民政府采购监督管理部门的批准)是否属于《合同法》第52条第(五)款所述的"法律、行政法规的强制性规定",违反该规定是否会导致《融资租赁合同》和《购买合同》无效呢?

首先,关于《合同法》第52条第(五)款所述的"法律、行政法规的强制性规定"的理解。根据《最高人民法院关于适用〈中华人民共和国合同法〉若干问题的解释(二)》第14条的规定,"强制性规定"是指效力性强制性规定。所谓"效力性强制性规定",根据《最高人民法院在全国民商事审判工作会议上的讲话》,是指法律及行政法规明确规定违反该类规定将导致合同无效的规范,或者虽未明确规定违反之后将导致合同无效,但若使合同继续有效将损害国家利益和社会公共利益的规范。此类规范不仅旨在处罚违反之行为,而且意在否定其在民商法上的效力。

其次,从《政府采购法》的规定来看,虽然《政府采购法》第27条规定限额以上的采购应当采用公开招标方式,或者经审批后采用公开招标之外的其他采购方式,但该规定主要规范的是采购人的采购行为,且未明确规定违反该条规定所签署合同的效力问题。从《政府采购法》第71条、第73条的规定来看,采购人应当采用公开招标方式而擅自采用其他方式采购的,采购合同已经签署但尚未履行的,撤销合同,从合格的中标、成交候选人中另行确定中标、成交供应商;已经履行的,给采购人、供应商造成损失的,由责任人承担赔偿责任,该规定并未直接明确政府采购合同无效,而是视政府采购合同的履行情况区别处理:(1)采购合同尚未履行时撤销合同;(2)采购合同已经履行时追究责任人的赔偿责任。根据《合同法》的规定,可撤销的合同不同于无效的合同,在合同被撤销前或者撤销权消灭的,采购合同应继续有效,只有合同被依法撤销后才自始没有法律约束力,并按照《合同法》第 58 条由当事人承担相应的法律后果。

综上,笔者赞同本案一审和二审法院的观点,《政府采购法》中采购限额以上货物应采用公开招标方式的规定系管理性的强制性规定,承租人违反该规定签署的《融资租赁合同》和《购买合同》的效力不应仅因此受到影响。

2.2.3 案例 3:事业单位担保的法律效力[①]

我国《担保法》明确规定,学校、幼儿园、医院等以公益为目的的事业单位不得为保证人,但由于实践中,事业单位供担保的情形时有发生,而事业单位类型多样,法律规定却不甚详尽,因此,大家对于事业单位能否提供担保的问题存在诸多疑惑。那么事业单位提供担保必然导致担保合同无效吗?结合本案例,笔者将对事业单位提供担保的效力作简要的分析,以期与读者共同学习探讨。

重庆市交通设备融资租赁有限公司与重庆坤源船务有限公司、重庆市港航管理局船舶融资租赁合同纠纷申请再审民事裁定书[②]

再审申请人(一审原告、反诉被告,二审上诉人):重庆市交通设备融资租赁有限公司

被申请人(一审被告、反诉原告,二审上诉人):重庆坤源船务有限公司

被申请人(一审被告、二审被上诉人):重庆市港航管理局

一审第三人:重庆市涪陵区大为船舶制造有限公司

1. 案件基本事实

2011 年 4 月 2 日,重庆市交通设备融资租赁有限公司(以下简称"租赁公司")作为出租人、重庆坤源船务有限公司(以下简称"坤源公司")作为承租人、重庆市涪陵区大为船舶制造有限公司(以下简称"大为公司")作为建造人,三方签订了《融资租赁合同》,约定:租赁公司根据坤源公司对建造方及租赁物的自主选择,向大为公司购买两艘载箱量为 350TEU、载货量为 6000 吨集散货船并将其租赁给坤源公司,该租赁物没

---

① 本部分作者为北京汇融(天津)律师事务所律师孟俐君。
② 参见最高人民法院(2014)民申字第 1921 号民事裁定书,2014 年 12 月 16 日作出。

有依赖租赁公司的技能以及没有受到租赁公司的干预,由坤源公司自主确定租赁物的名称、型号等全部内容,租赁物在租赁过程中出现任何问题包括造成经济损失,均由坤源公司自负,且坤源公司仍应向租赁公司支付租金及应付款项。同年5月3日,坤源公司、租赁公司、重庆市港航管理局(以下简称"重庆港航局")签订《保证金质押担保合同》,合同约定重庆港航局为坤源公司提供600万元质押担保,保证租赁公司取得两艘船舶所有权登记证书、租金和其他应付款项,以及因坤源公司违约产生的追偿费用。重庆港航局已于《融资租赁合同》签署当日即2011年4月2日将600万元保证金转入租赁公司银行账户。

2012年2月21日,重庆市万州区港口船务管理局下达了万州港发(2012)8号《关于做好三峡葛洲坝船闸检修期间航运企业维稳工作的通知》,指出葛洲坝一号船闸计划于2012年3月7日至4月30日计划性大修,届时三峡通航可能面临极大的困难。坤源公司接到海事部门的通知后,便以市场疲软及葛洲坝和三峡船闸维修影响营运为由,口头向租赁公司申请延期交付租金。4月8日,坤源公司又书面申请用租赁公司扣留的70万元造船款支付3月租金,或者将租金延期至6月开始支付,或者取回抵押船只向银行贷款。租赁公司收到坤源公司的申请后,没有同意,并于5月14日,提起诉讼,其中第五项诉讼请求为,请求法院判令重庆港航局在600万元内承担连带质押担保责任。

经查重庆港航局于2000年8月成立,为直属的承担全市水上交通运输行业行政管理职能的副厅级事业单位,同时挂牌"重庆市地方海事局""重庆市船舶检验局",实行三块牌子,一套班子,统一定编,合署办公。其主要职责为按照有关政策、法规、规章、标准,负责对全市水上交通运输行业和水上交通的安全管理等。

2. 法院的认定和判决

(1)一审法院的认定和判决。

一审法院认为:本案主要有三个争议焦点,其中第三个为《保证金质押担保合同》是否有效。原审法院认为,根据《事业单位登记管理暂行条例》规定,事业单位是指国家为了社会公益目的,由国家机关举办或者其他组织利用国有资产举办的,从事教育、科技、文化、卫生等活动的社会服务组织。其设立的目的是社会公益事业而不以营利为目的,事业单位分为公益性事业单位和经营性事业单位。《最高人民法院关于适用〈中华人民共和国担保法〉若干问题的解释》(以下简称《担保法解释》)第3条规定:国家机关和以公益为目的的事业单位、社会团体,违反法律规定提供担保的,担保合同无效。因此给债权人造成损失的,应当根据《担保法》第五条第二款的规定处理。本案中,重庆港航局的主要职责系负责重庆市水上交通运输行业的职能,监督管理水路运输市场，维护市场秩序，负责重庆市（长江除外）水上交通安全管理等职能，没有从事经营活动及担保的主体资格，经费来源为国家划拨，属于公益性事业单位。其为坤源公司提供的质押担保行为是商事行为，违反了法律禁止性规定，因而该质押保证合同无效。重庆港航局作为履行行政管理职能的事业单位，明知自己不具备担保的主体资格，仍为坤源公司提供质押保证，对造成质押保证合同无效有一定的责任。租赁公司在订立《融资租赁合同》和《质押金担保合同》时，对融资租赁和担保的相关法律规定进行了详细了解，明知重庆港航局不具备担保资格，仍要求重庆港航局提供质押保证，对质押保证合同无效也负有一定责任。根据《担保法解释》第7条规定：主合同有效而担保合同无效，债权人无过错的，担保人与债务人对主合同债权人的经济损失，承担连带赔偿责任；债权人、担保人有过错的，担保人承担民事责任的部分，不应超过债务人不能清偿部分的1/2。故重庆港航局在坤源公司不能清偿到期租金时，应对租金及产生的滞纳金损失总额承担1/2的赔偿责任，但赔偿数额最高不超过600万元。

一审法院就此争议判决：坤源公司在不能向租赁公司清偿2012年3月13日至2013年12月13日租金13350698.52元及滞纳金损失时，重庆港航局在不能清偿总额范围内承担二分之一的赔偿责任，但最高不超过600万元。

(2) 二审法院的认定和判决。

租赁公司不服一审法院判决，提起上诉，就上述争议事项认为：一审判决认为重庆港航局系以公益为目的的事业单位，《保证金质押担保合同》性质上属于保证合同的认识是错误的。《保证金质押担保合同》性质上属于质押合同，即使重庆港航局属于以公益为目的的事业单位，只要不是提供保证担保或者以公益设施提供抵押或者质押担保，均不违反法律、行政法规的强制性规定。重庆港航局以公益设施以外的货币提供质押担保，不违反法律法规的强制性规定，合法有效，应受法律保护。

为证明其主张，租赁公司向二审法院提交了重庆市交委会与财政局文件（2007）288号以及《战略合作框架协议》一份。证明重庆港航局与租赁公司之间的保证金质押担保合同是一份有效合同，重庆港航局提供的600万元保证金现金来源于重庆市人民政府，是该政府为将重庆市建设成长江上游的水运中心而专门拨付的。重庆港航局使用该专项资金作为本案质押担保金，没有违反法律的禁止性规定，合法有效。

二审法院归纳本案焦点问题，其中第3个为重庆港航局是否应承担担保责任。

针对该焦点问题，二审法院认为：租赁公司二审提交的重庆市交委会与财政局文件（2007）288号以及《战略合作框架协议》，拟证明重庆港航局提供的质押现金系重庆市水运发展专项资金。但是，目前既无证据证明本案所涉船舶建造及营运系实行船舶标准化及防污染等水运发展专项工程，又无证据证明重庆港航局提供质押的现金来源于水运发展专项资金,且按照专项资金管理办法的规定,为水运发展专项工程提供担保的应为重庆市三峡库区产业信用担保有限公司。另外,《战略合作框架协议》的一方当事人为重庆市交通设备租赁有限公司,无证据证明该公司与本案当事人租赁公司有何关联性(少了"融资"两个字),该框架协议对租赁公司与重庆港航局之间不产生约束力。故重庆港航局作为以公益为目的的事业单位,向租赁公司提供质押担保,按照《担保法解释》第3条的规定,该质押担保合同应为无效。租赁公司的该项上诉理由无事实和法律依据,本院不予支持。

二审法院判决:

驳回上诉,维持原判。

(3)再审法院的认定和裁定。

租赁公司不服二审判决,向最高院申请再审,租赁公司具体理由如下:①二审判决认定重庆港航局与重庆市交通设备租赁有限公司之间签订的《战略合作框架协议》的一方当事人重庆市交通设备租赁有限公司与租赁公司无关联性,《战略合作框架协议》对租赁公司与重庆港航局之间不产生约束力。现租赁公司查询取得的工商档案资料可以证明,重庆市交通设备租赁有限公司是租赁公司的原用名称,二者系同一民事主体,故《战略合作框架协议》对租赁公司与重庆港航局具有约束力。②一、二审法院错误地适用了《担保法解释》第3条的规定,认定租赁公司、坤源公司、重庆港航局三方于2011年5月3日签订的《保证金质押担保合同》无效,驳回了租赁公司要求重庆港航局承担质押担保责任的请求。我国现行有效的《中华人民共和国物权法》(以下简称《物权法》)、《中华人民共和国担保法》(以下简称《担保法》)及相关行政法规,仅仅规定以公益为目的的事业单位不能对外提供保证担保和不能以公益设施提供抵押或者质押担保,并不禁止以公益为目的的事业单位提供资金质押担保。本案中,重庆港航局以资金提供质押担保并不违反任何法律、行政法规的强制性规定,不应当适用担保法解释第3条的规定。

再审法院认为本案争议焦点为:重庆港航局作为公益性事业单位是否可以提供现金质押担保。《担保法解释》第3条明确规定,以公益为目的的事业单位违反法律规定提供担保的,担保合同无效。据此,公益性事业单位在自己拥有的财产上设定抵押权或质权,提供担保的行为应属无效,除非法律作出不同规定。本案中重庆港航局为公益性事业单位,其使用的现金经费和公益设施均属于为保障机构正常运转而由国家统一划拨的财产,依法均不得设定抵押或质押。其提供600万元现金设定质押的行为违反了《担保法解释》第3条规定,一、二审法院据此认定涉案《保证金质押担保合同》无效并无不当。租赁公司申请再审期间提交的证据虽然证明重庆市交通设备租赁有限公司更名为租赁公司的事实,但这一事实并不影响涉案质押担保合同效力的认定。据此,租赁公司提出现行法律仅禁止公益性事业单位以公益设施提供抵押或者质押担保,并未禁止提供资金质押担保,故本案现金质押担保合同有效的主张没有事实和法律依据,其再审申请理由不能成立。

再审法院裁定:

驳回租赁公司的再审申请。

3. 法律分析及对本案的评析

本案涉及的主要争议焦点之一是事业单位提供担保的效力问题,结合本案及相关案例法院的认定理由,笔者从以下几个方面进行简要评析:

(1) 事业单位的性质及分类。

根据《中华人民共和国民法通则》(以下简称《民法通则》)第50条规定:具备法人条件的事业单位、社会团体,从成立之日起,或经核准登记,取得法人资格。《事业单位登记管理暂行条例实施细则》(中央编办发〔2005〕15号)第6条规定:登记管理机关向核准设立登记的事业单位颁发《事业单位法人证书》。《事业单位法人证书》是事业单位法人资格的唯一合法凭证。未取得《事业单位法人证书》的单位,不得以事业单位法人名义开展活动。据此,依法成立或经核准登记取得《事业单位法人证书》的事业单位,依法取得法人资格,其有权以法人名义开展活动,并以其财产独立对外承担责任。

就事业单位的性质及分类而言,《事业单位登记管理暂行条例》(2004年,国务院令第四百一十一号)第2条规定:事业单位,是指国家为了社会公益目的,由国家机关举办或者其他组织利用国有资产举办的,从事教育、科技、文化、卫生等活动的社会服务组织。据此,该条例限定事业单位的举办只能是为了社会公益目的。但事实上,虽然我国事业单位设立之初的目的主要是服务科教文卫等公益性事业,但随着市场化的逐步深入,我国事业单位的性质及类型呈现多样化发展。根据《国务院办公厅关于印发分类推进事业单位改革配套文件的通知》(国办发〔2011〕37号,以下简称"国发37号文")的规定:按照社会功能,将现有事业单位划分为承担行政职能、从事生产经营活动和从事公益服务三个类别,且明确规定从事生产经营活动的事业单位不承担公益服务职责。据此,根据职能不同,目前我国事业单位分为承担行政职能的事业单位、从事生产经营活动的事业单位以及从事公益服务的事业单位。

(2) 事业单位提供担保的效力分析。

根据《担保法》第9条规定:学校、幼儿园、医院等以公益为目的的事业单位、社会团体不得为保证人。《物权法》第184条及《担保法》第37条规定:下列财产不得抵押:……(三)学校、幼儿园、医院等以公益为目的的事业单位、社会团体的教育设施、医疗卫生设施和其他社会公益设施;……。《担保法解释》第3条规定:国家机关和以公益为目的的事业单位、社会团体违反法律规定提供担保的,担保合同无效。因此给债权人造成损失的,应当根据担保法第五条第二款的规定处理。第16条规定:从事经营活动的事业单位、社会团体为保证人的,如无其他导致保证合同无效的情况,其所签订的保证合同应当认定为有效。第53条规定:学校、幼儿园、医院等以公益为目的的事业单位、社会团体,以其教育设施、医疗卫生设施和其他社会公益设施以外的财产为自身债务设定抵押的,人民法院可以认定抵押有效。

根据上述法律、司法解释的规定,结合事业单位分类,具体分析如下:

第一,从事公益服务的事业单位,根据国发37号文,是指面向社会提供公益服务和为机关行使职能提供支持保障的事业单位,具体来说,包括承担义务教育、基础性科研、公共文化、公共卫生及基层的基本医疗服务等基本公益服务,不能或不宜由市场配置资源的公益一类事业单位;以及承担高等教育、非营利医疗等公益服务,可部分由市场配置资源的公益二类事业单位。对于从事公益服务的事业单位,法律明确规定其不得作为保证人。但事实上,从事公益服务的事业单位虽不以营利为目的,却不排除其可能在确保公益目标的前提下,依据相关法律法规提供与主业相关的服务,并取得收益(如公益二类事业单位),对于此种情形,笔者认为并不因此影响其公益性质和目的,若涉及提供担保的问题,应属《担保法解释》第53条规定情形,即该等以公益为目的的事业单位仅可以其公益设施以外的财产为其自身债务设定抵押担保,不得作为保证人对外提供担保或以其公益设施提供担保。

第二,从事生产经营活动的事业单位,根据国发37号文,是指所提供的产品或服务可以由市场配置资源、不承担公益服务职责的事业单位。对于此类事业单位,《担保法解释》明确规定,如无其他导致保证合同无效的情况,其所签订的保证合同应当认定为有效。

第三,承担行政职能的事业单位,根据国发37号文,是指承担行政决策、行政执行、行政监督等职能的事业单位。对于此类事业单位,我国法律、司法解释虽未明确规定其可否作为保证人,但一般来说,该类事业单位直属国家机关,承担行政管理及公共服务的职能,经费来源为国家财政拨款,因此,既没有从事经营活动的资格,也没有除国家财政外的其他利益获取渠道。而保证行为是一种纯经济行为,该等事业单位不具有承担担保责任的资格及经济基础,且类比我国法律规定国家机关不得作为保证人,笔者认为,承担行政职能的事业单位同样不宜作为保证人对外提供担保。

但由于我国事业单位的职能或职责存在多样性和复杂性,实践中亦并非简单地仅从事单一类型的活动,很多事业单位既承担公益、行政或公共服务的职能,同时也从事具体的经营活动,无法明确将其归类。因此,如何确定事业单位的属性及分类,如何判断该事业单位可否提供担保,还应综合多种因素具体判断。从我们查询到的多数案例来看,法院除关注事业单位的职能范围、是否开展具体经营活动外,还尤为关注事业单位的经费来源,如安徽省高级人民法院(2012)皖民二终字第00148号案中,法院认定潜山县商务局市场服务中心系"自收自支的事业单位,其支出经费全部来源于自身的经营性收入,……具有对市场进行管理,为经营户提供服务的职能,但其是通过经营管理国有市场资产,收取市场设施租赁服务费等经营性活动来履行该职能,因此,不能视之为公益性事业单位";再如山东省高级人民法院(2016)鲁民终487号案中,法院认定微山公路局提供担保有效的重要原因之一亦为"经济来源为经费自理"。

有鉴于此,笔者认为,事业单位可否提供担保,应当考察该事业单位的《事业单位法人证书》所载宗旨和业务范围,结合该事业单位的经费来源、日常职责及经营活动等情况进行综合判断。而上述考量因素中,事业单位的经费来源是重要的判断标准,因此经费来源往往决定其公益性质或公共服务属性,决定其可否从事经济行为,或面向社会开展经营活动。

(3)本案评析。

就本案而言,三级法院对于重庆港航局的性质认定上基本一致,均认为重庆港航局的主要职责系负责重庆市水上交通运输行业的职能,监督管理水路运输市场,维护市场秩序,没有从事经营活动及担保的主体资格,经费来源为国家划拨,属于公益性事业单位;其作为质押标的物的现金经费属于为保障机构正常运转而由国家统一划拨的财产,依法不得设定质押,因此重庆港航局提供600万元现金质押担保所涉《保证金质押担保合同》无效。但因重庆港航局对合同无效存在过错,根据《担保法解释》第7条规定:主合同有效而担保合同无效,……债权人、担保人有过错的,担保人承担民事责任的部分,不应超过债务人不能清偿部分的1/2。判决重庆港航局在坤源公司不能清偿总额范围内承担1/2的赔偿责任,但最高不超过600万元。

对此,笔者认同法院的认定理由及判决结果,但首先从重庆港航局的职能上来分类,笔者认为,其应属承担行政职能的事业单位而非公益性事业单位。其次,对于判决结果,法院虽未支持担保合同的效力,但法院基于重庆港航局的过错,做出重庆港航局在600万元范围内承担坤源公司不能清偿总额1/2赔偿责任的判决,笔者认为,该判决结果事实上已最大限度地保护了租赁公司的合法权益。

最后,对于本案中引申出的一个小问题,即在法律未明确禁止的情况下,公益性事业单位提供金钱质押担保是否违反《物权法》《担保法》的规定?笔者认为,一旦该事业单位被认定为公益性事业单位,那么除以其公益设施以外的财产为其自身债务设定抵押担保外,不得以任何形式对外提供担保。其原因在于:金钱质押担保属于以自身财产对外提供担保的一种方式,鉴于公益性事业单位的经费来源为国家财政,经费使用应符合特定公益目的,即便可开展相关经营活动,收益的使用一般也为国家统一筹划,因此,其经费与其公益设施财产无异,均具有"公益目的"。以该等具有"公益目的"的经费对外提供金钱质押担保的,其实质及法律后果与作为保证人对外提供担保、以公益设施对外提供担保无异,应认定担保合同无效。

(4)事业单位提供担保的思考。

在我国目前事业单位改革的大背景下,将于 2017 年 10 月 1 日正式实施的《中华人民共和国民法总则》(以下简称《民法总则》)第 87 条规定:为公益目的或者其他非营利目的成立,不向出资人、设立人或者会员分配所取得利润的法人,为非营利法人。非营利法人包括事业单位、社会团体、基金会、社会服务机构等。而国发 37 号文亦对三类事业单位的改革方向提出了明确要求:承担行政职能的事业单位逐步将行政职能划归行政机构,或转为行政机构,今后不再批准设立;从事生产经营活动的事业单位要逐步转为企业或撤销,今后不再批准设立;只有从事公益服务的事业单位将继续保留在事业单位序列。

由此可知,从事业单位改革的发展方向上来看,我国将逐步清理和规范现有单位,将承担行政职能、从事生产经营活动等非公益性质的事业单位从事业单位序列里剔除,还原事业单位本应具有的公益属性,因此,在这样的改革环境下,未来债权人接受事业单位提供担保的空间将越来越小。

2.2.4 案例 4:船舶碰撞损害责任纠纷中,出租人是否承担损害赔偿责任[①]

融资租赁交易项下,承租人占有船舶期间,融资租赁船舶导致的船舶碰撞损害赔偿纠纷中,根据船舶登记相关规定就融资租赁船舶办理了光船登记的,出租人作为船舶所有权人不就碰撞事件承担赔偿责任,由船舶承租人根据过错原则承担赔偿责任。

靖江新天地港务有限公司与华融金融租赁股份有限公司、上海海航海运有限公司等船舶触碰损害责任纠纷一审民事判决书[②]

原告:靖江新天地港务有限公司。

被告:华融金融租赁股份有限公司。

---

① 本部分作者为北京市汇融律师事务所律师马长春。
② 参见武汉海事法院(2016)鄂 72 民初字第 1383 号民事判决书,2016 年 11 月 10 日作出。

被告:上海海航海运有限公司。

被告:中国船东互保协会。

1. 案件基本事实

被告上海海航海运有限公司(以下简称"被告承租人")与被告华融金融租赁股份有限公司(以下简称"被告出租人")签订了"至诚"轮(以下简称"至诚"轮)的租赁合同,被告出租人为所有权人并办理了船舶所有权登记,被告出租人将"至诚轮"以光船租赁的形式出租给被告承租人使用,并办理了船舶光船租赁登记。

2015年7月1日,被告出租人所有、被告承租人经营使用的"至诚"轮在原告靖江新天地港务有限公司(以下简称"原告")码头上游靠泊卸货期间因轮生断缆、溜缆,导致"至诚"轮与原告码头发生碰撞,致使原告码头受损。2015年10月19日,中华人民共和国泰州海事处出具编号为[2015017]的《水上交通事故调查结论书》,认定"至诚"轮承担本次碰撞事故的全部责任,原告不承担责任。原告对涉案碰撞码头进行了修复,码头修复费、监理费、修复方案设计费、建设工程造价咨询费、公务费等共计费用人民币670190元。

2015年7月7日,被告中国船东互保协会(以下简称"被告互保协会")向原告出具一份《担保函》,承诺对被告出租人、被告承租人的赔偿责任承担不超过800万元的最高赔偿责任。

2. 起诉与答辩及法院的认定与判决

原告起诉法院,要求:(1)被告出租人和被告承租人共同承担原告经济损失共计711499元,其中包括工程修复方案设计费、建设工程造价咨询费、码头修复费、工程修复监理费、公务费用以及律师费;(2)被告互保协会在800万元的限额内承担连带担保责任;(3)被告华融公司和被告海航公司承担本案全部诉讼费用。

在法定答辩期间,三被告均未向法院提交书面答辩状,但在庭审中共同答辩称:(1)原告主张的部分损失过高;(2)原告主张的律师费没有法律依据;(3)由于被告承租人为"至诚"轮责任主体,所以应该由被告承租人承担赔偿责任,被告出租人和被告互保协会不承担赔偿责任。

本案的争议焦点为:(1)原告的事故损失;(2)被告出租人、被告承租人和被告互保协会的责任承担。

法院认定:针对争议焦点(1),法院认定原告支付的工程修复方案设计费、建设工程造价咨询费、码头修复费、工程修复监理费均为实际发生的费用,且无证据证明存在不合理因素,法院予以认可。

对于被告互保协会提交的案外保险公估公司作出的《公估章节》,由于公估公司并非国家许可的水上设施鉴定、评估机构,其做出的公估结论不能约束保险机构以外的公民和其他企事业单位,故法院对《公估报告》未予采信。

对于原告主张的公务费用和律师费用,法院认为并非与涉案事故有直接关系,且不属于《最高人民法院关于审理船舶碰撞和触碰案件财产损害赔偿的规定》所规定的事故损失范围,未予支持。

争议焦点(2),针对被告出租人,被告出租人虽然为"至诚"轮船舶所有人,但该轮在出租给被告承租人并办理租赁登记以后,被告出租人不再对该轮在经营过程中的风险承担责任,而应由被告承租人承担。

针对被告互保协会,法院认定,被告互保协事故发生后向原告出具《担保函》,系其真实意思表示,具有法律约束力,构成《中华人民共和国担保法》所规定的连带责任保证,故认定,被告互保协会应对涉案事故造成原告的损失承担连带保证责任。

3. 对本案的评析

本案船舶系承租人通过租赁方式从出租人处承租使用。承租人占有使用租赁物船舶期间,船舶造成第三人财产损害,出租人是否应对该损害承担损害赔偿责任,法院做出判决的法律依据是什么,是本文的关注点。

尽管诉讼中并未明确指出船舶租赁系《中华人民共和国合同法》(以下简称《合同法》)第14章规定的融资租赁关系,但由于案件被告人之一为从事融资租赁业务的金融租赁公司,值得作为船舶融资租赁纠纷案件予以关注。

与本案案由及情节相近似的案例,还有2014年1月14日由天津海事法院做出的黄石市海兴航运服务有限公司诉国银金融租赁有限公司、大连航运集团有限公司船舶碰撞损害责任纠纷一审民事判决书[(2013)津海法事初字第25号](以下简称"2014年天津海事法院判决")。该案审理过程中,作为出租人的被告国银金融租赁有限公司向法院提交了船舶融资租赁合同和船舶光船租赁登记文件。明确了涉案船舶系被告大连航运集团有限公司通过融资租赁方式取得并经营使用。

(1)《合同法》关于融资租赁合同项下对第三人责任承担的规定。

融资租赁交易中,出租人根据承租人对租赁物的选择取得租赁物所有权,并出租给承租人占有、使用,承租人分期支付租金。

一方面,租赁物的名称、质量、数量、规格、型号、技术性能、验收等完全由承租人自行决定,即对租赁物的投资决策完全由承租人做出,出租人只是出资购买了租赁物。出租人仅就自己的出资行为享有资金融通方面的利益,并以享有租赁物所有权作为对获得该资金融通利益的保障。承租人既是租赁物选择的投资决策者,也通过实际占有使用租赁物而成为租赁物投资收益的获得者,故而理应成为租赁物投资风险的承担者。这种风险既包括租赁物自身的瑕疵风险以及租赁物自身的毁损和灭失,也应当包括租赁物对第三人的侵权责任。

另一方面,整个融资租赁交易过程中,出租人并不实际控制租赁物,租赁物完全处于承租人的独立控制之下。租赁物如何使用、由谁操作、操作时间、操作流程等,在不违反融资租赁合同约定的前提下,均由承租人自行决定和控制。承租人对于租赁物的使用并非出自出租人的指示或要求,其对租赁物享有接近于所有权人能够享有的完整的使用权。同时,出租人负有确保承租人平静占有使用租赁物的义务。由于承租人对租赁物较强的控制和使用权利,也使得承租人最有能力控制租赁物的风险,避免对第三人造成损害,并在造成对第三人损害时承担侵权责任。

基于融资租赁交易的上述特点,租赁物导致对第三人的侵权责任,包括租赁物本身的瑕疵导致对第三人的损害赔偿责任以及由于对租赁物的使用、保管、运输、维修等造成对第三人的财产损害或者人身伤害,均应当由承租人承担。《合同法》第 246 条规定,承租人占有租赁物期间,租赁物造成第三人的人身伤害或者财产损害的,出租人不承担责任。该条规定体现了融资租赁的上述特点。

(2)船舶融资租赁与光船租赁登记。

根据《中华人民共和国海事局关于融资租赁船舶登记有关事项的通知》(海船舶〔2010〕524 号)的规定,船舶融资租赁交易中,应当根据《船舶登记条例》有关规定,为融资租赁船舶办理所有权登记和光船租赁登记。

2016 年 12 月 13 日交通运输部发布的《中华人民共和国船舶登记办法》(交通运输部令 2016 年第 85 号)规定,以融资租赁方式取得的船舶办理光船租赁登记申请,应当提交船舶《融资租赁合同》。

船舶融资租赁交易中,在内容上涵盖了出租人支付船舶建造价款(直接租赁的情形)或船舶转让价款(售后回租的情形)的所有权取得的环节,以及出租人将船舶以光船租赁的形式出租给承租人使用的两个环节。由于融资租赁交易中船舶出租人不向承租人配备船员,承租人在约定的期间内占有、使用和营运船舶,并向出租人支付租金,在这一点上,符合《中华人民共和国海商法》(以下简称《海商法》)第六章第三节关于光船租赁合同的规定。

《海商法》第六章第三节关于光船租赁合同的内容以及租赁双方的权利义务关系所做出的相关规定,根据《海商法》第 127 条的规定,该等规定并非强制性规定,仅在船舶租用合同没有约定或者没有不同约定时适用。例如,《海商法》第六章第三节第 146 条关于船舶交付的规定、第 151 条关于光租期间船舶抵押权的设定、第 152 条关于支付租金违约责任的规定等,不符合融资租赁合同特点,不宜体现在融资租赁合同中。

(3)本案法院的法律适用。

船舶融资租赁交易中,作为租赁物的船舶由承租人选择,出租人出资取得船舶所有权后,承租人承租使用并支付租金。无疑,根据《合同法》第246条的规定,承租人占有船舶期间,船舶导致第三人的人身伤害或财产损害的,出租人不承担责任。

本案法院认定,尽管被告出租人系船舶所有人,但在涉案事故发生时,船舶出租给被告承租人且办理了船舶租赁登记,被告出租人不再对该船舶在经营过程中的风险承担责任,而应当由被告承租人承担。但法院并未明确指出做出该认定的法律依据。

2014年天津海事法院判决,同样最终认定船舶出租人不承担由于船舶碰撞导致的对原告的损害赔偿责任。2014年判决书中,法院指出判决的法律依据为2008年5月19日最高人民法院法释〔2008〕7号《最高人民法院关于审理船舶碰撞纠纷案件若干问题的规定》(以下简称《最高法院司法解释》)第4条的规定。该条规定,船舶碰撞产生的赔偿责任由船舶所有人承担,碰撞船舶在光船租赁期间并经依法登记的,由光船承租人承担。

结合本文前述《合同法》第246条的规定,针对船舶融资租赁业务,尽管导致第三人损害的船舶系以融资租赁方式取得,依据《合同法》的规定出租人本不应对船舶导致的第三人损害承担赔偿责任,然而如果该船舶未办理光船租赁登记,根据《最高法院司法解释》的规定,出租人作为船舶所有权人仍应当对船舶导致第三人损害承担赔偿责任。

本案法院判决认定,作为船舶所有权人的船舶出租人不对船舶致第三人损害承担赔偿责任。在判决中,武汉海事法院并未指明认定出租人不承担责任系依据《最高法院司法解释》,但判决中以出租人办理了租赁登记作为认定出租人不承担赔偿责任的理由,该认定与《最高法院司法解释》的规定是一致的。

(4)本案判决对于船舶融资租赁业务的指导意义。

船舶作为交通工具,发生碰撞导致第三人损害的概率还是存在的。

在船舶融资租赁交易实践中,出租人与承租人签署《融资租赁合同》后,往往会立即办理所有权登记和光租登记。海事法院对于包括融资租赁船舶在内的租赁船舶碰撞事件的责任认定上,按照《最高法院司法解释》的规定,以办理船舶光租登记作为认定船舶所有权人不承担赔偿责任的法律要件,而并非根据《合同法》第246条规定认定船舶融资租赁交易的出租人不承担第三者赔偿责任,这一点是值得融资租赁公司关注的。

本文中引用的两个船舶碰撞责任纠纷案件,情节并不复杂,但对于认清船舶融资租赁业务中光租登记的作用具有一定的指导意义。从两个案例中海事法院对租赁船舶致损的赔偿责任主体认定来看,船舶融资租赁交易中,及时办理光租登记,是真正实现出租人免于承担船舶租赁物致第三人损害赔偿责任的重要法律要件。尽管船舶融资租赁实务中,仅取得船舶所有权,而未办理船舶光租登记的事例不常见,司法案例中也没有查找到相关的判例,但本案及 2014 年天津海事法院判决提示我们,船舶融资租赁业务中,光租登记的重要性不可忽视。

2.2.5 案例 5:船舶融资租赁中承租人经营船舶产生债务,海事请求人能否在船舶拍卖款项中受偿[①]

最高人民法院于 2015 年发布《关于扣押与拍卖船舶适用法律若干问题的规定》(以下简称《扣船规定》),明确海事请求人能够就光船租赁的承租人因经营船舶而产生的债务在船舶拍卖款项中受偿。那么船舶融资租赁交易中是否同样适用这一规定?笔者在此对本案进行分享和评析,以期提供有益借鉴。

长乐发兴燃料油有限公司拍卖扣押船舶民事裁定书[②]

申请人:长乐发兴燃料油有限公司

1. 案件基本事实

涉案船舶"浩航 188"轮(以下简称"涉案船舶")由华融金融租赁股份有限公司(以下简称"华融租赁")以融资租赁方式出租给福州浩航船务有限公司(以下简称"福州浩航"),该轮登记所有权人为华融租赁,登记光船租赁人为福州浩航。因福州浩航欠付申请人涉案船舶供油款,申请人向厦门海事法院提起诉讼,该法院判决福州浩航赔偿欠付申请人的油款本金及利息[③]。

2. 申请人的主张及法院的认定与裁定

因宁波海事法院公告拍卖涉案船舶,申请人于 2015 年 5 月 25 日向宁波海事法院申请债权登记,要求在涉案船舶拍卖款项中受偿福州浩航欠付的供油款等费用。

法院认为:虽然《最高人民法院关于扣押与拍卖船舶适用法律若干问题的规定》第 3 条规定,船舶因光船承租人对海事请求负有责任而被扣押的,海事请求人依据海事诉讼特别程序法第 29 条的规定,申请拍卖船舶用于清偿光船承租人经营该船舶产

[①] 本部分作者为北京市汇融律师事务所实习律师任立。
[②] 参见宁波海事法院(2015)甬海法认字第 52 号民事裁定书,2015 年 12 月 27 日作出。
[③] 参见厦门海事法院(2014)厦海法商初字第 570 号民事判决书,2015 年 12 月 27 日作出。

生的相关债务的,海事法院应予准许;但船舶融资租赁本质上是出租人为承租人提供的融资服务,融资船舶虽由出租人登记为所有权人、承租人登记为光租人,但与海商法规定的光船租赁合同的法律性质不同,不应适用《最高人民法院关于扣押与拍卖船舶适用法律若干问题的规定》第3条的规定,故申请人不享有在涉案船舶拍卖款中受偿的权利。

综上,法院对申请人要求在涉案船舶拍卖款中受偿供油款及相关费用的请求不予支持。

3. 对本案的评析

本案涉及的主要问题是,在船舶融资租赁中,承租人因经营船舶产生债务,海事请求人能否在船舶拍卖款项中受偿。

法院驳回申请人请求的依据是,船舶融资租赁与光船租赁合同的法律性质不同,不适用《扣船规定》第3条。笔者认为,法院虽作出有利于融资租赁公司的裁定,但是没有对裁定理由进行充分论述。其实,本案涉及一个核心问题,即《扣船规定》第3条是否应适用于融资租赁,对此,笔者结合海事相关法律、行政法规、司法解释及国际公约,对本案涉及的法律问题简要评析如下:

(1)《扣船规定》第三条的立法目的和解读。

①《扣船规定》第三条的立法目的。

根据我国《海事诉讼特别程序法》(以下简称《海诉法》)第23条第1款第(二)项,海事法院可以因光船承租人的债务,扣押光船租赁中的当事船舶。但是由于债务人并非船舶所有人,司法实践中对能否拍卖被扣押的光租船舶产生了不同意见;最高人民法院在制定《扣船规定》时参考我国外贸及航运发展实际情况,明确了"能扣就能卖"的观点,进而在第3条中规定:"船舶因光船承租人对海事请求负有责任而被扣押的,海事请求人依据海事诉讼特别程序法第二十九条的规定①,申请拍卖船舶用于清偿光船承租人经营该船舶产生的相关债务的,海事法院应予准许。"

立法上之所以允许扣押并拍卖光租船舶,目的只有一个,就是实现对海事请求人合法债权的有效清偿。②船舶具有移动性,且营运中可能发生错综复杂的海事纠纷,海事请求人往往无法轻易确定船东身份,难以及时向其主张责任,因此立法者需要重视

---

① 《海诉法》第29条规定:"船舶扣押期间届满,被请求人不提供担保,而且船舶不宜继续扣押的,海事请求人可以在提起诉讼或者申请仲裁后,向扣押船舶的海事法院申请拍卖船舶。"
② 李伟. 光租船舶扣押与拍卖的法律问题研究——兼评2015年〈最高人民法院关于扣押与拍卖船舶适用法律若干问题的规定〉第三条[J]. 社会科学辑刊,2015(6):92.

如何保障海事请求人的合法权益。在最高人民法院召开的新闻发布会上①,发言人表示起草《扣船规定》时考虑了英美法系海事诉讼中特有的对物诉讼制度,这一诉讼制度使权利人可针对船舶本身提起诉讼,无论船舶所有人是谁、是否应承担责任。《扣船规定》第 3 条允许海事请求人申请拍卖船舶并在拍卖款中受偿就体现了这一内涵。

②对第三条中"海事请求"的理解。

《海诉法》第 21 条共列举了 22 项可以申请扣押船舶的海事请求,事由包括船舶营运造成的财产灭失或人身伤亡,海难救助,共同海损,船舶建造、管理和维修等等,和《1999 年国际船舶扣押公约》第 1 条中定义的海事请求种类基本完全一致。笔者认为,只有当当事人的请求符合《海诉法》第 21 条列举的范围时,其请求才成为海事请求,当事人成为海事请求人,《扣船规定》第 3 条得以适用。

同时,《扣船规定》第 3 条规定光船承租人需对海事请求"负有责任",这里的"负有责任"从外延上理解,既可以包括光船承租人经营期间对第三人产生的债务责任,也可以包括光租人对其在船上配备的船长和船员的债务责任等。这些债务中既有一般性债务,也有具有船舶优先权的特殊债务②。有学者认为,在最高人民法院未对该条做出进一步明确解释时,应将该条解释为,凡是符合要求的海事请求人,均可适用该条规定。

(2)《扣船规定》第三条在船舶融资租赁中的适用。

①《扣船规定》第三条是否应当适用于船舶融资租赁。

从字面意义上看,《扣船规定》第 3 条仅适用于光船租赁,但是船舶融资租赁和光船租赁存在很多相似之处,笔者认为不排除船舶融资租赁交易中适用该条款的可能。

首先,就定义而言,船舶融资租赁是指出租人根据承租人的要求和选择购买船舶,并将购买的船舶出租给承租人使用,承租人向出租人支付租金的行为③;《海商法》第 144 条规定:"光船租赁合同,是指船舶出租人向承租人提供不配备船员的船舶,在约定的期间内由承租人占有、使用和营运,并向出租人支付租金的合同。"二者不但定义类似,实践中也经常发生混同,特别是《海商法》第 154 条规定:"订有租购条款的光船租赁合同,承租人按照合同约定向出租人付清租购费时,船舶所有权即归于承租人。"

---

① 参见 2015 年 2 月 28 日 10:00 最高人民法院关于扣押与拍卖船舶适用法律若干问题的规定新闻发布会全文实录[EB/OL]http://www.live.chinacourt.org/chat/fulltext/listId/39723/template/courtfbh20150228.shtml.
② 李伟.光租船舶扣押与拍卖的法律问题研究——兼评 2015 年〈最高人民法院关于扣押与拍卖船舶适用法律若干问题的规定〉第三条[J].社会科学辑刊,2015(6):93.
③ 交通运输部办公厅于 2008 年发布的《关于规范国内船舶融资租赁管理的通知》第 1 条规定:"……国内船舶融资租赁活动,是指船舶承租人以融资租赁方式租用船舶从事国内水路运输的行为。"这是目前最为明确的关于船舶融资租赁的定义。

有学者认为,光船租赁在这种情况下一定意义上已变为船舶融资租赁。①

即使光船租赁合同中不存在留购条款,无论在船舶融资租赁还是光船租赁中,承租人均需自行配备船员并占有、使用和营运船舶,承担维修、保养义务,对船舶承担的权利义务基本一致,因此船舶融资租赁和光船租赁承租人都应对其海事请求人承担责任。

其次,我国于1992年颁布《海商法》,虽然其中并无调整融资租赁交易项下船舶关系的规定,但在海事实践中,船舶融资租赁交易自动适用《海商法》的相关规定,如船舶融资租赁的登记适用《海商法》中船舶的国籍登记、所有权登记、光船租赁登记等,在承租人运营船舶时则适用运输单证、船舶碰撞、共同海损、海事赔偿等规定。

《海商法》第22条规定了具有船舶优先权的五类海事请求,虽然《合同法》第246条规定:"承租人占有租赁物期间,租赁物造成第三人的人身伤害或者财产损害的,出租人不承担责任。"但根据"特别法优于一般法"的原则,《海商法》中关于船舶优先权的规定在船舶融资租赁中仍有优先适用的效力。

再次,《关于规范国内船舶融资租赁管理的通知》第3条规定,以融资租赁方式新建或购置的船舶,其出租人与承租人之间按光船租赁关系办理登记手续;海事局于2015年印发的《船舶登记工作规程》第74条规定,融资租赁船舶应办理船舶所有权登记和光船租赁登记,并在光船租赁登记证书上附注"融资租赁"。即在现行登记制度下,船舶融资租赁的承租人租赁权登记比照适用光船租赁登记的规定,公示出租人的租赁权并取得对抗第三人的效力,从侧面肯定了船舶融资租赁和光船租赁承租人具有相同的法律地位。

最后,在光船租赁中,出租人与承租人是一种传统的财产租赁关系,出租人让渡船舶的使用权以收取租金,租金只是让渡使用权的对价②;而船舶融资租赁的出租人对船舶享有所有权,一方面将船舶所有权作为获取租金的基础,另一方面将其作为合同履行中实现对承租人应付租金债权的保障③,出租人免除了作为所有权人本应承担的义务和责任,可以说其对租赁物享有的所有权是一种弱化的所有权。根据"举重以明轻"的类推原则,既然光船租赁出租人需要根据《扣船规定》承担船舶被拍卖后海事请求人在拍卖款项中受偿的风险,那么船舶融资租赁出租人的所有权弱于光船租赁出租人,更应承担这一风险,否则未免不合逻辑。

另有反对观点指出,既然《合同法》第242条规定融资租赁出租人享有租赁物的

---

① 郑雷. 船舶融资租赁法律问题研究[M]. 北京:法律出版社,2012:74.
② 薛正纲. 船舶融资租赁合同与船舶光租合同的比较[EB/OL]. 中国海事审判网,2002年,http://old.ccmt.org.cn/showexplore.php? id=238。
③ 方团益. 船舶融资租赁下的所有权制度研究[J]. 知识经济,2010(2):11.

所有权,租赁物不属于承租人的破产财产,那么船舶融资租赁交易中承租人同样只能以自己所有的财产对外承担责任,海事请求人无权在船舶拍卖价款中受偿,因此《扣船规定》第3条与《合同法》第242条互相矛盾。对这一争议,笔者参考了国际统一私法协会制定的《国际融资租赁公约》,其中第7条第1款的确规定"出租人对设备的物权应可有效地对抗承租人的破产受托人和债权人,包括已经取得扣押或执行令状的债权人";然而该条第5款规定了第1款的例外情况,明确:"本条不得影响享有以下权利的任何债权人的优先权:……b. 根据国际私法规则确定的适用法律对特别是船舶或飞机拥有的任何扣留、扣押或处置的权利。"即《国际融资租赁公约》主张海事请求权的效力优于出租人对船舶享有的物权。

有学者认为,船舶融资租赁出租人仅保留名义上的所有权作为收回其投资的最终保障,这种名义上的船舶所有权不足以对抗海事请求权,可见《海商法》等海事法律对于船舶扣押拍卖的法律规定应该优先于《合同法》适用。因此,扣押融资租赁船舶与出租人享有的取回权并不矛盾,它们是不同法律制度适用的不同结果。① 笔者对这种看法表示赞同。

综上所述,虽然《扣船规定》第3条仅规定了拍卖船舶所清偿的债务为光船承租人承担的债务,但笔者认为在船舶融资租赁中,不排除海事请求人依据该条规定,向海事法院主张从拍卖船舶的价款中受偿。

具体到本案中,申请人为涉案船舶供油,属于《海诉法》第21条第(十二)项"为船舶营运、管理、维护、维修提供物资或者服务"。结合前文分析,申请人是适格的海事请求人,法院裁定本案不适用《扣船规定》第3条值得商榷。

②融资租赁公司面临的风险和防范措施。

船舶不同于普通动产,其上往往负担海事请求,受到《海商法》《海诉法》及《扣船规定》中海事请求人优先受偿条款的约束。即便出租人在融资租赁项下只承担支付船舶购买价款的义务,不参与任何船舶经营活动,但如果承租人在船舶运营中产生债务,那么相关的海事请求人都可能依法申请扣押和拍卖船舶并从拍卖款中受偿,导致出租人作为船舶所有人承担了巨大的风险。尽管本案法院作出的裁定有利于融资租赁公司,但不能排除其他法院今后受理类似案件时援引《扣船规定》第3条,支持海事请求人的主张,作出和本案相反的裁判。

因此,融资租赁公司在进行船舶融资租赁业务时需要预估到存在船舶被扣押和拍卖的风险,采取谨慎设计交易结构、在船舶融资租赁合同中明确各方责任、要求承租人

---

① 冯玖聚. 融资租赁船舶可扣性分析[J]. 法治与社会,2013(4)上:264.

提供担保等风险控制措施,保障融资租赁公司的利益。

2.2.6 案例6:船员对租赁船舶的优先权[①]

船舶融资租赁是一种常用的船舶融资模式,在船舶融资租赁交易中,船舶应当进行船舶所有权登记和光船租赁登记,承租人应当依法取得水路运输经营资格等,这些事项作为硬性指标往往会受到出租人足够的重视,而船舶优先权作为一种具有隐秘特质的潜在风险经常被出租人忽视或者无法及时察觉。作为一种法定权利,出租人无法通过合同约定的方式规避该风险,需要寻找到切实有效的风险预防措施,才能够应对表现形式各异的船舶优先权所带来的风险。下述法院判决可谓是对融资租赁企业在船舶融资租赁领域开展业务的一个警示。

刁某某与国银金融租赁股份有限公司、大连航运集团有限公司船员劳务合同纠纷案[②]

原告:刁某某。

被告一:国银金融租赁股份有限公司(下称"国银公司")。

被告二:大连航运集团有限公司(下称"航运集团")。

1. 案件基本事实

2002年11月24日,刁某某与航运集团签订劳动合同书,约定航运集团根据工作需要安排刁某某在船舶岗位工作,工作期限自2002年11月24日至2012年12月31日。2013年1月1日,航运集团与刁某某将上述劳动合同期限变更为自2013年1月1日起无固定期限。该劳动合同同时约定,航运集团以货币的形式于每月19日前按月工资形式支付刁某某报酬。2014年12月24日,航运集团调派刁某某到"连航浚1"轮任轮机员。航运集团按月汇总出具刁某某工资单,每月发放其上一个月的工资。国银公司是"连航浚1"轮的所有人,航运集团是该船舶承租人,2016年7月,国银公司与航运集团就"连航浚1"轮的租船合同到期[③],刁某某等船员仍继续在该船上工作至2016年12月19日,在此期间航运集团并未向刁某某支付工资及饮食补贴。自2016年8月1日至2016年12月19日,航运集团拖欠刁某某工资及伙食补贴共计47205元。刁某某于2016年9月8日向法院申请扣押"连航浚1"轮,法院于2016年9月12日作出(2016)辽72民初743号民事裁定书,裁定在辽宁省大连市香炉礁大连新海航

---

① 本部分作者为北京市汇融律师事务所研究员张福广。
② 参见大连海事法院(2017)辽2民初字第39号民事判决书,2017年3月8日作出。
③ 根据本案判决书中描述的案件事实,无法确定出租人国银公司是否已经将涉案船舶真正取回。

运有限责任公司码头扣押"连航浚1"轮。为保证船舶安全,刁某某持续在船工作至2016年12月19日法院指派看船人员上"连航浚1"轮后下船。

2017年1月3日,航运集团向刁某某等4名船员出具《关于"连航浚1"轮船员工资保险有关问题的答复》称:因2016年8月1日起,国银公司与航运集团就"连航浚1"轮的租船合同到期,刁某某等4名船员2016年8月至2016年12月的工资及伙食津贴应由国银公司支付。

2. 起诉与答辩及法院的认定与判决

原告诉称:自2014年12月24日起,刁某某在由国银公司所有、航运集团经营的挖泥船"连航浚1"轮担任船员工作,因工资及伙食津贴长期拖欠,刁某某曾于2016年8月24日向大连海事法院起诉,申请扣押"连航浚1"轮,大连海事法院于2016年9月12日扣押"连航浚1"轮。自2016年8月1日起至2016年12月19日止,刁某某在船工作共计4个月19天,应得工资44385元及伙食津贴2820元,共计47205元,国银公司拖欠刁某某未付。根据《中华人民共和国劳动合同法》第30条的规定,作为聘用刁某某上船工作的船舶所有人,国银公司有及时足额支付船员工资及伙食津贴的义务。根据《中华人民共和国海商法》第21条、第22条的规定,刁某某关于工资和伙食津贴的诉讼请求对"连航浚1"轮具有船舶优先权。航运集团作为"连航浚1"轮的船舶经营人,派遣刁某某上船工作,依法应对刁某某诉请的工资及伙食津贴承担连带给付责任。因此,原告请求法院判令:(1)国银公司给付刁某某自2016年8月1日起至2016年12月19日止在"连航浚1"轮工作的工资及伙食津贴共计47205元;(2)航运集团就上述款项承担连带责任;(3)确认刁某某就第一项诉讼请求的款项对"连航浚1"轮具有船舶优先权;(4)本案案件受理费由国银公司、航运集团共同承担。

国银公司辩称:国银公司虽是"连航浚1"轮的船舶所有人,但与刁某某之间不存在劳动合同关系。刁某某与航运集团签订劳动合同、建立劳动合同关系,并在航运集团的安排下上"连航浚1"轮工作,其工资及伙食津贴应当由航运集团支付;国银公司承认刁某某关于工资和伙食津贴的诉讼请求对"连航浚1"轮具有船舶优先权。

航运集团辩称:航运集团与国银公司间就"连航浚1"轮的租船合同于2016年7月到期,刁某某诉请的工资发生在2016年7月后,该期间的工资及伙食津贴应当由国银公司支付;航运集团承认刁某某就其诉请的工资及伙食津贴对"连航浚1"轮具有船舶优先权。

法院认为:本案系船员劳务合同纠纷。刁某某与航运集团签订劳动合同是双方当事人的真实意思表示,依法成立、生效,刁某某、航运集团均应按照合同的约定全面履行各自的权利、义务。根据合同的相对性原则及《中华人民共和国劳动合同法》第7

条的规定,航运集团自雇佣刁某某之日起与刁某某建立劳动关系。在航运集团及刁某某均不能证明国银公司有直接雇佣刁某某在"连航浚1"轮工作的前提下,航运集团与国银公司关于"连航浚1"轮的租赁合同是否到期及航运集团是否将"连航浚1"轮返还国银公司,不影响航运集团与刁某某在交船后仍存续的劳动合同关系。刁某某认为其与国银公司形成了事实上的劳动关系的主张,没有事实和法律依据,本院不予支持。航运集团应当按照 2016 年 8 月 1 日至 2016 年 12 月 19 日间工资表及伙食津贴领取单上确认的薪酬标准及数额及时、足额地向刁某某支付工资及伙食津贴,其以《大连航运集团有限公司关于"连航浚1"轮船员工资保险有关问题的答复》将航运集团应负工资及伙食津贴的义务转给国银公司的意思表示,未经国银公司确认接受,对国银公司没有约束力,航运集团据此拒绝支付刁某某工资及伙食津贴的主张,本院不予支持。航运集团应承担欠付刁某某 2016 年 8 月 1 日至 2016 年 12 月 19 日期间工资、伙食津贴共计 47205 元的给付责任。刁某某自 2016 年 8 月 1 日至 2016 年 12 月 19 日在"连航浚1"轮工作期间的工资 44385 元、伙食津贴 2820 元的债权对"连航浚1"轮船具有船舶优先权。刁某某主张国银公司与航运集团就涉案债权承担连带责任没有法律依据,本院不予支持。综上,依照《中华人民共和国劳动合同法》第 7 条、第 29 条、第 30 条第一款,《中华人民共和国海商法》第 21 条、第 22 条第一款第一项、第 28 条之规定,判决如下:一、被告大连航运集团有限公司在本判决生效之日起十日内给付原告刁某某自 2016 年 8 月 1 日起至 2016 年 12 月 19 日止的工资 44385 元、伙食津贴 2820 元;二、确认原告刁某某就判决第一项的债权对"连航浚1"轮具有船舶优先权;三、驳回原告刁某某的其他诉讼请求。如果航运集团未按本判决指定的期间履行给付金钱义务,应当按照《中华人民共和国民事诉讼法》第 253 条规定,加倍支付迟延履行期间的债务利息。

3. 对本案的评析

本案对于从事船舶融资租赁的租赁公司具有警示性意义。因为在船舶融资租赁中,船舶所有人的船舶所有权除了受到传统留置权、抵押权等显性担保物权的挑战,还受到船舶优先权的潜在威胁,而这一点往往被忽视。即便承租人没有违反融资租赁合同,由于船舶优先权的存在,出租人对船舶的所有权也有可能受到损害,出租人因此所面临的风险远远超出了融资租赁合同的范畴。

本案中,从劳动合同关系的角度来看,船员刁某某是与航运集团签订了劳动合同,合同约定由航运集团向其支付工资与伙食补贴,故而海事法院依据合同的相对性原则否认刁某某与国银公司之间存在劳动合同关系,尽管后来国银公司与航运集团就"连航浚1"轮的租船合同到期,但刁某某与航运集团的劳动合同关系继续存在,并未解除,且刁某某一直在该船上继续工作,航运集团作为用人单位应当依约继续履行支付船员工资及伙食津贴的义务。但是法院确认了刁某某工资和伙食津贴的诉讼请求对"连航浚1"轮具有船舶优先权,这意味着,即便船员与船舶所有人之间不存在合同关系,也可向船舶所有人主张船舶优先权。

另外,从海事请求产生的基础角度看,具有船舶优先权的海事请求必须与当事船舶相关。本案中,国银公司与航运集团的租船合同已经到期,倘若国银公司及时将船舶取回控制,或者交由第三方妥善管理,而不是任由原承租人一方的船员控制船舶或者在船上继续工作,就不会面临上述纠纷,因为船舶优先权是依附于船舶之上的,从承租人取回船舶便阻断了提出类似海事请求的基础与前提。

那么,何谓"船舶优先权",它属于什么性质,具有何种功能?下文将作出进一步阐释。

(1) 船舶优先权。

基于融资租赁交易中租赁物所有权与使用权分离的特点,在一般性融资租赁交易中,出租人将船舶交付承租人占有、使用、收益,承租人在经营过程中发生的债务出租人不承担责任。但是基于船舶融资租赁的特殊性以及船舶优先权的法定性,在租赁期间内,即便是源于承租人自身过错而造成的欠付船员工资、港口规费、造成人身伤害、海上环境污染等情形,也会使出租人的自物权受到威胁,暴露于多重危险之下。

《中华人民共和国海商法》(下称《海商法》)第21条规定,相关海事请求人可以向船舶所有人、光船承租人、船舶经营人提出海事请求,并对产生该海事请求的船舶具有优先受偿的权利。《海商法》第22条规定了下列各项海事请求具有船舶优先权:"(一)船长、船员和在船上工作的其他在编人员根据劳动法律、行政法规或者劳动合同所产生的工资、其他劳动报酬、船员遣返费用和社会保险费用的给付请求;(二)在船舶营运中发生的人身伤亡的赔偿请求;(三)船舶吨税、引航费、港务费和其他港口规费的缴付请求;(四)海难救助的救助款项的给付请求;(五)船舶在营运中因侵权行为产生的财产赔偿请求。"

本案中,刁某某关于工资和伙食津贴的请求属于《海商法》第22条第1项规定的内容,法院确认其对该项债权的实现享有船舶优先权。他虽然无法依据劳动合同要求国银公司承担给付义务,但是可以申请法院扣押相关船舶,并以拍卖、变卖所得价款优先受偿,出租人面临丧失船舶所有权的危险。

(2) 船舶优先权的性质和特点。

①船舶优先权的性质。

船舶优先权以船舶为标的,以担保特定债权的实现为目的,以司法程序中扣留、拍卖、变卖船舶并以其所得价款优先受偿为手段,性质上类似于一种法定的担保物权。

事实上对于船舶优先权的性质始终充满争议,理论界存在着"债权说""物权说""担保物权说"以及"程序权利说"等几种学说,《海商法》回避了对船舶优先权作出直接定义,而是以列举的方式明确了产生船舶优先权的几种情形,也是为了避免介入这一领域的争议。但是,船舶优先权基于其优先保护性、对世性、追及性、附随性等特点,更符合担保物权的一般特征。

②**船舶优先权的特点**

首先,船舶优先权具有法定性。《海商法》在其第二章中单列一节(第三节)对船舶优先权作了较为系统的规定,它不可能通过合同约定而排除;其次,船舶优先权具有秘密性。船舶优先权不以登记或者占有作为成立要件,也无须公示,"它悄然降临,而你可能对此却一无所知",这一点尤其值得融资租赁公司警惕;再次,船舶优先权具有优先性,它所担保的债权优先于留置权、抵押权担保的债权以及其他普通债权受偿;又次,船舶优先权具有追及性,它不因船舶所有权的转让而消灭,而是一旦产生便随船舶转移而转移;最后,行使方式的司法强制性,依法扣押、拍卖、变卖船舶是船舶优先权实现的必经程序。

综上,船舶优先权具有极强的排他性,可排斥任何人独享船舶的处分权,不论船舶在何处归属何人,也不论取得人是否善意,均可追及并行使,其所担保的债权在所有债权中享有最高受偿权。如此安排受偿顺序,乃是法律公平公正原则的体现和利益衡量的结果:一方面,船长、船员、被侵权人属于弱势一方,法律应当予以倾斜性保护;另一方面,对船舶安全做出贡献的人也要给予优先保护,鼓励船舶间的相互救助行为。

(3)结论。

本案在船员与出租人不存在劳动合同关系、出租人与承租人租船合同已经到期(但承租人未返还船舶)的情况下,法院仍然判决船员的工资与伙食补贴诉请对相关船舶拥有船舶优先权,乍看起来似乎有些不合法理。但是,本案事实符合《海商法》第21条、第22条的规定:a. 船员的给付请求有劳动合同作为请求权基础,b. 船员的给付请求产生于在船上的工作,船员的海事请求便具有船舶优先权,至于出租人与承租人之间的租船合同是否有效存续,在所不问,体现了对船员的倾斜性保护。因此,笔者认为,本案判决是合理、合法的。

4. 对融资租赁公司的建议

对于船舶融资租赁公司而言,船舶优先权是一种看不见的威胁,是一柄"时刻悬在头顶上的达摩克利斯之剑",对于船舶融资具有一定的负面影响。一旦出现船舶优先权情形,出租人很可能面临船舶被扣押、船舶价值降低,甚至丧失船舶所有权的风险,继而可能影响到船舶融资租赁目的的实现,承租人可能要求解约或者拒付租金,产

生"多米诺骨牌效应"。因此,以本案判决为警示,建议出租人采取以下措施防范船舶优先权风险:

(1)检验。出租人购买船舶前委托专业的验船机构对船舶进行检验,并要求验船师通过与船员交流等多种途径了解船舶是否发生过海事事故、有无拖欠船员工资等可能产生船舶优先权的情况;另外,依据《海事诉讼特别程序法》的规定,船舶转让时,受让人可以向海事法院申请船舶优先权催告,催促船舶优先权人及时主张权利,催告期间为60日。船舶优先权催告期限届满,无人主张船舶优先权的,海事法院应当根据当事人的申请作出判决,宣告该转让船舶不附有船舶优先权;

(2)追偿权。在融资租赁合同中事先约定,出租人在承担船舶优先权产生的相应责任后,享有向承租人追偿的权利。

(3)向船东互保协会投保,该协会承保某些涉及船舶优先权担保的债权项目,如船员遣返费用的给付请求、海难救助款项的给付请求、船舶营运过程中因侵权产生的财产赔偿请求权等,还可承保船舶在扣押期间的日常费用损失。

(4)为避免承租人因出现船舶优先权情形中途解约从而给出租人带来租金落空的损失,双方可事先在融资租赁合同中约定出现船舶优先权情形时的解决办法。

(5)要求承租人提供保证金担保或者保证人担保,由于承租人过错而引发的船舶优先权情形导致船舶被扣押的,承租人须负责处理相关问题以促成船舶解除扣押,否则出租人有权不返还承租人的保证金,或者要求保证人承担相应的责任。

2.2.7　案例7:出租人对授权承租人设定抵押权的租赁物是否有优先受偿权[①]

融资租赁兼具融资与融物的特性,因而租赁物占有与所有天然分离,在动产融资租赁项下,租赁物因承租人占有表征而被无权处分致使被第三人善意取得物权的案例大量存在。为维护交易安全,预防动产租赁物之物权被承租人无权处分、被第三人善意取得,租赁公司开创了授权承租人在租赁物上设立抵押权的实践,这一做法被《最高人民法院关于审理融资租赁合同纠纷案件适用法律问题的解释》(法释〔2014〕3号,下称《融资租赁司法解释》)所认可。关于出租人就该特定抵押物是否享有优先受偿权,包括如下案例在内的许多案例都做出了积极的判决,但实践中也存在不同观点,本文旨在从法律规范、法理角度论证赋予出租人优先受偿权的合法性、合理性及其重要性。

---

① 本部分作者为北京市汇融律师事务所律师张立国。

台新融资租赁(中国)有限公司苏州分公司与被告王某某、高某、曹某融资租赁合同纠纷案①

原告:台新融资租赁(中国)有限公司苏州分公司。

被告:王某某。

被告:高某。

被告:曹某。

1. 案件基本事实

2014年8月6日,原告台新融资租赁(中国)有限公司苏州分公司(下称"台新租赁"或"出租人")与被告王某某(下称"王某某"或"承租人")签订《融资租赁合同》(下称《融资租赁合同》),约定台新租赁作为出租人、王某某作为承租人以售后回租方式开展融资租赁交易,租赁物为奥迪车一辆(车牌号码为苏E×××××,发动机号为381373),出租人、承租人双方约定租赁物之购买价款为18万元,王某某同意并授权台新租赁在上述购买价款中直接扣除车辆保险押金2400元,台新租赁给付177600元后即视为已给付全部购买价款;台新租赁一旦将约定的购买价款给付往王某某指定账户,王某某即应将租赁物转让并以占有改定方式交付给台新租赁以代替实际交付,同时视为台新租赁已将租赁物交付并出租给王某某使用;租赁期间为自2014年8月12日至2017年8月11日,租金给付日为起租次月起每月的12日,共36期,每期租金为6440元;若王某某未依《融资租赁合同》约定按期给付租金,则台新租赁有权就逾期未给付部分按每日万分之五向王某某计收违约金,直至全部费用付清为止。高某、曹某作为连带保证人对《融资租赁合同》进行了附签,《融资租赁合同》中约定,保证人应就王某某履行《融资租赁合同》的义务负连带保证责任,保证人承担的连带保证责任及范围为《融资租赁合同》项下王某某的全部义务,保证期限为《融资租赁合同》签订之日起至《融资租赁合同》约定的王某某全部义务履行期届满后2年。

同日,原告台新租赁与被告王某某签订《车辆抵押合同》,约定:王某某同意提供其占有的车辆作为抵押物,对台新租赁在主合同(《融资租赁合同》)项下享有的全部债权进行不可撤销担保;抵押车辆为奥迪车一辆(车牌号码为苏E×××××,发动机号为381373);抵押权金额为18万元;抵押物担保的范围为主合同项下王某某应支付的所有款项,包括但不限于租金、违约金等合同项下发生的一切款项和台新租赁实现债权的费用(包括但不限于律师费、诉讼费等)。2014年8月12日,台新租赁、王某某就上述抵押物办理了抵押登记手续。

---

① 参见苏州工业园区人民法院(2016)苏0591民初字第11182号民事判决书,2017年1月23日作出。

2014年8月12日,原告向被告王某某指定账户汇款177600元。被告共计支付了25期租金,之后再无付款。

承租人、保证人均分别向原告出具《文书送达地址确认书》。

2. 起诉与答辩及法院的认定与判决

出租人于2016年12月5日以承租人未按约支付租金为由向法院起诉,请求判令:(1)承租人向出租人支付全部未付租金70840元;(2)承租人向出租人支付系争《融资租赁合同》项下的违约金;(3)保证人高某、曹某对前述债务向出租人承担连带担保还款责任;(4)出租人对设定抵押权租赁物的折价或者拍卖、变卖的价款享有优先受偿权;(5)诉讼费用由被告承担。

承租人、保证人均缺席,未做答辩。

一审法院审理认为:

出租人、承租人、保证人签署的《融资租赁合同》依法成立有效,各方均应受该合同条款的约束,享受及承担该合同约定的权利、义务。出租人已按约提供租赁物,承租人亦应按约付款,承租人未按合同约定期限及时向出租人支付租金构成违约,故出租人有权要求承租人支付全部已到期及未到期租金计70840元。高某、曹某作为保证人,应对承租人的上述债务承担连带清偿责任,其在承担保证责任后,有权向债务人王某某追偿。对出租人要求以承租人名下车牌号为苏E×××××车辆(注:租赁物)实现抵押权的主张,因符合合同约定,本院予以准予,出租人有权对上述抵押物进行拍卖、变卖,并以所得价款优先受偿。

因此,一审法院缺席判决如下:(1)承租人应于本判决生效之日起十日内支付出租人租金70840元,并赔付出租人相应违约金。(2)保证人均对承租人上述第一项付款义务承担连带清偿责任,保证人在承担清偿责任后有权向承租人追偿。(3)如承租人未能履行上述付款义务,则出租人有权以承租人名下车牌号为苏E×××××的奥迪牌车辆折价,或以拍卖、变卖上述车辆所得价款优先受偿。

一审判决生效。

3. 对本案的评析

承租人、保证人均缺席庭审,未对包括以设定抵押权的租赁物的变价优先受偿在内的出租人的诉讼请求形成答辩。法院从"符合合同约定"的角度,认定出租人对抵押租赁物有优先受偿权。案例本身虽未形成争议焦点,但该问题因涉及出租人的风险防控与债权实现,经常被融资租赁公司问及,基于实践中产生的问题以及经常被询问的角度,对认定融资租赁出租人对设抵租赁物是否有优先受偿权,我们从法律规范、法理维度结合实践——分析:(1)抵押权的设立是否以抵押人享有抵押物的所有权为前提?(2)抵押物是否不可为抵押权人享有所有权的物?(3)《融资租赁司法解释》以最高人民法院公布施行的司法解释设定所有人抵押权的效力如何?(4)法律规范是否对出租人享有抵押权之租赁物有限制优先受偿的规定?(5)承认《融资租赁司法解释》设定的所有人抵押权,是否是对《融资租赁司法解释》确定的"物债择一、债不得偿时再诉物"架构的违反与架空?(6)设立抵押权并对租赁物优先受偿是否符合出租人、承租人双方的意思表示?

(1)《民法通则》(主席令第37号,1987年1月1日施行)规定,抵押财产系债务人或者第三人"提供",《关于贯彻执行〈中华人民共和国民法通则〉若干问题的意见(试行)》[法(办)发〔1988〕6号,下称《民通意见》]进一步明确,以自己不享有所有权的财产作抵押物的,应当认定抵押无效。《担保法》(主席令[第50号],1995年10月1日施行)沿袭《民法通则》及《民通意见》的规定,将抵押设立的前提设定为享有所有权(国有资产的抵押除外)。《物权法》适应市场经济的发展,将抵押财产设定为抵押人有权处分的财产,而非享有所有权的财产。因此,抵押权的设立不以抵押人享有抵押物所有权为前提,有权处分即可。

(2)关于抵押物是否不可为抵押权人享有所有权之物的问题比较复杂。从传统民法理论来看,抵押权系保全债权的担保物权,旨在保障特定债权的实现,所有权包括占有、使用、收益、处分的全部权能,变价处分系所有权应有之义,于所有权人所有之物上另行定限物之变价的抵押权则产生所有权与抵押权的混同,抵押权因其系所有权的应有之义而被吸收,除非承认所有人抵押。所有人抵押,亦称所有人抵押权,指所有权人于自己所有的财产上由自己保有抵押权,它系现代各国抵押权法中一种十分特殊的制度①。我国《担保法》《物权法》未规定此制度,但《最高人民法院关于适用〈中华人民共和国担保法〉若干问题的解释》(法释〔2000〕44号,下称《担保法司法解释》)对后有的所有人抵押权予以承认:《担保法司法解释》第77条规定,同一财产向两个以上债权人抵押的,顺序在先的抵押权与该财产的所有权归属一人时,该财产的所有权人可以以其抵押权对抗顺序在后的抵押权。即若顺序在先抵押权人取得抵押物之所有权,即使其主债权消灭,仍可以其抵押权所担保的数额对抗顺序在后的抵押权。《担保法司法解释》之后,笔者认为,《融资租赁司法解释》关于出租人授权承租人将租赁物抵押给出租人的规定,系再次对融资租赁交易项下出租人的所有人抵押权予以

---

① 陈华彬.论所有人抵押权——基于对德国法和瑞士法的分析,陈华彬(中央财经大学法学院教授,博士生导师,法学博士),中图分类号:DF521 文献标识码:A DOI:10.3969/j.issn.1001-2397.2014.05.04.

承认。

(3)《物权法》对于所有人抵押权未做明文规定,仅第 179 条规定,为担保债务的履行,债务人或者第三人不转移财产的占有,将该财产抵押给债权人的……又,根据前述第(一)项分析,抵押财产系抵押人有权处分之财产;故,《物权法》未明文限制将所有人之物为所有人设立抵押担保。《担保法司法解释》《融资租赁司法解释》将其解释为承认了所有人抵押权,顺理成章。《担保法司法解释》规定具有阻止后顺位抵押权升进的效力,符合后发的所有人抵押权的性质和效力;《融资租赁司法解释》规定具有对抗后设的抵押权的效力,符合先有的所有人抵押权的性质和效力。相反的观点认为,按照《立法法》的分工,最高人民法院没有立法权,按照严格的物权法定主义,司法解释无权创设物权类型,故据此否定《融资租赁司法解释》的效力。但是,《融资租赁司法解释》满足了市场的稳定性需求,由于所有人抵押权依然是抵押权,尤其是《物权法》条文未明确禁止、文义之上尚可包容所有人抵押权的前提下,且其效力与普通抵押权相同,只是抵押权存在于抵押权人自己的所有物上不同于普通抵押权,可以说它没有违反物权法定原则[①]。

(4)《物权法》第 195 条明确规定,债务人不履行到期债务或者发生当事人约定的实现抵押权的情形,抵押权人可以与抵押人协议以抵押财产折价或者以拍卖、变卖该抵押财产所得的价款优先受偿。由于《物权法》对所有人抵押权文义尚可包容但未做明文,《物权法》及《融资租赁司法解释》以及其他法律规范,均未见对出租人之所有人抵押权限制优先受偿的规定,故,出租人有权对其享有所有人抵押权之抵押物优先受偿。

(5)根据《合同法》第 248 条规定,承租人经催告后在合理期限内仍不支付租金的,出租人可以要求支付全部租金;也可以解除合同,收回租赁物。在《融资租赁司法解释》出台之前,对前述规定中"分号"的理解一直存有表并列还是表选择的分歧。《融资租赁司法解释》发布并施行后,其第 21 条确定了"物债择一、债不得偿时再诉物"架构,也因此给出租人带来了讼累、给社会带来有限诉讼资源的浪费,在此不再赘述。回到《融资租赁司法解释》承认的出租人之所有人抵押权上,应该说是司法解释为出租人实现债权且是有物权保障之债权设置的另一种可选的权利保障程序与途径,恰似于万千相中拈取抽象而予以确定的两个模型,不同的条件、不同的触发、并行不悖。再者,从融资租赁的本质来说,融资融物兼备、以物保债的特性天生带有物权保

---

① 崔建远.《物权法》(第二版)[M].北京:中国人民大学出版社,ISBN 978-7-300-13040-8,510-512.

障,法理上、法律上均认为融资租赁是非典型的担保、兼具担保债权的功能①,《融资租赁司法解释》承认的出租人之所有人抵押权,不但与"物债择一、债不得偿时再诉物"架构不相违反、不相冲突,更应是对融资租赁本质的再次肯定和应有回归。

(6)实践中有观点认为[如新疆维吾尔自治区高级人民法院(2014)新民二初字第27号判决],出租人授权承租人将租赁物抵押给出租人真实意思在于对抗善意第三人、而非出租人获得所有人抵押权。从《融资租赁司法解释》第9条的行文来看,其首要意思是该等抵押权经登记后产生对抗善意第三人的效力;另,设立抵押权并经登记本身根据前述分析无疑产生设立抵押权的效力。出租人主张所有权(融资租赁交易应有之义)、主张以物保债(融资租赁交易应有特性)、主张优先受偿(抵押权应有之义)系正常交易主体之追求,承租人认可所有权(融资租赁交易应有之义)、认可以物保债(融资租赁交易应有特性)、认可抵押权(抵押合同的形成与登记)是所涉合同的明确认定、所涉登记的明确公示。故,出租人与承租人之间,应属已形成完整的、真实的、合法合约的合意,依法、依约、依理均应认定出租人的所有人抵押权、均应认定出租人有权对抵押租赁物优先受偿。

4. 实践指导意见

根据本文第3条分析,抵押权的设立不以抵押人享有抵押物的所有权为前提,抵押物可以是抵押权人享有所有权的物,出租人授权承租人将租赁物抵押给自己符合法律规定;《融资租赁司法解释》将《物权法》解释为承认出租人所有人抵押权,顺理成章,不违反物权法定主义;法律规范未限制出租人对享有抵押权之租赁物优先受偿的规定,承认《融资租赁司法解释》设定的所有人抵押权,不但与《融资租赁司法解释》"物债择一、债不得偿时再诉物"架构不相违反、不相冲突,更应是对融资租赁本质的再次肯定和应有回归;并且,出租人授权承租人将租赁物抵押给出租人真实意思不仅在于对抗善意第三人、也在于出租人获得所有人抵押权,应认定出租人有权对抵押租赁物优先受偿。故,基于动产物权变动公示公信原则,在现有法律规范框架之下,为最大限度地防范善意取得制度对天生占有与所有相分离的融资租赁交易出租人的伤害,建议广大出租人普遍设立对动产租赁物的抵押权,即使未被具体裁判认定为有对设抵押租赁物优先受偿权、也至少可以获得对抗善意第三人的效力。书同文,车同轨,行同伦,市场呼唤进一步地释明性法律规范以实现法制的统一。

---

① 崔建远.《物权法》(第二版)[M].北京:中国人民大学出版社,P420.

2.2.8 案例 8：机动车登记在承租人名下是否影响出租人所有权[①]

在汽车融资租赁交易中，为便于承租人管理及运营车辆，融资租赁公司通常同意将车辆登记在承租人名下，但在承租人与他人发生经济纠纷时，车辆（租赁物）往往会成为诉讼保全的对象或强制执行的标的而被法院采取查封、扣押等措施。

本案争议焦点：车辆登记在承租人名下是否会影响出租人的所有权，法院可否依申请执行人的申请强制执行该登记在承租人名下的车辆。

庞大乐业租赁有限公司与盘锦星辉石油化工有限公司、荣成市树金船舶能源技术开发有限公司案外人执行异议之诉[②]

原告：庞大乐业租赁有限公司。

被告：盘锦星辉石油化工有限公司。

被告：荣成市树金船舶能源技术开发有限公司。

被告：孙某某。

1. 案件基本事实

庞大乐业租赁有限公司（下称"庞大公司"）依法开展融资租赁业务，2012 年 12 月 13 日，承租人孙某某以融资租赁方式从庞大公司租赁丰田汽车一辆，登记车牌号为鲁 K××××× ，为便于孙某某使用车辆，双方一致同意将租赁物登记在承租人孙某某名下，并在双方签订的《融资租赁合同》第 9 条约定租赁期间车辆所有权属于庞大公司所有。

盘锦星辉石油化工有限公司（下称"星辉公司"）因与荣成市树金船舶能源技术开发有限公司（下称"树金公司"）发生债权债务纠纷诉至山东省荣成市人民法院（下称"荣成法院"），并以孙某某名下车辆系树金公司所有为由采取执行措施。为此，庞大公司以车辆实际所有权人身份依法提出执行异议，荣成法院经听证作出（2016）鲁 1082 执异 22 号执行裁定书，未予支持，庞大公司不服该裁定依法提起案外人执行异议之诉。

2. 起诉与答辩及法院的认定与判决

庞大公司诉称：车辆登记只是允许车辆上路行驶的登记和凭证，车辆所有权并不因车辆登记转移给孙某某。《融资租赁合同》第 11 条约定如孙某某按时足额支付全

[①] 本部分作者为北京市汇融律师事务所律师王勇。
[②] 参见山东省荣成市人民法院（2016）鲁 1082 民初字第 2709 号民事判决书，2017 年 3 月 15 日作出。

部租金和其他应付款项,则租赁期间届满后车辆所有权转移给孙某某,但孙某某并未按合同约定履行交纳租金的义务,尚欠异议人租金396951.38元,因此车辆所有权仍属于原告。原告为防止孙某某转移车辆,已经通过荣成市公安局交警队对车辆办理抵押登记,抵押权人为原告,并且执行案件中的被执行人为树金公司,与登记在孙某某名下的鲁K×××××号车辆没有因果联系。综上,对鲁K×××××号车辆采取执行措施属于认定事实错误,为维护原告的合法权益,原告提起诉讼,请求判决确认鲁K×××××号车归原告所有,并撤销对鲁K×××××号车的查封。

星辉公司辩称:原告与孙某某签订的融资租赁合同虽然写明的是融资租赁合同,但是从实质内容看应当属于借款合同,融资合同标的物的所有权应当属于出租方,但是该融资合同标的物的所有权是登记在承租人名下,不符合融资租赁合同的法律特征。原告称该车是其公司购买,虽然提交购车合同,但并没有证据证实购买车辆的款项是如何交付给出卖方的。《物权法》第24条规定,船舶、航空器和机动车等物权的设立、变更、转让和消灭未经登记不得对抗善意第三人,因此我国对机动车采取的是物权登记制度,原告与被告孙某某合同中关于所有权的约定属于合同法中的内部约定,不能突破合同的相对性原则,进而无法对抗法律上的善意第三人,更无法约束人民法院的执行行为。《最高人民法院关于人民法院办理执行异议和复议案件若干问题的规定》第25条规定,对案外人的异议,人民法院应按有关部门的登记来判断其是否为机动车、船舶、航空器等特定物产的权利人,由于该车辆是登记在孙某某名下,执行部门通过对孙某某以及树金船舶能源技术开发有限公司法定代表人的询问,从而确认了涉案车辆的所有权人就是树金船舶能源技术开发有限公司。综上,涉案车辆的所有权人系树金船舶能源技术开发有限公司所有,法院的执行裁定于法有据,请求依法驳回原告的诉讼请求。

树金公司、孙某某未予答辩。

法院经审理查明:涉案车辆于2012年12月17日办理注册登记,登记所有权人为孙某某,并于当日办理了抵押登记,抵押权人为原告,该抵押现仍未解除。同时,法院对有争议的证据和事实,作出如下认定:原告提交原告与孙某某签订的庞大乐业融资租赁合同一份,合同约定原告根据孙某某的要求,从荣成新广利丰田汽车销售服务有限公司购买丰田汽车一辆并由孙某某租赁使用,租赁期间,汽车所有权属原告所有,但为便于车辆使用,原告同意购车发票及车辆登记均以孙某某的名义办理,如孙某某按时足额向原告支付全部租金,在租赁期间届满后,车辆所有权可转让给孙某某;原告提交庞大乐业租赁物买卖合同、结算单,证明原告向荣成新广利丰田汽车销售服务有限公司购买涉案车辆并支付车辆价款;原告提交证明、还款明细,证明孙某某欠付原告租金的情况;原告提交原告与孙某某签订的协议书一份,协议书载明孙某某应付原告剩余租金396951.38元,为抵顶该部分租金,孙某某同意将涉案车辆交还原告;原告另提交车辆照片,证明孙某某已将涉案车辆交还原告,并由原告保管至今。被告星辉公司经过质证,认为庞大乐业融资租赁合同、协议书并非孙某某所签,证明、还款明细也系原告自行整理,不应作为证据使用。

综合双方举证、质证意见,法院认定原告提交的融资租赁合同的内容与车辆登记证所载原告系抵押权人的事实相一致,应予采信。原告提交的结算单、还款明细、协议书、车辆登记证原件、车辆照片也与融资租赁合同相互印证,已形成完整的证据链,可以证实原告根据孙某某选择从荣成新广利丰田汽车销售服务有限公司购买涉案车辆并租给孙某某使用,孙某某需按期向原告支付租金,后因孙某某欠付租金396951.38元,而将涉案车辆返还原告抵顶欠付租金的事实。

法院认为:原告与孙某某签订的庞大乐业融资租赁合同系双方的真实意思表示,不违反我国法律的禁止性规定,合法有效。原告依约向荣成新广利丰田汽车销售服务有限公司支付了涉案车辆价款,并将涉案车辆交付孙某某,双方的交易形式符合融资租赁的交易特点,被告辩称原告与孙某某的交易性质属于借款合同,没有事实依据,法院不予采信。原告履行了合同义务,而孙某某未付清全部租金,涉案车辆仍处于租赁期限内,虽然涉案车辆登记证载明所有权人为孙某某,但公安机关办理机动车登记,只是准予或不准予机动车上路行驶的登记,结合原告与孙某某关于涉案车辆所有权在租赁期限内仍属原告所有的合同约定及孙某某为抵顶租金已将涉案车辆返还原告的事实,车辆所有权应属原告所有,故被告辩称应当根据车辆登记证确定涉案车辆权属,理由不当,法院不予采信。原告主张所有权的理由正当,法院予以支持。被告树金公司、孙某某经法院合法传唤,无正当理由未到庭,视为放弃答辩与质证的权利。

综上,依据《中华人民共和国物权法》第39条、第68条,《中华人民共和国合同法》第242条,《中华人民共和国民事诉讼法》第144条、第227条,《最高人民法院关于〈中华人民共和国民事诉讼法〉执行程序若干问题的解释》第19条之规定,判决:确认鲁K×××××号车辆归原告庞大乐业租赁有限公司所有;不得执行鲁K×××××号车辆。

3. 案件评析

本案中,庞大公司作为出租人、孙某某作为承租人达成融资租赁交易,并已通过《融资租赁合同》明确约定了租赁车辆登记在承租人名下,在租赁期限内租赁物(车辆)的所有权仍归属于出租人,承租人不得以此登记来对抗出租人的所有权,待承租人依约全面履行《融资租赁合同》项下租金支付及其他款项支付义务后,可以将车辆所有权转移给承租人。与此同时,为保护庞大公司的权利、防范承租人私自转移车辆的风险,双方办理了车辆的抵押登记,庞大公司为抵押权人。星辉公司(申请执行人)辩称:融资租赁合同的标的物归属于出租人,但将该标的物(车辆)登记在承租人名下的做法不符合融资租赁合同的法律特征,双方名为融资租赁合同关系,实为借款合同关系。同时,认为庞大公司与孙某某在租赁合同中关于车辆所有权的约定属于双方间的内部约定,基于合同的相对性原则,该约定不能对抗法律上的善意第三人,更无法约束人民法院的执行行为。此外,由于该租赁车辆登记在孙某某名下,执行部门已通过对孙某某等人的询问确认了涉案车辆的所有权人为树金公司,因此法院的裁定于法有据。

根据我国法律规定,机动车所有权实行的是实际交付取得或约定取得制度。根据《物权法》第23条规定:"动产物权的设立和转让,自交付时发生效力,但法律另有规定的除外";同时,第24条规定:"船舶、航空器和机动车等物权的设立、变更、转让和消灭,未经登记,不得对抗善意第三人。"可见,我国机动车的物权变动采取的是"登记对抗"主义,其物权变动是自交付时发生效力,在登记后产生对抗效力——可以对抗善意第三人。但本案中,星辉公司与树金公司之间、树金公司与孙某某之间或星辉公司与孙某某之间均未就涉案车辆发生交易行为,星辉公司仅仅系依其享有的债权(申请执行人地位)申请强制执行,不属于法律上的善意第三人范畴。另根据《最高人民法院关于人民法院民事执行中查封、扣押、冻结财产的规定》第31条规定:"有下列情形之一的,人民法院应当作出解除查封、扣押、冻结裁定,并送达申请执行人、被执行人或者案外人:(一)查封、扣押、冻结案外人财产的;……"庞大公司享有涉案车辆所有权,故法院不得查封案外人(庞大公司)所有的财产。

根据《中华人民共和国道路交通安全法》第8条规定:"国家对机动车实行登记制度。机动车经公安机关交通管理部门登记后,方可上道路行驶。"而根据《关于确定机动车所有权人问题的复函》(公交管〔2000〕98号)和《关于机动车财产所有权转移时间问题的复函》(公交管〔2000〕110号)的规定,公安机关办理的机动车登记,是准予或不准予机动车上道路行驶的登记,不是机动车所有权登记。此外,《机动车登记规定》(2012年修正)中有关机动车注册登记、变更登记、抵押或注销等登记均是机动车所有权人在取得机动车所有权之后办理的相关手续。因此,在现行制度下"登记"是机动车行政管理部门采取的一种行政管理措施,该登记不产生物权效力——不是机动车所有权的取得方式。

本案中,庞大公司就其对车辆(租赁物)享有的所有权向法庭提供了包括融资租赁合同、结算单、还款明细、协议书、车辆登记证原件在内的一系列交易文件等证据材料,已经形成完整的证据链,证明了涉案车辆系采用融资租赁方式购买并租赁给孙某某使用。法院以承租人孙某某未付清全部租金、涉案车辆仍处于租赁期限内,尽管涉案车辆登记在孙某某名下,但公安机关办理机动车登记,只是准予或不准予机动车上路行驶的登记,结合庞大公司与孙某某关于涉案车辆所有权的归属、转移已有明确约定等事实,认定车辆所有权应属庞大公司所有,星辉公司辩称应根据车辆登记证确定涉案车辆权属的理由不当,法院不予采信,进而作出支持庞大公司诉讼请求的判决完全合理和正确。

因此,车辆登记在承租人名下,如果该租赁物被法院采取查封、扣押等措施,应及时向人民法院依法提出异议,若该异议被驳回,则可以依据《民事诉讼法》之规定提起执行异议之诉,以维护和保障融资租赁公司的权益不受非法侵害。

4. 实践指导意见

在汽车融资租赁业务中,租赁公司大都将租赁车辆登记在承租人名下,符合承租人管理和运营车辆的便利需要,同时,也是出租人出于规避车辆违章、致第三人损害情况下的风险承担方面之考量。但是,当因案外人间发生的经济纠纷导致登记在承租人名下的租赁车辆被法院采取查封、扣押等措施时,作为车辆实际所有权人的出租人权利保护就显得尤为重要和紧迫。

根据《最高人民法院关于执行案件车辆登记单位与实际出资购买人不一致应如何处理的问题的复函》(〔2000〕执他字第25号),法院在查明事实后确定机动车所有权的归属,申请执行人若仅基于车辆登记的名义所有权人主张强制执行不会得到支持。为此,租赁公司应当加强和提高权利保护意识,完善融资租赁交易文件,针对车辆(租赁物)的注册登记及其所有权归属、转移等通过《融资租赁合同》等文件作出明确的约定,并妥善保管购车发票等凭证原件,一旦车辆(租赁物)被第三人申请保全查封、扣押和法院强制执行时,方可从容应对、避免损失的发生。

2.2.9 案例9:租赁物灭失的风险由谁承担[①]

机动车融资租赁业务中,机动车毁损、灭失的风险由谁承担,商业险的投保义务人为谁,如未投保发生事故由谁承担损失,是值得探讨的问题。本文试从以下案例出发作简要分析。

---

① 本部分作者为北京市汇融律师事务所律师助理崔晓晔。

汇通信诚租赁有限公司与程某某、程某融资租赁合同纠纷案①

上诉人(原审被告):程某某。

上诉人(原审被告):程某。

被上诉人(原审原告):汇通信诚租赁有限公司。

1.案件基本事实

2014年12月10日,汇通信诚租赁有限公司(下称"汇通租赁公司")(甲方、出租人)与程某某(乙方、承租人)签订《汽车租赁合同》。合同约定:汇通租赁公司以融资租赁的方式为承租人购买起亚牌轿车一辆(车牌号川YY7605),融资总额40173元,月租金1490.52元,租期36个月,每月5日支付租金;合同通用条款第十条约定:1.租赁期内乙方出现如下情形之一的,甲方有权提前解除合同、控制车辆,乙方应同时即刻付清租金余额及其他合同规定之应付款项……(1)乙方连续两期未向甲方支付租金或累计十期未按时向甲方支付租金,……2.当乙方未按本合同规定支付应付租金时,甲方除有权采取前项措施外,还有权按应付租金1.2‰/天的标准向乙方收取滞纳金,直至乙方向甲方付清全部逾期租金及滞纳金为止。3.甲方有权向乙方追索因执行或保护本合同项下甲方权利而产生的合理费用,包括但不限于诉讼/仲裁费用、鉴定费用、律师费用、材料费用、调查费用、差旅费用等。程某(系承租人女儿,下称"保证人")以保证人的身份在合同上签名。另,双方签订的汽车租赁合同(主要条款)中约定车辆融资项目为"车款、保险费、车船税",汽车租赁合同(通用条款)第六条第2项约定"基本保险险种必须包括:交强险、商业险,其中商业险包括第三者责任险(限额不得低于20万元)、足额车损险、盗抢险及以上险种不计免赔险"。

川YY7605轿车于2014年12月12日登记在承租人的名下,同日办理抵押登记手续,抵押给汇通租赁公司;2014年12月14日承租人从经销商成都鑫雨九汽车服务有限公司接收了该车。承租人按合同约定向汇通租赁公司支付了2015年1月至3月的租金4471.56元。2015年2月25日,川YY7605轿车发生火灾致车辆毁损,2015年3月10日巴中市巴州区公安消防大队出具火灾事故认定书认定,系电气线路故障发生火灾。后,承租人未再支付租金。

2.起诉与答辩及法院的认定与判决

汇通租赁公司诉至法院,要求:(1)承租人立即支付汇通租赁公司剩余租金49187.16元;(2)承租人按应付租金1.2‰/天的标准向汇通租赁公司支付滞纳金,至

---

① 参见四川省巴中市中级人民法院(2017)川19民终字第94号民事判决书,2017年2月28日作出。

结算之日止;(3)承租人向汇通租赁公司支付维权费用6000元(5000元律师费和1000元差旅费);(4)承租人承担诉讼费;(5)保证人对上述款项承担连带责任。

一审法院认为,汇通租赁公司与承租人于2014年12月10日签订的《汽车租赁合同》系双方的真实意思表示,合同内容不违反法律、法规规定,该合同合法有效,予以确认;承租人未按合同约定的履行方式给付租金,其行为错误。至汇通租赁公司2016年4月起诉时,承租人未支付租金的事实已达到合同通用条款第十条约定的违约情形,汇通租赁公司诉请承租人给付欠付的租金,与合同约定相符,予以支持;没有证据表明川YY7605车辆的焚毁可以成为承租人对抗租金给付义务的正当事由,故承租人不给付欠付租金的辩称不能成立,不予支持;虽然合同约定了滞纳金标准,但未明确滞纳金的计算方法,属约定不明,故汇通租赁公司诉请承租人给付滞纳金的主张,不予支持;汇通租赁公司虽提供了交纳律师费的依据,但缺乏完税凭证,汇通租赁公司主张的律师费5000元,不予支持;差旅费为诉讼之必需的费用,且在合同中进行了明确的约定,汇通租赁公司主张的差旅费根据实际情况酌定为600元;《中华人民共和国担保法》第19条规定,当事人对保证方式没有约定或者约定不明确的,按照连带责任保证承担保证责任,汇通租赁公司诉请保证人承担连带保证责任,符合法律规定,予以支持。

据此判决:(1)承租人在本判决生效后30日内向汇通信诚租赁有限公司支付欠付的租金49187.16元;保证人承担连带保证责任;(2)承租人在本判决生效后30日内向汇通信诚租赁有限公司支付差旅费600元,保证人承担连带保证责任;(3)驳回汇通信诚租赁有限公司的其他诉讼请求。

3. 上诉与答辩及法院的认定与判决

一审判决后,承租人、保证人提出上诉,其上诉请求为:(1)撤销巴中市巴州区人民法院(2016)川1902民初1077号民事判决;(2)改判承租人、保证人欠付的租金由汇通信诚租赁有限公司承担;(3)本案一审、二审的诉讼费,由汇通信诚租赁有限公司承担。

其事实和理由为:一审法院认定事实不清,汇通租赁公司全权负责购买该车全部保险、年检、年审、过户等一切保险费,其费用一并纳入该公司的按揭款。车辆自燃灭失后,本人持火灾事故认定书到保险公司进行理赔,方知汇通信诚租赁有限公司根本未将该车辆的自燃险予以购买,汇通信诚租赁有限公司应该承担相应的责任。综上,请二审法院查明事实撤销原判并依法改判。

汇通租赁公司辩称:(1)本案系融资租赁合同纠纷,汇通信诚租赁有限公司不是车辆出卖方,对车辆的瑕疵和质量不承担保证义务。(2)融资租赁合同中,汇通信诚租赁有限公司是出租人,根据对方需求,提供融资购买车辆,故车辆的选择权在承租人手上,是否购买自燃险,取决于承租人是否投保。(3)租赁物的毁损灭失系在承租人控制保管下发生的,该责任应当由承租人承担。

二审法院认为,承租人与汇通租赁公司双方签订的汽车租赁合同合法有效,双方应按照合同约定履行。《中华人民共和国合同法》第248条规定:"承租人应当按照约定支付租金。承租人经催告在合理期限内仍不支付租金的,出租人可以要求支付全部租金",《最高人民法院关于审理融资租赁合同纠纷案件适用法律问题的解释》第7条规定"承租人占有租赁物期间,租赁物毁损、灭失的风险由承租人承担,出租人要求承租人继续支付租金的,人民法院应予支持……"本案中,承租人已连续两期未支付租金,违反了租赁合同第十条的约定,出租人汇通租赁公司有权要求承租人付清全部租金余额。承租人在占有使用车辆过程中,应该承担车辆毁损灭失的风险,出租人汇通租赁公司要求承租人支付租金的请求,符合法律规定。承租人提出汇通租赁公司未购买车辆自燃险,应承担责任,但从合同约定内容来看,双方约定的基本保险为交强险、第三者责任险、足额车损险、盗抢险及以上险种不计免赔险,没有约定自燃险,故承租人的该项上诉请求理由不能成立。

综上所述,承租人、保证人的上诉请求不能成立,应予驳回;一审判决认定事实清楚,适用法律正确,应予维持。依照《中华人民共和国民事诉讼法》第170条第一款第(一)项之规定,判决如下:驳回上诉,维持原判。

4. 对本案的评析

本案的争议焦点为机动车融资租赁中,租赁物灭失的风险由谁承担,商业险的投保义务人为谁,如未投保发生事故由谁承担损失的问题。机动车融资租赁交易中,出租人享有租赁物的所有权,按常理来讲应将机动车登记于出租人名下,但鉴于机动车登记系行政管理登记,与机动车的使用与管理息息相关,而承租人又占有、使用租赁物,故实践中出租人多将承租人登记为实际车主,这就出现了机动车所有权人与登记车主分离的情况。此时,若未进行有效的投保,发生事故造成损失,往往出现租赁物风险承担的相关争议。

(1)租赁物的风险承担。

在租赁物毁损、灭失责任的承担上,在传统租赁中由物的所有权人承担风险。但在融资租赁交易中,租赁物系出租人根据承租人选择而购买并出租给承租人占有使用,租赁物和出卖人都由承租人指定,且承租人占有使用租赁物并从中受益,出租人虽享有租赁物法律上的所有权,但并不承担对租赁物的管控义务,租赁物的实质风险与报酬都转移给承租人。所以,要求出租人承担租赁物毁损、灭失的风险,既不公平,也不现实。《最高人民法院关于审理融资租赁合同纠纷案件适用法律问题的解释》第7条规定:"承租人占有租赁物期间,租赁物毁损、灭失的风险由承租人承担,出租人要求承租人继续支付租金的,人民法院应予支持。但当事人另有约定或者法律另有规定的除外。"故,承租人在占有租赁物期间,承担租赁物毁损、灭失的风险,发生意外时,如法律没有其他规定、合同没有其他约定,应由承租人承担损失。

由于融资租赁在我国处于持续发展阶段,各方因了解不够经常受到传统租赁中风险负担分配原则的影响,实践中经常出现租赁物毁损、灭失时,承租人以租赁物的所有权归属于出租人为由,主张由出租人承担风险,要求出租人提供替代物、停止支付租金或者解除合同,以及赔偿其损失等。本案中,承租人便主张汇通租赁公司未购买自燃险,应承担租赁物灭失的责任,而二审法院并未支持其主张,法院认定"承租人在占有使用车辆过程中,应该承担车辆毁损灭失的风险",是符合法律、司法解释规定的。为避免争议的发生,建议出租人在融资租赁合同中作出明确约定,承租人在占有租赁物期间,承担租赁物毁损、灭失的风险。

(2)商业险的投保。

据上文所述,虽然承租人承担租赁物毁损、灭失的风险,但租赁物的毁损、灭失会严重影响承租人的还款意愿与还款能力,给出租人带来间接的不利影响,而机动车交强险的赔偿范围有限、责任限额较低,出租人理应注重机动车商业险的投保。《中华人民共和国保险法》(主席令第26号)第2条规定,商业险是投保人投保的商业保险行为;第11条规定,商业险的投保系协商一致的自主投保。故,商业险不具有强制性,投保人可以自由选择是否投保及投保的内容。机动车融资租赁交易中,出租人可以与承租人在合同中对商业险的投保义务人、投保险种等作出约定,该约定具有法律上的约束力。但在未对商业险的投保作出约定或者约定不明的情况下,出租人与承租人均没有投保的义务,若租赁物出现毁损、灭失的,应由承租人承担风险。

本案中,二审法院认定"承租人提出汇通租赁公司未购买车辆自燃险,应承担责任,但从合同约定内容来看,双方约定的基本保险为交强险、第三者责任险、足额车损险、盗抢险及以上险种不计免赔险,没有约定自燃险,故承租人的该项上诉请求理由不能成立",是符合法律规定的。假设本案中,《汽车租赁合同》中约定的商业险包括自燃险,即赋予出租人投保自燃险的义务,而出租人未予投保的,则出租人要承担相应的法律责任,即赔偿承租人以本应因保险获得理赔等额的损失。在北京市第一中级人民法院(2017)京01民终1005号[①]案中,法院即持有此观点。建议出租人与承租人尽量

---

① 参见北京市第一中级人民法院(2017)京01民终字第1005号民事判决书,2017年4月11日作出。

详细地约定商业险的投保义务与投保内容,并按照约定履行相关义务,如约定出租人投保的,出租人应及时足额投保;如约定承租人投保的,出租人应注意关注并督促承租人及时足额投保,如其拖延、拒绝投保的,要及时代为投保,并注意在合同中约定出租人代为投保后,可立即要求承租人偿还出租人代为支付的保险费用,否则视为承租人违约,并约定具体的违约责任。

关于本案涉及的自燃险,系机动车重要的商业险种之一。常见的机动车商业险种包括车辆损失险、车上人员责任险、第三者责任险、盗抢险,这是车辆大多都投保的险种,均属于俗称的"全险"。还有一些商业险种如车身划痕损失险、自燃损失险、不计免赔险、车辆涉水险、玻璃单独破损险等,属于针对特定风险的投保,实践中也较为常见。建议租赁公司在约定商业险投保险种时,对车辆损失险、车上人员责任险、第三者责任险、盗抢险等主要商业险种都应予以投保,而车身划痕损失险、自燃损失险等其他险种,则应根据具体情况,因地制宜地确定是否投保。例如,在天气较为炎热易发生车辆自燃的地区,就建议投保自燃险,像本案中如投保了自燃险,则可弥补车辆的损失,避免争议的发生。

综上所述,在机动车融资租赁业务中,第一,承租人占有租赁物期间,承担租赁物毁损、灭失的风险,发生意外时,如合同没有其他约定,应由承租人承担损失;为避免争议,建议出租人在融资租赁合同中明确约定承租人承担该风险。第二,商业险不具有强制性,投保人可以自由选择是否投保及投保的内容,租赁公司应关注商业险投保义务的约定,如约定租赁公司为投保义务人,租赁公司应及时足额投保;如约定承租人为投保义务人,租赁公司应注意关注并督促承租人及时足额投保,在其拖延、拒绝投保时,要及时代为投保,并注意在合同中约定代为投保的后果;同时,租赁公司应综合考虑租赁物使用状况、租赁物使用环境、承租人用车记录等因素,选择合适的商业险险种。

2.2.10 案例10:自力取回租赁物的法律分析[①]

在融资租赁中,能否取回与处置租赁物,从而实现租赁物对债权的保障,是关系到融资租赁根基的大问题。实践中,考虑到保全难、诉讼周期长、执行难等因素,再考虑到承租人极易转移租赁物的因素(尤其是租赁物为工程机械时),大量租赁公司采取了自行取回租赁物的措施。自行取回租赁物虽能及时实现债权,但也容易给租赁公司带来一定的纠纷,本文所分析的案例即是如此。

---

① 本部分作者为北京市汇融律师事务所原实习律师王松、律师助理崔晓晔。

利星行融资租赁(中国)有限公司与张某某占有物损害赔偿纠纷案①

上诉人:利星行融资租赁(中国)有限公司。

被上诉人:张某某。

1. 案件基本事实

2012年8月21日,利星行融资租赁(中国)有限公司(下称"利星行公司")与承租人李某甲签订融资租赁合同,从利星行公司租赁山工牌装载机一辆。合同约定租金总额355612元,支付首付租金后,分18期支付剩余租金,每期16034元;合同还约定李某甲违约时利星行公司可以收回装载机。2014年4月26日,该笔交易在中国人民银行征信中心进行了融资租赁的动产权属统一登记。2014年6月26日,李某甲、李某乙与张某某签订协议,约定因欠张某某借款28万元到期未还,李某甲、李某乙将其"分期付款购买"的装载机(即租赁物)交付给张某某作"抵押",2014年8月20日前如不能还清欠款,以装载机抵偿欠款,所有权归张某某。同日,张某某占有了该装载机。后李某甲失踪,到2014年8月20日,李某甲、李某乙未再向张某某支付欠款。

由于李某甲一直未支付最后一期租金,2014年12月23日凌晨,利星行公司组织人员将装载机从某建材公司院内拖走,该公司门卫发现后报警,公安局认为事件系合同纠纷引起而未予处理。为向利星行公司索要回装载机,张某某委托李某甲的父亲李某丙前去协商处理。随后,张某某安排人按照利星行公司的要求于2014年12月29日向李某甲账户存入20000元,被他人扣走14000元后,剩余6000元由利星行公司收取;于2015年1月26日向利星行公司账户存入64000元,利星行公司共收取70000元。2015年1月27日,李某丙与利星行公司签订了向利星行公司交付租金16036元、违约金3364元、法律服务费50600元等共70000元的和解协议(下称《和解协议》),并出具了代领设备证明、设备交付证明。同日,在张某某支付停车费用1700元、托运费用13000元,以及另外交通费用1531.5元后,利星行公司将装载机还给了张某某。

2. 起诉与答辩及法院的认定与判决

张某某诉至法院请求:利星行公司赔偿其各项经济损失118340.5元(前述所有支出费用,加上张某某按河南省统一施工机械台班费用定额计算拖走车辆期间的租赁费损失15000元,以及大门维修费2900元)。

一审法院认为:

(1)张某某对装载机的占有应受法律保护。根据《物权法》第245条第1款的规

---

① 参见鹤壁市中级人民法院(2016)豫06民终字第1493号民事判决书,2016年12月29日作出。

定,占有是对物实际管领和控制的事实状态,占有保护制度通过对占有事实的保护实现对社会秩序和平稳定的维持。本案张某某以其与李某甲、李某乙之间的合同为依据对装载机进行了实际占有,这种事实状态在未经依法改变的情况下不应被私力破坏,应受法律保护。

(2)本案拖走装载机的行为主体为利星行公司。利星行公司主张其对涉案装载机具有所有权,依照法律规定和合同约定,其有权在李某甲违约时取回装载机;本案中利星行公司委托他人拖走了装载机,张某某向利星行公司主张赔偿损失并无不当。利星行公司实际上享受了拖回装载机所带来的利益,由此也应对行为后果承担责任。

(3)利星行公司私力强制取回装载机属滥用权利,依法不应得到法律的支持。《民法通则》第7条规定:"民事活动应当尊重社会公德,不得损害社会公共利益,破坏国家经济计划,扰乱社会经济秩序。"我国合同法、物权法亦有相关规定。利星行公司系涉案装载机的所有权人,依融资租赁合同有权在李某甲违约时收回装载机,但利星行公司享有的权利体现在依法提起诉讼或仲裁时,可以得到法律的支持,而不是其可以私力强制拖走装载机。利星行公司组织人员在凌晨从被其他公司管理的场院内,用私力强制的方式将装载机拖走,该行为已超出了正常行使民事权利的限度,属于权利滥用,不仅使张某某的占有受到了侵犯,也使相关社会秩序被破坏,还极易引发其他人身权利、财产权利受到侵犯等社会风险。故依法不应得到法律的肯定与支持。

(4)张某某为恢复占有而支出的合理费用属于其因占有被侵犯而遭受的损失,利星行公司应当予以赔偿。利星行公司组织人员强制将装载机拖走后,张某某通过李某丙向利星行公司索要以恢复占有并按照利星行公司要求的形式、途径和标准支出各项费用、办理各项手续符合当时的客观情势。虽然在形式上是李某丙与利星行公司签订了《和解协议》,但签订协议是在张某某已安排人按利星行公司的要求支付了相关费用之后进行的,故实际上属于李某丙受张某某委托而实施的恢复占有的行为,张某某在此过程中所支出的合理费用属于其因占有被侵犯而遭受的损失,利星行公司应当予以赔偿。张某某支出的合理费用包括按利星行公司要求分两次向指定账户中存入的合计84000元,停车费1700元,托运费13000元,交通费1531.5元,但其中利星行公司收取的租金16036元、违约金3364元,是张某某在与李某甲签订协议接受出质而占有装载机时即应预见到的,此部分支出不予赔偿并不超出张某某的合理预期,故可不再予以赔偿。张某某主张的按河南省统一施工机械台班费用定额计算拖走车辆期间合理的租赁费损失15000元,属于合理范围内的可得利益损失,利星行公司也应予以赔偿。张某某主张的大门维修费2900元,因其提供的票据载明的时间与本案发生的时间差异过大,不予确认。

一审法院判决：利星行公司赔偿张某某各项损失95831.5元，于判决生效后十日内通过一审法院一次付清，同时驳回张某某的其他诉讼请求。

3. 上诉与答辩及法院的认定与判决

一审判决后，利星行公司不服提出上诉，认为一审判决认定事实和适用法律均错误，请求撤销一审判决，改判驳回张某某的诉讼请求。

其事实与理由为：（1）合同法及融资租赁合同司法解释均允许出租人采取私力救济方式收回租赁物；且利星行公司委托他人收回租赁物的事宜也是合法的。（2）李某丙受张某某委托与利星行公司签订《和解协议》，该协议不违反法律、行政法规强制性规定，且已履行完毕。一审法院回避该协议的效力和后果，明显错误，应确认效力。（3）张某某与李某甲、李某乙之间是否存在真实有效的债权债务关系，是否是租赁物的真实占有人及是否合法，一审法院未查清。（4）利星行公司不应对张某某主张的任何费用承担赔偿责任。总之，其认为出租人采取私力救济方式收回租赁物是合法的，《和解协议》不违反法律、行政法规强制性规定，且已履行完毕，张某某是否是租赁物的真实占有人及是否合法，一审法院未查清。

张某某答辩称：一审判决认定事实清楚，适用法律正确，应维持原判。（1）利星行公司虽有收回装载机的权利，但应通过合法途径收回，而不是采取私力手段和暴力等非法手段进行，属于滥用权利。（2）《和解协议》无效。（3）张某某与李某甲、李某乙之间的债权、债务关系明确，张某某在签订协议后即交付占有。（4）张某某因利星行公司的非法侵害受到损失，利星行公司应当予以赔偿。

二审法院认为：

（1）《合同法》第248条规定，应当按照约定支付租金。承租人经催告后在合理期限内仍不支付租金的，出租人可以要求支付全部租金；也可以解除合同，收回租赁物。《物权法》第32条规定，物权受到侵害的，权利人可以通过和解、调解、仲裁、诉讼等途径解决。本案利星行公司与李某甲签订融资租赁合同，合同约定李某甲违约时利星行公司可以收回装载机。但利星行公司并非按照法律的规定，先行催收，也未通过和解、调解、仲裁、诉讼等途径解决，而是采取组织人员在凌晨从被其他公司管理的场院内，用私力强制的方式将装载机拖走。利星行公司的行为对装载机的实际占有人张某某的权利造成一定的损害，应承担相应的赔偿责任。

（2）经审查，可以认定张某某与李某甲、李某乙之间存在债权债务关系以及以装载机抵债的事实，张某某是涉案装载机的实际占有人。利星行公司的该上诉理由不成立。

（3）对于利星行公司上诉称《和解协议》合法且已履行完毕，对于张某某依该协议支付的款项不应再返还的上诉理由。从张某某与李某甲、李某乙签订的协议可以看出，张某某对于李某甲欠利星行公司租赁款是明知的，且协议约定如装载机卖方来拖车，李某甲、李某乙不能偿还所欠购车款由张某某支付，垫付后装载机所有权归张某某，所以因最后一期租金未付，装载机被利星行公司拖走，张某某应预见得到。在利星行公司将张某某占有的装载机拖走之后，张某某为了实现其占有权委托李某丙与利星行公司签订该协议，对于拖运费 13000 元、停车费 1700 元以及交通费 1531.5 元，利星行公司均不应承担赔偿责任。被别人划走的 14000 元，利星行公司并未实际占有，也不应予以支付。但利星行公司要求张某某支付的法律服务费 50600 元，因《和解协议》的时间为 2014 年 1 月 27 日，而其与江苏圣典律师事务所签订委托代理合同的时间为 2015 年 1 月 6 日，所以该法律服务费 50600 元没有依据，应予以返还。

二审法院判决：撤销一审判决，改判由利星行公司赔偿张某某损失 50600 元。

4．对本案的评析

本案的争议焦点在于出租人可否自行取回租赁物，以及取回时可否采取强制措施，作为重要的租赁物取回方式，在什么情况下可以行使以及如何行使。

（1）自行取回租赁物。

融资租赁中，出租人自行取回租赁物类似于自助行为，自助行为属于私力救济。私力救济自古至今一直存在，当今现实生活中也普遍发生，同公力救济相比，其具有便捷性、有效性的特点。且从社会契约论的角度出发，考虑到权利保留、国家特许、底线救济、个人自治、公力救济正当性危机等因素，其亦具有正当性[①]。《物权法》在第 32 条规定了物权的私力救济，即"物权受到侵害的，权利人可以通过和解、调解、仲裁、诉讼等途径解决"。针对该条规定，最高人民法院物权法研究小组[②]认为，私力救济除了本条所列的和解、调解、仲裁方式，一般还认为包含防御和自助，自助行为是权利人在自己的物权遭受侵害后，为恢复物权的原有状态，而对侵权人的人身或者财产实施的必要强制性措施，即最高人民法院认为《物权法》第 32 条也认可了自助行为。

司法判例中，最高人民法院（2017）最高法民申 540 号案，广东省高级人民法院（2016）粤民申 7722 号案，浙江省高级人民法院（2011）浙民再字第 40 号案，河北省高级人民法院（2017）冀民申 1553 号案，法院均认可当事人可以采取私力救济（包含自助行为）的措施来保护自己的合法权益，但不应超过必要的限度。故，我国法律与司

---

① 徐昕．论私力救济[M]．北京：中国政法大学出版社，2005．
② 最高人民法院物权法研究小组编著《中华人民共和国物权法》条文理解与适用[M]．北京：人民法院出版社，2007．

法实践均认可权利人采取自助行为等私力救济的方式保护自身的合法权益。本案中，二审法院认为利星行公司"未通过和解、调解、仲裁、诉讼等途径解决"，系将私力救济限制在上述列举的途径之内，与法律规定不符，也与最高人民法院的观点不符。

同时，融资租赁中出租人自行取回租赁物，还可以理解为合同赋予的一项民事权利。合同中，出租人一般都会与承租人约定，在承租人拖欠租金等违约情况出现时，出租人有权取回租赁物，笔者认为，该约定可理解为对违约责任的约定，即出租人可以采取自行取回租赁物的方式追究承租人的违约责任。《民法总则》第129条规定："民事权利可以依据民事法律行为、事实行为、法律规定的事件或者法律规定的其他方式取得。"第130条规定："民事主体按照自己的意愿依法行使民事权利，不受干涉。"出租人自行取回租赁物的权利属于民事权利，出租人、承租人通过签订合同的民事法律行为赋予了出租人该项权利，则出租人可以按照自己的意愿行使，承租人或他人不得干涉。

因此，出租人自行取回租赁物并非完全等同于自助行为，需根据不同情况具体分析，如出租人系因承租人擅自处分租赁物等而为保护物权，从第三人处取回租赁物的，属于自助行为；系因承租人拖欠租金等而为保护债权，从承租人处取回租赁物的，因该情况下出租人的物权并未受到侵犯，租赁物仍为出租人所有，取回也并非为以物抵债，则属于追究承租人的违约责任，当然，作为一项合同权利，出租人只得向合同相对方追究。本案中，利星行公司虽主张承租人拖欠租金，但其从第三人处取回租赁物，应不属于行使合同权利，而应针对的是承租人擅自处分租赁物、侵犯租赁物物权的行为，属于自助行为。

（2）自行取回租赁物的限制。

出租人自行取回租赁物面临一定的限制，下面结合本案做详细分析。

首先，不论出租人采取自助行为取回租赁物，还是追究承租人的违约责任取回租赁物，均不属于主张解除合同，无须根据《合同法》第96条的规定，通知承租人。本案中，利星行公司从第三人处收回租赁物，不需要先行催收，且即使催收，催收的对象也不是第三人，二审法院认为"利星行公司并非按照法律的规定，先行催收"，值得探讨。

其次，参考最高人民法院上述关于自助行为系"必要强制性措施"的表述，笔者认为出租人自行取回租赁物可以带有一定的强制性，不论是承租人还是第三人，既然存在擅自处分租赁物或者拖欠租金等情况，就不会积极配合出租人取回租赁物，必然会横加阻拦，如果不允许出租人采取强制措施，那么自助行为或者合同的约定就失去了存在的意义。当然，出租人取回租赁物也应在手段上以能够保护自己的物权或者恢复权利为限。在司法实践中，已有法院对融资租赁的出租人采取强制性措施自行取回持支持态度①。本案中,一审法院认为"利星行公司私力强制取回装载机属滥用权利",值得商榷。

再次,最高人民法院认为"自助行为给侵害人造成损害的,只要损害没有超过必要限度,权利人不应当承担损害赔偿责任"②。本案中,张某某并未因利星行公司取回租赁物的行为受到任何的直接经济损失,至于《和解协议》的达成系张某某与利星行公司的合意,即使张某某为达成合意支出了相关费用,也不应由利星行公司承担赔偿责任。法院不但要求利星行公司承担赔偿责任,还处理《和解协议》的相关事宜,将《和解协议》的相关款项与利星行公司赔偿损失相混淆,有待斟酌。

最后,从第三人处取回租赁物时,应注意第三人是否善意取得或者合法占有租赁物。本案中,李某甲、李某乙将租赁物交付给张某某作"抵押",并约定"2014年8月20日前如不能还清欠款,以装载机抵偿欠款,所有权归张某某",实质为租赁物的出质,还约定了流质条款,流质条款应为无效。租赁物为利星行公司所有,李某甲、李某乙将租赁物出质给张某某,实为无权处分,根据《物权法》第106条的规定,需判断张某某是否是善意取得质权。从二审法院的如下表述:"张某某对于李某甲欠利星行公司两期租赁款是明知的,且协议约定如装载机卖方来拖车,李某甲、李某乙不能偿还所欠购车款由张某某支付,垫付后装载机所有权归张某某",张某某对租赁物的权属状态应是明知的,不构成"善意",无法善意取得质权。既然质权未设立,则张某某对租赁物的占有属于无权占有,根据《物权法》第34条的规定:"无权占有不动产或者动产的,权利人可以请求返还原物",利星行公司有权请求返还租赁物,则一审、二审法院均认为利星行公司侵犯了张某某的合法占有,有待商榷。

因此,在合同未将催告约定为取回租赁物前置程序的情况下,出租人自行取回租赁物无须先行经过催告程序,也可以采取必要的强制性措施,给侵害人造成损害的,只要损害没有超过必要限度就不应当承担损害赔偿责任。如租赁物已为第三人占有的,出租人应注意第三人是否为有权占有。

(3) 实践指导意见。

自行取回租赁物作为出租人实现债权的重要选项,在实践中经常引发争议与矛盾,也出现了不少出租人因取回行为被提起诉讼、被判决承担赔偿责任的案例,甚至有的因行为不当还面临被追究刑事责任的风险,因而,对出租人如何自行取回租赁物,笔

---

① 人身保险合同中"违法行为免赔"条款的理解[EB/OL]. 中国法院网, http://www.chinacourt.org/article/detail/2013/01/id/888968.shtml.
② 最高人民法院物权法研究小组,编著.《中华人民共和国物权法》条文理解与适用[M].北京:人民法院出版社,2007.

者提出如下建议：

一是注意完善合同的约定。鉴于各地司法机关审判思路的不同，建议出租人在合同中对自行取回租赁物作出全面、详细而准确的约定，包括但不限于将出租人自行取回租赁物条款放置在追究承租人违约责任的条款之中、明确出租人行使取回权的具体情形、明确出租人行使取回权无须通知或征得出租人与任何第三人的同意、明确承租人应无条件配合出租人行使取回权且不得做出任何阻拦、明确出租人有权在受到任何阻拦时采取强制措施而不承担任何赔偿责任等，即尽量避免引发争议给承租人留下话柄。

二是注意租赁物的租后管理。尤其是针对工程机械的融资租赁来讲，往往租赁物众多且使用地点分散，出租人应建立完备的租赁物管理体系，建设完整的租赁物管理团队，或者委托专业的第三方公司，对租赁物进行全面、及时与有效的管理，不仅应为租赁物加装有效的定位设备，而且要做到勤于关注租赁物的使用地点，在租赁物离开使用地点时，立即了解情况并采取有效的风险防控措施。

三是注意在合理限度内取回。在民法领域，私力救济和侵权之间，仅有薄如蝉翼的距离，出租人务必清醒地认识司法对于自行取回租赁物，尤其是采取强制措施时的严苛态度，务必要注意取回行为的合理限度。首先，出租人应全面、详细而准确地了解租赁物的状况，如租赁物已为第三人所占有的，出租人应注意第三人是否为有权占有，如无法了解则面临侵犯第三人权利的风险，可能会承担一定的责任。其次，出租人虽可以采取一定的强制性措施，但要注意必要的限度，尽量避免与承租人的冲突，特别是要避免造成人身伤害，且要尽力寻求法院的配合，如在诉讼阶段提出保全，与法院沟通后自行控制租赁物并请法院前来主导，即将私力救济转化为公力救济。最后，出租人在自行取回租赁物后，要及时向承租人与第三人（如需）发出通知，并根据需求在通知中明确贵公司的要求，如要求承租人立即履行合同、承担违约责任，或者要求解除合同等。

四是应明确公力救济优先的原则。不论从立法层面还是司法层面，我国虽认可私力救济但并未大力提倡，而是鼓励当事人优先采取公力救济的方式维护自身的合法权益。考虑到私力救济，尤其是自助行为较易引发争议、激化矛盾的特点，且各地司法机关审判思路不同导致的诉讼风险，出租人有可能因自助行为而被追究责任，故应审慎采取自行取回租赁物的方式。出租人应参考当地司法机关保全的难度、承租人转移租赁物的概率等因素，优先选择要求法院进行保全、通过诉讼主张权利。

(4) 取回制度的立法建议。

我国法律并未规定物权的取回及其相关制度，但实践中大量的取回行为亟须规范,故建议我国采取立法层面的举措。我国针对债权设立了"支付令"制度,《民事诉讼法》第 216 条规定:"人民法院受理申请后,经审查债权人提供的事实、证据,对债权债务关系明确、合法的,应当在受理之日起十五日内向债务人发出支付令;申请不成立的,裁定予以驳回。"即针对债权债务关系,债权人可以在满足条件时不经诉讼程序,而直接通过督促程序取得支付令,支付令生效后可直接申请执行。

鉴于出租人自行取回租赁物的种种弊端,为避免实践中大量租赁公司自行取回租赁物而经常发生冲突的现状,也为了更好地保护出租人的合法权益,从而发挥融资租赁对我国经济发展的重要作用,参考"支付令"制度,笔者建议我国立法针对物权设立"取回令"制度,并亦将该制度纳入督促程序中。即通过督促程序这样程序简单、处理快捷的程序,出租人可申请法院签发令状,并持有该令状直接取回租赁物。

综上所述,出租人自行取回租赁物,符合法律的规定应得到认可。但自行取回租赁物存在一定的限制,出租人应予以注意并采取风险防控措施。同时,建议我国立法设立"取回令"制度,更好地保护融资租赁行业的发展与进步。

2.2.11 案例 11:银行账户中款项"占有即所有"原则的正确理解与适用[①]

货币作为民法上一种典型的、具有高度替代性的种类物和消费物,其典型特性为占有即所有,货币基于此种法律特性以及作为价值媒介的流通功能,不发生所有物返还请求权与占有回复之诉,否则货币的流通功能势必丧失殆尽,危及社会经济的正常交往。但随着社会经济的发展,对于民事主体银行账户中的款项,是否无须再考虑该款项的实际权利人,而一概认定属于账户所有人所有?

河北银行股份有限公司维明街支行与青岛金赛实业有限公司、青岛喜盈门双驼轮胎有限公司申诉、申请民事判决书[②]

再审申请人(一审被告、二审上诉人):青岛金赛实业有限公司。

被申请人(一审原告、二审被上诉人):河北银行股份有限公司维明街支行。

原审被告:青岛喜盈门双驼轮胎有限公司。

1. 案件基本事实

关于河北银行股份有限公司维明街支行(下称"维明街支行")与青岛喜盈门双驼轮胎有限公司(下称"双驼轮胎")、青岛喜盈门家纺有限公司(下称"喜盈门家纺")、

---

① 本部分作者为北京市汇融律师事务所实习律师李艳科。
② 参见最高人民法院(2015)民提字第 189 号民事判决书,2016 年 4 月 15 日作出。

青岛市喜盈门集团有限公司(下称"喜盈门集团")、纪某某、崔某某借款合同纠纷一案,河北省石家庄市中级人民法院(下称"石家庄中院")作出的(2011)石民三初字第00147号民事判决已发生法律效力,因双驼轮胎、喜盈门家纺、喜盈门集团、纪某某、崔某某未履行该生效法律文书确定的义务,维明街支行向石家庄中院申请强制执行。

在执行过程中,石家庄中院作出(2012)石执(协)字第00076-1号执行裁定,于2012年12月19日冻结双驼轮胎在青岛农村商业银行股份有限公司城阳东城支行(下称"城阳东城支行")账号9020××× 98户内的存款(下称"涉案账户",此时涉案账户余额为0元)。2013年6月14日,石家庄中院对双驼轮胎涉案账户存款进行续冻时,该账户内存款余额为948012.07元。

经查,涉案账户内新增存款,系因2013年5月22日青岛金赛实业有限公司(下称"金赛实业")通过电子银行转入双驼轮胎涉案账户948000元。2013年5月23日,金赛实业以不当得利为由将双驼轮胎诉至山东省青岛市城阳区人民法院(下称"城阳区法院"),并申请保全了涉案账户中上述款项。后经城阳区法院调解作出(2013)城民初字第2603号民事调解书,该调解书协议由双驼轮胎于调解书生效之日起3日内返还金赛实业人民币948000元。

维明街支行向石家庄中院申请执行双驼轮胎涉案账户中上述款项,金赛实业以案外人身份对执行标的提出书面异议。石家庄中院于2013年9月3日作出(2013)石执审字第00115号执行裁定书,裁定中止该院冻结涉案账户存款948000元的执行。

维明街支行不服该裁定,以金赛实业、双驼轮胎为被告,向石家庄中院提起执行异议之诉,请求:(1)判令涉案账户中948000元存款归双驼轮胎所有;(2)判令对双驼轮胎在涉案账户中的存款948000元许可执行;(3)本案诉讼费由金赛实业及双驼轮胎承担。

2. 起诉和答辩以及一审法院的认定和判决

(1)维明街支行主张的事实和理由:

1. 金赛实业据以提出执行异议的事实不构成不当得利,城阳区法院调解作出(2013)城民初字第2603号民事调解书存在恶意串通阻碍维明街支行借款纠纷案执行的可能;2. 货币属于种类物,占有即所有,案涉账户中948000元所有权归属于双驼轮胎;3. 维明街支行查封账户在先,对该账户的执行权优先。

(2)金赛实业一审答辩称:

①金赛实业因操作失误,误将应该汇给某建设工程有限公司的948000元工程款汇入了双驼轮胎账户。金赛实业与双驼轮胎无业务往来及前期欠付款项,发现误汇后即与双驼轮胎协调取回该款,因该账户被冻结无法取回,故通过提出执行异议请求中

止执行;②双驼轮胎的对外意思表示并不是控制和支配该款,不构成占有的事实;③维明街支行虽然已冻结双驼轮胎账户,但由于双驼轮胎的经营实际,其已经不可能通过冻结账户执行到任何款项,如果许可维明街支行的申请,双驼轮胎及维明街支行均构成不当得利。

(3)双驼轮胎一审答辩称:

①该款不属于双驼轮胎所有。双驼轮胎与金赛实业无业务往来,不存在债权债务关系,双方的经营范围无任何关联;②如其与金赛实业恶意串通,不可能允许金赛实业向已被冻结的涉案账户汇款;③因涉案账户已被冻结,双驼轮胎无法取出该款退回,金赛实业只有通过向法院起诉申请冻结该账户才能保证该款项不被侵害;④根据(2013)城民初字第2603号民事调解书查明的事实,案涉款项属于不当得利,应当返还。

(4)一审法院审理(石家庄中院)认定:

不当得利作为债的发生根据之一,在受益人与受损人之间发生不当得利返还的债权债务关系,……金赛实业享有的是不当得利之债权请求权,且其也未能举证证明涉案款项以特户、封金、保证金等形式而成为特定之债,故对金赛实业的该项主张,石家庄中院不予采信。

双驼轮胎认可其不当得利的事实,并愿意将涉案款项返还给金赛实业,只能证明其作为不当得利受益人主观上无恶意。维明街支行作为双驼轮胎的合法债权人,依法申请人民法院冻结了双驼轮胎账户,现维明街支行请求对双驼轮胎该账户内的存款许可执行,与法不悖,应予支持。

(5)一审法院判决:

①涉案账户中存款948000元属于双驼轮胎所有;②许可维明街支行执行双驼轮胎在涉案账户中的存款948000元;③案件受理费80元,由金赛实业、双驼轮胎各负担40元。

3. 上诉与答辩以及二审法院的认定和判决

金赛实业不服上述一审判决,向河北省高级人民法院提起上诉。

(1)上诉人上诉理由为:

①涉案款项虽然在双驼轮胎账户上,但因该款的所有权未转移,故不当得利并未完全实际形成;②因金赛实业误汇款的行为,是履行根本不存在的债务,因此涉案款项的权属并未发生转移。金赛实业是基于物权请求权主张原物返还,应优先于维明街支行的债权请求权。

(2)二审法院审理认定:

本案为申请执行人执行异议之诉,维明街支行作为申请执行人是否对被执行人双驼轮胎涉案账户内 948000 元享有执行权,应以该笔款项的所有权是否属于双驼轮胎为前提。

关于金赛实业的付款行为是否发生货币所有权的转移问题。本案中,金赛实业通过网银的打款行为即体现了货币的价值媒介和流通性,金赛实业将该笔款项打入双驼轮胎账户后,双驼轮胎基于占有而获得该笔款项的所有权。如果双驼轮胎认可金赛实业所汇款项系误汇,则双驼轮胎与金赛实业之间发生返还同等价值、金额之货币的债权请求权,而不发生原物返还的物权请求权。……虽然该笔款项打入双驼轮胎账户时因该账户内没有其他款项与之混同,从而具有一定的可识别性,但该笔款项并没有采取封金、保证金、专用账户等特殊加注,其依然具有货币的流通和使用功能之一般特性。故金赛实业主张涉案款项的权属并未发生转移,其基于物权请求权主张原物返还的请求,理据不足,河北省高院不予支持。

关于维明街支行是否对争议款项享有执行权的问题。对于法院冻结的账户,其功能不仅是对账户内现有存款具有执行权,其在账户内存款为零的情况下依然续封的效果,是对该账户内未来财产价值的保全。金赛实业于 2013 年 5 月 22 日汇入双驼轮胎银行账户的 948000 元,双驼轮胎基于对该款项的占有而享有所有权,故维明街支行主张对该账户内款项的执行,于法有据,该院予以支持。

(3)二审法院判决:

驳回上诉,维持原判。二审案件受理费 80 元,由金赛实业负担。

4. 再审法院的认定和判决

金赛实业不服二审判决,向最高人民法院申请再审,请求驳回维明街支行的全部诉讼请求并由维明街支行承担本案一、二审诉讼费。

(1)再审法院经审理认定:

本案争议焦点为:1. 金赛实业汇入双驼轮胎账户的 948000 元是否为双驼轮胎所有;2. 金赛实业的执行异议是否成立。

①关于金赛实业汇入双驼轮胎账户的 948000 元是否为双驼轮胎所有的问题。

金赛实业于 2013 年 5 月 22 日向双驼轮胎涉案账户汇款 948000 元,该款进入该账户后,金赛实业即已失去了对该款的占有。……据已有证据可以认定金赛实业系在其与双驼轮胎无债权债务关系的情形下,因错误操作而导致的汇款行为。

货币系种类物,通常情形下,占有即所有,应当以占有状态确定货币的权利人。但在本案中,由于 2012 年 12 月 19 日石家庄市中级人民法院冻结该账户时,该账户余额为 0;到期续冻及 2013 年 5 月 22 日金赛实业汇入 948000 元后,该账户除了此 948000 元及由此而产生的存款利息外,并无其他资金进入该账户,故该款并未因为进入双驼轮胎的该账户而与其他货币混同,已特定化。

金赛实业虽实施了将该款误汇到双驼轮胎账户的行为,但金赛实业并无将该948000元支付给双驼轮胎的主观意思,双驼轮胎亦无接受此948000元的意思表示,故金赛实业将案涉款项汇入涉案账户,仅系事实行为,而非金赛实业向双驼轮胎交付948000元。因该账户业已于2012年12月19日即因维明街支行的申请而被人民法院冻结,且冻结状态持续至今,双驼轮胎依常理亦不可能要求金赛实业将案涉款项汇入此账户。该款项虽然存储于双驼轮胎涉案账户内,但涉案账户在2012年12月19日起即被人民法院冻结,金赛实业亦于误汇次日即申请对案涉款项进行保全,双驼轮胎既未以权利人的主观意思实际占有该款,亦无法使用、处分该款,故不应是该款的实际权利人。

②关于金赛实业的执行异议是否成立的问题。

金赛实业于汇款次日以诉讼方式向双驼轮胎主张返还该款,双驼轮胎亦经调解同意返还该款,故应当认定双驼轮胎同意将在其被冻结的账户上的此款返还给金赛实业,金赛实业对该款享有实体权利。根据《最高人民法院关于适用执行程序若干问题的解释》(法释〔2008〕13号)第15条的规定,案外人对执行标的主张所有权或者有其他足以阻止执行标的转让、交付的实体权利的,可以依照民事诉讼法第二百零四条(现《中华人民共和国民事诉讼法》第227条)的规定,向执行法院提出异议,故金赛实业向石家庄中院提出执行异议,有事实和法律依据。石家庄中院以(2013)石执审字第00115号执行裁定书裁定中止该院冻结被执行人涉案账户存款948000元的执行,并无不当。

(2)再审法院判决:

①撤销河北省高级人民法院(2014)冀民一终字第204号民事判决及河北省石家庄市中级人民法院(2013)石民二初字第00014号民事判决;②驳回维明街支行的全部诉讼请求;③一审案件、二审案件受理费均由维明街支行负担。

5.对本案的评析

一般而言,货币是特殊的动产、种类物和消费物,对于使用人而言,货币一经使用即丧失对其的占有和所有权,除非法律另有明确规定,货币的所有权不得与对货币的占有相分离,货币的实际占有人就是货币的所有权人,也因此有观点认为,货币作为特殊的动产不存在适用"善意取得"制度的必要性,接收货币的一方当事人仅根据其已占有货币的事实便可主张其已依法取得货币的所有权。

法律另有规定的例外情形主要有:第一,根据《担保法》的规定,债务人或者第三人将其金钱以特户、封金、保证金等形式特定化后,移交债权人占有作为债权的担保,此时债权人对特定化的金钱的占有并不产生所有权,而仅依法设立质权;第二,根据《信托法》的规定,作为信托财产的金钱与受托人所有的财产相区别,不得归入受托人的固有财产或者成为受托人固有财产的一部分。

本案的亮点在于再审中未将"占有即所有"片面地理解为"账户所有人即是账户内款项的所有权人"。虽然金赛实业误将 948000 元汇入涉案账户,并因此丧失了对该 948000 元的占有,但由于涉案账户中原余额为零,该 948000 元的汇入并未发生混同,不影响其特定化,同时金赛实业与涉案账户所有人双驼轮胎之间并无交付该 948000 元货币的真实意思表示,因此涉案账户中款项的所有权并未转移至双驼轮胎,金赛实业可以对该账户中未发生混同的款项主张返还,并对抗维明街支行在先申请执行的权利。类似的判决见江西省高级人民法院所作的(2016)赣民申 474 号"欧阳宗科与王天祥、九江市第三建筑工程公司案外人执行异议之诉特殊程序民事裁定书"(下称"474 号裁定")。江西省高院在判决中认为:对货币所有权归属的判断标准是"占有即所有"……占有是对标的物的一种控制状态,具体到本案就是要判断王某某和九江某公司之间谁对涉案的银行账户下的货币资金享有绝对的控制权。因涉案账户开立时在开户银行预留了王某某的个人私章和九江某公司的财务专用章……这两枚印章是由王某某及其聘请的财务人员保管和使用,涉案账户下所有资金的支取也是由王某某及其财务人员通过使用这两枚印章在银行办理业务予以实现。虽然涉案账户的户名是九江某公司,但九江某公司对涉案账户没有任何实际控制权,也无法干涉和阻挠王某某对涉案账户的资金管理和使用,故王某某是涉案账户资金的实际控制人和占有人及其实际所有权人。

可见,正确理解货币"占有即所有"的一般原则至关重要,尽管从货币作为流通媒介的功能来看,"占有即所有"的原则确保了货币职能的充分发挥。但这并不意味着在对某一账户中款项归属发生争议时,将"占有即所有"简单理解为"账户所有人即是账户内款项的所有权人"。在确定账户内款项的权属时,还应统筹考虑账户所有人是否实际控制该账户、账户内款项能否特定、账户所有人与真实权利人之间的法律关系等因素,公平、合理地确定账户内款项的归属。

融资租赁公司在开展保理或应收租赁款受让等业务过程中,存在较多的由其他租赁公司或保理申请人(下称"转让人")代收转付应收账款的账户(下称"代收账户"),此类账户所有人均为转让人,而非作为应收账款受让人的融资租赁公司(下称"受让人")所有。受让人亦多通过设置账户监管、将账户预留印鉴变更为受让人控制的印章等方式实际控制代收账户,通过合同明确代收账户专项用于收取应收账款项下债务人应支付的款项,并专项用于清偿受让人。此类交易中,应收账款已由转让人转让给受让人,代收账户已由受让人实际控制,代收账户内款项亦可以通过适当手段确保与转让人的款项不发生混同,此时受让人对代收账户内款项是否享有所有权,能否对抗转让人其他债权人在先申请执行的权利或其他破产债权人等,与受让人的权益休戚相关。尽管本案中最高院的判决以及江西省高级人民法院的474号裁定更重实质,维护了相关账户内款项真实权利人的利益,但司法实践中亦存在法院继续坚持"账户所有人即账户内款项的所有权人"的观点。融资租赁公司作为受让人在开展类似业务时仍需关注代收账户可能被该账户所有人的其他债权人查封或扣划的风险。

2.3 融资租赁强制执行公证实务问题解析[①]

随着融资租赁行业纠纷的增加,法律程序烦琐、争议解决期限长、诉讼成本高一直是困扰出租人的痛点。融资租赁合同在被赋予强制执行效力后,一旦承租人违约,出租人即可不经诉讼审判程序,直接申请强制执行。由此,赋予融资租赁合同以强制执行效力对于提高合同履约率、方便快捷实现债权、节约争议解决成本、疏减讼源具有积极的意义。

实践中强制执行公证在融资租赁领域的运用并不顺畅,但近年来各地区陆续出台了支持融资租赁合同办理强制执行公证的政策,特别是2017年7月13日最高人民法院、司法部、中国银监会出台的《关于充分发挥公证书的强制执行效力服务银行金融债权风险防控的通知》(司发通〔2017〕76号)对业界来说是重大利好,不仅消除了实践中办理融资租赁合同强制执行公证的顾虑,还进一步拓展了办理思路。赋予强制执行效力公证作为融资租赁交易一项新的增信措施,将会在融资租赁领域发挥极大的作用。

汇融律所从代理的强制执行公证案件中总结了个案经验,在与国内某知名公证机构多次进行理论和实务交流的基础上,对融资租赁交易强制执行公证相关的理论和实操问题进行系统梳理,以期融资租赁企业了解强制执行公证制度,增加对众多争议解决途径的认知并作出精准选择。

---

① 本部分作者为北京市汇融律师事务所律师邹颖。

1. 法律依据

（1）《中华人民共和国公证法》（2015年4月24日实施）（下称《公证法》）

（2）《中华人民共和国民事诉讼法》（2013年1月1日实施）（下称《民事诉讼法》）

（3）最高人民法院关于适用《中华人民共和国民事诉讼法》的解释（2015年2月4日）（下称《民事诉讼法解释》）

（4）最高人民法院、司法部、中国银监会关于充分发挥公证书的强制执行效力服务银行金融债权风险防控的通知（司发通〔2017〕76号）（下称《风险防控的通知》）

（5）最高人民法院关于人民法院办理执行异议和复议案件若干问题的规定（2015年5月5日实施）（下称《关于办理执行异议和复议的规定》）

（6）最高人民法院关于审理涉及公证活动相关民事案件的若干规定（法释〔2014〕6号）（下称《关于审理公证民事案件的规定》）

（7）最高人民法院关于含担保的公证债权文书强制执行的批复（2014）执他字第36号（下称《含担保债权文书的批复》）

（8）最高人民法院关于当事人对具有强制执行效力的公证债权文书的内容有争议提起诉讼人民法院是否受理问题的批复（法释〔2008〕17号）（下称《对公证债权文书内容争议的批复》）

（9）最高人民法院关于建立健全诉讼与非诉讼相衔接的矛盾纠纷解决机制的若干意见（法发〔2009〕45号）（下称《关于矛盾纠纷解决机制的意见》）

（10）最高人民法院关于人民法院执行工作若干问题的规定（试行）（2008年12月16日实施）（下称《关于执行问题的规定》）

（11）最高人民法院关于审理涉及人民调解协议的民事案件的若干规定（法释〔2002〕29号）（下称《关于审理调解民事案件的规定》）

（12）最高人民法院执行工作办公室关于湖北安陆市政府反映河南焦作中院"错误裁定""错误执行"案及河南高院反映焦作中院在执行安陆市政府时遭到暴力抗法案的复函（2002）执监字第262号（下称《复函》）

（13）最高人民法院、司法部关于公证机关赋予强制执行效力的债权文书执行有关问题的联合通知（2000年9月）（下称《联合通知》）

（14）司法部关于公证执业"五不准"的通知司发通〔2017〕83号（下称《公证执业"五不准"》）

（15）司法部关于经公证的具有强制执行效力的合同的债权依法转让后，受让人能否持原公证书向公证机构申请出具执行证书问题的批复（司复〔2006〕13号）（下称《债权转让后出具执行证书的批复》）

(16)公证程序规则(司法部 2006 年 7 月 1 日施行)

(17)司法部办公厅关于被公证机关依法赋予强制执行效力的债权文书可诉性问题的函(司办函〔2005〕153 号)(下称《债权文书可诉性问题的函》)

(18)北京市法院执行局局长座谈会(第七次会议)纪要——关于公证债权文书执行与不予执行若干问题的意见(2016 年 1 月 21 日)(下称《北京意见》)

(19)北京市高级人民法院、北京市司法局关于执行公证机关依法赋予强制执行效力的债权文书的暂行办法(1995 年 11 月 29 日实施,京高法发〔1995〕386 号)(下称《北京暂行办法》)

(20)浙江省高级人民法院、浙江省司法厅关于规范债权文书公证和强制执行及公证机构协助执行有关问题的通知(2016 年 8 月 25 日)(下称《浙江意见》)

(21)上海市高级人民法院、上海市司法局《关于执行公证机关依法赋予强制执行效力的公证债权文书问题的讨论纪要》(沪高法发〔1994〕10 号)(下称《上海讨论纪要》)

(22)陕西省高级人民法院、陕西省司法厅关于赋予强制执行效力债权文书的公证和执行若干问题的指导意见(2017 年 1 月 5 日)(下称《陕西意见》)

(23)福建省司法厅、福建省高级人民法院、福建省金融工作办公室关于为我省金融改革创新防范金融风险提供公证法律服务指导意见的通知(闽司〔2016〕4 号)(下称《福建意见》)

(24)办理具有强制执行效力债权文书公证及出具执行证书的指导意见(2008 年 4 月 23 日中国公证协会公布)(下称《公证协会指导意见》)

2.强制执行公证实务问题解析

(1)问题一:什么是强制执行公证,办理强制执行公证对争议纠纷解决有哪些优势?

强制执行公证的全称为赋予强制执行效力的债权文书公证,是指公证机构根据当事人的申请,对无疑义的追偿债款、物品的文书,赋予其强制执行效力的一种特殊公证活动。《民事诉讼法》第 238 条规定:对公证机关依法赋予强制执行效力的债权文书,一方当事人不履行的,对方当事人可以向有管辖权的人民法院申请执行,受申请的人民法院应当执行。

强制执行公证具有预防纠纷、提高履约率、减少诉讼、节约诉讼的时间成本和金钱成本的作用,强制执行公证正在作为一种增信措施运用于很多融资行业。

(2)问题二:《融资租赁合同》是否属于可以被赋予强制执行力的债权文书,能否办理强制执行公证?

《融资租赁合同》符合公证机关赋予强制执行效力债权文书的条件,属于可以赋予强制执行效力的债权文书范围。

第一,根据《联合通知》的规定,公证机关赋予强制执行效力的债权文书应当具备的条件包括:(一)债权文书具有给付货币、物品、有价证券的内容;(二)债权债务关系明确,债权人和债务人对债权文书有关给付内容无疑义;(三)债权文书中载明债务人不履行义务或不完全履行义务时,债务人愿意接受依法强制执行的承诺。

笔者认为,首先,《融资租赁合同》具有典型的融资特征,承租人的义务为给付租金,在承租人违约的情况下,出租人享有依约要求承租人返还租赁物的权利。其次,对于采取浮动利率的《融资租赁合同》是否符合"债权债务关系明确"也曾在实践中出现争议,《公证协会指导意见》第5条规定,申请办理强制执行效力公证的债权文书应当对债权债务的标的、数额(包括违约金、利息、滞纳金)及计算方法、履行期限、地点和方式约定明确。当事人互付给付、债权文书附条件或者期限,以及债权债务数额、期限不固定的情形不属于债权债务关系不明确。据此,债权文书项下"债权债务关系明确"强调对标的、金额、计算方式、履行期限、地点和方式予以明确,而非僵化地理解为固定租金。因此,《融资租赁合同》具有给付货币、物品的内容,符合办理强制执行公证的前提。

第二,根据《联合通知》的规定,公证机关赋予强制执行效力的债权文书范围包括:借款合同、无财产担保的租赁合同、还款(物)协议、以给付赔(补)偿金为内容的协议等。对于该《联合通知》所提到的"无财产担保的租赁合同"是否属于对《融资租赁合同》作出的限定条件,在实践中曾有不同的观点,笔者认为,"融资租赁合同"是《合同法》第14章专章设定的、独立的有名合同,与第13章规定的"租赁合同"是并列地位,两类交易没有包含或交叉适用的关系。此外,随着担保合同的强制执行公证被认可,租赁合同是否仍受"无财产担保"的限制也值得探讨。例如,《陕西意见》中对于债权文书的范围进行了细化或些微突破,债权文书的范围包括财产租赁合同(此处删除了"无财产担保"的限制)、基于其他合法合同关系所产生的债权债务而形成的给付标的、履行期限明确的还款(物)协议。

第三,2017年7月14日最高院、司法部、银监会公布的《风险防控的通知》进一步明确了公证机构可以对银行业金融机构运营中所签订的以下债权文书赋予强制执行效力:各类融资合同,包括……融资租赁合同,保理合同…等。虽然该文件仅列举了金融系融资租赁公司,但并不能据此得出非金融系融资租赁公司签订的融资租赁合同不能办理的结论。同时,司法部于2017年8月16日公布的《公证执业"五不准"》也规定:在有关管理办法出台之前,公证机构不得办理融资合同赋予强制执行效力公证,但经人民银行、银监会、证监会、保监会、商务部主管部门、地方人民政府金融管理部门批准设立的从事资金融通业务的机构及分支机构除外。

第四,在司法实践中,已有很多案例支持《融资租赁合同》属于可赋予强制执行效力的债权文书范围,如"河北融投租赁有限公司与河北创发无纺布有限公司、北京北创无纺布股份有限公司融资租赁合同纠纷执行裁定书"(2016)冀05执复2号、"银川宝塔精细化工有限公司、宝塔石化集团有限公司与申请执行人上海国金租赁有限公司及被执行人孙珩超公证债权纠纷执行复议裁定书"(2016)宁执复34号等。

(3)问题三:《融资租赁合同》项下的担保合同是否可以办理强制执行公证?主合同和担保合同是否可以择一办理强制执行公证?

第一,对于担保合同,特别是物保合同是否属于《联合通知》所规定的"债权文书"在实践中曾有争议,但中国公证协会早在2008年公布的《公证协会指导意见》就规定,涉及第三人担保的债权文书,担保人(包括保证人、抵押人、出质人、反担保人)承诺愿意接受强制执行的,担保人应向公证机构提出申请。

近年来,实践中已认可了担保合同可以办强制执行公证,根据最高法制定的《关于办理执行异议和复议的规定》第22条规定,公证债权文书对主债务和担保债务同时赋予强制执行效力的,人民法院应予执行。人民法院受理担保债务的执行申请后,被执行人仅以担保合同不属于赋予强制执行效力的公证债权文书范围为由不予执行的,不予支持。

《风险防控的通知》中也明确将"各类担保合同、保函"列入可赋予强制执行效力债权文书的范围。除此之外,《北京意见》《浙江意见》《陕西意见》等地方性关于强制执行公证的相关规定中也明确了担保合同可以办理赋予强制执行效力公证。

第二,主合同和担保合同可以分别单独办理强制执行公证,但笔者建议主合同与担保合同一并办理上述公证。《关于办理执行异议和复议的规定》第22条规定,当事人仅对主债务赋予强制执行效力未涉及担保债务的,对担保债务的执行申请不予受理;仅对担保债务赋予强制执行效力未涉及主债务的,对主债务的执行申请不予受理。据此,法律并不排除债权人和担保人可单独作出办理强制执行公证的合意,但若仅对其中一份合同办理强制执行公证,其他合同无法自动进入执行程序,还需另行提起法律程序解决,特别是若仅对担保合同办理公证,在债务人、担保人就主债权金额提出异议,或主债权已另行起诉的情况下,公证处能否顺利核债进而出具执行证书存在风险。

(4)问题四:承租人违约后,出租人采取的救济措施除了要求承租人支付全部未付租金,还包括取回租赁物,赔偿损失,对于出租人取回租赁物,赔偿损失的请求,是否属于可以办理强制执行公证的范畴?

根据《联合通知》的规定,可赋予强制执行力的债权文书具备的条件包括"具有给付物品的内容",债权文书的范围也包括"还物协议"和"以给付赔偿金为内容的协议",因此,《融资租赁合同》中约定,出租人有权解除合同,取回租赁物,并要求承租人赔偿损失的内容也属于办理强制执行公证的范围。

需要提示的是,该请求是以解除合同为前提,公证处在出具执行证书前,将对《融资租赁合同》中合同解除的条件、赔偿损失金额的计算方式作出核实,因此,《融资租赁合同》中应对出租人解除合同条件、方式、通知如何送达、租赁物价值和赔偿损失金额的计算作出明确约定。

(5) 问题五:出租人能否在申请执行证书时既要求承租人支付合同约定的全部未付租金又请求解除合同,返还租赁物,支付赔偿金?

《最高人民法院关于审理融资租赁合同纠纷案件适用法律问题的解释》(下称《融资租赁司法解释》)第21条规定,出租人既请求承租人支付全部未付租金又请求解除合同的,应作出选择。出租人请求承租人支付全部未付租金,人民法院判决后承租人未履行,出租人再行起诉请求解除租赁合同,收回租赁物的,人民法院应予受理。

据此,出租人在申请执行证书时,公证处将要求出租人就支付全部未付租金与取回租赁物择一申请,在公证处根据出租人的选择,就支付全部未付租金出具执行证书并强制执行后,若承租人未履行的,出租人有权再次申请公证处就取回租赁物出具执行证书并申请强制执行。

(6) 问题六:强制执行公证是否排除了法院管辖?当事人是否可以事后约定排除法院管辖?

第一,根据最高法制定的《关于审理公证民事案件的规定》以及其作出的《对公证债权文书内容争议的批复》,当事人对具有强制执行效力的公证债权文书的民事权利义务有争议直接向人民法院提起民事诉讼的,人民法院依法不予受理。但是公证债权文书被人民法院裁定不予执行的除外。

据此,被赋予强制执行效力的公证债权文书排除了法院管辖。但需要注意的是,根据《联合通知》的规定,公证书和执行证书是法院受理强制执行申请的必备文件。公证机关签发执行证书应当审查不履行或不完全履行的行为是否发生、债权人是否履行了义务、债务人部分履行义务的事实、债务人对规定的履行义务有无疑义。因此,若公证处经审查后,决定不向出租人出具执行证明的,出租人则无法申请法院强制执行,对此,没有法律明确规定当事人的救济途径,不排除出租人陷入既无法申请强制执行,又无法诉讼的困境。在实践中,若公证处拒绝出具执行证书的,建议出租人要求公证处出具相应不予出具执行证书的说明,以此作为向法院提起诉讼的理由;同时在合同中约定在公证处不出具执行证书的情况下,当事人有权按约定的管辖方式解决争议。

第二,最高人民法院在"李杰与辽宁金鹏房屋开发有限公司金融不良债权追偿纠纷案"(2014)民二终字第199号判决书中称,合同当事人的意思表示是赋予强制执行效力的公证债权文书强制执行效力的重要来源,当事人可以通过合意的方式约定直接申请强制执行的内容,法律亦不禁止当事人变更直接申请强制执行的内容,放弃对债权的特殊保障。虽然涉案债权存在有强制执行效力的公证债权文书,但双方当事人事后对部分债权又约定可以采取诉讼方式解决纠纷,通过合意的方式变更了可以直接申请强制执行的内容。据此,对于当事人事后又重新就债权债务处理方式达成合意,约定不通过强制执行而通过其他方式处理的,应依当事人后续签订的合同处理。

(7)问题七:强制执行公证的管辖法院如何确定?能否适用约定管辖?

根据《民事诉讼法》《关于执行问题的规定》《北京意见》等规定,公证机关依法赋予强制执行力的债权文书,由被执行人住所地或者被执行的财产所在地法院执行。级别管辖问题参照民事诉讼法关于一审民事案件级别管辖的规定。

另外,最高法院执行工作办公室于2002年作出的《复函》中提出,对于已被赋予了强制执行效力的债权文书,当事人无权约定执行管辖,公证机关也无权确认当事人约定执行管辖。因此,虽然法律未规定强制执行公证管辖属于专属管辖,但实践中支持当事人通过合同约定变更管辖法院的做法可能性较小。

(8)问题八:办理了强制执行公证的债权文书,债务人、担保人对融资租赁法律关系的认定、债权金额有异议,如何处理?

第一,根据《联合通知》《公证程序规定》等规定,办理赋予强制执行效力债权文件的重要条件为"债权债务关系明确,债权人和债务人对债权文书有关给付内容无疑义"。《浙江意见》中还规定,公证机构办理赋予强制执行效力债权文书时,应当对合同主体、当事人意思表示、内容、担保物状况进行审查;因返还款物和非因资金借贷而形成的债权文书,公证机构还应当审查形成该债权文书的基础交易关系。

据此,公证处办理强制执行公证时将对融资租赁合同条款、租赁物清单等内容进行审查,对基础交易关系进行判断,债务人、担保人在办理强制执行公证时已对债权债务关系和给付内容作出同意办理强制执行的意思表示,若其在公证机关核债时就法律关系以及债权金额提出异议,通过笔者向某公证处的了解,除非债务人、担保人提供充分证据,公证处对此异议不予认定,不影响执行证书的出具。

但需说明的是,近年来融资租赁行业发展快速,业界不规范的操作导致部分融资租赁合同被认定为借贷关系,因此,公证机关在审查融资租赁合同时,对于租赁利率、逾期利息、违约金的计算标准比较关注。

第二,根据法律规定,债务人、担保人对公证书有异议的,有权行使如下权利:

1.《公证法》第 39 条规定,当事人认为公证书有错误的,可以向出具该公证书的公证机构提出复查。公证书内容违法或与事实不符的,公证机构应当撤销公证书并予公告,该公证书自始无效。2.《民事诉讼法》第 238 条规定,公证债权文书确有错误的,人民法院裁定不予执行,并将裁定书送达双方当事人和公证机关。《民事诉讼法解释》第 480 条、第 481 条规定,当事人请求不予执行公证债权文书的,应当在执行终结前向执行法律提出。公证债权文书被裁定不予执行后,当事人可以提起诉讼。

(9)问提九:公证处出具执行证书程序是什么?不予出具执行证书的情况有哪些?

第一,根据《公证协会指导意见》的规定,债权人向公证机构申请出具执行证书,应当提交下列材料:债权人向公证机构申请出具执行证书,应当提交下列材料:(一)申请公证机构出具执行证书的申请书,申请书应当包括债权人保证所提交证明材料真实的承诺;(二)经公证的具有强制执行效力的债权文书;(三)委托代理人的,提交授权委托书;(四)已履行了债权文书约定义务的证明材料。债权人如有债务人(包括担保人)不履行或者不适当履行债务的证明材料,应当向公证机构提交。

第二,《联合通知》《公证协会指导意见》规定了公证机关出具执行证书时应审查如下内容:(一)不履行或不完全履行的事实确实发生;(二)债权人履行合同义务的事实和证据,债务人依照债权文书已经部分履行的事实;(三)债务人对债权文书规定的履行义务有无疑义;(四)债权人提交的已按债权文书约定履行了义务的证明材料是否充分、属实;(五)向债务人(包括担保人)核实其对债权文书载明的履行义务有无疑义,以及债权人提出的债务人(包括担保人)不履行或者不适当履行债务的主张是否属实。

第三,《公证协会指导意见》《陕西意见》规定,有下列情形之一的,公证机构不予出具执行证书:(一)债权人未能对其已经履行义务的主张提出充分的证明材料;(二)债务人(包括担保人)对其已经履行义务的主张提出了充分的证明材料;(三)公证机构无法在法律规定的执行期限内完成核实;(四)人民法院已经受理了当事人就具有强制执行效力的债权文书提起的诉讼;(五)债权人与债务人就同一事项,订立主要内容不同的两份债权文书,其中一份经过公证且赋予强制执行效力的;(六)公证书尚未向当事人发送或当事人未予领取的,但因当事人拒收或无正当理由未予领取的除外;(七)公证机构在办理强制执行公证时,发现该债权文书涉及公安机关、人民检察院、人民法院正在侦查、起诉、审理的非法集资、诈骗等刑事案件,尚未受理的应当不予受理;已经受理的尚未出具公证书的应当不予办理公证;已经出具公证书尚未签发执行证书的不得签发执行证书。

据此,债权文书办理了强制执行公证后,出租人还需妥善保管各方履行《融资租赁合同》项下义务的证据,按公证处要求提供资料且不存在不予签发执行证书的情形,才能确保取得执行证书。

(10) 问题十:被赋予强制执行效力的债权文书被认定不予执行的情形有哪些?

《民事诉讼法解释》第480条规定,以下情形属于公证债权文书确有错误:(一)公证债权文书属于不得赋予强制执行效力的债权文书的;(二)被执行人一方未亲自或者未委托代理人到场公证等严重违反法律规定的公证程序的;(三)公证债权文书的内容与事实不符或者违反法律强制性规定的;(四)公证债权文书未载明被执行人不履行义务或者不完全履行义务时同意接受强制执行的;(五)人民法院认定执行该公证债权文书违背社会公共利益的,裁定不予执行。

《北京意见》《陕西意见》对上述规定作了进一步细化,包括:第一:没有给付内容的公证书、没有给付内容的执行证书、未载明一般保证人补充清偿责任数额的执行证书、载明债权人和债务人互负给付义务的执行证书属于"不得赋予强制执行效力的债权文书"。第二,"严重违反法律规定的公证程序"包括如下情形:1. 申请办理公证时被执行人一方未亲自且未委托代理人到场的;2. 公证机构签发执行证书前未按照法律、司法解释、部门规章规定的程序或当事人约定的方式对债权债务履行情况进行核实的;3. 未经双方当事人同意,执行证书载明的给付标的种类、品质与公证书载明的给付标的种类、品质不同的;4. 其他严重违反法律规定的公证程序的情形。第三,"公证债权文书的内容与事实不符"包括如下情形:1. 执行证书载明债权人已经履行合同义务或者债务人未履行或未完全履行义务但与实际履行情况不符的;2. 债权人与债务人就同一事项订立两份不同内容的债权文书,其中一份经过公证且赋予强制执行效力的;3. 经公证的债权文书以合法形式掩盖非法目的;4. 经公证的债权文书不是双方当事人的真实意思表示的;5. 债权人或债务人在公证时对债权文书载明的有关给付内容未予同意但公证机构作出公证书和执行证书的;6. 公证债权文书的内容与事实不符的其他情形。第四,当事人在执行程序终结后提出不予执行公证债权文书申请的,不予支持。

(11) 问题十一:已办理强制执行公证的《融资租赁合同》在履行过程中,各方又达成补充协议,该协议是否需要办理强制执行公证?

目前法律法规对此没有具体规定,据笔者了解,实践中公证机关掌握的原则是,如果补充协议的内容涉及债权金额的调整,需要当事人再次办理强制执行公证,若补充协议并不涉及债权金额调整,则不影响公证处出具执行证书。

（12）问题十二：《融资租赁合同》履行过程中，出租人将该合同项下权利转让后，受让人能否办理申请执行证书？

根据司法部作出的《债权转让后出具执行证书的批复》，债权人将经公证的具有强制执行效力的合同的债权依法转让给第三人的，受让人持原公证书、债权转让协议以及债权人同意转让申请人民法院强制执行的权利的证明材料，可以向公证机构申请出具执行证书。

（13）问题十三：对于"律师费""实现债权的必要费用"等费用，能否列入可执行范围？

如前所述，债权文书项下债权债务明确强调对标的、金额、计算方式、履行期限、地点和方式予以明确，因此，对于金额在办理公证时无法明确的费用，应明确计算方式，否则，根据《北京意见》《浙江意见》《陕西意见》的规定，执行证书载明由债务人给付"律师费""实现债权的必要费用"等，但未明确其金额或计算方式等内容的，属于给付内容不明确、不具体，对该部分的执行申请不纳入执行范围。

（14）问题十四：债权人申请执行证书的期限和取得执行证书后申请执行的期限是如何规定的？

对于债权人申请执行证书的期限，根据《公证程序规则》第55条规定，执行证书应当在法律规定的执行期限内出具。这意味着当事人应当在执行期限内提出执行证书的申请。

但是，根据《民事诉讼法》第239条的规定，申请执行的期间为两年，从法律文书规定履行期间的最后一日起计算；法律文书规定分期履行的，从规定的每次履行期间的最后一日起计算；法律文书未规定履行期间的，从法律文书生效之日起计算。《北京意见》《陕西意见》中规定，对于强制执行的公证债权文书申请执行的时效期间自执行证书出具之日起计算。

据此，债权文书执行期限的确定又取决于执行证书的出具时间，这导致债权人申请执行证书的期间起算点并不明确，在实践中，公证处结合《融资租赁合同》的诉讼时效，要求申请执行证书的期限为合同约定的付款（还租）之日起两年内。需要提示的是，如果执行证书上规定的是债务分期履行，根据《民事诉讼法》第239条的上述规定，申请执行期间应自该执行证书中规定的每次履行期间的最后一日开始计算。

（15）问题十五：当事人可以向哪个地区的公证处申请办理强制执行公证？

《公证法》第25条规定，自然人、法人或者其他组织申请办理公证，可以向住所地、经常居住地、行为地或者事实发生地的公证机构提出。据此，出租人应当在上述四个地点内选择办理强制执行公证的公证处。

(16)问题十六：办理强制执行公证的程序是什么，需要递交的材料有哪些？

第一，办理强制执行公证的前提是合同中有强制执行公证条款，或另行签强制执行公证协议。出租人可在合同定稿前发至公证员处，公证员对合同类型能否办理强制执行公证、强制执行公证条款是否完备予以审查。

第二，根据公证员制作公证资料清单，提前准备公证所需的资料，包括各方当事人的基本材料及决议、个人的身份资料等。

第三，提前与公证员沟通确定公证日期、承租人与担保人能否面签，如不能面签需提供委托书与印鉴样式证明。另外特别需要关注的是，根据《公证程序规定》的规定，自然人提供连带保证担保的公证，自然人必须当面签署文件，不得进行委托。

第四，根据《公证法》和《公证程序规则》的规定，公证处于受理后于十五个工作日内出具公证书。

第五，在发生承租人逾期的情形时，出租人应向公证处提交公证书、申请书、出租人已支付租赁物购买价款的证明、承租人付款记录以及其他与合同履行相关的证据，向公证处申请出具执行证书。

第六，公证处依法对出租人提交的上述资料进行核实，并向债务人、担保人履行相应的核债程序后，对于符合条件的申请，在受理后十五个工作日内出具执行证书。

(17)问题十七：强制执行公证的费用如何收取？

解析：各公证机关收费的标准有所不同，据笔者了解，实践中的北京地区公证处的收费标准为融资额的0.01%~0.03%。根据《风险防控的通知》规定，公证机关与金融机构协商一致的，可以在办理债权文书公证时收取部分费用，出具执行证书时收齐其余费用。

3. 强制执行公证条款

在对强制执行公证的规定进行梳理，并借鉴相关公证机构提供的条款后，我们提供如下强制执行公证条款供参考：

本合同系无疑义债权文书，出租人、承租人、担保人自愿对本合同进行公证，并赋予强制执行效力。承租人或担保人不按约定履行还款义务或不完全履行还款义务时，出租人有权向【公证处】申请《执行证书》，并向有管辖权的法院申请强制执行，无须经过诉讼程序，承租人、担保人同意无条件地接受人民法院强制执行，并放弃诉权和抗辩权。如该公证处决定不予出具执行证书，任何一方应向【本合同签订地】有管辖权的人民法院提起诉讼。

出租人申请公证机构出具《执行证书》前，公证机构核查债务履行情况的方式采用【公证处电话】核实方式。承租人有效通信号码为：【　　】，接收人为【　　】；担保人有效通信号码为:【   】,接收人为【   】。承租人、担保人的联系方式发生变更时,应及时将变更通知送达至公证处承办公证员并取得回执。否则,不论承租人、担保人是否接到公证处核实电话,均视为承租人、担保人已收悉并自愿放弃对出租人、公证处所负通知义务的抗辩权。公证处可电话向承租人、担保人核实两次,核实过程中若发生电话停机、关机、故意挂机两次、无人接听等情形的,则视为承租人、担保人对出租人提出承租人、担保人违约事实无异议,不影响公证处按照程序出具执行证书;若承租人、担保人对核实内容如有异议,应自公证处拨打核实电话之日起【   】个工作日内,向公证处书面举证,如不能举证或证据不足以支持其主张,则视为承租人、担保人确认不履行或不完全履行的事实如出租人主张,公证处可依法为出租人出具执行证书。本款优先于本合同争议解决方式条款的适用。

2.4 简析《预算法》第35条对融资租赁的影响①

2016年10月,贵州等多地财政局要求撤回其向金融机构、融资租赁公司出具的承诺函;2017年1月,财政部分别致函内蒙古自治区、山东、河南、重庆、四川等地方政府及商务部、银监会,问责部分县市违法违规举债、担保行为,并依法处理个别企业和金融机构的违法违规行为,财政部"要求严肃问责,并按照《中华人民共和国预算法》(下称《预算法》)的有关规定,对负有直接责任的主管人员和其他直接责任人员予以处理";2017年4月26日,财政部、国家发改委、银监会等6部委联合发布了《关于进一步规范地方政府举债融资行为的通知》(财预〔2017〕50号,下称"50号文"),分别从融资平台公司、PPP与投资基金、政府发债三个方面对政府举债融资行为作出了规范;2017年5月28日,财政部发布《关于坚决制止地方以政府购买服务名义违法违规融资的通知》(财预〔2017〕87号,下称"87号文"),专门限制政府以购买服务名义变相举债融资。上述政府撤函及新规出台的背景是:近几年来,地方政府债务过度举债、违法举债、违法提供担保,加剧了财政金融风险,也使得资金大部分流向了地方政府及其融资平台公司,而真正需要资金支持的中小实体企业却融资难、融资贵,已严重影响了实体经济的发展。

---

① 本部分作者为北京市汇融律师事务所律师李雪梅。

笔者非常理解中央政府及财政部的做法,这有利于解决当前地方政府违法违规融资问题,对从源头防范和化解系统性风险具有重要意义。但是,任何规范性文件都应在法律、行政法规的范围内进行,否则,政策本身于法无据,对政府的公信力将产生不利影响,使遵守法律、行政法规的商事主体遭受不公平待遇,甚至影响投资者的决策,影响市场经济规则的建立。

无论是政府撤函,还是新出台的规范文件,都源于《预算法》第35条对地方政府举债的限制性规定,那么《预算法》第35条对融资租赁业务有什么影响?租赁公司应注意哪些事项?本文试对此作一简要分析,供租赁公司参考。

1.《预算法》第35条之分析

《预算法》第35条规定,地方政府及其所属部门只能通过发行地方政府债券方式举借债务,除此之外不得以其他任何方式举借债务;除法律另有规定外,地方政府及其所属部门不得以任何方式为企业和个人债务提供担保。

对上述规定,首先其规制对象是地方各级政府及其所属部门。其次,其内容一是限制地方各级政府及其所属部门的举债方式,即只能通过发行地方政府债券方式举借债务;二是与《担保法》第8条相衔接,限制地方各级政府及其所属部门提供担保。最后,关于违反该规定的法律后果。根据《预算法》第94条规定,各级政府各部门、各单位违反规定举借债务或者为他人债务提供担保,责令改正,对负有直接责任的主管人员和其他直接责任人员给予撤职、开除的处分。可见,《预算法》仅规定了违反该法第35条的行政责任,没有规定民事后果。

关于国家机关提供担保的法律后果,《担保法》及其司法解释已对此有明确规定,本文不再赘述,以下主要探讨《预算法》第35条对融资租赁合同的影响问题。

2.《预算法》第35条对融资租赁合同效力的影响

(1)融资租赁是否属于举债?

在分析预算法对融资租赁的影响前,首先应厘清融资租赁是否属于举债。《预算法》和《国务院关于加强地方政府性债务管理的意见》(国发〔2014〕43号)等文件都未对"举债"作出明确界定,通常理解,举债就是国家、团体、个人凭借信誉等手段筹集资金的行为,如银行信贷、信托融资、发行债券等。

根据《政府采购法》相关规定,国家机关、事业单位和团体组织使用财政性资金采购依法制定的集中采购目录以内的或者采购限额标准以上的货物、工程和服务,属于政府采购,采购方式包括购买、租赁、委托、雇用等。此处未明确融资租赁是否属于政府采购范围。

87号文将地方政府及其部门通过政府购买服务向融资租赁公司等非金融机构融资列入禁止范围,笔者认为值得商榷:其一,《政府采购法》并未限制政府采购服务的范围,该法旨在规范政府采购主体对财政资金的使用行为,其所称的"采购"不仅包括狭义的买卖,还包括以租赁等其他通过有偿方式取得货物、工程和服务的行为。《政府采购法》中没有明确规定融资租赁是否属于该法所规定的"采购"范畴,而融资租赁也是承租人通过有偿方式取得货物、工程的一种方式,一方面,该法明确规定"租赁"属于"采购"的范畴,而"租赁"和"融资租赁"均是承租人通过支付租金获得占有、使用租赁物的方式,另一方面,出租人购买租赁物,享有租赁物的所有权,但租赁物和供应商由承租人选择和指定,租赁期满承租人以象征价格留购租赁物,从实质上说,承租人为租赁物的实际购入人。因此,无论是从购买的角度,还是从租赁的角度,承租人以融资租赁方式取得租赁物都应属于《政府采购法》的调整范畴。其二,《国务院办公厅关于促进金融租赁行业健康发展的指导意见》(国办发〔2015〕69号,下称"69号文")第5条规定,"加大政府采购支持力度,鼓励各级人民政府在提供公共服务、推进基础设施建设和运营中购买金融租赁服务",可见,国务院鼓励政府购买金融租赁服务,这与《政府采购法》一脉相承。

根据《政府采购法实施条例》,以纳入预算管理的资金作为还款来源的借贷资金,视同财政性资金。据此,笔者认为,若地方政府部门通过融资租赁方式购入货物或工程,且融资租赁公司在该融资租赁业务项下的租金债权已通过合法程序被纳入财政预算,应属于地方政府部门使用财政性资金购入货物或工程,属于政府采购范畴,并非地方政府部门违法举债。

从政策的角度看,除上述69号文外,国务院及地方政府还出台了一系列与《政府采购法》规定相一致的文件,鼓励融资租赁服务基础设施建设,鼓励政府购买融资租赁服务,鼓励融资租赁与PPP模式相结合。如《国务院办公厅关于加快融资租赁业发展的指导意见》(国办发〔2015〕68号)规定"鼓励融资租赁公司参与城乡公用事业、污水垃圾处理、环境治理、广播通信、农田水利等基础设施建设"。"探索融资租赁与政府和社会资本合作(PPP)融资模式相结合。"地方政府文件,如《河北省公共服务及相关领域推行融资租赁业务管理暂行办法》第3条规定"公共服务、基础设施建设、设备购置等相关领域的项目,适宜采用融资租赁方式的,应优先采用融资租赁方式",第4条规定"在公共服务及相关领域,凡适宜采用融资租赁方式的,财政在不改变现行投入政策前提下,原则上不再一次性直接投入。各单位根据项目性质和审批规定,可自行或依托政府投融资平台,采用契约方式与金融租赁公司、融资租赁公司开展合作",第7条规定"……2.对有部分现金流的融资租赁项目,鉴于其收益不能完全支付融资租赁业务费用,缺口部分由本级政府安排政府采购预算解决;3.对符合政府投入政策的公益项目以及没有任何收入的纯公益项目,由本级政府安排政府采购预算解决"。《重庆市人民政府办公厅关于加快融资租赁业发展的实施意见》(渝府办发〔2016〕84号)规定"加大政府采购支持力度,鼓励各级政府在提供公共服务、推进基础设施建设和运营中购买融资租赁服务。政府主管部门和有关平台公司要研究新建供水、供气、污水处理等设施及其所需机器设备的融资方式,积极采用租赁方式融资,降低项目总投资及所需资本金"。《福建省人民政府办公厅关于促进融资租赁业发展的意见》(闽政办〔2016〕77号)规定"鼓励各市、县(区)政府在提供公共服务、推进重点项目和基础设施建设中购买融资租赁服务;已建成的可探索通过售后回租盘活存量资产和沉淀资金,探索融资租赁与PPP模式相结合。……鼓励城市轨道交通、民用航空、高速公路、高速铁路、公交车、出租车、公务用车等领域通过融资租赁加快发展。积极推动融资租赁企业开展城乡公用事业、污水垃圾处理、病死动物无害化处理、环境治理、广播通信、农田水利等基础设施融资租赁业务"。《山东省人民政府办公厅关于贯彻国办发〔2015〕68号文件加快融资租赁业发展的实施意见》(鲁政办发〔2016〕7号)规定"鼓励融资租赁公司参与城市污水垃圾处理、环境治理、公交车、出租车、公共自行车、燃气、热力设备、地下管廊、海绵城市、城市照明等城市公用事业建设"。江苏、河南、安徽、内蒙古、青海、吉林、甘肃、陕西、云南、江西、湖北等省市政府也出台了鼓励政府在基础设施建设领域采用融资租赁方式的文件。

但是,也有的地方政府文件在列举违法举债的方式时,将融资租赁包括在内,如《四川省人民政府关于进一步加强政府债务和融资管理的通知》(川府发〔2017〕10号)规定:"地方政府及其所属部门、公益性事业单位不得违法违规采取银行贷款、企业债券、中期票据、BT回购、垫资施工、延期付款、信托融资、融资租赁等方式举借政府债务",且该通知把公益性事业单位也纳入限制举债的主体范围。不排除其他地方政府也作出类似规定的可能。笔者认为,前述规定禁止的融资租赁方式是有前提的,即"违法违规",如果地方政府按照《预算法》规定的程序将租金的偿还列入预算,那么不应属于上述规定禁止的情形。

综上,笔者倾向于认为,经过正当程序、通过融资租赁取得货物或工程属于《政府采购法》规定的政府采购行为,不宜作为地方政府违法举债处理。

(2)融资租赁被认定为违法举债对融资租赁合同效力的影响

若融资租赁交易被认定为违法举债,那么,地方政府及其所属部门与租赁公司签署的融资租赁合同的效力是否会受到影响?

根据《合同法》第52条,"有下列情形之一的,合同无效:(一)一方以欺诈、胁迫的手段订立合同,损害国家利益;(二)恶意串通,损害国家、集体或者第三人利益;(三)以合法形式掩盖非法目的;(四)损害社会公共利益;(五)违反法律、行政法规的强制性规定"。如果融资租赁被认定为违法举债,最有可能据以认定融资租赁合同效力的依据是上述第(四)(五)两种情形,以下逐一分析。

①违法举债是否损害社会公共利益?

关于何谓公共利益,我国法律法规没有进行规定。梁慧星教授组织起草的《物权法草案》第49条曾对公共利益表述为:"所谓公共利益,指公共道路交通、公共卫生、灾害防治、科学及文化教育事业、环境保护、文物古迹及风景名胜区的保护、公共水源及引水排水用地区域的保护、森林保护事业,以及国家法律法规规定的其他公共利益。"王利明教授则认为,公共利益本身在受益人的范围上具有不特定性,受益可以是多方面的,既可以是经济上的,也可以是教育、科学、文化等精神上的。综上,公共利益,即在一定社会条件下或特定范围内与不特定多数主体利益相一致的方面,利益范围既包括经济利益,也包括正义、公平、美德等抽象价值。

那么,地方政府及其所属部门通过融资租赁方式举债,是否损害了社会公共利益?地方政府或其所属部门举债增加了政府的债务支出,从而使得公民所缴纳的税收更多地用于填补政府债务而非用于社会建设,可能导致该政府投入其他公共服务或基础设施领域的支出减少,从而损害了当地民众的利益,有损公共利益。但是,从资金投向来看,如果租赁公司向地方政府提供的融资投向了供水、供气、供热、城市污水垃圾处理、公交车、城市照明等城市公用事业建设,以及城市轨道交通、高速公路、高速铁路等基础设施建设,事实上,地方政府通过融资租赁方式获取的资金也多是投向了城市公用事业建设及基础设施建设,从这一角度说,租赁公司通过与地方政府及其所属部门开展融资租赁交易促进了城市建设发展,反而对社会公共利益有利。因此,是否有损公共利益应具体分析,不宜一概而论。

②违法举债是否违反强制性规定?

参考《最高人民法院关于适用〈中华人民共和国合同法〉若干问题的解释(二)》第14条,判断融资租赁合同效力的前提是判断《预算法》第35条是否属于效力性强制性规定。

关于何为效力性强制性规定,我国目前尚无统一规定。《最高人民法院合同法司法解释(二)问答》(作者:人民法院出版社法规编辑中心)第63页及《合同案件审判指导》(最高人民法院民事审判第二庭编,2014年01月20日出版)第133页均指出:识别效力性强制性规定应当采取正、反两个标准:(1)肯定性识别,首先,该强制性规定是否明确规定了违反的后果是合同无效,如果规定了,该规定便属于效力性强制性规定;其次,虽未规定违反的后果是合同无效,但违反该规定如使合同继续有效将损害国家利益和社会公共利益的,也应当认定效力性强制性规定。(2)否定性识别,法律、行政法规的强制性规定仅关系当事人利益的,或该强制性规定仅是为了行政管理或纪律管理需要而制定的,一般不属于效力性强制性规定,如《城市房地产管理法》第54条、《公务员法》第53条。

按照上述标准衡量,《预算法》并未规定地方政府及其所属部门违反第35条的后果是合同无效,而是规定了违反该规定的行政责任,与《公务员法》第53条异曲同工,因此,笔者倾向于认为,《预算法》第35条是对地方政府举债的限制,应属于管理性的强制性规定,不是效力性强制性规定,即使融资租赁被认定属于违法举债,地方政府与租赁公司签署的融资租赁合同也不宜轻易认定无效。

③司法实践。

在司法实践中,关于违反《预算法》是否导致合同无效,存在截然相反的两种判决。

一种观点认为:违反《预算法》不属于《合同法》规定的"违反法律、行政法规的强制性规定"情形,合同有效。例如,巴彦淖尔市中级人民法院在(2016)内08民初17号巴彦淖尔市财政局与内蒙古华裕房地产开发集团有限公司、张明太借款合同纠纷一审民事判决书中认定"对被告华裕公司提出的涉案借款违反《预算法》规定应认定为无效的抗辩意见,经审查,《中华人民共和国预算法》第四条第二款虽然规定政府的全部收入和支出都应当纳入预算,但本案所涉借款性质并不属于政府支出范畴,仅是双方之间的借贷行为,该借贷行为与政府支出行为有显著区别,无需纳入预算,不属于预算法规定的政府支出行为的调整范畴,亦不属于《中华人民共和国合同法》第五十二条第(五)项规定的'违反法律、行政法规的强制性规定'情形,故对被告华裕公司提出的所涉借据为无效的抗辩意见,本院不予支持"。龙岩市中级人民法院在(2016)闽08民终229号连城县揭乐乡人民政府与赖泉水民间借贷纠纷二审民事判决书中认定"该借贷行为不违反法律、法规的强制性规定,合法有效,依法受保护"。海南省高级人民法院在(2016)琼民终103号海南鼎发实业有限公司与海口市桂林洋农场债权转让合同纠纷二审民事判决书中认定"……《中华人民共和国预算法》第十九条、第三十九条、第四十六条虽然为法律规定,但上述条文均属于管理性规定。故桂林洋农场主张涉案相关合同违反法律、行政法规的强制性规定,应认定为无效的理由不能成立,本院不予支持"。

另一种观点认为:违反《预算法》属于《合同法》规定的"违反法律、行政法规的强制性规定",合同无效,或认为该情形属于违反法律和社会公共利益从而合同无效。

例如,永州市中级人民法院在(2016)湘11民终1196号上诉人永州市冷水滩区凤凰街道办事处因与被上诉人蒋雯民间借贷纠纷一案民事判决书中认定"上诉人与被上诉人签订的《借款协议》违反《中华人民共和国预算法》的强制性规定,应属无效"。建昌县人民法院(2016)辽1422民初673号原告项某某诉被告王某某、建昌县某某八家子分局、建昌县某某民间借贷纠纷一案民事判决书中认定"地方政府及其所属部门不得以任何方式举借债务,故被告王某某向原告借款时加盖被告建昌县某某八家子分局公章的行为因违反法律和社会公共利益而当然无效"。

综上,对于地方政府违反《预算法》第35条所签署的融资租赁合同是否有效,理论和实务界存在截然相反的两种观点,相同的情形曾经在对《公司法》第16条的理解上发生,对于公司违反《公司法》第16条所提供的担保的效力,理论和实务界争论了十余年,直到2016年最高人民法院通过判例的形式确认《公司法》第16条属于管理性强制性规定,不影响担保合同的效力,这一争论才初步有了结果,如今《预算法》又要上演相同的剧目,最终应该由全国人大出台立法解释或者最高人民法院作出司法解释对效力性强制性规定和管理性强制性规定的区分标准进行释明,以彻底解决这一争论。

3. 对租赁公司的启示

(1)对于地方政府需要通过融资租赁方式进行基础设施建设的,租赁公司仍应积极介入,但应注意经过正当合法的审批程序,建议取得当地人民代表大会将承租人偿还租金的还款来源纳入预算的文件,并确保剩余租赁期限内每年都将当年需偿还的租金纳入当年预算,取得本级政府财政部门将预算方案向社会公开的文件,且应遵循"先有预算、后采购"的程序性规定。

虽然《财政部关于贯彻实施修改后的预算法的通知》(财法〔2014〕10号)规定要建立跨年度预算平衡机制,但是根据《预算法》相关规定,预算年度自公历1月1日起至12月31日止,即财政预算只能一年一预算;但根据《预算法》第32条规定,各部门、各单位应当根据其依法履行职能和事业发展的需要以及存量资产情况,参考上一年预算执行情况,编制下一年的预算草案,如果租赁公司的租金债权已经被纳入上一年度预算,鉴于融资租赁项目的长期性以及前述法律规定,可以合理预计下一年度会继续被列入预算,但是不排除不再被列入预算的情况发生;而且鉴于租赁公司与地方政府部门开展的融资租赁项目的租赁物基本都是公共设施,存在无法取回的风险。租赁公司在与地方政府部门开展融资租赁业务时,需慎重决策是否可以承受该等风险。

(2)无论是50号文还是87号文,禁止或限制的都是地方政府的违法举债、担保行为,对于正当合法的PPP项目,财政部、国家发改委等部门是大力倡导并支持的,建议租赁公司积极参与PPP项目,通过合法程序为地方政府提供融资租赁支持。

(3)最高人民法院2017年8月9日发布的《关于进一步加强金融审判工作的若干意见》(法发〔2017〕22号)指出:"依法审理涉地方政府债务纠纷案件,防范地方政府债务风险。依法认定政府违法提供担保的法律责任,规范政府行为。依法认定地方政府利用平台公司融资、政府和社会资本合作(PPP)、投资基金、购买服务等方式变相举债作出的行政行为或者签订的行政协议的性质、效力和责任,明确裁判规则,划出责任边界,有效防范地方政府债务风险的集聚。"可见,对于涉及地方政府债务的案件,最高人民法院将从严处理,不排除将相关融资租赁合同认定为无效的可能,因此,租赁公司应注意通过正当合法的审批程序与地方政府部门开展融资租赁业务。

2.5 依法行政,规范采矿权抵押登记[①]

融资租赁行业在近年来取得了蓬勃发展,在行业快速发展过程中,融资租赁法律体系不断完善,良好的法律环境使得融资租赁公司能够充分发挥支持实体经济发展的作用。但是,融资租赁行业毕竟属于朝阳产业,在国内的发展时间不足40年,有一些部门规章在制定之初并没有考虑融资租赁这类特殊的融资方式,在适用时存在掣肘之处。

融资租赁公司为煤炭行业提供融资租赁服务时,要求承租人提供采矿权抵押属于常见的担保措施,但很多国土资源部门以债权人无金融许可证或无贷款资质等为由拒绝办理抵押登记的事件屡见不鲜,这些做法多以国土资源部出台的一些部门规章为依据,但上述规章存在超越上位法,违反物权法定原则之嫌。本文通过对采矿权抵押登记效力、主债权和债权人类型等问题的分析,旨在引起国土资源部门和融资租赁行业对采矿权抵押登记相关制度的关注。

1. 背景案例

某金融租赁公司为山西某煤炭公司开展融资租赁交易,承租人以其名下的采矿权抵押,并与出租人签订了采矿权《抵押合同》,但双方向该省国土资源部门申请采矿权抵押登记时遭拒,该省国土资源厅以其自行发布的规定作为拒绝办理抵押备案的依

---

① 本部分作者为北京市汇融律师事务所律师王松,张稚萍律师、邹颖律师、孟俐君律师和张福广研究员对本文的起草和修改提供了大量宝贵意见。

据:抵押人向非银行金融机构进行融资,并办理采矿权抵押备案的,非银行机构需提供金融许可证,且经营范围需包括"贷款业务",而融资租赁公司并不符合上述条件。随后,承租人将该采矿权抵押给当地银行,并办理了采矿权抵押登记。

为防止抵押人再次将采矿权抵押给他人,在出租人的要求下,承租人将该采矿许可证原件存放在出租人处。后承租人违约,出租人诉至法院,主张就采矿权实现抵押权,但因没有办理抵押登记,该请求在诉讼中未获支持[①]。

2. 采矿权抵押登记是登记机关的法定职责

(1) 采矿权抵押登记具有设权效力。

《中华人民共和国物权法》(下称《物权法》)第187条规定:"以本法第一百八十条第一款第一项至第三项规定的财产或者第五项规定的正在建造的建筑物抵押的,应当办理抵押登记。抵押权自登记时设立。"《物权法》第180条第一款规定:"债务人或者第三人有权处分的下列财产可以抵押:(一)建筑物和其他土地附着物;(二)建设用地使用权;(三)以招标、拍卖、公开协商等方式取得的荒地等土地承包经营权;……"矿产资源属于国家所有,国家实行自然资源有偿使用制度,采矿权是采矿权人依法支付资源对价后取得的对矿产资源占有、使用和收益的权利,属于《物权法》第117条所列用益物权人的权利,与《物权法》第180条第一款项下所列建设用地使用权、土地承包经营权的性质相同。

根据《物权法》的上述规定,以采矿权设定抵押,应当办理抵押权登记,抵押权自办理登记之日起设立,采矿权抵押登记具有设权效力,不登记不生效。值得注意的是,《矿业权出让转让管理暂行规定》(国土资发〔2000〕309号,下称《暂行规定》)第3条"探矿权、采矿权为财产权,统称为矿业权,适用于不动产法律法规的调整原则"之规定,意味着以采矿权作为抵押物需适用《物权法》第187条的规定,这表明国土资源部对采矿权抵押的认识与《物权法》的规定和精神是一致的。

(2) 采矿权抵押备案就是抵押登记,不动产登记机构是采矿权抵押法定登记机关。

《暂行规定》第57条规定:"矿业权设定抵押时,矿业权人应持抵押合同和矿业权许可证到原发证机关办理备案手续。……"《国土资源部关于进一步完善采矿权登记管理有关问题的通知》(国土资发〔2011〕14号,下称《国土资源部通知》)第28规定:"采矿权人申请抵押备案的,……到原登记管理机关办理备案手续,符合规定的,登记

---

① 参见工银金融租赁有限公司与山西离柳焦煤集团有限公司融资租赁合同纠纷二审民事判决书,案号:(2016)最高法民终字第605号。

管理机关向抵押双方出具备案证明。"第 30 条规定："符合抵押备案条件的,登记管理机关出具抵押备案的通知……"虽然上述部门规章未采用物权法规定的"登记"而用"备案",但结合上下文可以看出,采矿权抵押登记的具体方式就是向原发证机关申请办理抵押备案,原发证机关就是登记管理机关,备案就是《物权法》中的登记。

2014 年 11 月 24 日,国务院发布《不动产登记暂行条例》,今年 1 月 1 日国土资源部发布《不动产登记暂行条例实施细则》,不动产统一登记制度全面落地。据此,包括采矿权抵押登记在内的所有不动产抵押登记,依法均应由不动产登记机构办理。

(3) 采矿权抵押的主债务类型和抵押权人。

担保制度的价值在于保障债权的实现,担保普遍适用于合同之债中。我国《担保法》第 2 条规定："在借贷、买卖、货物运输、加工承揽等经济活动中,债权人需要以担保方式保障其债权实现的,可以依照本法规定设定担保。"可见我国法律并未将主债务的类型仅限制于"借贷"。

然而,部分行政机关在履行抵押登记职责时却不由自主地限缩了主债务的范围,如《城市房地产抵押管理办法》(建设部令第 98 号)第 3 条就"在建工程抵押"进行定义时,认为在建工程抵押是一种"抵押给贷款银行作为偿还贷款履行担保的行为",该定义对债权人主体进行了限定,在实践中引发争议,最高人民法院在《关于〈城市房地产抵押管理办法〉在建工程抵押规定与上位法是否冲突问题的答复》(〔2012〕行他字第 8 号)中明确表示："经征求全国人大常委会法制工作委员会、住房和城乡建设部意见,……在建工程属于《担保法》规定的可以抵押的财产范围。法律对在建工程抵押权人的范围没有作出限制性规定,《城市房地产抵押管理办法》第三条第五款有关在建工程抵押的规定,是针对贷款银行作为抵押权人时的特别规定,但并不限制贷款银行以外的主体成为在建工程的抵押权人。"可见,对于抵押权人的范围作出限制的做法应当被纠正。

3. 现状:超越法律增设限制性规定

(1) 对抵押权人的主体的限制。

《山西省国土资源厅关于进一步明确采矿权抵押备案有关事项的通知》(晋国土资函〔2014〕123 号,下称《山西省国土资源厅通知》)规定："向非银行机构进行融资,申请办理采矿权抵押备案的,需提供非银行机构法人经营范围含贷款业务的法人营业执照及'中华人民共和国金融许可证'。"据此可知,在山西省境内,采矿权抵押权人如果是非银行机构的,必须是经营范围包含贷款业务且拥有"中华人民共和国金融许可证"的企业法人。

《湖南省国土资源厅关于进一步规范采矿权抵押备案管理的通知》(湘国土资发

〔2015〕22号,下称《湖南省国土资源厅通知》)第1条规定:"采矿权抵押备案由采矿权抵押权人和采矿权抵押人共同向采矿权登记管理机关提出申请。采矿权抵押权人为依法批准的贷款机构,采矿权抵押人只能为采矿权人。"据此可知,在湖南省境内,采矿权抵押权人不可以是任意的债权人,而必须是依法批准的贷款机构。

(2)对担保的债务类型的限制。

《国土资源部通知》第28条规定:"采矿权人申请抵押备案的,应向登记管理机关提交以下资料:……3.贷款合同;……"《山西省国土资源厅关于进一步规范采矿权抵押备案有关工作的通知》(晋国土资发〔2013〕237号)规定,采矿权抵押备案申报资料包括"……(四)贷款合同原件……"

根据前述两个《通知》可知,申请采矿权抵押备案必须提供贷款合同,意味着拥有采矿权的矿业权人与申请抵押登记的债权人之间的债务只能是金融借款合同法律关系项下的债务,而不能是其他民事法律关系项下的债务(如融资租赁、民间借贷、买卖、货物运输、加工承揽等等)。

(3)新举措和旧思路。

《暂行规定》第55条规定:"矿业权抵押是指矿业权人依照有关法律作为债务人以其拥有的矿业权在不转移占有的前提下,向债权人提供担保的行为。以矿业权作抵押的债务人为抵押人,债权人为抵押权人,提供担保的矿业权为抵押物。"据此规定,当且仅当矿业权人为债务人时,矿业权人才可以对矿业权进行抵押,矿业权人不能以矿业权为第三人的债务提供担保。该规定对《物权法》第179条中"债务人或者第三人为抵押人"的制度设计进行了限缩。2014年7月16日,国土资源部发布了《关于停止执行〈关于印发《矿业权出让转让管理暂行规定》的通知〉第55条规定的通知》(国土资发〔2014〕89号,下称《停止通知》),《停止通知》指出:"根据《中华人民共和国物权法》《中华人民共和国担保法》的有关规定,为保证财产权人依法行使抵押权,现停止执行《关于印发〈矿业权出让转让管理暂行规定〉的通知》(国土资发〔2000〕309号)第五十五条规定。"国土资源部的新举措放开了矿业权人只能为自身债务设定抵押的限制,以矿业权为第三人债务提供担保的基本权利得到国土资源部的认可。

然而,继《停止通知》发布之后,《国土资源部关于采矿权人为他人债务提供担保的采矿权抵押备案有关问题的通知》(国土资发〔2015〕56号)发布,该《通知》规定:"采矿权人以其拥有的采矿权为抵押物,为他人贷款债务提供担保而申请抵押备案的,应提交的申请资料、具备的条件、备案通知及抵押解除等相关要求,按照《国土资源部通知》第二十八条至三十一条规定执行,……"遗憾的是,在国土资源主管部门的框架内,对以矿业权设定抵押的抵押权人主体和主债务类型依然是旧的思路。

(4) 司法权的补救措施。

实务中存在的因登记部门原因导致抵押权无法办理登记的现象,在债权债务诉讼中往往成为案件的焦点,司法机关对此进行了最大限度的补救。《最高人民法院关于适用〈中华人民共和国担保法〉若干问题的解释》第 59 条规定:"当事人办理抵押物登记手续时,因登记部门的原因致使其无法办理抵押物登记,抵押人向债权人交付权利凭证的,可以认定债权人对该财产有优先受偿权。"据此规定,即便是具有设权登记效力的采矿权抵押登记,只要债权人在司法程序中能够证明其无法办理抵押物登记系"登记部门的原因",则在其持有采矿权许可证原件的情况下,其对于采矿权的优先受偿权仍可被人民法院认定。

最高人民法院关于认定抵押权的解释,显然与物权法定存在一定出入,这是司法权为保护民事主体法益而迫不得已采取的措施。第 59 条同时规定:"未办理抵押物登记的,不得对抗第三人。"可见,司法权的奋力补救,也仅仅能够对民事主体法益进行最低限度的保护。

4. 解决之道

部门规章和地方性法规的法律效力层级一样,仅次于宪法、法律和行政法规,国土资源部发布的部门规章不仅对各级国土资源部门的工作具有规范和指导意义,而且与行政机关依法行政密不可分;其他规范性文件虽然效力层级不高,但在各级职能部门的行政事务中具有很强的指导作用。因此,笔者建议融资租赁公司适时向监管机构反映采矿权抵押问题,推动国土资源部门对上述规范性文件的修订,完善采矿权抵登记登记制度,同时,融资租赁监管机构与国土资源部门共同就此出台针对性文件,也不失为目前解决实操问题之道。

2.6 融资租赁国际规范[①]

1. 融资租赁国际规范概述

融资租赁国际规范是指适用于两个及以上国家或地区,规范融资租赁交易关系的

---

① 本部分作者为北京市中盛律师事务所律师郑乃全。

抽象性(一般性)规则,旨在建立统一的国际交易秩序。目前,与融资租赁业务相关的主要国际规范如下:

(1)《统法学会国际融资租赁公约》(1998 年,渥太华);

(2)《统法学会租赁示范法》(2008 年);

(3)《贸易法委员会担保交易立法指南》①(2007)和《关于知识产权担保的补编》②(2010 年);

(4)《移动设备国际利益公约》(2001 年,开普敦);

(5)《移动设备国际利益公约关于航空器设备特有事项的议定书》(2001 年,开普敦);

(6)《移动设备国际利益公约关于铁路机车车辆特有事项的议定书》(2007 年,卢森堡);

(7)《移动设备国际利益公约关于空间资产特有事项的议定书》(2012 年,柏林);

(8)《统法学会国际保理公约》(1988 年,渥太华);

(9)《联合国国际贸易应收款转让公约》(2001 年,纽约)。

上述国际规范包含融资租赁交易及其衍生交易等方面的内容,主要适用于调整融资租赁交易关系、租赁物担保权益以及租金应收款转让等三方面内容。其中,第(1)、(2)项文件是有关融资租赁交易关系的规范性文件,规定了融资租赁法律关系中当事各方的主要权利和义务以及国际通行惯例等内容;第(3)、(4)项文件则是关于租赁物作为担保交易或为租赁物设定担保等情形下担保权人、抵押人以及第三人之间的权利和义务等相关规定;第(5)、(6)、(7)项文件是第(4)项的子文件,分别就航空器设备、铁路机车车辆及空间资产等交易标的物进行更具体的规定;第(8)、(9)项文件则是针对货物交易所产生的应收款转让问题进行了具体规定。

联合国国际贸易法委员会(United Nations Commission on International Trade Law, UNCITRAL)③和国际统一私法协会(International Institute for the Unification of Private Law, UNIDROIT)④是参与上述规范制定的主要两大国际组织。

除第(2)项和第(3)项为指导性文件外,其他规范均属于国际公约,虽然部分公约尚未生效或我国尚未加入或批准,但公约所载的内容是经过多个国家和国际组织多方研究制定的,具有指导性意义。部分国际规范虽然对一国不具有强制性的约束力,但

---

① 《贸易法委员会担保交易立法指南》英文文本请参见:http://www.uncitral.org/pdf/english/texts/security – lg/e/09 – 82670_Ebook – Guide_09 – 04 – 10English.pdf。

② 《关于知识产权担保的补编》英文文本请参见:http://www.uncitral.org/pdf/english/texts/security – lg/e/10 – 57126_Ebook_Suppl_SR_IP.pdf。

③ 联合国国际贸易法委员会基本介绍请参见 http://www.uncitral.org/uncitral/zh/about_us.html。

④ 国际统一私法协会基本介绍请参见 http://www.unidroit.org/about – unidroit/overview。

仍可作为交易各方起草协议之参考,也可作为审判机关和仲裁机构裁定争议的参考性文件。下文将简要介绍每个公约的立法背景、最新法律状态以及主要内容。

2.《统法协会国际融资租赁公约》

《统法协会国际融资租赁公约》(UNIDROIT Convention on International Financial Leasing)①是由国际统一私法协会(UNDROIT)负责准备的公约文件,旨在提供一个跨境租赁交易法律框架,保持国际融资租赁交易各方当事人之间的利益公正平衡,消除跨境融资租赁法律障碍等法律目的。该公约于 1988 年 5 月 28 日在加拿大渥太华签订,并于 1995 年 5 月 1 日正式生效。根据国际统一私法协会关于该公约法律状态的最新数据显示,截至 2017 年 6 月 28 日,白俄罗斯、法国、意大利、尼日利亚、匈牙利、拉脱维亚、巴拿马、俄罗斯联邦、乌克兰以及乌兹别克斯坦等 10 个国家批准了该公约。目前我国尚未加入该公约,该公约在我国尚不具有法律约束力。

《统法协会国际融资租赁公约》(以下简称《公约》)分为三章,共二十五条,主要内容包括以下几个方面:

(1)融资租赁的定义。

《公约》规定,融资租赁是指出租人根据承租人的具体要求,与供应商订立一项协议,根据此协议,出租人按照承租人的要求取得工厂、资本货物或设备并且与承租人订立租赁协议,以承租人支付租金为条件授予承租人使用设备的权利。融资租赁交易涉及出租人和第三方(供应商)之间供应合同的设备融资交易。

(2)适用范围和条件。

《公约》仅适用于国际交易,出租人和承租人的营业地必须位于不同国家。如果经过租赁协议和供应协议各方当事人的同意,可排除适用本公约。

(3)租赁物范围。

租赁物:工厂、资本货物或其他设备。根据《公约》第 1 条第一款第(1)项的规定,出租人按照承租人在与其利益攸关的范围内同意的条款取得工厂、资本货物或其他设备,同时,根据《公约》第 4 条已成为土地的附着物或已并入土地中的设备,依然属于本《公约》所指的租赁物范围,而根据《公约》第 1 条第四款规定,主要供承租人个人、家人或家庭使用的设备除外。

(4)公约的排他及优先性。

虽经租赁协议和供应协议的当事各方同意可排除适用本公约,但第 8 条第三款及

---

① 《统法协会国际融资租赁公约》英文文本请参见 http://www.unidroit.org/instruments/leasing/convention – leasing。

第13条第三款(2)和第四款属于强制性条款,在不完全排除公约适用的情况下不得排除以上强制性条款的适用。同时,本《公约》也并不优于业已缔结或可能缔结的任何条约。

(5)《公约》并未对国际私法规则做规定,即未对涉及具体事项如何选择适用规范的准据法进行明确规定。

3.《统法协会租赁示范法》

2008年11月13日,国际统一私法协会全体代表大会和国际统一私法协会政府专家委员会召开联席会议,审议通过了《统法协会租赁示范法》(UNIDROIT Model Law on Leasing)①。该示范法的宗旨是为促进各国新型设备租赁业快速发展提供一个基本的法律框架,同时也起到协调全球范围内设备租赁的法律法规以便利资本货物贸易。《统法协会租赁示范法》(下称《示范法》)分为前言和正文两个部分,正文部分开始是《示范法》的具体条文部分,正文分为总则、租赁的效力、履行、违约和终止四个章节,共二十四条,对租赁和融资租赁业务都进行了具体规定。主要特征如下:

(1)租赁标的资产。《示范法》第2条规定,租赁标的资产是为承租人用于加工、贸易和经营活动的财产,包括不动产、资本资产、设备、未来资产,特制资产、植物以及未出生的存活动物,不包含货币或投资证券。

(2)适用范围及除外情形。

该《示范法》所调整的交易主要特征是指一方将资产的占有和使用权在一定期限内让渡给另一方,从而收取租金作为回报,包含了一般性商业租赁和融资租赁两种交易方式;融资租赁交易还附加"承租人指定租赁物并选择供应商"的特征。

《示范法》不适用于以下两种情形:

①以实现担保为目的的租赁交易;

②大型航空器设备,交易各方当事人书面同意的除外。

(3)优先权的规定。

承租人的债权人受租赁当事各方权利和救济措施的约束,且不得损害租赁而产生的任何利益;出租人的债权人受租赁当事各方权利和救济措施的约束。

4.《移动设备国际利益公约》

《移动设备国际利益公约》(Convention on International Interests in Mobile Equip-

---

① 《统法协会租赁示范法》英文文本请参见:http://www.unidroit.org/instruments/leasing/model-law。

ment)①于 2001 年 11 月 16 日在开普敦(Cape Town)签订,实践中也被称为"开普敦公约",该公约于 2006 年 3 月 1 日正式生效。根据国际统一私法协会官网最新显示,截至目前,共有 73 个国家和 1 个区域经济联盟组织(欧盟)正式批准了该公约。

2008 年 10 月 28 日,我国第十一届全国人大常委会第五次会议表决通过了关于批准《移动设备国际利益公约》及其航空器议定书的决定。2009 年 2 月 3 日,我国政府向国际民航组织提交了批准文件,《移动设备国际利益公约》及其航空器议定书将于 2009 年 6 月 1 日对我国生效。我国在提交批准文件的同时,就公约第 39 条第(1)款第(a)-(b)项、第 39 条第(4)款、第 40 条、第 50 条、第 53 条、第 54 条第(1)款、第 54 条第(2)款以及第 55 条等内容提交了申明书,其中特别申明,该公约暂不适用于中华人民共和国香港特别行政区和澳门特别行政区。

该公约的目的和宗旨:(1)为获得和使用高经济价值的移动设备提供融资的便利;(2)承认和保护移动设备上的经济利益;(3)确立资产担保融资和租赁的基本原则,保护当事人在此类交易中必要的意思自治;(4)为移动设备提供国际登记制度。

公约主要内容:

(1)适用的交易资产为以下三类:第一,航空器机身、航空器发动机和直升机;第二,铁路机车车辆;第三,空间资产。

(2)主要保护的利益有以下三种:第一,担保协议下担保权人所享有的担保利益;第二,所有权保留的销售协议下,出卖方所享有的利益;第三,租赁协议下出租人对租赁资产所享有的利益。

(3)公约适用范围。该公约不仅限于国际交易,还包括所有国内交易,除非批准国对不适用于"国内交易"做出特别申明。

(4)利益受公约保护的效力要件:第一,利益约定采用书面形式;第二,标的物上利益的设定人享有标的物上合法的权利;第三,标的物可以得予识别;第四,担保协议下,担保债务可以被确认,但不要求具体金额或最高金额。

(5)对抗第三方的效力。经过在国际登记处登记权益,可享有对抗第三方的效力。

(6)利益优先规则。先登记的权益优先于后登记的权益;已登记的权益优先于未登记的权益。

5.《移动设备国际利益公约关于航空器设备特有事项的议定书》

《移动设备国际利益公约关于航空器设备特有事项的议定书》(Protocol to The

---

① 《移动设备国际利益公约》英文文本请参见:http://www.unidroit.org/instruments/security-interests/cape-town-convention。

Convention on International Interests In Mobile Equipment on Matters Specific to Aircraft Equipment)[①]与《移动设备国际利益公约》一同于 2001 年 11 月 16 日在开普敦签订,2006 年 3 月 1 日正式生效。该议定书目前共有 67 个国家和 1 个区域经济联盟组织(欧盟)交存了批准文件。我国也批准了该议定书并就第 XIX 条、第 XXX 条第(1)~(3)款等内容提交了申明书,同样地,该议定书暂不适用于中华人民共和国香港特别行政区和澳门特别行政区。

由于该议定书与《移动设备国际利益公约》系主从关系,议定书是在《移动设备国际利益公约》基础上就航空器机身、航空器发动机和直升机等资产进行更具体的规定。该议定书在效力上优先于《国际承认航空器权利公约》(Convention On the International Recognition of Rights in Aircraft Signed at Geneva on 19 June 1948)、《统一航空器的若干规则的公约》(Convention for the Unification of Certain Rules relating to the Precautionary Attachment of Aircraft)和《统法协会国际融资租赁公约》关于航空器标的物的规定。

该议定书允许与航空器标的物有关协议各方自由选择指定国家的国内法作为管理合同权利和义务的适用法律。

6.《移动设备国际利益公约关于铁路机车车辆特有事项的议定书》

《移动设备国际利益公约关于铁路机车车辆特有事项的议定书》(Luxembourg Protocol to the Convention on International Interests in Mobile Equipment on Matters Specific to Railway Rolling Stock)[②]于 2007 年 2 月 23 日在卢森堡签订,共有 9 个国家和 1 个区域经济联盟组织(欧盟)签署了该议定书,欧盟、加蓬和卢森堡随后提交了批准书。目前,该议定书尚未生效。

7.《移动设备国际利益公约关于空间资产特有事项的议定书》

《移动设备国际利益公约关于空间资产特有事项的议定书》(Protocol to The Convention on International Interests in Mobile Equipment on Matters Specific to Space Assets)[③]于 2012 年 3 月 9 日在德国柏林签订,德国、津巴布韦、布基纳法索和沙特阿拉伯等 4 个国家签署该文件,但还未有一个国家提交批准书。目前,该议定书尚未生效。

---

① 《移动设备国际利益公约关于航空器设备特有事项的议定书》英文文本请参见 http://www.unidroit.org/instruments/security – interests/aircraft – protocol。
② 《移动设备国际利益公约关于铁路机车车辆特有事项的议定书》英文文本请参见:http://www.unidroit.org/instruments/security – interests/rail – protocol。
③ 《移动设备国际利益公约关于空间资产特有事项的议定书》英文文本请参见:http://www.unidroit.org/instruments/security – interests/space – protocol。

8.《统法学会国际保理公约》

《统法学会国际保理公约》(UNIDROIT Convention on International Factoring)[①]于1988年5月28日在加拿大渥太华签订,1995年5月1日正式生效。截至2015年4月24日,比利时、法国、德国、匈牙利、意大利、拉脱维亚、尼日利亚、俄罗斯和乌克兰9个国家提交了批准书。中国尚未加入该公约。

该公约旨在为促进国际保理业务的发展提供统一的法律框架,维护保理交易各方利益的平衡。公约所调整的保理关系是指因销售货物产生应收款的转让交易,交易资产是因货物销售产生的应收账款。该公约适用于国际性的保理交易,要求订立销售合同的供应商和债务人位于不同国家,要特别注意国际性认定标准是以货物销售合同的当事方是否在不同国家为标准,而非以保理合同的当事方国籍作为判断标准。经当事各方约定,可以排除该公约的适用,具体分为两种情形:(1)保理合同当事各方明确约定排除公约的适用;(2)货物销售合同当事各方对由合同产生的应收款予以排除适用公约,并向保理商送达了该通知。

公约未对保理合同的具体形式做具体要求。保理合同的标的可以是可转让的未来应收款,或是批量的应收款。保理合同的转让约定不因货物供应商与债务人之间的禁止转让约定而无效。

9.《联合国国际贸易应收款转让公约》

《联合国国际贸易应收款转让公约》(United Nations Convention on the Assignment of Receivables in International Trade)[②]于2001年12月12日在美国纽约签订,截至2017年9月24日,共有卢森堡、美国和马达加斯加等3个国家签署该公约,利比里亚于2005年9月16日提交了批准书。目前,由于该公约批准国家未达到5个,公约尚未正式生效。

该公约的主要宗旨:(1)制定关于应收款转让的基本原则和规则,推动应收款转让交易法律发展,保护现有的交易惯例,增强交易的确定性和透明度;(2)促进国际贸易的发展;(3)保护应收款转让交易的各方利益,特别是确保在应收款转让的情况下对债务人利益的充分保护;(4)促进应收款的融资交易。

应收款是公约所适用的交易资产,是指要求支付一定款项的合同权利;当事各方可以转让全部或部分应收款,可转让未来应收款,还可单个或批量转让应收款。

---

① 《统法学会国际保理公约》英文文本请参见:http://www.unidroit.org/instruments/factoring。
② 《联合国国际贸易应收款转让公约》英文文本请参见:http://www.uncitral.org/pdf/english/texts/payments/receivables/ctc - assignment - convention - e.pdf。

公约适用于以下两种情形：(1)应收账款的国际转让；(2)国际应收款的转让。第一种情形强调的是应收账款的转让是在不同国籍的当事方之间进行的交易，而第二种情形则是指发生转让的应收账款是基于国际交易而产生的。此外，公约适用的交易类型包括应收账款的转让交易以及为应收款设定担保的交易。

公约不适用的情形如下：

(1)基于个人、家人或家庭为目的向个人发起的转让交易；

(2)在受监管的交易所进行的交易；

(3)约定净额结算的金融合同，但合约终止后所产生的应收款除外；

(4)银行间交易系统；

(5)证券；

(6)中介机构所持有的金融资产；

(7)可转让票据管辖法律对交易主体的权利和义务的规定。

公约还规定了关于优先权和当事人国籍等方面的冲突规范。应收账款转让人所在国的法律是判断受让人是否享有优先权以及对抗第三人的准据法。当事人所在地的认定是以其营业地所在国为准，如有多个经营所在地，以主要行使经营管理权的营业地为主。

第 3 章

监管与政策

3.1 2016年融资租赁监管环境主要变化与特点

1. 准入、税收、业务开展等均迎来利好政策

随着2015年8月《国务院办公厅关于加快融资租赁发展的指导意见》和《国务院关于促进金融租赁行业健康发展的指导意见》出台，全国各地均响应号召，先后有天津、吉林、山东、湖北等地发布促进融资租赁业发展的意见，从全行业角度促进了融资租赁以及金融租赁行业的加快发展。

2016年度针对融资租赁行业的各细分问题，提出政策支持，商务部公布了《外商投资企业设立及变更备案管理暂行办法（征求意见稿）》，对不涉及国家规定实施准入特别管理措施的外商投资企业的设立及变更实施备案管理；财政部、国家税务总局发布了《关于全面推开营业税改征增值税试点的通知》全面推开营业税改征增值税试点；财政部、海关总署、国家税务总局发布了《关于在全国开展融资租赁货物出口退税政策试点的通知》，在全国开展融资租赁货物出口退税政策试点；财政部、国家税务总局联合发布了《关于明确金融 房地产开发 教育辅助服务等增值税政策的通知》（财税〔2016〕140号），规定金融租赁公司发放贷款后以结息日起90天为节点，差别缴纳增值税；海关总署发布了《关于修订飞机经营性租赁审定完税价格的公告》来修订飞机经营性租赁完税价格。

2. 商务部发布《外商投资企业设立及变更备案管理暂行办法（征求意见稿）》

2016年9月3日，商务部公布了《外商投资企业设立及变更备案管理暂行办法（征求意见稿）》

近三年来，外商投资负面清单管理模式的实施，大幅提高了自贸试验区的投资便利化和规范化水平，2017年1—6月，4个自贸试验区99%以上的外商投资企业是通过备案方式设立的，与"逐案审批制"相比较，纸质材料减少90%，办理时限由20个工作日缩减至3个工作日内，受到广泛认可。

《征求意见稿》就适用范围、备案程序、监督检查、法律责任等内容做出规范，同时规定港澳台投资者投资备案事项参照本办法办理。

关于简政放权，根据《征求意见稿》，不涉及国家规定实施准入特别管理措施的外

商投资企业,无须审批,只需经过备案即可完成设立及变更手续;关于放管结合,《征求意见稿》规定了较为全面的监督检查和法律责任条款,在"放"的同时,为备案机构加强事中、事后监管提供了依据和手段;关于协同监管,《征求意见稿》明确备案机构将与工商、外汇等部门密切配合,加强信息共享。备案机构在监督检查的过程中发现外商投资企业或其投资者有不属于本部门管理职责的违法违规行为,将及时通报有关部门。

3. 商务部、税务总局发布《关于天津等4个自由贸易试验区内资租赁企业从事融资租赁业务有关问题的通知》

现就天津等4个自贸试验区内资租赁企业从事融资租赁业务有关问题通知如下:

自2016年4月1日起,商务部、税务总局将注册在自贸试验区内的内资租赁企业融资租赁业务试点确认工作委托给各自贸试验区所在的省、直辖市、计划单列市级(以下简称省级)商务主管部门和国家税务局;各自贸试验区所在的省级商务主管部门会同同级国家税务局负责对融资租赁试点企业提交的相关材料进行审核。

4. 商务部研究建立融资租赁企业报送信息异常名录和黑名单制度

4月27日,最高人民法院、证监会、保监会、工商总局等15个国家机关召开处置非法集资部际联席会议。会上,商务部介绍了商务领域非法集资的风险隐患、防范非法集资的举措以及下一步的工作考虑。商务部表示,将完善行业法律法规、提高监管信息化水平以及定期开展风险排查,及时采取预防和控制措施化解风险隐患。

5.《动产抵押登记办法》修订通过并实施

《动产抵押登记办法》(以下简称《办法》)已经中华人民共和国国家工商行政管理总局局务会修订通过,现予公布,自2016年9月1日起施行。首先,《办法》规定了"登记机关应当将动产抵押信息通过企业信用信息公示系统公示","各地工商行政管理部门应当积极推动动产抵押登记信息化建设工作",租赁公司可以通过企业信用信息公示系统查询动产抵押信息。其次,《办法》规定了抵押登记可以由抵押合同双方共同委托的代理人到登记机关办理。为了节省时间,融资租赁合同双方可以委托代理人或中介公司进行抵押登记,租赁公司和承租人可以共同委托一名代理人或中介公司办理抵押登记。

6. 国务院办公厅发布《关于促进医药产业健康发展的指导意见》

2016年3月11日,《国务院办公厅关于促进医药产业健康发展的指导意见》(以下简称《意见》)正式发布探索医疗器械生产企业与金融租赁公司、融资租赁公司合作,为各类所有制医疗机构提供分期付款采购大型医疗设备的服务。研究制定国内短缺、有待突破的原料药重点产品目录,对目录中化学结构清晰、符合税则归类规则、满足监管要求的原料药,研究实施较低的暂定税率,健全研制、使用单位在医药产品创新、增值服务和示范应用等环节的激励机制。支持符合条件的创新型医药生产企业上市融资、发行债券、并购、重组。

3.2 各地区融资租赁政策综述

3.2.1 区域规划政策

表3-1 各地区融资租赁行业相关区域规划政策

地区	文件名	发布时间	文件号	主要内容
上海	上海海关关于复制推广第一批中国(上海)自由贸易试验区海关监管服务创新制度的公告			"一线进境货物'先进区、后报关'""区内企业货物流转自行运输""融资租赁""简化统一进出境备案清单"复制推广到试验区外其他海关特殊监管区域(以下简称"其他特殊区域")和保税物流中心(B型)
	上海市服务业发展"十二五"规划	2012-07-19		加强陆家嘴—外滩金融集聚区建设,优化金融集聚区功能布局。培育和发展与金融市场相关的功能性金融机构。发展创业投资企业、股权投资企业、融资租赁公司、融资性担保公司、小额贷款公司等新型金融机构。吸引和培育具有国际竞争力的金融机构
	上海市工商行政管理局 浦东新区人民政府关于深化工商行政管理改革创新进一步推进浦东创新驱动、转型发展的实施意见	2012-06-06	沪工商办〔2012〕200号	服务"三区三港"联动发展,推动国际航运发展综合试验区先行先试。配合下放项目审批权,加快注册登记管理权限配套改革。在浦东新区开展航运经纪人试点,允许设立内外资航运经纪企业。在浦东新区范围内,允许隶属于同一母公司的单机单船融资租赁项目子公司(SPV)实行住所集中登记,且可以与母公司住所相同。研究制定设立非银行系融资租赁企业的工商注册登记办法,支持和规范融资租赁企业发展

续表

地区	文件名	发布时间	文件号	主要内容
深圳	深圳市人民政府关于加快现代保险服务业创新发展的实施意见	2015-04-22	深府〔2015〕26号	发挥自贸区深港融合功能,积极推动深港两地保险产品、服务、资金、人才等领域互联互通,争取降低香港保险业在前海蛇口自贸区设立机构和开展业务的准入要求,支持深圳保险业通过香港市场参与国际竞争
深圳	深圳市人民政府关于印发深圳市科学技术发展"十二五"规划的通知	2014-12-02	深府〔2011〕194号	以前海深港现代服务业合作区、高新区为试点,建设服务科技型中小企业科技金融合作银行、小额快速信贷服务公司,探索保险资金参与园区基础设施建设的新路径。加快建立自主创新首台(套)产品风险分散机制,探索保险资金支持战略性新兴产业培育和国家重大科技项目攻关的方式方法。推动建立专业化的科技融资租赁公司,支持专业化的科技担保公司发展
深圳	深圳市人民政府办公厅印发福田保税区转型升级实施方案的通知	2015-06-01	深府办函〔2015〕82号	以长平大厦、长富金茂大厦、福年广场、国际商务广场为基础,打造未来产业和生产性服务业的总部集聚区,重点引进企业总部,研发设计总部,跨国企业国际分拨中心和营运结算部门,保税金融、保税交割、融资租赁、大宗商品交易所等国际贸易服务主体

数据来源:零壹融资租赁研究中心整理。

3.2.2 业务领域政策

表3-2 各地区融资租赁行业相关业务领域政策

地区	文件名	发布时间	文件号	主要内容
北京	北京市推进文化创意和设计服务与相关产业融合发展行动计划(2015—2020年)			鼓励金融机构创新提供文化金融综合服务,通过信用担保、融资租赁等多种方式支持文化创意和设计服务企业发展,积极开展无形资产抵(质)押贷款业务,拓宽贷款抵(质)押物范围。加快推进北京保险产业园建设,鼓励保险公司开发更多文化类保险产品。支持金融机构开展文化资产证券化试点,规范引导互联网融资平台投资文化创意和设计服务领域

续表

地区	文件名	发布时间	文件号	主要内容
	文化部关于加快国家对外文化贸易基地(北京)建设发展的意见	2014-08-25	京政发〔2014〕25号	积极争取金融政策支持,引导金融机构为基地提供结售汇、外币兑换、跨境结算、清税、融资租赁等方面的专业服务。逐步开展文化贸易的仓单质押融资、贸易融资、保险代理、外币清分业务,引导基地内的文化企业使用发行集合债券等直接融资工具
	北京市贯彻落实国务院加快流通产业发展意见的实施方案	2013-03-01	京政发〔2013〕6号	鼓励金融机构加大对流通企业尤其是小型微型流通企业的信贷支持力度,引导其继续探索开展质押融资业务,积极发展融资租赁、商圈融资、供应链融资、商业保理等业务。拓宽流通企业融资渠道,支持符合条件的企业发行债务融资工具、设立财务公司。拓展信用消费业务,创新信用消费产品
	北京市人民政府关于中关村国家自主创新示范区建设国家科技金融创新中心的意见	2012-08-03	京政发〔2012〕23号	发展面向战略性新兴产业发展的融资租赁服务,推动设立中关村融资租赁公司,鼓励有条件的科技企业通过申请设立融资租赁公司直接开展融资租赁业务。鼓励科技企业通过融资租赁的方式取得为科技研发和创新创业服务的设备、器材、研发场所等
	关于中关村国家自主创新示范区促进融资租赁发展的意见	2012-06-19	中科园发〔2012〕33号	鼓励在中关村示范区新设和引进融资租赁企业,对融资租赁企业给予购(建、租)房补贴,鼓励融资租赁企业面向中关村企业开展业务,鼓励中关村企业通过融资租赁方式实现发展,鼓励融资租赁企业根据战略性新兴产业创业企业的特点不断创新融资租赁经营模式等内容
	关于金融支持本市中小微企业发展的若干意见	2012-02-29	京金融〔2011〕314号	鼓励探索拓展新型融资渠道。发挥信托的纽带作用,联合商业银行、融资性担保公司、金融租赁公司等金融机构为中小微企业提供金融服务。推动商业银行、金融租赁公司和融资租赁公司开展面向中小微企业的融资租赁业务。发挥保理、典当等融资方式作用。规范和引导民间金融健康发展
	北京市政府关于金融促进首都经济发展的意见	2009-03-21	京政发〔2009〕7号	支持在京金融机构和大型企业设立金融租赁公司,开展面向科技企业的设备租赁服务,强化对融资担保、融资租赁、典当机构和信用评级机构的监督管理和协调服务

续表

地区	文件名	发布时间	文件号	主要内容
上海	国务院关于推广中国(上海)自由贸易试验区可复制改革试点经验的通知	2014-12-21	国发〔2014〕65号	在服务业开放领域的复制推广方面:允许融资租赁公司兼营与主营业务有关的商业保理业务、允许设立外商投资资信调查公司、允许设立股份制外资投资性公司、融资租赁公司设立子公司不设最低注册资本限制、允许内外资企业从事游戏游艺设备生产和销售等
	中国(上海)自由贸易试验区条例	2014-07-25	上海人大常委公告第14号	自贸试验区支持国际贸易、仓储物流、加工制造等基础业务转型升级和服务贸易发展。鼓励离岸贸易、国际大宗商品交易、融资租赁、期货保税交割、跨境电子商务等新型贸易发展,推动生物医药研发、软件和信息服务、数据处理等外包业务发展
	中国(上海)自由贸易试验区总体方案	2013-09-28		允许和支持各类融资租赁公司在试验区内设立项目子公司并开展境内外租赁服务
	上海市服务业发展"十二五"规划	2012-07-19		推动金融机构设立专业化财富与资产管理机构,加快发展证券投资基金、对冲基金等专业机构。支持开展船舶(飞机)融资租赁、海上货运险、保赔保险、资金结算等航运金融服务。大力发展消费金融,加快发展非金融机构支付产业,培育一批可参与国际竞争的金融资讯服务商
	上海市加快国际航运中心建设"十二五"规划	2012-05-24		引导金融机构加大对造船、航运等企业的信贷支持力度,开展船舶抵押贷款、融资租赁等传统的航运融资业务。鼓励金融机构开发符合市场需求的航运融资产品,拓宽外资融资、直接融资、私募股权投资等多个渠道,开展信贷、租赁、信托、资产证券化等组合创新,为航运服务业和航运制造业提供结构性的融资安排和专业化的融资服务。借鉴国外航运基金或海运信托创新模式,引导航运相关企业、金融机构等共同组建航运产业基金、船舶产业基金、石油海上储备产业基金,支持航运企业开辟新的融资途径。支持在沪金融租赁公司进入银行间市场拆借资金和发行债券

续表

地区	文件名	发布时间	文件号	主要内容
	上海市工商行政管理局关于积极支持企业创新驱动、转型发展的若干意见	2011-02-09	沪工商注〔2011〕37号	建立和完善政府相关部门工作联动机制,研究确定与新兴行业和新型业态发展相适应的国民经济行业分类。允许其名称和经营范围中使用符合国际惯例、行业标准的用语来体现其行业和服务特点。促进总集成总承包、检验检测、产品认证、供应链管理、专业维修、融资租赁、广告服务等生产性服务业,新一代信息技术、高端装备制造、生物、新能源、新材料、节能环保、新能源汽车等战略性新兴产业及高新技术产业化重点领域的发展。允许符合条件的原非正规就业的家庭服务业办理工商登记,促进家政服务、养老服务、社区照料服务和病患陪护服务等家庭服务业发展
	上海市人民政府贯彻国务院关于推进上海加快发展现代服务业和先进制造业建设国际金融中心和国际航运中心意见的实施意见	2009-05-08	沪府发〔2009〕25号	积极发展多种航运融资方式。引导金融机构加大对具有发展前景、信用良好的造船、航运等企业的信贷支持。鼓励金融机构加大金融服务创新,大力开展船舶抵押贷款、船舶抵押贷款信托、船舶融资租赁、船舶经营性租赁、船舶融资租赁信托、船舶售后回租、船舶出口信贷等融资服务。探索航运融资方式创新,支持航运相关企业、金融机构等共同组建航运产业基金,为航运金融、物流等航运服务,以及航运制造业提供融资服务。支持航运相关企业等参与组建或参股金融租赁公司,支持在上海的金融租赁公司进入银行间市场拆借资金和发行债券
	国务院关于推进上海加快发展现代服务业和先进制造业建设国际金融中心和国际航运中心的意见	2009-04-14	国发〔2009〕19号	加快发展航运金融服务,支持开展船舶融资、航运保险等高端服务。积极发展多种航运融资方式,探索通过设立股权投资基金等方式,为航运服务业和航运制造业提供融资服务。允许大型船舶制造企业参与组建金融租赁公司,积极稳妥鼓励金融租赁公司进入银行间市场拆借资金和发行债券。积极研究有实力的金融机构、航运企业等在上海成立专业性航运保险机构

续表

地区	文件名	发布时间	文件号	主要内容
深圳	深圳市人民政府关于加快现代保险服务业创新发展的实施意见	2015-04-22	深府〔2015〕26号	支持保险机构参与前海蛇口自贸区建设，创新发展航运保险、物流保险、融资租赁保险、邮轮游艇保险、海上工程保险、大型海洋装备保险等业务。支持保险机构发展海外投资保险、海外租赁保险业务，为本市企业海外投资、产品技术输出、承接国家"一带一路"重大工程建设提供综合保险服务
	深圳市人民政府关于印发深圳市科学技术发展"十二五"规划的通知	2014-12-02	深府〔2011〕194号	开展高新技术企业信用贷款试点，推动开展高新技术企业股权质押贷款、知识产权质押融资和再担保业务
	深圳市人民政府关于印发机器人、可穿戴设备和智能装备产业发展政策的通知	2014-11-27	深府〔2014〕97号	鼓励融资租赁机构开展融资租赁业务，支持企业通过融资租赁实现转型发展，专项资金对融资费用予以补贴
	深圳市人民政府关于充分发挥市场决定性作用 全面深化金融改革创新的若干意见	2014-01-06	深府〔2014〕1号	鼓励设立融资租赁公司和金融租赁公司，支持融资租赁公司、金融租赁公司在前海设立单机、单船、大型设备等项目子公司和功能创新平台公司，开展航空器（材）、船舶和大型设备租赁业务。支持融资租赁产业通过跨境人民币贷款、股权融资、债权融资等方式拓宽融资渠道。推动融资租赁业务创新试点，建立融资租赁资产交易平台，鼓励开发覆盖债权与股权、场内与场外、标准与非标准融资租赁产品，大力发展融资租赁资产交易市场
	深圳市发展和改革委员会关于印发《深圳市产业结构调整优化和产业导向目录（2013年本）》的通知	2013-09-09	深发改〔2013〕1271号	鼓励建立融资租赁公司、融资担保公司、消费金融公司、科技银行、汽车金融公司、供应链金融公司等新兴金融机构。商业银行及其他机构设立金融租赁公司和融资租赁公司，开展知识产权、收益权等无形资产贷款质押业务，发展航空租赁等设备租赁业务

续表

地区	文件名	发布时间	文件号	主要内容
	深圳市人民政府关于印发深圳保税区域转型升级总体及行动方案的通知	2013-07-08	深府〔2013〕66号	加快推进物流仓储和码头装卸等传统物流业务的升级,大力开展与国际贸易、航运物流相关的国际集拼、国际采购与配送、国际中转和转口贸易业务;打造高端商品、船舶设备、医疗器械、消费电子产品等保税展示交易中心,建设集进出口贸易、保税展示交易、分拨配送、电子商务、金融结算服务于一体的要素交易平台,发展融资咨询、融资担保、资金结算、物流金融、离岸业务、融资租赁等增值服务,形成物流、贸易、航运、金融产业集群发展,服务贸易与货物贸易并轨推进的发展格局
	深圳市人民政府办公厅印发关于加强企业服务支持战略性新兴产业发展的若干措施(2012—2013年度)的通知	2012-11-19	深府办函〔2012〕169号	引导金融机构加大对战略性新兴产业信贷支持,2012年新增战略性新兴产业贷款超200亿元,贷款增速不低于20%;协助金融机构建立符合战略性新兴产业特点的信贷管理和贷款评审制度;帮助金融机构探索开发符合战略性新兴产业企业特点的中小企业私募债和产业链融资等金融产品;大力发展设备租赁业务,满足战略性新兴产业对融资租赁服务的需求;鼓励金融机构深度参与基因、云计算、移动互联网、新材料、超材料等产学研资联盟和产业发展基金建设;在现有信息、生物、超材料、新能源4只国家创业投资基金的基础上,积极推动设立前海股权投资母基金,引导股权基金投向本市战略性新兴产业
	深圳市人民政府印发关于促进科技和金融结合若干措施的通知	2012-11-02		加大对现有融资租赁公司的支持力度,支持符合条件的机构设立融资租赁公司。建立健全信用体系,完善无形资产质押融资的风险补偿机制,引导金融机构开展知识产权质押贷款、股权质押贷款等新型信贷业务;支持金融机构综合运用买方信贷、卖方信贷、贸易融资、融资租赁等方式,加大对高新技术企业的信贷支持力度
	深圳市人民政府关于加强和改善金融服务支持实体经济发展的若干意见	2012-05-05	深府〔2012〕50号	鼓励和支持符合条件的机构设立金融租赁公司和融资租赁公司,大力发展设备租赁业务,满足战略性新兴产业、高新科技企业对融资租赁服务的需求

续表

地区	文件名	发布时间	文件号	主要内容
	深圳市人民政府关于加快推进前海深港现代服务业合作区开发开放的工作意见	2010-12-17	深府〔2010〕191号	推动金融机构的集聚发展。积极开展招商引资,吸引香港及国内外各类金融机构在前海地区设立国内总部或分支机构,形成金融业集聚发展效应。争取发起设立融资租赁公司、汽车金融公司、消费金融公司等有利于增强市场功能的机构。加强深港两地港口的紧密合作,发挥比较优势,推动深港两地港口资源与物流体系的整合,建设港深国际航运服务平台。创建航空交易市场,开展航材交易、航材租赁、民用飞机融资租赁等业务
	深圳市人民政府办公厅关于印发深圳市开展国家服务业综合改革试点实施方案(2011—2015年)的通知	2011-07-05	深府办〔2011〕62号	支持设立融资租赁公司、汽车金融公司、消费金融公司等有利于增强市场功能的机构。积极引进航运业务管理中心、单证管理中心、结算中心、航运中介等在前海设立机构,有序开展航材租赁、航材交易、民用飞机融资租赁等多种创新服务。二、三季度主要开展基础调研工作,启动设立融资租赁公司等非银行金融机构的前期工作
广州	广州市人民政府办公厅关于加强融资租赁企业风险防范工作的通知	2014-09-10	穗府办函〔2014〕126号	除金融租赁公司可以吸收非银行股东3个月(含)以上定期存款外,其他融资租赁企业不得从事吸收存款、发放贷款、受托发放贷款等金融业务。严禁融资租赁企业借融资租赁的名义开展非法集资活动
	广州市人民政府办公厅印发关于加快发展广州市汽车服务业工作方案的通知	2014-02-10	穗府办〔2014〕2号	大力发展汽车租赁市场。发展连锁汽车租赁以租代购新业态;应用电子商务模式,实现全程网络预订;促进汽车租赁企业与银行、保险、拍卖、典当等行业及汽车产业链各环节的紧密合作,努力将我市打造成全国最大的汽车融资租赁市场
	广东省人民政府关于进一步扶持中小微企业发展和民营企业做大做强的意见	2013-11-21	粤府〔2013〕115号	鼓励各地设立上市扶持基金,支持民营骨干企业通过发行股票、债券、可转换债、并购私募债等方式并购重组融资。支持符合条件的民营骨干企业参与广东现有地方金融机构改革重组,以及发起设立或参与设立企业财务公司、汽车金融公司、融资租赁公司、股权投资企业、航运保险公司、消费金融公司等新型金融机构

续表

地区	文件名	发布时间	文件号	主要内容
	广州市人民政府办公厅关于印发广州市金融业发展第十二个五年规划的通知	2013-06-27		加快设立金融租赁公司和融资租赁公司,重点发展技术设备租赁、汽车租赁等业务,满足广大企业购置技术设备、促进产业技术升级的需求
	广州市人民政府关于促进我市国有经济又好又快发展的实施意见	2011-11-24	穗府〔2011〕26号	鼓励企业采取上市融资、利用已上市平台再融资、债券融资、票据融资、信托融资、通过产权交易市场融资、股权投资等方式,拓宽资金渠道。支持企业通过新设或收购融资租赁企业,大力开展融资租赁业务,丰富融资工具和渠道。积极组织企业参加银企对接并进行重点推荐,鼓励金融机构对企业信贷需求进行优先安排、重点支持,扩大企业授信额度,及时提供多种金融服务,拓宽发展空间

数据来源:零壹融资租赁研究中心整理。

3.2.3 财税补贴政策

表3-3 各地区融资租赁行业相关财税补贴政策

地区	文件名	发布时间	文件号	主要内容
北京	北京市文化创意产业发展专项资金项目贴租实施细则(试行)	2016-01-29	京文资发〔2016〕5号	细则所称贴租是指对项目单位为实施文化创意产业项目从融资租赁机构获得融资资金所发生的租息(含以手续费方式提前支付的租息)进行资金支持。融资租赁机构仅限于注册地在北京的融资租赁公司(含独立在北京注册经营的分支机构,金融租赁机构除外),同时在上一完整会计年度融资租赁业务中北京市文创项目数占比不低于20%,且为北京市文创企业融资金额累计不低于5亿元

续表

地区	文件名	发布时间	文件号	主要内容
	东城区关于促进"二四三"产业发展的办法	2014-07-03		在资金奖励和补助方面,鼓励驻区各类金融机构为符合东城区产业发展方向的企业,提供包括集合债券、集合票据、集合信托、融资租赁、私募债等相关金融服务。对当年为10家以上符合产业发展方向的驻区企业提供融资服务,且累计融资额达到1亿元以上,按照融资总额0.25%给予奖励,每家金融机构年奖励额不超过50万元。("融资服务"是指贷款融资、集合债券、集合票据、集合信托、融资租赁、私募债等相关金融服务)
	财政部关于印发《关于执行〈企业会计制度〉和相关会计准则有关问题解答（二）》的通知	2013-03-17	财会〔2003〕10号	以融资租赁方式租入的固定资产发生的固定资产后续支出,比照该通知的相应原则处理。发生的固定资产装修费用,符合该通知的相应原则可予资本化的,应在两次装修期间、剩余租赁期与固定资产尚可使用年限三者中较短的期间内,采用合理的方法单独计提折旧
	北京市贯彻落实国务院加快流通产业发展意见的实施方案	2013-03-01	京政发〔2013〕6号	严格贯彻国务院关于降低流通费用的政策措施。落实好国家关于免征农产品批发市场和农贸市场房产税和城镇土地使用税、免征部分鲜活农产品流通环节增值税等相关政策;继续落实好员工制家政服务企业免征营业税政策和总分支机构汇总纳税政策;做好物流、融资租赁等行业营业税改征增值税试点工作,减少流通环节重复纳税;落实大宗商品仓储设施用地城镇土地使用税政策,切实减轻流通企业税收负担。积极推广现代支付手段,按照全国统一部署降低银行卡刷卡费率水平;继续落实好本市关于规范农贸市场摊位费及超市进场费的有关措施,推进实施收费公示制度;深入开展流通环节乱收费问题专项治理,加强对公路收费站设置和收费公路权益转让的审批工作,取缔非法收费,严肃查处涉路涉车违规执法行为

续表

地区	文件名	发布时间	文件号	主要内容
	《中关村国家自主创新示范区融资租赁支持资金管理办法》	41173	中科园发〔2012〕48号	本办法支持的融资租赁企业系指与中关村科技园区管理委员会(以下简称"中关村管委会")合作的融资租赁企业,包括金融租赁公司、外商投资融资租赁公司、内资融资租赁公司。"合作融资租赁企业"在中关村管委会网站向社会公开发布;本办法支持的中关村企业应当是中关村高新技术企业。该办法的支付措施分为如下三个部分: 中关村企业通过融资租赁的方式取得为科技研发和创新创业服务的设备、器材等,中关村管委会对企业融资租赁而发生的融资费用(包括租息和手续费)给予20%的补贴,年度补贴额不超过50万元,企业享受补贴的时限不超过三年。 合作融资租赁企业为中关村企业提供融资租赁业务,中关村管委会按照其每年新增业务总额的1%给予补贴,纳入机构补贴总额的单个企业融资租赁业务额度不超过3000万元,每家机构年度补贴额不超过500万元。 为鼓励信用担保机构开展融资租赁担保业务,对合作的担保机构为中关村企业提供的融资租赁担保,中关村管委会按照担保额的比例给予一定的风险补贴支持,补贴额度实行年度总额控制
	北京市平谷区人民政府关于进一步促进中小企业发展的意见	2012-05-04	京平政发〔2012〕20号	在加快中小企业投融资体系建设时,要引导区内企业进军资本市场。借助北京高端制造业投融资服务平台,引导企业进军资本市场,进行集合融资、融资租赁、创业投融资、上市融资、新三板挂牌。对能够进行集合融资、融资租赁、创业投融资的企业,按实际融资数额给予企业适当的一次性资金补贴。对成功上市企业给予适当的一次性资金奖励

续表

地区	文件名	发布时间	文件号	主要内容
	北京市地方税务局关于贯彻落实营业税若干政策规定工作有关问题的通知	2003-09-08	京地税营〔2003〕506号	凡同时符合以下标准的融资租赁企业,均可就其融资租赁业务按照融资租赁业务缴纳营业税办法执行。以融资租赁方式开展业务,并签定合法融资租赁业务合同或协议;实行财政部制定颁发的融资租赁企业财务会计制度;所从事融资租赁业务不在增值税征税范围以内
	北京市地方税务局关于非贸易及部分资本项目下售付汇提交税务凭证	2001-01-10	京地税营〔2001〕26号	在我国境内未设立机构、场所的境外企业,从我国境内取得的融资租赁收入,暂比照有形动产租金收入不征收营业税的规定办理
上海	上海市政府办公厅关于加快本市融资租赁业发展的实施意见	2016-08-15		支持融资租赁公司为中小微企业提供个性化、定制化服务。加强融资租赁公司与创业园区、科技企业孵化器、中小企业公共服务平台、各类众创空间等合作,加强融资租赁公司与科技型中小企业信息沟通,支持在中小微企业融资租赁服务中引入履约保证保险产品,探索通过财政资金进行风险补偿、保费补贴等方式,加大对科技型、创新型和创业型中小微企业的融资租赁支持力度,推动大众创业、万众创新
	中国(上海)自由贸易试验区总体方案	2013-09-28		将试验区内注册的融资租赁企业或金融租赁公司在试验区内设立的项目子公司纳入融资租赁出口退税试点范围。对试验区内注册的国内租赁公司或租赁公司设立的项目子公司,经国家有关部门批准从境外购买空载重量在25吨以上并租赁给国内航空公司使用的飞机,享受相关进口环节增值税优惠政策。对设在试验区内的企业生产、加工并经"二线"销往内地的货物照章征收进口环节增值税、消费税
	上海市服务业发展"十二五"规划	2012-07-19		经国务院批准,在上海率先开展营业税改征增值税试点。试点行业包括交通运输业和部分现代服务业(研发和技术服务、信息技术服务、有形动产租赁服务、鉴证咨询服务、文化创意服务、物流辅助服务等)。2012年1月1日开始试点

续表

地区	文件名	发布时间	文件号	主要内容
	上海市加快国际航运中心建设"十二五"规划	2012-05-24		在国家有关部门的支持下,探索研究国际航运发展综合试验区内航运企业船舶吨税制,以国际航运企业为龙头,带动上下游服务产业集聚。探索研究有利于综合保税区融资租赁项目(企业)发展的财税政策,推动融资租赁业务功能提升
	关于印发浦东新区促进航运业发展财政扶持办法的通知	2012-01-07	浦府〔2012〕4号	对新引进的高端航运服务企业,经认定,给予一定金额的一次性补贴。其中:对新引进的航运金融和融资租赁企业,经认定,可享受浦东新区金融机构或融资租赁扶持政策
	国务院关于推进上海加快发展现代服务业和先进制造业建设国际金融中心和国际航运中心的意见	2009-04-14	国发〔2009〕19号	优化航运金融服务发展环境,对注册在上海的保险企业从事国际航运保险业务取得的收入,免征营业税。积极研究从事国际航运船舶融资租赁业务的融资租赁企业的税收优惠政策,条件具备时,可先行在上海试点。研究进出口企业海上货物运输保费的有关税收政策问题。丰富航运金融产品,加快开发航运价指数衍生品,为我国航运企业控制船运风险创造条件
	关于本市鼓励和引导民间投资健康发展的实施意见	2011-12-08	沪府发〔2011〕89号	鼓励民营企业参与经济适用住房、动迁安置住房的投资建设,以及公共租赁住房投资建设和租赁经营,符合规定条件的,可享受相关税收优惠支持政策
深圳	深圳市地方税务局关于发布税收优惠审批和备案事项分类目录(试行)的公告	2012-12-06	深地税告〔2012〕13号	自2004年8月1日起,对军队空余房产租赁收入暂免征收营业税;与高校学生签订的高校学生公寓租赁合同免征印花税;跨境设备租赁合同继续实行过渡性营业税免税政策;资产公司接受相关国有银行的不良债权,借款方以不动产、无形资产、有价证券和票据等抵充贷款本息的,免征资产公司转让该不动产、无形资产、有价证券和票据以及利用该不动产从事融资租赁业务应缴纳的营业税
	深圳市财政委员会深圳市科技创新委员会关于印发《深圳市科技研发资金管理办法》的通知	2012-11-02	深财科〔2012〕168号	投融资资助,即对企业为自有科技项目的借贷、发债、保险、融资担保、设备融资租赁、股权融资等投融资活动,通过委托借款、贴息、担保费补贴、股权投资等科技与金融结合的方式予以资助

续表

地区	文件名	发布时间	文件号	主要内容
	深圳市人民政府关于加强和改善金融服务支持实体经济发展的若干意见	2012-05-05	深府〔2012〕50号	进一步落实金融机构税收支持政策。税务部门要提高审核进度和工作效率,全面落实金融机构贷款损失准备金和中小企业贷款损失准备金税前扣除政策,促进金融机构及时化解不良资产。落实小额担保贷款税收支持政策。研究金融机构抵债资产处置税收政策。结合增值税转型完善融资租赁税收政策
	深圳市人民政府关于加快推进前海深港现代服务业合作区开发开放的工作意见	2010-12-17	深府〔2010〕191号	在国家税制框架下,充分发挥前海在探索现代服务业税收体制改革中的先行先试作用。对《规划》明确的税收政策,制定具体的实施方案和操作办法,尽快发布施行;对《规划》要求开展试点的电子商务、融资租赁等税收支持政策,尽快制定试点方案,并开展报批工作
	深圳市地方税务局关于重新发布《关于启用新版定额发票的通告》等16件规范性文件的通知	2010-02-24	深地税规〔2010〕2号	经中国人民银行、外经贸部和国家经贸委批准经营融资租赁业务的单位从事融资租赁业务的,以其向承租者收取的全部价款和价外费用(包括残值)减除出租方承担的出租货物的实际成本后的余额为营业额
	深圳市人民政府关于印发深圳市贯彻实施国家《物流业调整和振兴规划》方案(2009—2012年)的通知	2009-07-27	深府〔2009〕144号	加大对交通物流产业税收优惠支持力度。借鉴上海探索建立国际航运发展综合试验区的做法,向国家有关部门积极申报对注册在前海湾保税港区和盐田保税物流园区内的航运企业从事国际航运业务取得的收入和仓储、物流等服务企业从事货物运输、仓储、装卸搬运业务取得的收入,以及对注册在深圳的保险企业从事国际航运保险业务取得的收入,探索实施免征营业税的优惠政策。研究并先行试点可从事国际航运船舶融资租赁业务的融资租赁公司(金融租赁公司)的税收优惠政策

续表

地区	文件名	发布时间	文件号	主要内容
广州	广州市人民政府关于加快先进制造业创新发展的实施意见	2016-08-29	广州市人民政府	对企业采用融资租赁方式购置先进设备提升技术能力的,按照不超过租赁利息的5%给予补贴。对符合国家首台(套)重大技术装备推广应用指导目录的本市工业企业产品,在实现首台(套)销售后,按首台(套)产品销售价格的最高30%予以奖励,单个项目奖励最高金额不超过1000万元。对符合国家首台(套)重大技术装备推广应用指导目录的本市企业产品,在实现首台(套)销售且投保并获得中央财政保费补贴的企业,市财政按投保年度保费的20%给予保费补贴。研究制定《广州市首台(套)重大技术装备推广应用目录》(以下简称《目录》),对制造《目录》内装备且投保的企业,按投保年度保费的80%给予补贴。鼓励有条件的区制定首台(套)重大技术装备的配套支持政策(各级政府对保费补贴累计不超过保费)。对于采购或租赁本市制造的具有自主知识产权工业机器人整机、成套设备的,分别按不高于售价或租赁费的20%、10%给予补贴,整套设备累积补助额不超过50万元/套。鼓励优势企业组团投资新能源电池、汽车电子芯片、减速器等产业核心零部件和进行联合攻关。支持企业与军工单位开展研发合作,对承担军工科研项目的企业按照项目合同金额给予最高40%的资助,最高资助600万元

续表

地区	文件名	发布时间	文件号	主要内容
	广州市人民政府办公厅关于加快推进融资租赁业发展的实施意见	2014-09-10	穗府办〔2014〕52号	符合新业态扶持资金申报条件的,可按规定申报相关的资金支持。企业通过融资租赁购买的设备可视作固定资产投资,符合技术改造资金扶持条件的,可申报广州市技术改造租息补贴等相关扶持政策。对租赁广州市制造的工业机器人及成套设备的,按照有关规定申报资金补贴。对开展中小企业融资租赁业务的融资租赁公司,符合条件的,可申报中小企业担保体系建设专项资金中规定的风险准备金补贴。对为广州市企业提供融资租赁服务的我市融资租赁企业,以不高于其项目设备购买价款的0.5%(含0.5%)作为补贴总额,融资租赁方、承租方分别按照补贴总额80%、20%的比例进行补贴,对于融资租赁企业购入广州市先进制造企业生产的设备,按不高于合同金额的0.5%(含0.5%)给予融资租赁企业补贴,单个项目补贴上限不超过500万元
	广州市加快新业态发展三年行动方案	2014-05-29		在市战略性主导产业发展资金中按使用办法安排适当的资金,扶持认定的新业态重点项目(园区)、新业态示范企业等。探索建立智能制造、融资租赁、生物医药3个产业子基金。列入国家、省重点项目计划以及投资额超过1亿元的新业态项目享受"绿色通道"待遇,优先安排用地指标。落实《关于促进广州市服务业新业态发展的若干措施》(穗府办〔2014〕7号),推动服务业新业态加快发展

续表

地区	文件名	发布时间	文件号	主要内容
	广州市人民政府办公厅关于推动工业机器人及智能装备产业发展的实施意见	2014-04-03	穗府办〔2014〕14号	从2014年起连续3年,在市战略性主导产业发展资金等专项资金中安排资金,按相关规范对本地应用企业采购或租赁本市制造的工业机器人及成套设备的,给予相关补贴。在符合相关条件的前提下,对于采购或租赁本市制造工业机器人整机的,按不高于整机售价或租赁费的20%给予补贴,最高补助额不超过3万元/台;对于采购或租赁工业机器人成套设备的,按照不高于售价或租赁费的10%给予补贴,整套设备累积补助额不超过50万元/套;对列入本市工业机器人及智能装备集成应用示范的项目,按不高于采购本市智能制造装备工程款的10%给予应用企业一次性补贴,最高补助额不超过50万元/套。同一企业同一项目仅可申请一项扶持补贴 鼓励金融资本、风险投资及民间资本投向机器人产业领域,引导银行业金融机构对技术先进、优势明显、带动和支撑作用强的项目优先给予信贷支持;大力支持金融和投资、融资租赁、信用和融资担保、小额贷款等企业和机构创新融资方式,为工业机器人及智能装备企业拓宽融资渠道
	广州市人民政府办公厅印发关于加快发展广州市汽车服务业工作方案的通知	2014-02-10	穗府办〔2014〕2号	引入国内汽车租赁知名品牌落户广州,并在车辆上牌给予政策倾斜,在办理相关营运证照时提供"绿色通道";鼓励汽车企业积极申报融资租赁试点项目,并给予融资支持,培植2~3家大型龙头汽车租赁企业。根据《关于支持广州区域金融中心建设的若干规定》等有关规定,对总部设在广州的汽车金融企业给予政策支持和奖励
	广州市人民政府办公厅关于支持外贸稳增长调结构的实施意见	2014-08-11	穗府办〔2014〕40号	支持跨境电子商务零售、外贸综合服务企业和增值税零税率应税服务等出口退税政策落地,争取广州市成为融资租赁货物出口退税试点城市。开展出口退(免)税无纸化管理,完善函调管理,对符合条件的出口业务在20个工作日内完成退(免)税审批手续,确保及时足额退税

数据来源:零壹融资租赁研究中心整理。

3.2.4 保税区政策

表 3-4 保税区融资租赁行业相关政策

地区	文件名	发布时间	文件号	主要内容
深圳	深圳市人民政府关于印发深圳保税区域转型升级总体及行动方案的通知	2013-07-08	深府〔2013〕66号	围绕深港保税服务业合作试验区建设,以推进前海率先实现深港澳服务贸易自由化为目标,积极引进国际知名的金融服务、商贸服务和生产性服务机构,创新对外合作模式,大力发展包括供应链管理、高端航运服务、电子商务、跨境交易、服务外包、离岸业务、物流金融、保税交割、融资租赁等多元化保税服务业,构建国际贸易与供应链管理、高端航运服务、创新金融产业集聚发展区,打造全球服务贸易重要基地。学习借鉴国内其他保税区域在保税业务创新方面的具体做法,研究出台对保税区域融资租赁、保税交割等业务的扶持措施,引进和培育5家融资租赁企业,推动保税新业态的发展
上海	上海市工商行政管理局关于贯彻《国家工商行政管理总局关于支持上海"十二五"时期创新驱动、转型发展的意见》的实施意见	2012-03-21	沪工商办〔2012〕131号	支持加快推进张江国家自主创新示范区、浦东国际人才创新试验区和杨浦、紫竹等9个国家级高层次人才创新创业基地建设。大力推动"三区三港"联动发展,支持各类企业在上海综合保税区设立项目子公司,开展融资租赁业务
	上海市吸收外资和境外投资"十二五"规划	2012-03-14		推动外商投资创业投资、股权投资、融资租赁、融资性担保、小额贷款等提供新型金融服务的企业发展,支持外商投资融资租赁企业在上海综合保税区试点设立单机单船等项目子公司。依托资本市场、产权交易市场的作用,结合国有资本布局调整,推进国有企业开放性、市场化重组

续表

地区	文件名	发布时间	文件号	主要内容
广州	广州市人民政府办公厅关于加快推进融资租赁业发展的实施意见	2014-09-10	穗府办〔2014〕52号	大力发展空运、航运、汽运等交通运输业的融资租赁服务。鼓励融资租赁企业开展新能源汽车业务,在白云机场综合保税区积极探索飞机融资租赁业务,支持各类符合条件的融资租赁公司设立项目子公司,支持安排利用外债指标规模,为广州白云机场综合保税区开展飞机融资租赁业务设立飞机租赁、维修的专用区域,鼓励开拓游艇、航运等行业相关的融资租赁业务。进一步推进我市国家服务业综合改革试点工作,积极推进广州市教育、医疗、餐饮、检验检测等行业的融资租赁服务,促进我市服务业连锁化经营。通过融资租赁的方式做强一批服务业龙头企业,打造一批广州服务品牌,提升广州服务质量
	广州市人民政府办公厅关于支持外贸稳增长调结构的实施意见	2014-08-11	穗府办〔2014〕40号	坚持"试点先行,逐步推进"的原则,在南沙保税港区选择一批实力较强、货源充足的企业为旅游购物商品出口试点企业,逐步将试点区域扩大至白云机场综合保税区。推行黄埔外运仓码头试行的出口货物监管模式,吸引本地企业采用该模式出口货物。争取花都圣地狮岭(国际)皮革皮具城等市场申报国家内外贸结合专业市场试点,推动试点市场内发展"市场采购"贸易方式出口,提升专业市场外贸功能。以白云机场综合保税区通过验收为契机,加快发展飞机租赁贸易、飞机检测维修、航材和零部件保税等业务
	广州市人民政府办公厅印发关于促进广州市服务业新业态发展若干措施的通知	2014-02-20	穗府办〔2014〕7号	制定融资租赁业发展意见,加快培育各类融资租赁主体,引进外商在广州设立融资租赁公司。鼓励具备实力的制造业企业成立厂商系融资租赁公司,或与大型央企联合组建金融租赁公司,争取成立更多的中外合资融资租赁公司。推动融资租赁参与地铁、城市公交、公共医疗、污水处理等重大基础设施建设,参与政府部门公车改革以及老城区企业搬迁改造,争取国家政策支持,吸引金融租赁公司在白云机场综合保税区、南沙保税港区等海关特殊监管区域内设立项目公司,开展飞机、船舶、邮轮游艇等大型设备租赁业务,促进广州市航空、船舶、邮轮、游艇产业和航运金融业发展

数据来源:零壹融资租赁研究中心整理。

3.2.5 人才引进政策

表3-5 各地区融资租赁行业相关人才引进政策

地区	文件名	发布时间	文件号	主要内容
上海	上海市政府办公厅关于加快本市融资租赁业发展的实施意见	2016-08-15		大力引进融资租赁业发展所需的各类优秀人才,符合条件的,可以申办居住证积分、居转户和直接落户。支持融资租赁公司组织从业人员开展相关培训,采取措施提高从业人员综合素质,培养一批具有国际视野和专业能力的融资租赁人才
上海	上海市服务业发展"十二五"规划	2012-07-19		全面推进廉租住房、共有产权保障房(经济适用住房)、公共租赁住房和征收安置房(动迁安置房)"四位一体"、租售并举的住房保障体系建设。推进保障性住房大型居住社区建设,着力缓解中低收入住房困难家庭以及青年职工、引进人才和来沪务工人员等群体的居住困难问题
深圳	深圳市人民政府关于印发深圳市科学技术发展"十二五"规划的通知	2014-12-02	深府〔2011〕194号	围绕人才集聚区统筹规划建设生活配套设施,为人才提供舒适便捷的生活、工作、教育、休闲环境。把解决人才安居问题摆在更加突出的位置,大力实施人才安居工程,"十二五"期间安排建设的公共租赁住房,面向人才安排的比例不低于80%,建设高品质的高级人才公寓、专家公寓。选择部分基础较好的外国语学校开设国际班,2015年前引进2~3所国际知名高中在深开展联合办学,建设1~2所国际学校,为归国人员子女教育提供便利。提高人事代理、社会保险代理、企业用工登记、出入境和子女入学等服务水平

数据来源:零壹融资租赁研究中心整理。

3.2.6 跨境融资政策

表3-6 各地区融资租赁行业相关跨境融资政策

地区	文件名	发布时间	文件号	主要内容
深圳	中共深圳市委办公厅 深圳市人民政府办公厅关于印发《深圳市2015年改革计划》的通知	2015-03-27	深办发〔2015〕6号	制定支持融资租赁业发展的政策,支持互联网金融、新型要素交易平台等开展跨境金融创新,服务实体经济发展。制定加快现代保险服务业创新发展的实施意见和利用资本市场促进企业转型升级的指导意见,推进小额贷款领域对外资适度开放
上海	2012年上海市工商行政管理工作要点	2012-01-20		充分发挥市场准入的职能,研究支持和规范保理、融资租赁等类金融企业发展的政策措施,支持国内大型商业银行在沪设立功能性总部,制定实施支持跨国公司地区总部和功能性机构、外商投资私募基金等发展的相关政策措施,培育和吸引国内跨国公司在沪发展
上海	关于金融支持中国(上海)自由贸易试验区建设的意见	2013-12-02	银发〔2013〕11号	支持试验区开展境内外租赁服务。取消金融类租赁公司境外租赁等境外债权业务的逐笔审批,实行登记管理。经批准,允许金融租赁公司及中资融资租赁公司境内融资租赁收取外币租金,简化飞机、船舶等大型融资租赁项目预付货款手续

数据来源:零壹融资租赁研究中心整理。

3.2.7 其他政策

表3-7 各地区融资租赁行业其他相关政策

地区	文件名	发布时间	文件号	主要内容
北京	北京市人民政府关于进一步支持小型微型企业发展的意见	2012-11-30	京政发〔2012〕40号	发挥政府主导作用,整合社会服务资源,形成银行融资、集合融资、融资租赁、创业投资、上市融资等全方位的投融资服务体系,强化对小型微型企业的融资服务。形成以市中小企业投融资服务平台为核心,16个区县投融资服务平台为支撑,在京金融服务机构参与的中小企业投融资服务体系。支持小型微型企业采取融资租赁…等多种方式融资

续表

地区	文件名	发布时间	文件号	主要内容
	关于金融支持本市中小微企业发展的若干意见	2012-02-29	京金融〔2011〕314号	努力营造创新产融合作机制和融资对接平台。进一步完善和拓展北京市政银企沟通交流机制,引导各类金融机构参与,建立健全政府部门、银行、贷款公司、证券公司、保险公司、信托公司、金融租赁和融资租赁、创业投资和股权投资、担保和再担保机构、信用增进机构、资产管理公司、金融资产交易所、中小微企业等多位一体的服务对接机制。抓紧建立首都金融服务商会,充分发挥其作用,拓展首都中小微企业金融服务电子平台的覆盖面和服务能力,探索建立各类专业化的中小微企业投融资服务平台,为中小微企业从银行获得贷款提供方便快捷的绿色通道
	北京市人民政府关于印发北京市"十二五"时期现代产业建设发展规划的通知	2011-09-08	政发〔2011〕54号	要求大力推进金融组织创新和政策创新,优化金融制度创新环境,积极吸引国际一流的投资银行、基金管理、融资租赁、财务公司、交易所等新兴机构落户
	石景山区进一步促进中小企业发展的实施意见	2011-08-30	石政发〔2011〕45号	鼓励银行延伸中小企业金融服务专营机构服务网点,扩大中小企业信贷规模。鼓励金融机构提高贷款审批效率,创新金融产品和服务方式,完善抵质押物评估机制,推行股权质押融资、知识产权质押融资、应收账款融资、商品融资、联保联贷等融资方式。进一步发挥小额贷款公司作用,鼓励新设小额贷款公司并不断扩大小额贷款资金规模,对符合条件的给予贴息补助。努力探索融资租赁、典当在中小企业融资中的应用模式
	顺义区关于进一步促进中小企业发展的实施意见	2011-08-03		该《意见》要求进一步拓宽中小企业融资渠道。大力发展创业投资和融资租赁企业,探索融资租赁、典当、信托等融资方式在中小企业融资中的应用
上海	国务院关于印发进一步深化中国(上海)自由贸易试验区改革开放方案的通知	2015-04-08	国发〔2015〕21号	统一内外资融资租赁企业准入标准、审批流程和事中事后监管制度。探索融资租赁物登记制度,在符合国家规定的前提下开展租赁资产交易。探索适合保理业务发展的境外融资管理新模式。稳妥推进外商投资典当行试点

续表

地区	文件名	发布时间	文件号	主要内容
上海	上海海关关于在中国（上海）自由贸易试验区实施"一次备案、多次使用"模式的公告	2014-08-12	中国上海海关公告2014年第33号	区内企业经账册备案后，在开展"批次进出、集中申报""保税展示交易""境内外维修""期货保税交割""融资租赁"等经海关核准开展的业务中，可以在信息化系统中直接调用已备案的企业和进出货物等信息，无须再向海关重复备案
	中国（上海）自由贸易试验区总体方案	2013-09-28		融资租赁公司在试验区内设立的单机、单船子公司不设最低注册资本限制
	上海市加快国际航运中心建设"十二五"规划	2012-05-24		引进和培育一批在航运方面具有较强专业能力的商业银行、保险公司、租赁公司、信托公司和基金管理公司，形成较为完整的航运金融机构布局
	上海市工商行政管理局关于贯彻《国家工商行政管理总局关于支持上海"十二五"时期创新驱动、转型发展的意见》的实施意见	2012-03-21	沪工商办〔2012〕131号	积极支持股权投资、创业投资、小额贷款、融资担保、村镇银行等新型金融机构发展。支持金融数据处理、金融软件开发、客户服务等服务外包行业发展。积极研究支持保理、融资租赁等行业市场准入和规范发展的有关政策措施
	2013年上海市工商行政管理工作要点	2013-02-05		进一步推进金融市场形成体系、做大做强。支持各类总部型、功能性金融机构落户上海，为大型金融机构设立地区总部或分支机构做好登记注册服务。积极支持上海股权托管交易市场建设，推进股权投资企业资金银行托管。继续做好境外合格有限合伙人试点，推进合格境内有限合伙人试点工作。支持商业保理、融资租赁、融资担保、金融数据处理、金融软件开发等金融衍生产业健康发展
	上海市服务业发展"十二五"规划	2012-07-19		加强陆家嘴—外滩金融集聚区建设，优化金融集聚区功能布局。培育和发展与金融市场相关的功能性金融机构。发展创业投资企业、股权投资企业、融资租赁公司、融资性担保公司、小额贷款公司等新型金融机构。吸引和培育具有国际竞争力的金融机构

续表

地区	文件名	发布时间	文件号	主要内容
	中国（上海）自由贸易试验区条例	2014-07-25	上海人大常委公告第14号	自贸试验区按照国家规定，实施促进投资和贸易的有关税收政策；其所属的上海外高桥保税区、上海外高桥保税物流园区、洋山保税港区和上海浦东机场综合保税区执行相应的海关特殊监管区域的税收政策
	2013年上海市工商行政管理工作要点	2013-02-05		支持商业保理、融资租赁、融资担保、金融数据处理、金融软件开发等金融衍生产业健康发展
深圳	深圳市人民政府关于印发深圳市科学技术发展"十二五"规划的通知	2014-12-02	深府〔2011〕194号	围绕人才集聚区统筹规划建设生活配套设施，为人才提供舒适便捷的生活、工作、教育、休闲环境。把解决人才安居问题摆在更加突出的位置，大力实施人才安居工程，"十二五"期间安排建设的公共租赁住房，面向人才安排的比例不低于80%，建设高品质的高级人才公寓、专家公寓。选择部分基础较好的外国语学校开设国际班，2015年前引进2~3所国际知名高中在深开展联合办学，建设1~2所国际学校，为归国人员子女教育提供便利。提高人事代理、社会保险代理、企业用工登记、出入境和子女入学等服务水平

数据来源：零壹融资租赁研究中心整理。

3.3 上海自贸区融资租赁相关政策

欧、美、日三大经济体先后发起新一轮多边贸易谈判协议（TPP、TTIP等）给中国在国际贸易带来了一定的障碍，此外，面对国内外贸出口回落的压力，2013年9月29日，中国（上海）自由贸易试验区正式成立，以推动更高标准的贸易自由化、投资自由化，助推中国经济和改革开放进入新的历史发展阶段。

目前，上海自贸区涵盖上海市外高桥保税区、外高桥保税物流园区、洋山保税港区和上海浦东机场综合保税区、金桥出口加工区、张江高科技园区和陆家嘴金融贸易区

7个区域。

3.3.1 上海自贸区颁布的主要政策

2013年9月18日,国务院批准印发《中国(上海)自由贸易试验区总体方案》(下称《方案》),《方案》指出,允许和支持各类融资租赁公司在试验区内设立项目子公司并开展境内外租赁服务。

将试验区内注册的融资租赁企业或金融租赁公司在试验区内设立的项目子公司纳入融资租赁出口退税试点范围。对试验区内注册的国内租赁公司或租赁公司设立的项目子公司,经国家有关部门批准从境外购买空载重量在25吨以上并租赁给国内航空公司使用的飞机,享受相关进口环节增值税优惠政策。

为促进试验区实体经济发展,加大对跨境投资和贸易的金融支持,深化金融改革,2013年12月2日,中国人民银行出台《关于金融支持中国(上海)自由贸易试验区建设的意见》(下称《意见》)。

《意见》提出,支持试验区开展境内外租赁服务。取消金融类租赁公司境外租赁等境外债权业务的逐笔审批,实行登记管理。经批准,允许金融租赁公司及中资融资租赁公司境内融资租赁收取外币租金,简化飞机、船舶等大型融资租赁项目预付货款手续。

2014年2月21日,备受期待的《关于支持中国(上海)自由贸易试验区扩大人民币跨境使用的通知》细则出台。细则详述了跨境人民币借款的规模、使用范围。此前公布的《中国人民银行关于金融支持中国(上海)自由贸易试验区建设的意见》曾提出:区内金融机构和企业可从境外借用人民币资金,借用的人民币资金不得用于投资有价证券、衍生产品,不得用于委托贷款。此次公布的细则进一步明确了在宏观审慎管理框架下人民币境外借款的期限,以及不同借款主体的境外借款规模。

通知大幅简化了试验区经常和直接投资项下人民币跨境使用流程,明确了人民币境外借款规模与适用范围、跨境电子商务结算和人民币交易服务等创新业务。通知指出,区内非银行金融机构和企业可以从境外借用人民币资金,但数额不得超过实缴资本倍数乘以宏观审慎政策参数,其中区内企业的实缴资本倍数为1倍,区内非银行金融机构的实缴资本倍数为1.5倍。

为支持中国(上海)自由贸易试验区建设,《中国人民银行关于金融支持中国(上海)自由贸易试验区建设的意见》明确,支持试验区发展总部经济和新型贸易,简化直接投资外汇登记手续,便利试验区开展境内外租赁服务,取消区内机构向境外支付担保费的核准,2014年2月28日,国家外汇管理局上海市分局制定了《外汇管理支持试验区建设实施细则》(下称《实施细则》)。

《实施细则》针对融资租赁行业的便利措施有：一是取消区内融资租赁公司办理融资租赁对外债权业务的逐笔审批，实行登记管理。融资租赁类公司可直接到所在地银行开立境外放款专用账户，用于保留对外融资租赁租金收入，账户内外汇收入结汇可直接向银行申请办理。融资租赁类公司开展对外融资租赁业务，不受现行境内企业境外放款额度限制。二是经批准，允许非金融类融资租赁公司境内收取外币租金，解决货币错配问题。三是简化飞机、船舶等大型融资租赁项目预付货款手续。

2014年4月21日，上海海关发布《关于在中国(上海)自由贸易试验区开展融资租赁业务的公告》，文件主要解释，在试验区内开展融资租赁业务应符合三大条件：在试验区内设立开展融资租赁业务的企业或者开展融资租赁业务的企业在试验区内设立的项目子公司；经相关政府主管部门批准，取得融资租赁业务资格；在试验区海关机构办理报关单位注册登记手续。

在自贸试验区筹备与推进过程中，有关自贸试验区立法合法性的问题如影随形。为了有法可据，完备自贸区推进中的立法工作，2014年7月25日，《中国(上海)自由贸易试验区条例》审议通过，自2014年8月1日起施行。

条例聚焦制度创新的重点领域和关键环节，充分运用现行法律制度和政策资源，改革妨碍制度创新的体制、机制；在自贸试验区建立与国际贸易等业务发展需求相适应的监管模式，实行内外贸一体化发展，鼓励区内企业统筹开展国际贸易和国内贸易，培育贸易新型业态和功能，形成以技术、品牌、质量、服务为核心的竞争优势。自贸试验区支持国际贸易、仓储物流、加工制造等基础业务转型升级和服务贸易发展。鼓励离岸贸易、国际大宗商品交易、融资租赁、期货保税交割、跨境电子商务等新型贸易发展。

随着上海自贸区范围的扩大，原有的自贸区方案需要调整，为进一步深化中国(上海)自由贸易试验区改革开放，2015年4月8日，国务院颁布《关于印发进一步深化中国(上海)自由贸易试验区改革开放方案的通知》(国发〔2015〕21号)，提出推动贸易转型升级，按照公平竞争原则，开展跨境电子商务业务，促进上海跨境电子商务公共服务平台与境内外各类企业直接对接。

统一内外资融资租赁企业准入标准、审批流程和事中事后监管制度。探索融资租赁物登记制度，在符合国家规定前提下开展租赁资产交易。探索适合保理业务发展的境外融资管理新模式。稳妥推进外商投资典当行试点。

与2013年的自贸区方案相比，2015年的方案对内外资融资租赁标准进行了统一，对外投资受到空前鼓励。

继 10 月 30 日央行发布备受市场关注的上海自贸区"金改 40 条"不到 2 个月后，国家外汇管理局上海分局于 2015 年 12 月 16 日印发《进一步推进中国（上海）自由贸易试验区外汇管理改革试点实施细则》（下称《细则》），这是为落实"金改 40 条"后出台的首项实施细则。

《实施细则》意在为跨国公司资金集中运营管理创造更好的政策环境，提升跨国公司资金运作效率，同时，进一步拓展区内银行外汇交易业务的服务范围。

《实施细则》指出，允许融资租赁类公司境内收取外币租金。区内金融租赁公司、外商投资融资租赁公司向境内承租人办理融资租赁业务时，如果其用于购买租赁物的资金 50% 以上来源于国内外汇贷款或外币外债，可以外币形式收取租金。

2016 年 1 月 27 日，上海自贸区发布《融资租赁外汇管理操作规程》。允许融资租赁类公司境内收取外币租金，区内金融租赁公司、外商投资融资租赁公司及中资融资租赁公司办理融资租赁业务时，如用于购买租赁物的资金 50% 以上来源于自身国内外汇贷款或外币外债，可以在境内以外币形式收取租金；允许区内融资租赁项目公司从境外购入飞机、船舶和大型设备并租赁给承租人时，凭合同、商业单证等材料办理付汇手续。

为贯彻落实天津、福建、广东自由贸易试验区总体方案和进一步深化上海自贸试验区改革开放方案，支持自贸试验区融资租赁行业积极探索、先行先试，2016 年 3 月 17 日，商务部、税务总局发布《关于天津等 4 个自由贸易试验区内资租赁企业从事融资租赁业务有关问题的通知》。

上述通知称，自 2016 年 4 月 1 日起，商务部、税务总局将注册在自贸试验区内的内资租赁企业融资租赁业务试点确认工作委托给各自贸试验区所在的省、直辖市、计划单列市级（以下简称省级）商务主管部门和国家税务局。

为进一步贯彻落实《国务院办公厅关于加快融资租赁业发展的指导意见》（国办发〔2015〕68 号）和《国务院办公厅关于促进金融租赁行业健康发展的指导意见》（国办发〔2015〕69 号）精神，更好地发挥融资租赁服务实体经济功能，2016 年 8 月 15 日，上海市人民政府办公厅出台《关于加快本市融资租赁业发展的实施意见》。

意见提出要做好各项配套服务，加大融资租赁产业的扶持力度，设立专项资金；支持设立专业子公司和特殊项目公司，开展飞机、船舶和重大装备租赁，提高专业化水平。持内资企业利用外债，放款内资融资租赁企业举借外债资格条件中的外贸进出口权、净总资产比例以及盈利状况等的限制。支持融资租赁公司开展人民币跨境融资业务、本外币资金池业务。

3.3.2 上海自贸区融资租赁相关政策

表 3-8　上海自贸区融资租赁行业相关政策汇总

政策及其颁布时间	主要内容
2016年8月15日,上海市政府办公厅发布《关于加快本市融资租赁业发展的实施意见》	《实施意见》从培育主体拓宽领域、自贸区引领行业集聚、制度创新优化环境、政策扶持完善体系、公共服务风险防范5个方面,细化工作任务,明确责任分工,完善保障措施,促进融资租赁行业持续健康发展
2016年3月17日,商务部、税务总局发布《关于天津等4个自由贸易试验区内资租赁企业从事融资租赁业务有关问题的通知》	自2016年4月1日起,商务部、税务总局将注册在自贸试验区内的内资租赁企业融资租赁业务试点确认工作委托给各自贸试验区所在的省、直辖市、计划单列市级(以下简称省级)商务主管部门和国家税务局
2016年1月27日,上海自贸区《融资租赁外汇管理操作规程》发布	允许融资租赁类公司境内收取外币租金;便利融资租赁项目货款支付
2015年12月16日,国家外汇管理局上海分局印发《进一步推进中国(上海)自由贸易试验区外汇管理改革试点实施细则》	《细则》指出,允许融资租赁类公司境内收取外币租金。区内金融租赁公司、外商投资融资租赁公司向境内承租人办理融资租赁业务时,如果其用于购买租赁物的资金50%以上来源于国内外汇贷款或外币外债,可以外币形式收取租金
2015年4月8日,国务院颁布《关于印发进一步深化中国(上海)自由贸易试验区改革开放方案的通知》(国发〔2015〕21号)	统一内外资融资租赁企业准入标准、审批流程和事中事后监管制度。探索融资租赁物登记制度,在符合国家规定前提下开展租赁资产交易
2014年7月25日,中国(上海)自由贸易试验区条例(上海市人民代表大会常务委员会公告第14号)	自贸区内外贸一体化发展,培育贸易新型业态和功能,鼓励融资租赁等新型贸易发展
2014年4月21日,上海海关发布《关于在中国(上海)自由贸易试验区开展融资租赁业务的公告》	文件主要解释在试验区内开展融资租赁业务应符合的条件及租赁企业向境内外承租企业出租货物时应向海关提交的材料明细
2014年2月28日,国家外汇管理局上海市分局制定了《外汇管理支持试验区建设实施细则》(下称《实施细则》)	便利自贸区开展境内外租赁服务,取消区内机构向境外支付担保费的核准,完善结售汇管理、支持银行开展面向境内客户的大宗商品衍生品的柜台交易
2014年2月21日,中国人民银行上海总部发布《关于支持中国(上海)自由贸易试验区扩大人民币跨境使用的通知》	进一步简化了试验区内经常和直接投资项下人民币跨境使用流程,并对人民币境外借款、双向人民币资金池、跨境人民币集中收付、个人跨境人民币业务等作出了具体规范

续表

政策及其颁布时间	主要内容
2014年2月27日,国家外汇管理局综合司印发《试验区境内外租赁服务外汇管理操作规程》	规定融资租赁类公司开展对外融资租赁业务时,不受现行境内企业境外放款额度限制。融资租赁类公司可直接到所在地银行开立境外放款专用账户,用于保留对外融资租赁租金收入。该账户内的外汇收入需结汇时,融资租赁类公司可直接向银行申请办理
2013年12月2日,《关于金融支持中国(上海)自由贸易试验区建设的意见》(银发〔2013〕11号)	提出支持试验区开展境内外租赁服务。取消金融类租赁公司境外租赁等境外债权业务的逐笔审批,实行登记管理。经批准,允许金融租赁公司及中资融资租赁公司境内融资租赁收取外币租金,简化飞机、船舶等大型融资租赁项目预付货款手续
2013年9月29日,《中国(上海)自由贸易试验区管理办法》(市政府令第7号)印发	提出推动自贸区贸易转型升级的办法,发展离岸贸易、国际贸易结算、国际大宗商品交易、融资租赁、期货保税交割、跨境电子商务等新型贸易业务
2013年9月18日,国务院批准印发《中国(上海)自由贸易试验区总体方案》	允许和支持各类融资租赁公司在试验区内设立项目子公司并开展境内外租赁服务

数据来源:零壹融资租赁研究中心整理。

(1)**区域规划政策**。

2014年7月25日,《中国(上海)自由贸易试验区条例》审议通过,自2014年8月1日起施行。自贸试验区支持国际贸易、仓储物流、加工制造等基础业务转型升级和服务贸易发展。鼓励离岸贸易、国际大宗商品交易、融资租赁、期货保税交割、跨境电子商务等新型贸易发展。

(2)**跨境融资政策**。

2013年12月2日,中国人民银行出台《关于金融支持中国(上海)自由贸易试验区建设的意见》提出,支持试验区开展境内外租赁服务。取消金融类租赁公司境外租赁等境外债权业务的逐笔审批,实行登记管理。经批准,允许金融租赁公司及中资融资租赁公司境内融资租赁收取外币租金,简化飞机、船舶等大型融资租赁项目预付货款手续。

上海自贸试验区内融资租赁公司可开立跨境人民币专户,向境外借取跨境人民币贷款,跨境人民币借款额度采取余额制管理。

2014年2月21日,央行《关于支持上海自贸区扩大人民币跨境使用的通知》(下称《通知》)规定:区内非银行金融机构借用境外人民币资金(按余额计)的上限不得超过实缴资本×1.5倍×宏观审慎政策参数。该政策有助于区内融资租赁企业获得成本更低的资金,更具国际竞争力。《通知》指出,区内企业可根据自身经营和管理需要,开展集团内跨境双向人民币资金池业务。

2014年2月28日,国家外汇管理局上海市分局制定了《外汇管理支持试验区建设实施细则》,一是取消区内融资租赁公司办理融资租赁对外债权业务的逐笔审批,实行登记管理。融资租赁类公司可直接到所在地银行开立境外放款专用账户,用于保留对外融资租赁租金收入,账户内外汇收入结汇可直接向银行申请办理。融资租赁类公司开展对外融资租赁业务,不受现行境内企业境外放款额度限制。二是经批准,允许非金融类融资租赁公司境内收取外币租金,解决货币错配问题。三是简化飞机、船舶等大型融资租赁项目预付货款手续。

2014年2月发布的《试验区境内外租赁服务外汇管理操作规程》规定:融资租赁公司开展对外融资租赁业务时,不受现行境内企业境外放款额度限制。融资租赁类公司可直接到所在地银行开立境外放款专用账户,用于保留对外融资租赁租金收入。该账户内的外汇收入需结汇时,融资租赁公司可直接向银行申请办理。

2016年1月27日,上海自贸区《融资租赁外汇管理操作规程》规定,便利融资租赁项目货款支付,允许区内融资租赁项目公司从境外购入飞机、船舶和大型设备并租赁给承租人时,凭合同、商业单证等材料办理付汇手续。单证审核要求。①区内融资租赁或其项目公司,从境外购入飞机并租赁给境内承租人的,凭国家发展改革委出具给航空公司的飞机购买或租赁批文、购买合同、商业单证等办理付汇手续。②区内融资租赁或其项目公司,从境外购入船舶和大型设备并租赁给境内承租人的,凭合同、商业单证等办理付汇手续。③区内融资租赁或其项目公司,从境外购入飞机、船舶和大型设备并租赁给境外承租人的,凭合同、商业单证等办理付汇手续,外汇局可按照无关单外汇支付方式进行核查。④区内融资租赁或其项目公司支付预付货款后,须按规定通过货物贸易外汇业务监测系统(企业端)进行相应的企业报告。⑤付汇银行根据与境外签订的购买合同,办理对外支付手续时,若购买合同由联合购买人签订的,付汇银行根据合同办理融资租赁项目公司对外支付手续。⑥对区内融资租赁或其项目公司购入飞机、船舶和大型设备并租赁给境内承租人时,依据相关规定收取租金。融资项目公司支付预付货款后,由付汇银行办理相应的台账登记,跟踪项目进境或转租境外的情况,并及时报告外汇局。

(3)财税补贴政策。

2013年9月18日,国务院印发的《中国(上海)自由贸易试验区总体方案》(下称《方案》),《方案》指出,对试验区内注册的国内租赁公司或租赁公司设立的项目子公司,经国家有关部门批准从境外购买空载重量在25吨以上并租赁给国内航空公司使用的飞机,享受相关进口环节增值税优惠政策。

①对新引进的融资租赁企业,给予一次性落户补贴;对融资租赁企业增资,给予一定补贴。

②对新引进融资租赁企业,按其对新区的贡献程度,给予一定补贴。对增资一定规模的融资租赁企业,按其对新区的新增贡献程度,适当加大补贴。

③对在浦东新区购买自用办公用房的,给予一定购房补贴。

④鼓励融资租赁企业为新区内企业提供融资租赁服务,特别鼓励其开展船舶、飞机租赁等航运租赁业务,按其业务量,给予一定补贴。

⑤对融资租赁企业购入新区先进装备制造企业生产的设备,购入新区企业制造的飞机、船舶,按照合同金额,给予一定补贴。

⑥对融资租赁企业新购入船舶和飞机,给予一定登记费补贴。

⑦对融资租赁企业设立在上海综合保税区和陆家嘴金融贸易区的飞机和船舶租赁项目子公司,加大补贴力度。

⑧新区内的政府采购,公用事业建设、基础设施建设等各类政府财力投资项目建设,在同等条件下优先考虑采用融资租赁方式融资。

(4)**外汇政策**。

2015年12月16日,国家外汇管理局上海分局印发的《进一步推进中国(上海)自由贸易试验区外汇管理改革试点实施细则》(下称《细则》)指出,允许融资租赁类公司境内收取外币租金。区内金融租赁公司、外商投资融资租赁公司向境内承租人办理融资租赁业务时,如果其用于购买租赁物的资金50%以上来源于国内外汇贷款或外币外债,可以外币形式收取租金。

区内融资租赁类公司收取的外币租金收入,可以进入自身按规定在银行开立的外汇账户;超出偿还外币债务所需的部分,可直接在银行办理结汇。

融资租赁采用回租结构的,出租人可自行选择以外币或人民币形式向承租人支付租赁设备价款。承租人收取外币的,不得办理结汇。

其附件《融资租赁外汇管理操作规程》规定,允许融资租赁类公司境内收取外币租金。

区内金融租赁公司、外商投资融资租赁公司及中资融资租赁公司办理融资租赁业务时,如用于购买租赁物的资金50%以上来源于自身国内外汇贷款或外币外债,可以在境内以外币形式收取租金。承租人凭出租人出具的支付外币租金通知书及其他证明文件,自行到银行办理对出租人的租金购付汇手续。区内融资租赁类公司收取的外币租金收入,可以进入自身按规定在银行开立的外汇账户;超出偿还外币债务所需的部分,可直接在银行办理结汇。融资租赁采用回租结构的,出租人可自行选择以外币或人民币形式向承租人支付租赁设备价款。承租人收取外币的,不得办理结汇。

便利融资租赁项目货款支付。允许区内融资租赁项目公司从境外购入飞机、船舶和大型设备并租赁给承租人时,凭合同、商业单证等材料办理付汇手续。单证审核要求。①区内融资租赁或其项目公司,从境外购入飞机并租赁给境内承租人的,凭国家发展改革委出具给航空公司的飞机购买或租赁批文、购买合同、商业单证等办理付汇手续。②区内融资租赁或其项目公司,从境外购入船舶和大型设备并租赁给境内承租人的,凭合同、商业单证等办理付汇手续。③区内融资租赁或其项目公司,从境外购入飞机、船舶和大型设备并租赁给境外承租人的,凭合同、商业单证等办理付汇手续,外汇局可按照无关单外汇支付方式进行核查。④区内融资租赁或其项目公司支付预付货款后,须按规定通过货物贸易外汇业务监测系统(企业端)进行相应的企业报告。⑤付汇银行根据与境外签订的购买合同,办理对外支付手续时,若购买合同由联合购买人签订的,付汇银行根据合同办理融资租赁项目公司对外支付手续。⑥对区内融资租赁或其项目公司购入飞机、船舶和大型设备并租赁给境内承租人时,依据相关规定收取租金。监测管理。融资项目公司支付预付货款后,由付汇银行办理相应的台账登记,跟踪项目进境或转租境外的情况,并及时报告外汇局。

3.4 前海自贸区融资租赁相关政策

2010 年前海地区概念开始规划,到 2010 年 8 月国务院批复《前海深港现代服务业合作区总体发展规划》,同年 10 月国家发改委下发《关于印发前海深港现代服务业合作区总体发展规划的通知》,明确要求前海管理机构享有相当于计划单列市的管理权限的政策,积极创造条件下放审批权限,简化审批程序,出台配套扶持政策,推动建立促进前海现代服务业集聚发展的体制机制。

2012 年 6 月 29 日,香港回归祖国 15 周年之际,国务院发布《关于支持深圳前海深港现代服务业合作区开发开放有关政策的批复》,支持深圳前海深港现代服务业合作区实行比经济特区更加特殊的先行先试政策,打造现代服务业体制机制创新区、现代服务业发展集聚区、香港与内地紧密合作的先导区、珠三角地区产业升级的引领区。

2014 年 1 月国务院办公厅出台意见支持前海开展融资租赁试点,前海开始大力发展融资租赁。2014年12月第十二届全国人民代表大会常务委员会第十二次会议通过关于授权国务院在中国(广东)自由贸易试验区、中国(天津)自由贸易试验区、中国(福建)自由贸易试验区以及中国(上海)自由贸易试验区扩展区域暂时调整有关法律规定的行政审批的决定。2015年4月27日,中国(广东)自由贸易试验区前海蛇口片区正式揭牌,是中国(广东)自由贸易试验区的一部分。

3.4.1 前海自贸区颁布的主要政策

2010年8月制定《前海深港现代服务业合作区总体发展规划》,规划指出要推动以跨境人民币业务为重点的金融领域创新合作,鼓励符合CEPA关于"香港服务提供者"定义的金融机构在前海设立国内总部、分支机构。支持设立融资租赁公司、汽车金融公司、消费金融公司以及小额贷款公司等有利于增强市场功能的机构;同时要积极发展现代物流业,积极发展港口航运配套服务,支持发展航空交易市场,开展航材租赁、航材交易、民用飞机融资租赁等多种创新服务。

2010年12月,深圳市人民政府颁发《关于加快推进前海深港现代服务业合作区开发开放的工作意见》(深府〔2010〕191号)。意见提出三个阶段性目标,分别为初创阶段(2010—2012年)、提升阶段(2013—2015年)、发展阶段(2016—2020年)。

意见指出应推动金融机构的集聚发展,争取发起设立融资租赁公司、汽车金融公司、消费金融公司等有利于增强市场功能的机构。支持设立担保、再担保机构和为中小企业服务的金融机构;积极发展航运配套服务,创建航空交易市场,开展航材交易、航材租赁、民用飞机融资租赁等业务。积极引导航运业务管理中心、单证管理中心、结算中心、航运中介等在前海设立机构,创设国际游艇交易市场。落实促进航运航空金融创新发展的相关政策,开展离岸国际贸易以及航运金融租赁公司进行银行市场拆借和发行债券等试点。

2011年7月,深圳市第五届人民代表大会常务委员会第九次会议通过《深圳经济特区前海深港现代服务业合作区条例》,该条例表明,市政府应当协助国家有关部门完善融资租赁企业的税收政策,条件具备时,可以在前海合作区试行。

2014年1月,根据《前海深港现代服务业合作区总体发展规划》中"支持设立融资租赁公司、汽车金融公司、消费金融公司以及小额贷款公司等有利于增强市场功能的机构"的有关精神,落实《国务院关于支持深圳前海深港现代服务业合作区开发开放有关政策的批复》(国函〔2012〕58号)中"支持前海试点设立各类有利于增强市场功能的创新型金融机构,探索推动新型要素交易平台建设,支持前海开展以服务实体经济为重点的金融体制机制改革和业务模式创新"的相关内容,深圳市金融办、深圳市经贸信息委、深圳市人民政府金融发展服务办公室联合印发了《关于推进深圳前海湾保税港区开展融资租赁业务的试点意见》，从市场准入、海关政策和跨境融资政策三大方面提出了8条试点意见，以支持社深圳前海湾保税区探索融资租赁业务创新试点工作的开展。

2014年3月，深圳市人民政府出台《关于支持互联网金融创新发展的指导意见》（深〔2014〕23号）。该指导意见提出支持互联网企业依法发起设立或参股商业银行、证券、基金、期货、保险、消费金融、汽车金融、金融租赁和金融电商等各类金融机构。支持互联网企业通过发起设立、并购重组等方式控股或参股小额贷款、融资担保、典当投资、要素平台等新型金融机构。

2015年11月国务院办公厅印发《自由贸易试验区外商投资准入特别管理措施（负面清单）》，第27条对银行业股东机构类型作出要求，境外投资者投资金融租赁公司的，应为金融机构或融资租赁公司。

2015年11月商务部印发《关于支持自由贸易试验区创新发展的意见》，提出要降低投资准入门槛，支持自贸试验区所在地省级人民政府进一步简政放权，在法定职权范围内可依照法定程序，将省级商务部门外商投资、对外投资、融资租赁、典当、拍卖等管理权限委托给自贸试验区管理机构。

商务部将做好业务指导和有关技术支持服务；支持自贸试验区内企业加大融资租赁业务创新力度，允许符合条件的融资租赁公司设立专业子公司；支持融资租赁公司在符合相关规定的前提下，设立项目公司经营大型设备、成套设备等融资租赁业务，并开展境内外租赁业务。允许注册在自贸试验区内的内资融资租赁企业享受与现行内资融资租赁试点企业同等待遇；在自贸试验区内试点开展融资租赁管理改革，统一内外资融资租赁企业的管理模式，建立统一的现场监管、机构约谈、信息报送及核查等监管制度，探索建立登记备案、经营异常名录管理、监管评级等制度。

2015年11月，深圳市人民政府办公厅印发《深圳市2015年金融改革创新重点工作》。政策指出制定促进融资租赁业发展的政策措施，吸引更多融资租赁企业集聚发展，打造融资租赁产业示范区。

2015年11月深圳市人民政府颁发《关于充分发挥市场决定性作用全面深化金融改革创新的若干意见》，意见提出要扶持融资租赁产业发展，鼓励设立融资租赁公司和金融租赁公司，支持融资租赁公司、金融租赁公司在前海设立单机、单船、大型设备等项目子公司和功能创新平台公司，开展航空器（材）、船舶和大型设备租赁业务。支持融资租赁产业通过跨境人民币贷款、股权融资、债权融资等方式拓宽融资渠道。推动融资租赁业务创新试点，建立融资租赁资产交易平台，鼓励开发覆盖债权与股权、场内与场外、标准与非标准融资租赁产品,大力发展融资租赁资产交易市场。

2016年3月17日,为贯彻落实天津、福建、广东自由贸易试验区总体方案和进一步深化自贸试验区改革开放方案,支持自贸试验区融资租赁行业积极探索、先行先试,商务部、税务总局发布《关于天津等4个自由贸易试验区内资租赁企业从事融资租赁业务有关问题的通知》。

通知提出,自2016年4月1日起,商务部、税务总局将注册在自贸试验区内的内资租赁企业融资租赁业务试点确认工作委托给各自贸试验区所在的省、直辖市、计划单列市级商务主管部门和国家税务局。

2017年1月深圳前海联合行业相关部门联合深圳国际仲裁院(华南国际经济贸易仲裁委员会)、深圳市前海公证处等多家律师事务所,汇编了《前海深港现代化服务业合作区融资租赁行业规范指南》(下称"指南"),指南着眼行业实际、注重案例分析、借鉴国际经验,总结归纳了包括争议防范及解决、登记公示与公证、税收实务及解读、监管模式及创新、外汇结算及办理实务等行业相关规范操作流程。

3.4.2 前海自贸区融资租赁相关政策

表3-9 前海自贸区融资租赁行业相关政策汇总

政策及其颁布时间	主要内容
2010年8月,国务院批复《前海深港现代服务业合作区总体发展规划》	支持设立融资租赁公司、汽车金融公司、消费金融公司以及小额贷款公司等有利于增强市场功能的机构;同时要积极发展现代物流业,积极发展港口航运配套服务,支持发展航空交易市场,开展航材租赁、航材交易、民用飞机融资租赁等多种创新服务
2010年12月,深圳市人民政府颁发《关于加快推进前海深港现代服务业合作区开发开放的工作意见》	意见指出应推动金融机构的集聚发展,争取发起设立融资租赁公司、汽车金融公司、消费金融公司等有利于增强市场功能的机构
2011年7月,深圳市第五届人民代表大会常务委员会第九次会议通过《深圳经济特区前海深港现代服务业合作区条例》	该条例表明,市政府应当协助国家有关部门完善融资租赁企业的税收政策,条件具备时,可以在前海合作区试行
2014年1月,深圳市金融办、深圳市经贸信息委、深圳市人民政府金融发展服务办公室联合印发了《关于推进深圳前海湾保税港区开展融资租赁业务的试点意见》	意见从市场准入、海关政策和跨境融资政策三大方面提出了8条试点意见,以支持社深圳前海湾保税区探索融资租赁业务创新试点工作的开展

续表

政策及其颁布时间	主要内容
2014年3月,深圳市人民政府出台《关于支持互联网金融创新发展的指导意见》	该指导意见提出支持互联网企业依法发起设立或参股商业银行、证券、基金、期货、保险、消费金融、汽车金融、金融租赁和金融电商等各类金融机构。支持互联网企业通过发起设立、并购重组等方式控股或参股小额贷款、融资担保、典当投资、要素平台等新型金融机构
2015年11月,国务院办公厅印发《自由贸易试验区外商投资准入特别管理措施(负面清单)》	负面清单第二十七条对银行业股东机构类型作出要求,境外投资者投资金融租赁公司的,应为金融机构或融资租赁公司
2015年11月,商务部印发《关于支持自由贸易试验区创新发展的意见》	支持自贸试验区内企业加大融资租赁业务创新力度,允许符合条件的融资租赁公司设立专业子公司;支持融资租赁公司在符合相关规定的前提下,设立项目公司经营大型设备、成套设备等融资租赁业务,并开展境内外租赁业务。允许注册在自贸试验区内的内资融资租赁企业享受与现行内资融资租赁试点企业同等待遇;在自贸试验区内试点开展融资租赁管理改革,统一内外资融资租赁企业的管理模式,建立统一的现场监管、机构约谈、信息报送及核查等监管制度,探索建立登记备案、经营异常名录管理、监管评级等制度
2015年11月,深圳市人民政府办公厅印发《深圳市2015年金融改革创新重点工作》	政策指出制定促进融资租赁业发展的政策措施,吸引更多融资租赁企业集聚发展,打造融资租赁产业示范区
2015年11月,深圳市人民政府颁发《关于充分发挥市场决定性作用全面深化金融改革创新的若干意见》	意见提出要扶持融资租赁产业发展,鼓励设立融资租赁公司和金融租赁公司,支持融资租赁产业通过跨境人民币贷款、股权融资、债权融资等方式拓宽融资渠道
2016年3月17日,商务部、税务总局发布《关于天津等4个自由贸易试验区内资租赁企业从事融资租赁业务有关问题的通知》	通知提出,自2016年4月1日起,商务部、税务总局将注册在自贸试验区内的内资租赁企业融资租赁业务试点确认工作委托给各自贸试验区所在的省、直辖市、计划单列市级商务主管部门和国家税务局
2017年1月深圳前海联合行业相关部门联合深圳国际仲裁院(华南国际经济贸易仲裁委员会)、深圳市前海公证处等多家律师事务所,汇编了《前海深港现代化服务业合作区融资租赁行业规范指南》	指南着眼行业实际、注重案例分析、借鉴国际经验,总结归纳了包括争议防范及解决、登记公示与公证、税收实务及解读、监管模式及创新、外汇结算及办理实务等行业相关规范操作流程

数据来源:零壹融资租赁研究中心。

(1)区域规划政策。

2010年8月制定《前海深港现代服务业合作区总体发展规划》,规划指出要推动以跨境人民币业务为重点的金融领域创新合作,鼓励符合 CEPA 关于"香港服务提供者"定义的金融机构在前海设立国内总部、分支机构。支持设立融资租赁公司、汽车金融公司、消费金融公司以及小额贷款公司等有利于增强市场功能的机构;同时要积极发展现代物流业,积极发展港口航运配套服务,支持发展航空交易市场,开展航材租赁、航材交易、民用飞机融资租赁等多种创新服务。

2010 年 12 月,深圳市人民政府颁发《关于加快推进前海深港现代服务业合作区开发开放的工作意见》(深府〔2010〕191 号)。意见指出应推动金融机构的集聚发展,争取发起设立融资租赁公司、汽车金融公司、消费金融公司等有利于增强市场功能的机构。积极引导航运业务管理中心、单证管理中心、结算中心、航运中介等在前海设立机构,创设国际游艇交易市场。落实促进航运航空金融创新发展的相关政策,开展离岸国际贸易以及航运金融租赁公司进行银行市场拆借和发行债券等试点。

2014 年 1 月,深圳市金融办、深圳市经贸信息委、深圳市人民政府金融发展服务办公室联合印发了《关于推进深圳前海湾保税港区开展融资租赁业务的试点意见》,从市场准入、海关政策和跨境融资政策三大方面提出了 8 条试点意见,以支持社深圳前海湾保税区探索融资租赁业务创新试点工作的开展。

2014 年 3 月,深圳市人民政府出台《关于支持互联网金融创新发展的指导意见》(深〔2014〕23 号)。该指导意见提出支持互联网企业依法发起设立或参股商业银行、证券、基金、期货、保险、消费金融、汽车金融、金融租赁和金融电商等各类金融机构。支持互联网企业通过发起设立、并购重组等方式控股或参股小额贷款、融资担保、典当投资、要素平台等新型金融机构。

2014 年 3 月,深圳市人民政府出台《关于支持互联网金融创新发展的指导意见》(深〔2014〕23 号)。该指导意见提出支持互联网企业依法发起设立或参股商业银行、证券、基金、期货、保险、消费金融、汽车金融、金融租赁和金融电商等各类金融机构。支持互联网企业通过发起设立、并购重组等方式控股或参股小额贷款、融资担保、典当投资、要素平台等新型金融机构。

(2)财税补贴政策。

根据国务院批复规定,注册前海自贸区的企业可享受企业所得税和个人所得税有关优惠政策。对设在前海注册的公司,以《前海企业所得税优惠目录》中规定的产业项目为主营业务,且其主营业务收入占企业收入总额70%以上,便可享受15%的企业所得税优惠税率。

对广受关注的前海合作区工作的高层次人才,将实施个人所得税优惠。对在前海工作、符合前海优惠类产业方向的境外高端人才和紧缺人才,在前海缴纳的工资薪金所得个人所得税已纳税额超过应纳税所得额的15%部分,由深圳市人民政府予以财政补贴。申请人取得的上述补贴免征个人所得税。不过,已享受《深圳市产业发展与创新人才奖暂行办法》优惠政策的,不再享受前海境外高端人才和紧缺人才个人所得税财政补贴。

(3)人才引进政策。

2012年6月,国务院关于支持深圳前海深港现代服务业合作区开发开放有关政策的批复规定:对在前海工作、符合前海规划产业发展需要的境外高端人才和紧缺人才,取得的暂由深圳市人民政府按内地与境外个人所得税负差额给予的补贴,免征个人所得税。另外,还支持前海建设深港人才特区,建立健全有利于现代服务业人才集聚的机制,营造便利的工作和生活环境。第一,创新管理机制,研究制定相关政策措施,为外国籍人才、港澳台人才、海外华侨和流血归国人才在前海的就业、生活以及出入境等提供便利。第二,将前海纳入经国家批准的广东省专业资格互认先行先试点范围。第三,允许取得相关执业资格的专业人士直接为前海企业和居民提供专业服务,服务范围限定在前海内,具体措施及管理办法由行业主管部门有关方面制定。第四,允许取得中国注册会计师资格的香港专业人士担任内地会计师事务所合伙人,在前海先行先试,具体试行办法由深圳市制定,报财政部批准后实施。

第 4 章

税 收

第 4 章 税 收

4.1 2016 年融资租赁税收政策的主要变化

1. 财政部、国家税务总局发布《关于全面推开营业税改征增值税试点的通知》

经国务院批准,自 2016 年 5 月 1 日起,在全国范围内全面推开营业税改征增值税试点,建筑业、房地产业、金融业、生活服务业等全部营业税纳税人,纳入试点范围,由缴纳营业税改为缴纳增值税。

2. 财政部、海关总署、国家税务总局发布《关于在全国开展融资租赁货物出口退税政策试点的通知》

2016 年 8 月 2 日,财政部、海关总署、国家税务总局发文称,对融资租赁出口货物试行退税政策。通知指出,对融资租赁企业、金融租赁公司及其设立的项目子公司(以下统称融资租赁出租方),以融资租赁方式租赁给境外承租人且租赁期限在 5 年(含)以上,并向海关报关后实际离境的货物,试行增值税、消费税出口退税政策。

对融资租赁海洋工程结构物试行退税政策。对融资租赁出租方购买的,并以融资租赁方式租赁给境内列名海上石油天然气开采企业且租赁期限在 5 年(含)以上的国内生产企业生产的海洋工程结构物,视同出口,试行增值税、消费税出口退税政策。

3. 财税部门明确纳税新政 金融租赁公司增值税迎利好政策

12 月 21 日,财政部、国家税务总局联合发布了《关于明确金融 房地产开发 教育辅助服务等增值税政策的通知》(财税〔2016〕140 号)(下称《通知》),《通知》指出,证券公司、保险公司、金融租赁公司、证券基金管理公司、证券投资基金以及其他经人民银行、银监会、证监会、保监会批准成立且经营金融保险业务的机构发放贷款后,自结息日起 90 天内发生的应收未收利息按现行规定缴纳增值税,自结息日起 90 天后发生的应收未收利息暂不缴纳增值税,待实际收到利息时按规定缴纳增值税。

4. 海关总署发布《关于修订飞机经营性租赁审定完税价格的公告》

2016 年 1 月 29 日,海关总署发布公告,租赁期间发生的由承租人承担的境外维修检修费用,按照《审价办法》第 28 条审价征税;在飞机退租时,承租人因未符合飞机租赁贸易中约定的交还飞机条件而向出租人支付的补偿或赔偿费用,或为满足飞机交机条件而开展的维修检修所产生的维修检修费,无论发生在境内或境外,均按租金计入完税价格;飞机租赁结束后未退还承租人的维修保证金,按租金计入完税价格。

5.《关于金融类企业挂牌融资有关事项的通知》

2016年5月27日,全国中小企业股份转让系统有限责任公司就金融类企业挂牌融资有关事项通知如下:

对中国人民银行、中国银监会、中国证监会、中国保监会监管并持有相应监管部门颁发的《金融许可证》等证牌的企业,按现行挂牌条件审核其挂牌申请,对其日常监管将进一步完善差异化的信息披露安排。

小额贷款公司、融资担保公司、融资租赁公司、商业保理公司、典当公司等具有金融属性的企业(以下统称其他具有金融属性企业)大多处于新兴阶段,所属细分行业发展尚不成熟,监管政策尚待进一步明确与统一,面临的监管形势错综复杂,行业风险突出。在相关监管政策明确前,暂不受理其他具有金融属性企业的挂牌申请。对申请挂牌公司虽不属于其他具有金融属性企业,但其持有其他具有金融属性企业的股权比例20%以上(含20%)或为第一大股东的,也暂不受理,对已受理的,予以终止审查。

4.2 融资租赁"营改增"遗留问题①

从2012年上海首先试点营改增到2016年5月1日全面营改增,对融资租赁行业最直接的影响是税负增加。

我们也理解从国家宏观层面的出发点是整个体系的税负降低,所以其中不乏部分行业税负会增加,如原有的运输行业,如果是新办运输企业,有车辆等大量的进项,税负应该是降低的,所以说行业处于什么样的生命周期也是有影响的。

但是融资租赁行业不同,融资租赁行业应该属于轻资产行业,不需要配备生产设备(当然如果融资租赁企业以经营租赁业务为主则另当别论),可以抵扣的进项很少,基本上应交的增值税就是利息部分的17%,这个从2012年1月1日上海首先还是实行营改增起,就是行业讨论的焦点,最终的超3%即征即退的优惠政策其实是水中月、镜中花,唯一的筹划空间是单独设立公司只按照售后回租的模式操作。再者,所谓的优惠政策从税法角度来看,只是临时性的,而根本政策按照17%税率是法律强制规定

---

① 该部分由马尼托瓦克(中国)租赁有限公司财务经理洪莉编写。

的,优惠政策具有不确定性和时间性。

　　融资租赁行业追根溯源,实质上应该是销售货物还是融资,这是行业界一直争论的焦点,笔者的观点是:融资租赁分为直租和售后回租,不管是直租还是售后回租,本质都是融资性质,现在直租按照17%,是视同销售货物,融资租赁行业的营业执照上有销售货物这个经营范围吗,我们也曾经试图向当地的商务部申请增加销售货物的经营范围,但答复是融资租赁行业的经营范围很明确,不允许混业经营。既然这样,就应该按照6%,税务的苦衷是货物的进项17%已经抵扣,全额租金按照6%就不对等,其实税务可以按照下列方法简单解决:

　　在融资合同起租当月,一次性将设备的销项按照17%计提确认,利息部分按照6%分期确认。

　　这样既符合融资的性质,又简化了税率和征管。

　　售后回租业务明确按照融资性质,和银行同等待遇,按照6%的税率,比银行更胜一筹的是,融资租赁行业的利息成本还可以作为营改增低减的销项来抵扣销项税额。

　　但是如果说和原来营业税5%相比,税负并未降低至少持平,原因在于原来营业税项下可扣减的比增值税项下的项目要多,而增值税进项对于售后回租来说并无多少可以抵扣的进项。

　　上面提及直租的17%导致行业税负增加,但是好像也没听到鹅叫,看到一地鹅毛,究其原因现在的税法规定,直租在购入融资租赁物时,可以一次性抵扣进项,而融资租赁的特点就是租金分期支付,增值税销项分期计提确认,所以正常经营的企业永远会进项大于销项,根本不会有增值税上交国库,这个并不是国家希望看到的结果,等到要交增值税的时候就是没有进项,只有销项的时候,那应该是企业收尾清算的时候,试想到那个时候,都是企业入不敷出的阶段,估计按照破产法排在第二顺位的国家税收多半是收不到的。

　　其他我们感觉到税务上一直有困扰的事项有:

　　一是发票管理工程巨大,以前营业税发票开具,作废比较方便,到底开全额租金还是利息部分很少去较真,现在开发票直租按照租金全额开具17%的发票,售后回租按照利息部分开具6%的增值税普通发票。而且开具发票是按照权责发生制还是收付实现制,都各有利弊,按照权责发生制的话,不管是否收到租金,按照合同约定的月份全部开票,但是碰到客户无论是确实是无力支付租金,还是失信不支付租金,租赁公司被动更改合同,需要降低月租金,延长租赁期限。就会涉及客户配合将原来的发票红冲,租赁公司凭对方的红字通知单予以红冲,这一点实际上很难操作。如果租赁公司按照收付实现制,收到租金再开票,则每个月都需要做未开票收入申报,不仅统计工作烦琐,也会引起税务后台预警系统风险提示,增加企业的税务风险。

二是坏账导致的所得税扣除困难。因客户逾期导致后续收款无法实现时,融资租赁企业的成本(诉讼成本或所得税成本)居高不下。

先来说说诉讼成本,按照税法规定,因发生坏账可以向税务申报坏账损失的前提是必须有仲裁或诉讼文书,且文书中明确款项无法收回。所以诉讼避免不了,然而仲裁或诉讼时间往往跨度太长,单单立案可能就需要半年之久,个人客户的户口所在地和实际施工地往往不一致,导致送达难,再加上单位或个人拒收立案通知书后,只能通过公告送达。

开庭判决是最简单快速的,这类案件基本上事实清楚,内容明确,判决的结果都是租赁公司胜诉,最困难的是执行问题。诉讼费、律师费由租赁公司垫付不说,最后租赁公司可能剩余款项收不到也只能忍气吞声,不了了之,再去申请执行又需要一笔费用,而税法上没有终止(中止)执行裁定是无法税前扣除的。

所得税成本就是指因坏账无法税前扣除,导致多交的25%的企业所得税。

三是税务上对融资租赁行业的特殊情况未作规定,导致实际操作时无政策依据。

(1)营改增前的营业税项下融资租赁合同,如果客户退还设备,是否需要客户开具增值税发票给融资租赁公司,笔者的理解是如果直租,则不需要客户开具租赁物发票给融资租赁公司,如果当初是售后回租,则按照处置固定资产,需要客户开具发票,开具什么类型的发票按照固定资产的规定操作。

(2)前述融资租赁公司收回设备后,如果一次性再行处置,按照税法的理念可以按照简易办法处理。但如果后续再融资租赁给第三方,并作为直租模式的话,融资租赁公司税负将大幅增加。

(3)如果前述回收过程中,客户不予配合,应该开具而不开具租赁物发票给租赁公司时,租赁公司应该以什么作为税法凭据,希望税法能给予指引。

第 5 章

上市融资租赁公司财务分析

5.1 融资租赁公司上市/挂牌情况统计

现阶段,我国融资租赁公司的资金来源仍主要依赖于银行,但由于银行对融资租赁公司的资质要求较高,大部分融资租赁公司从银行融资困难,这就要求融资租赁行业要不断开辟融资新通道。上市作为一种股权融资方式,已经成为融资租赁公司争相采取的新途径。

我国融资租赁公司的上市/挂牌的途径有3种:在深、沪证券市场上市,发行人民币普通股票;在香港联合证券交易所上市,发行H股股票;在新三板挂牌。

5.1.1 融资租赁公司独立上市/挂牌情况

截至2017年6月30日,已经独立上市/挂牌的融资租赁公司超过20家。其中,2016年共有3家融资租赁公司(包括金融租赁公司)于H股上市,1家在新三板挂牌,2017年上半年共1家在H股上市。

表5-1 2016—2017年6月融资租赁公司独立上市/挂牌情况

上市地点	公司名称	上市/挂牌时间
H股	中国融众金融控股有限公司	2016年1月28日
H股	中银航空租赁有限公司	2016年6月1日
H股	国银金融租赁股份有限公司	2016年7月11日
H股	富银融资租赁(深圳)股份有限公司	2017年5月23日
新三板	浙江康安融资租赁股份有限公司	2016年1月19日

数据来源:零壹融资租赁研究中心。

5.1.2 融资租赁公司控股/参股股东上市情况

据商务部不完全统计,截至2016年底,共有291家上市公司控股或参股347家融资租赁公司,数量较上年有大幅提升。越来越多的上市公司涉足融资租赁行业,为自身拓展业务开辟利润增长点,抑或寻找更加便捷的融资平台。

表 5-2 控股/参股股东上市的融资租赁公司部分名单

证券代码	租赁子公司名称	证券简称
600089.SH	天津同鑫融资租赁有限责任公司	特变电工
002253.SZ	川大智胜融资租赁有限公司	川大智胜
002499.SZ	重庆新洁源融资租赁有限公司	科林环保
603167.SH	渤海轮渡融资租赁有限公司	渤海轮渡
600497.SH	上海滇鑫浦慧融资租赁有限公司	驰宏锌锗
600695.SH	上海亘通行融资租赁有限公司	绿庭投资
002417.SZ	福田(平潭)融资租赁有限公司	三元达
300083.SZ	深圳金创智融资租赁有限公司	劲胜精密
000767.SZ	同煤漳泽(上海)融资租赁有限责任公司	漳泽电力
000099.SZ	中信海直融资租赁有限公司	中信海直
600278.SH	上海东松融资租赁有限公司	东方创业
600643.SH	上海华瑞融资租赁有限公司	爱建集团
600169.SH	太重(天津)融资租赁有限公司	太原重工
002617.SZ	顺通融资租赁有限公司	露笑科技
601127.SH	潽金融资租赁有限公司	小康股份
600696.SH	深圳禾木融资租赁有限公司	匹凸匹
300376.SZ	易事特融资租赁(天津)有限公司	易事特
002278.SZ	上海萃华融资租赁有限公司	神开股份
002622.SZ	融钰华通融资租赁有限公司	永大集团
002280.SZ	联络融资租赁(天津)有限公司	联络互动
000938.SZ	紫光融资租赁有限公司	紫光股份
600807.SH	博申融资租赁(上海)有限公司	天业股份
600623.SH	上海华谊集团融资租赁有限公司	华谊集团
002451.SZ	上海摩恩融资租赁股份有限公司	摩恩电气
600568.SH	横琴中珠融资租赁有限公司	中珠医疗
600643.SH	上海爱建融资租赁有限公司	爱建集团
600057.SH	厦门市象屿融资租赁有限公司	象屿股份
300096.SZ	厦门易联众融资租赁有限公司	易联众
300208.SZ	青岛城乡建设融资租赁有限公司	恒顺众昇
600807.SH	万和融资租赁有限公司	天业股份

续表

证券代码	租赁子公司名称	证券简称
000861.SZ	广州海印融资租赁有限公司	海印股份
600653.SH	陆金申华融资租赁(上海)有限公司	申华控股
603338.SH	上海鼎策融资租赁有限公司	浙江鼎力
000690.SZ	宝新融资租赁有限公司	宝新能源
600021.SH	中电投融和融资租赁有限公司	上海电力
002030.SZ	广州市安丞达融资租赁有限公司	达安基因
000960.SZ	云锡(深圳)融资租赁有限公司	锡业股份
002610.SZ	赣州发展融资租赁有限责任公司	爱康科技
002215.SZ	三农盛世融资租赁(深圳)有限公司	诺普信
300420.SZ	安徽惠邦融资租赁有限公司	五洋科技
000525.SZ	上海国羲融资租赁有限公司	红太阳
002548.SZ	金新农融资租赁有限公司	金新农
300038.SZ	梅泰诺融资租赁有限公司	梅泰诺
300273.SZ	珠海恒源融资租赁有限公司	和佳股份
001696.SZ	宗申融资租赁有限公司	宗申动力
600567.SH	山鹰(上海)融资租赁有限公司	山鹰纸业
300195.SZ	长荣华鑫融资租赁有限公司	长荣股份
300345.SZ	上海唯楚融资租赁有限公司	红宇新材
002195.SZ	上海二三四五融资租赁有限公司	二三四五
600489.SH	中国黄金集团国际融资租赁公司	中金黄金
600282.SH	上海金益融资租赁有限公司	南钢股份
300300.SZ	舟山汉鼎海洋融资租赁有限公司	汉鼎股份
300207.SZ	欣旺达融资租赁有限公司	欣旺达
000595.SZ	江苏润兴融资租赁有限公司	宝塔实业
300439.SZ	宁波美康盛德融资租赁有限公司	美康生物
600874.SH	天津创业环保融资租赁有限公司	创业环保
002512.SZ	新东网融资租赁有限公司	达华智能
002418.SZ	富嘉融资租赁有限公司	康盛股份
300003.SZ	乐普(深圳)融资租赁有限公司	乐普医疗
002044.SZ	上海美鑫融资租赁有限公司	江苏三友

续表

证券代码	租赁子公司名称	证券简称
002316.SZ	盈华融资租赁有限公司	键桥通讯
002674.SZ	福建省晋融智能装备融资租赁有限公司	兴业科技
000906.SZ	湖南中拓融资租赁有限公司	物产中拓
300171.SZ	上海闵商联融资租赁有限公司	东富龙
600958.SH	诚泰融资租赁（上海）有限公司	东方证券
000890.SZ	华中融资租赁有限公司	法尔胜
002092.SZ	霍尔果斯中泰融资租赁有限公司	中泰化学
000778.SZ	新兴际华融资租赁有限公司	新兴铸管
000525.SZ	上海红太阳投资融资租赁有限公司	红太阳
600298.SH	安琪酵母融资租赁（上海）有限公司	安琪酵母
002018.SZ	大势融资租赁（上海）有限公司	华信国际
600884.SH	富银融资租赁（深圳）有限公司	杉杉股份
300335.SZ	广州瑞迪融资租赁有限公司	迪森股份
603338.SH	鼎力租赁股份有限公司	浙江鼎力
300118.SZ	东方日升（上海）融资租赁有限公司	东方日升
601107.SH	成渝融资租赁有限公司	四川成渝
300167.SZ	前海迪威恒兴融资租赁（深圳）有限公司	迪威视讯
600843.SH	上工申贝融资租赁有限公司	上工申贝
002660.SZ	瑞盈茂硕融资租赁（深圳）有限公司	茂硕电源
300135.SZ	上海成翼融资租赁有限公司	宝利沥青
002531.SZ	中联利拓融资租赁股份有限公司	天顺风能
600596.SH	新久融资租赁有限公司	新安股份
300123.SZ	珠海凤凰融资租赁有限公司	太阳鸟
000828.SZ	广东融通融资租赁有限公司	东莞控股
600139.SH	重庆市交通设备融资租赁有限公司	西部资源
002547.SZ	春兴融资租赁有限公司	春兴精工
000826.SZ	桑德（天津）融资租赁有限公司	桑德环境
002535.SZ	中融康泰融资租赁有限公司	林州重机
002665.SZ	央银融资租赁有限公司	首航节能
002583.SZ	深圳市海能达融资租赁有限公司	海能达

续表

证券代码	租赁子公司名称	证券简称
000816.SZ	东葵融资租赁（上海）有限公司	江淮动力
002249.SZ	深圳大洋电机融资租赁有限公司	大洋电机
300362.SZ	宏华融资租赁（深圳）有限公司	天保重装
000767.SZ	大同煤矿集团（上海）融资租赁有限公司	漳泽电力
002183.SZ	深圳市宇商融资租赁有限责任公司	怡亚通
600704.SH	浙江物产融资租赁有限公司	物产中大
601777.SH	力帆融资租赁（上海）有限公司	力帆股份
300030.SZ	深圳希润融资租赁有限公司	阳普医疗
600180.SH	瑞茂通国际融资租赁有限公司	瑞茂通
600830.SH	浙江海峡香溢融资租赁有限公司	香溢融通
002425.SZ	庆汇租赁有限公司	凯撒股份
002575.SZ	广东省粤科融资租赁有限公司	群兴玩具
000821.SZ	武汉中泰和融资租赁有限公司	京山轻机
600815.SH	海翼（上海）融资租赁有限公司	厦工股份
000609.SZ	轻舟（天津）融资租赁有限公司	绵石股份
002073.SZ	华商汇通融资租赁有限公司	软控股份
002337.SZ	赛象信诚国际融资租赁有限公司	赛象科技
300263.SZ	正隆国际融资租赁有限公司	隆华节能
002023.SZ	四川海特融资租赁有限公司	海特高新
002607.SZ	安徽亚夏融资租赁有限公司	亚夏汽车
002421.SZ	深圳达实融资租赁有限公司	达实智能
600375.SH	上海徽融融资租赁有限公司	华菱星马
600166.SH	中车信融融资租赁有限公司	福田汽车
000541.SZ	广东佛照融资租赁有限公司	佛山照明
600499.SH	广东信成融资租赁有限公司	科达机电

数据来源：零壹融资租赁研究中心，Wind。

5.2 金融租赁公司上市情况分析

据零壹融资租赁研究中心统计,截至 2017 年 6 月底,已成立的金融租赁公司达 63①家,其中,有 45 家为银行系,占总数的 71.43%。

截至 2017 年 6 月底,已成立的 63 家金融租赁公司中,控股/参股银行成功上市的达 27 家,其中 16 家在 A 股上市,11 家在 H 股上市。从持股比例来看,A 股上市的 16 家银行中,仅南京银行属于参股金融租赁公司;H 股上市的 11 家银行中,仅锦州银行为相对控股金融租赁公司,其他均属于绝对控股。

表 5-3 金融租赁公司母行/参股银行上市情况(按金融租赁公司成立时间排序)②

母行上市场所	企业名称	金租公司成立时间	母行持股比例(包含参股银行)	母行性质
A 股	江苏金融租赁	1988/4/23	南京银行持股 26.86%(参股)	城商行
	工银金融租赁	2007/11/26	中国工商银行	大型国有商业银行
	交银金融租赁	2007/12/20	交通银行	大型国有商业银行
	建信金融租赁	2007/12/26	中国建设银行	大型国有商业银行
	招银金融租赁	2008/3/28	招商银行	全国性股份制商业银行
	民生金融租赁	2008/4/2	中国民生银行持股 51.03%	全国性股份制商业银行
	光大金融租赁	2010/5/19	中国光大银行持股 90%	全国性股份制商业银行
	兴业金融租赁	2010/8/30	兴业银行	全国性股份制商业银行
	农银金融租赁	2010/9/7	中国农业银行	大型国有商业银行
	浦银金融租赁	2012/4/20	上海浦东发展银行持股 61.02%	全国性股份制商业银行
	华夏金融租赁	2013/4/28	华夏银行持股 82%	全国性股份制商业银行
	北银金融租赁	2014/1/20	北京银行持股 64.52%	城商行

① 63 家金融租赁公司不包括交银航空航运金融租赁有限责任公司、招银航空航运金融租赁有限公司、华融航运金融租赁有限公司 3 家专业子公司,以及黑龙江省康达尔大丰收农业金融租赁有限公司、黑龙江龙蛙农业金融租赁有限公司、黑龙江省乾和农业金融租赁有限责任公司。

② 本表的数据综合工商信息及部分公告,部分金租公司增资后工商信息未做更新。另,母行 A+H 股上市未重复统计。

续表

母行上市场所	企业名称	金租公司成立时间	母行持股比例（包含参股银行）	母行性质
H股	中信金融租赁	2015/3/31	中信银行持股100%	全国性股份制商业银行
	苏银金融租赁	2015/5/13	江苏银行持股60%	城商行
	永赢金融租赁	2015/5/26	宁波银行100%	城商行
	贵银金融租赁	2016/7/15	贵阳银行持股67%	城商行
	哈银金融租赁	2014/6/11	哈尔滨银行持股80%	城商行
	渝农商金融租赁	2014/9/11	重庆农商行持股68%	农商行
	珠江金融租赁	2014/12/11	广州农商行持股100%	农商行
	徽银金融租赁	2015/4/29	徽商银行持股51%	城商行
	锦银金融租赁	2015/12/1	锦州银行持股30.61%（相对控股）	城商行
	河南九鼎金融租赁	2016/3/23	郑州银行持股51%	城商行
	天银金融租赁	2016/10/14	天津银行持股51%	城商行
	浙江浙银金融租赁	2017/1/18	浙商银行持股51%	全国性股份制商业银行
	青岛青银金融租赁	2017/2/15	青岛银行持股51%	城商行
	吉林九银金融租赁	2017/2/20	吉林九台农商行持股60%	农商行
	重庆鈊渝金融租赁	2017/3/23	重庆银行持股51%	城商行

数据来源：零壹融资租赁研究中心。

已获取的金融租赁公司财务数据中,总资产合计19538.75亿元,总负债合计约为11806.01亿元,行业平均资产负债率为73%。总资产排名前10位的平均资产负债率高达90%,排名前20名的平均资产负债率为89%。

截至2016年底,金融租赁公司资产规模破千亿的有8家,分别是工银金融租赁、交银金融租赁、国银金融租赁、民生金融租赁、招银金融租赁、建信金融租赁、华融金融租赁、兴业金融租赁。

截至2016年底,金融租赁公司总负债合计约为11806.01亿元,总负债超过千亿的分别是交银金融租赁、国银金融租赁、招银金融租赁、建信金融租赁、华融金融租赁、兴业金融租赁。

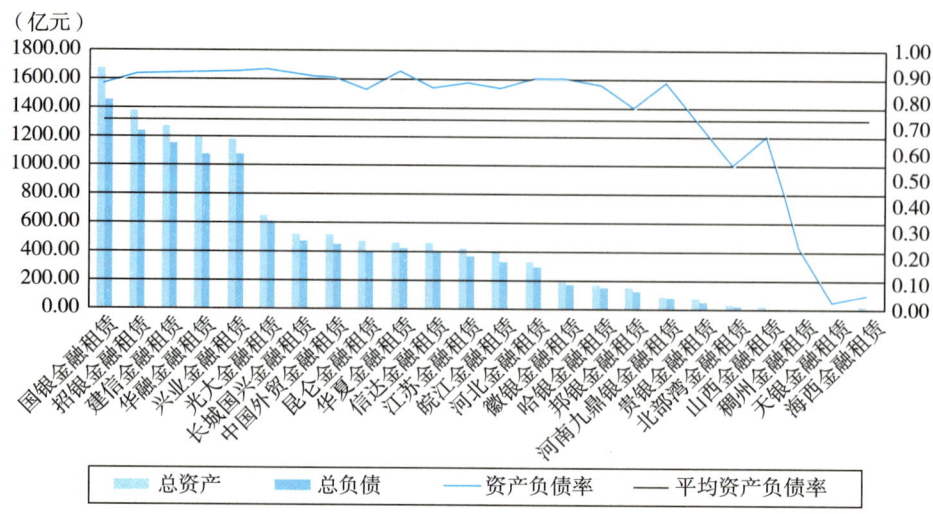

图 5-1　金融租赁公司 2016 年度总资产、总负债情况

数据来源：各金融租赁公司及其母行年报，Wind。

已获取的数据中，2016 年，金融租赁公司累计实现净利润 218.94 亿元，营业收入合计 399.14 亿元，平均净利率[①]为 39%。

2016 年净利润超过 10 亿的有 8 家，与资产规模前 8 名一致，分别是工银金融租赁、交银金融租赁、国银金融租赁、民生金融租赁、招银金融租赁、建信金融租赁、华融金融租赁、兴业金融租赁。前 3 名分别是工银金融租赁 34.2 亿元、交银金融租赁 20.01 亿元、招银金融租赁 17.03 亿元。

2016 年营业收入最高为国银金融租赁 67.69 亿元，其次为交银金融租赁 35.43 亿元、建信金融租赁 34.06 亿元、招银金融租赁 31.04 亿元。

5.2.1　母行/参股银行在 A 股上市的金融租赁公司财务数据分析

15 家母行在 A 股上市的金融租赁公司中，资产规模排名前 6 位的金融租赁子公司总资产均破千亿，工商银行全资子公司工银金融租赁在各子公司中居于首位，达 3006 亿元，远高于总资产排名第 2 的交银金融租赁。另外 4 家分别是民生金融租赁、招银金融租赁、建信金融租赁、兴业金融租赁。

---

① 净利率的计算方法为每家金融租赁公司的净利润与营业收入的比值。金融租赁公司的财报中单独披露主营业务收入的较少，且营业收入与主营业务收入较为接近。

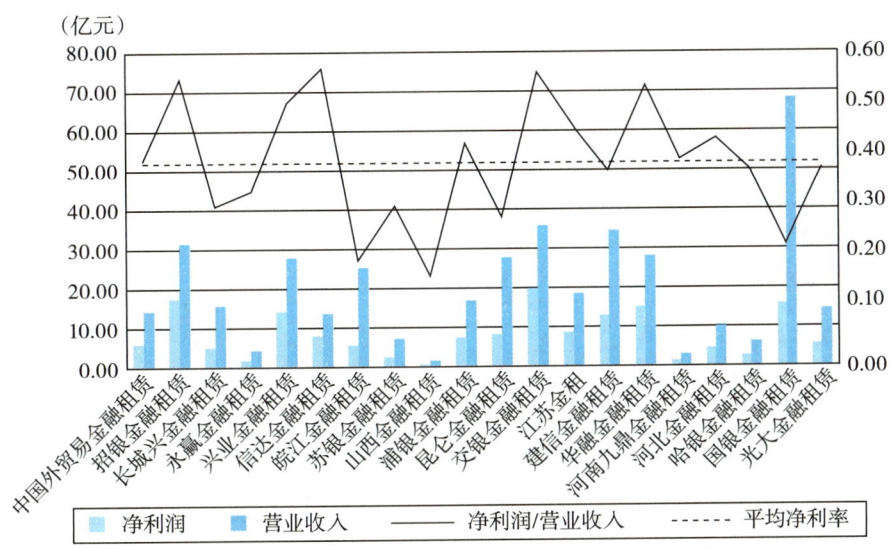

图 5-2　金融租赁公司 2016 年度净利润、营业收入情况

数据来源：各金融租赁公司及其母行年报，Wind。

表 5-4　母行在 A 股上市的金融租赁公司（按资产规模排序）

金融租赁公司	成立时间	2016 年总资产（亿元）
工银金融租赁	2007/11/26	3006.00
交银金融租赁	2007/12/20	1719.02
民生金融租赁	2008/4/2	1525.95
招银金融租赁	2008/3/28	1369.90
建信金融租赁	2007/12/26	1265.21
兴业金融租赁	2010/8/30	1177.20
光大金融租赁	2010/5/19	645.47
浦银金融租赁	2012/4/20	499.88
华夏金融租赁	2013/4/28	459.07
农银金融租赁	2010/9/7	425.19
中信金融租赁	2015/3/31	387.45
北银金融租赁	2014/1/20	253.17
苏银金融租赁	2015/5/13	250.51
永赢金融租赁	2015/5/26	142.44
贵银金融租赁	2016/7/15	70.27

数据来源：各金融租赁公司及其母行年报，Wind。

南京银行参股的江苏金融租赁,2016年总资产达到417.85亿元,同比增长28%。另外,江苏金融租赁已于2016年递交首次公开发行招股说明书(申报稿),拟于上交所上市。

表5-5 参股银行A股上市的金融租赁公司

参股金融租赁公司	成立时间	2016年总资产(亿元)
江苏金融租赁	1988/4/23	417.85

数据来源:江苏金融租赁2016年年报。

1. 工银金融租赁资产规模居于首位,光大金融租赁总资产增速较快

工银金融租赁虽然总资产居于首位,总资产同比增长仅为1%,总资产增速在16家母行上市的金融租赁公司中最低,表明其2016年资产经营规模扩张速度较慢;兴业金融租赁和民生金融租赁资产规模均超过千亿元,然而增速明显慢于其他金融租赁公司。

相比之下,光大金融租赁2016年总资产同比增长52%,增速较快。光大金融租赁自2014年完成增资后,调整行业投向,资产规模显著增长。

根据零壹融资租赁研究中心不完全统计,母行在A股上市的金融租赁公司中,总资产排名前10名的金融租赁公司资产负债率均已超过90%,远高于金融租赁公司73%的行业平均水平,资产负债率水平较高;有1家资产负债率明显低于行业平均水平,为贵银金融租赁71%。

数据来源:各金融租赁公司及其母行年报,Wind。

2. 净利整体上涨,中信金融租赁净利增速较快

从净利润情况来看,与上一年相比,母行在A股上市的金融租赁公司2016年净利润均保持上涨态势。2016年净利最高的是工银金融租赁34.20亿元,紧随其后的是交银金融租赁20.01亿元、招银金融租赁17.03亿元。从净利润增速来看,2016年中信金融租赁净利润为3.72亿元,同比增长210%,其次是农银金融租赁净利润为3.01亿元,同比增长达到46%,增速较快;相比之下,工银金融租赁2016年净利润同比增长仅为4%,2015年净利润同比增长17.45%,2014年净利润同比增长40.23%,2016年净利润增速明显放缓。

总的来说,银行系金融租赁公司净利润增长速度较慢,在已统计的数据中,2016年银行系金融租赁公司全行业净利润同比增长仅为23.01%。究其原因,金融租赁公司集中于高资本消耗的融资租赁或经营性租赁业务,除资产转让业务以外,中间业务收入来源较少。其次,受制于定价水平,一般而言,项目越大、客户越好,定价水平越

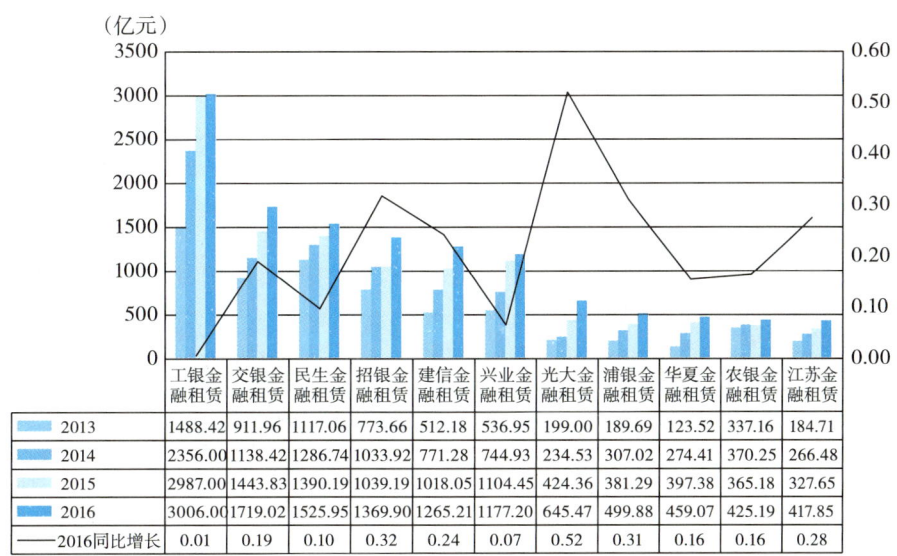

图 5-3　母行在 A 股上市的各金融租赁公司近四年总资产变动情况

数据来源：各金融租赁公司及其母行年报，Wind。

低，这也是大型以及银行系背景租赁公司盈利能力相对较弱的根本原因。

金融租赁公司尤其是银行系金租公司资金成本水平更低，客观上，银行系租赁公司因其股东信用等级较高而具有明显优势，主观上，能够更加准确地判断利率变化趋势、管控流动性风险，这些都有助于金融租赁公司获得更低成本的融资。

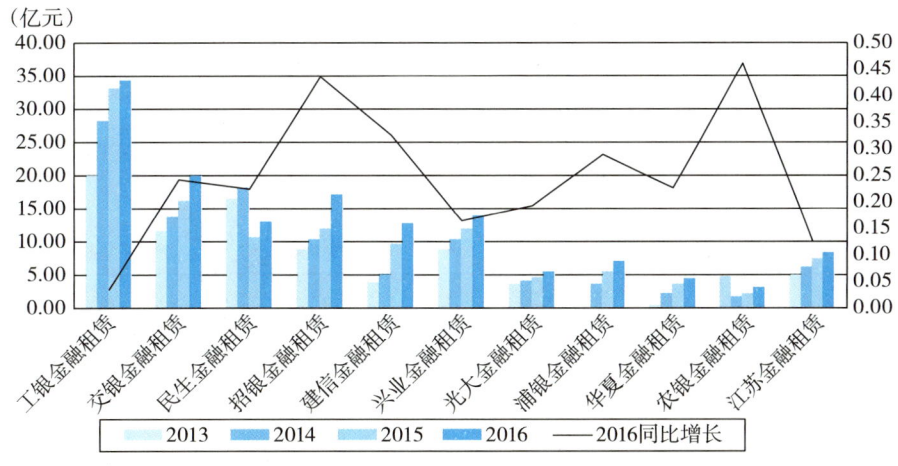

图 5-4　母行在 A 股上市的各金融租赁公司近四年净利润情况

数据来源：各金融租赁公司及其母行年报，Wind。

从净利率来看，母行在 A 股上市的金融租赁公司中，交银金融租赁最高为 56%，其次是招银金融租赁 55%、兴业金融租赁 50%。根据零壹融资租赁研究中心的不完全统计,金融租赁公司平均净利率约为39%,3家金融租赁公司2016年净利率低于行业平均水平,分别是建信金融租赁37%、永赢金融租赁33%、苏银金融租赁30%。

5.2.2 母行在H股上市的金融租赁公司财务数据分析

母行在H股上市的金融租赁公司共有11家,相比于母行在A股上市的金融租赁公司,资产规模普遍较低,净利润也较低。在已有的统计数据中,除了2016年成立的天银金融租赁,另外3家金融租赁公司资产负债率水平远高于金融租赁行业均值,分别为徽银金融租赁88%、哈银金融租赁86%、河南九鼎金融租赁87%。

表5-6 母行在H股上市的金融租赁公司(按资产规模排序)

H股上市母行	金融租赁公司	2016年总资产(亿元)	成立时间
哈尔滨银行	哈银金融租赁	172.18	2014/6/11
重庆农商行	渝农商金融租赁	—	2014/9/11
广州农商行	珠江金融租赁	—	2014/12/11
徽商银行	徽银金融租赁	188.21	2015/4/29
锦州银行	锦银金融租赁	—	2015/12/1
郑州银行	河南九鼎金融租赁	84.24	2016/3/23
天津银行	天银金融租赁	10.31	2016/10/14
浙商银行	浙银金融租赁	—	2017/1/18
青岛银行	青岛青银金融租赁	—	2017/2/15
吉林九台农商行	吉林九银金融租赁	—	2017/2/20
重庆银行	鈊渝金融租赁	—	2017/3/23

数据来源:各金融租赁公司及其母行年报,Wind。

表5-7 母行在H股上市的金融租赁公司2016年财务数据

金租子公司	总资产(亿元)	总负债(亿元)	资产负债率	净利润(亿元)	净利润增长率	营业收入(亿元)	净利润/营业收入
徽银金融租赁	188.21	165.52	0.88	2.18	3.27	—	—
哈银金融租赁	172.18	148.27	0.86	0.99	—	2.50	0.40
河南九鼎金融租赁	84.24	73.26	0.87	2.17	0.55	5.80	0.37
天银金融租赁	10.32	0.22	0.02	0.10	—	—	—

数据来源:各金融租赁公司母行年报,Wind。

5.3 新三板挂牌融资租赁公司财务分析

目前,新三板挂牌融资租赁公司共 7 家。从各家披露的半年报情况来看,皖江金租资产规模、负债规模、净利情况均远高于其他 6 家租赁公司。皖江金租总资产最高,为 419.86 亿元,其次是中国康富 239.20 亿元。从营收来看,皖江金租和中国康富分别位列第 1、第 2 名。从归属于挂牌公司股东的净利润来看,皖江金租最高为 3.05 亿元,其次是中国康富为 1.80 亿元。

表 5-8 2017 年上半年新三板挂牌租赁公司主要财务指标   单位:万元

	资产总计	负债总计	营业收入	归属于挂牌公司股东的净利润
皖江金租	4198630.88	3613972.75	148854.67	30524.11
中国康富	2391979.14	2046784.80	69289.59	18013.25
福能租赁	365128.86	303162.65	8793.30	2246.01
融信租赁	306715.07	246722.61	11038.27	947.20
顺泰租赁	280345.64	234077.94	7157.58	1696.27
东海租赁	231289.28	150400.87	9521.78	3134.34
康安租赁	109219.50	78922.19	4916.44	2240.81

数据来源:各租赁公司半年报,零壹融资租赁研究中心。

融信租赁毛利率最高

7 家挂牌新三板的租赁公司中,2017 年上半年,毛利率最高为融信租赁 0.94,其次是康安租赁 0.71;净利率最高为康安租赁 0.46,融信租赁净利率较低,仅为 0.09,且融信租赁净利率与毛利率相差较大,期间费用较高。福能租赁毛利率与净利率较为接近,期间费用较其他新三板租赁公司低。康安租赁应收账款周转率高达 134.25。

从偿债情况来看,康安租赁应收账款周转率远高于其他 6 家租赁公司水平,达 134.25。皖江金租、中国康富、顺泰租赁的应收账款周转率较为接近。

东海租赁、顺泰租赁流动比率均超过 100%,东海租赁资产负债率较低,远低于行业平均水平。福能租赁流动比率虽未超过 100%,但仍比中国康富高,且利息保障指

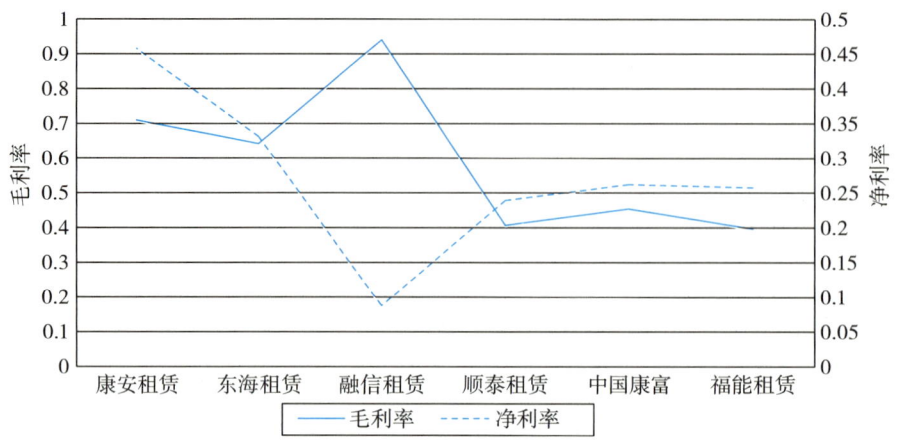

图 5-5　2017 年上半年新三板挂牌租赁公司毛利率、净利率情况

数据来源：各租赁公司半年报，零壹融资租赁研究中心。

数高达 75.88，支付利息能力较强。

表 5-9　2017 年上半年新三板挂牌租赁公司偿债情况相关指标

	康安租赁	东海租赁	融信租赁	顺泰租赁	皖江金租	中国康富	福能租赁
资产负债率(%)	72.26	65.03	80.44	83.50	86.08	85.57	83.03
流动比率	0.81	2.04	0.83	1.04	—	0.54	0.78
利息保障倍数	3.12	—	1.29	1.6	—	—	75.88

数据来源：各租赁公司半年报，零壹融资租赁研究中心。

福能租赁净利同比增长 405.48%。

从增长率情况来看，福能租赁净利润增长率高达 405.48%，涨幅最大，其次是中国康富和皖江金租。皖江金租净利润最高，达到 3.05 亿元，而净利润增长率仍低于福能租赁。融信租赁和顺泰租赁净利润则呈现负增长。

融信租赁营业收入增长率最高，达 57.55%，其次是中国康富、皖江金租、福能租赁。

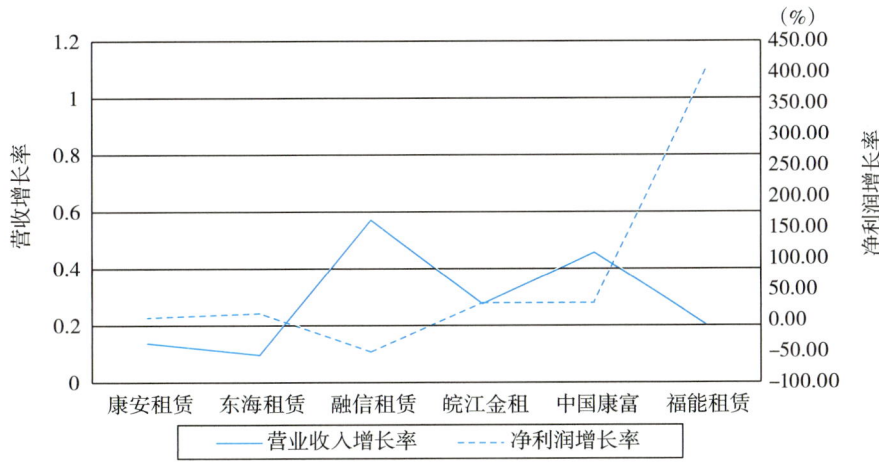

图 5-6　2017 年上半年新三板挂牌租赁公司营收增长率、净利增长率情况

数据来源：各租赁公司半年报，零壹融资租赁研究中心。

5.4　代表性上市融资租赁公司财务分析

5.4.1　国银租赁财务分析

1. 基本情况

国银金融租赁股份有限公司（下称"国银租赁"）的发展历史可追溯至 1984 年底，其前身深圳租赁有限公司获深圳市政府批准于中国成立，1985 年获中国人民银行深圳经济特区分行批准从事租赁业务，其后历经 3 次改名：1999 年更名为深圳金融租赁有限公司；2008 年被国开行增资控股后更名为国银金融租赁有限公司；2015 年 9 月，国银金融租赁有限公司获批更名为"国银金融租赁股份有限公司"，并将注册资本由 80 亿元增至 95 亿元。

2016 年 7 月 11 日，国银租赁成功在香港上市，打通了国际资本市场融资渠道，成为境内第 1 家上市的金融租赁公司。

表 5-10　国银租赁发展历程

年份	事件
1984	前身深圳租赁有限公司成立
2002	与西安飞机工业签署三架新舟 60 飞机的租赁协议,开创了中国租赁公司开展飞机租赁业务的先河
2006	与中国东方航空股份有限公司签署一架 A330 飞机的租赁协议,开创了中国金融租赁公司开展飞机经营性租赁业务的先河
2008	国家开发银行成为控股股东,更名为国银金融租赁有限公司,是当时中国注册资本最大的租赁公司
2009	与通用电气资本航空服务公司完成第一单带租约飞机资产包购买项目,自此国银租赁正式进入飞机租赁业务的国际市场
2010	获得中国人民银行全国银行间市场的准入批复,加入银行间同业拆借市场
2012	总资产达到 1000 亿元人民币,成为国内第 1 家总资产突破 1000 亿元人民币的金融租赁公司
2015	进行重组,成为股份有限公司,并更名为国银金融租赁股份有限公司;获得全国银行间债券市场准入资格,并获中国人民银行批准在同业拆借市场开展外币拆借业务。 成功进入中国人民银行征信系统
2016	在香港联合交易所主板挂牌,注册资本达到 126.42 亿元

数据来源:零壹融资租赁研究中心整理。

2. 上市背景

从长远考虑,结合目前的经营现状,上市将打通国银租赁国际资本市场融资渠道,解决长期制约自身业务发展的资本瓶颈。

根据《资本管理办法》,商业银行各级资本充足率最低要求:资本充足率不得低于 8%、一级资本充足率不得低于 6%、核心一级资本充足率不得低于 5%,金融租赁公司参照执行。为确保《资本管理办法》的顺利实施,中国银监会于 2012 年 11 月 30 日发布《关于实施〈商业银行资本管理办法(试行)〉过渡期安排相关事项的通知》。通知规定,2013 年 1 月 1 日前,金融租赁公司须达到最低资本要求。过渡期内,逐步引入储备资本要求(2.5%),金融租赁公司需达到"其他银行"项下各年度资本充足率要求。到 2018 年底前,资本充足率需达到 10.5% 以上。这一监管规定的出台无疑给金融租赁行业增加了压力。

表 5-11　过渡期内其他银行各年度资本充足率要求计划　　　　　　　（%）

银行类别	项目	2013年底	2014年底	2015年底	2016年底	2017年底	2018年底
其他银行	核心一级资本充足率	5.5	5.9	6.3	6.7	7.1	7.5
	一级资本充足率	6.5	6.9	7.3	7.7	8.1	8.5
	资本充足率	8.5	8.9	9.3	9.7	10.1	10.5

数据来源：国银租赁招股书。

截至 2015 年 12 月 31 日,国银租赁核心一级资本充足率和一级资本充足率均为 9.54%,资本充足率为 10.23%,尚符合监管要求。其招股说明书分析称,公司日后符合适用资本充足规定的能力可能因资本质量恶化以及盈利能力下降等因素而受到不利影响,无法保证能持续满足中国监管机构可能不时实施的资本充足要求,可能需降低客户租赁融资的增长率或规模,否则将会遭受银监会的相关监管措施,从长远来看,对自身的业务、财务状况、经营业绩和前景将会不利。

2016 年 3 月,穆迪将国家开发银行及国银租赁的评级前景下调至"负面"。这一变动或令国银租赁的融资成本增加,并对其获得资金以支持自身业务的能力造成不利影响。

基于以上情况,从长远来看,上市对国银租赁来说无疑是较好的选择。上市后,国银租赁公司注册资本金规模由此前的 95 亿元增至 126 亿元。

国银租赁发行 H 股是借助资本市场加快租赁业务服务实体经济的具体实践,通过 H 股上市,国银租赁为自身实现国际化、专业化发展迈出了关键一步。

国银租赁公司上市是国开行深化改革,引入市场化监管机制,提升子公司发展能力的重要部署。下一步,国开行将继续围绕国家重点发展领域,充分发挥信贷、投资、租赁、证券等多元化综合金融优势,为服务国家战略、支持实体经济发展做出更大的贡献。

3. 上市契机

近年来,成功上市的融资租赁公司并不多,原因就在于上市门槛高,受制于自身可持续发展能力和盈利能力、资金来源的稳定性等问题,融资租赁公司上市想要获得监管层和市场的认同,比其他行业更加不易。表面上到港交所上市的门槛较 A 股上市低,但由于很多内地的国企赴港上市,竞争十分激烈,财务状况越好自然更占优势;另外,企业赴港上市仍需要经过证监会、商务部外管局等一道道关卡。国银租赁的成功上市首先得益于政策层面的支持,更与自身良好的财务状况密不可分。

从政策层面来说,2015 年 9 月初,国务院办公厅发布《关于促进金融租赁行业健康发展的指导意见》,允许符合条件的金融租赁公司上市和发行优先股、次级债,丰富金融租赁公司资本补充渠道。这一文件的发布给金融租赁公司上市提供了政策依据。

从国银租赁自身条件来说,基本具备了赴港上市条件。2015 年 9 月底,国银租赁改制为股份有限公司,其他主体资格及独立性满足上市条件;从财务情况来看,国银租赁近三年净利润累计超过 45 亿元,近三年营业收入累计超过 180 亿元,其各项主要财务指标在行业内均处于前列水平。从发行情况来看,公众持有的股份数目约占全部已发行股本的 16.69%,也符合港交所《上市规则》中"正申请上市的证券类别,则不得少于发行人已发行股份数目总额的 15%,而其上市时的预期市值也不得少于 5000 万港元"的要求。

4. 上市表现

国银租赁公开发售期间获得 6 家基石投资者认购,集资 5.71 亿港元,而正式上市时,发售价却接近预售价的下限,遭股民冷遇。

国银租赁 H 股发行基础规模为 31 亿股(占发行后总规模的 24.6%),融资约 8.0 亿美元(折合人民币约 53 亿元)。上市后,股份总数将达到 126 亿股(不考虑超额配售),国开行占股约为 64.65%,仍保持绝对控股。

公开发售期间,国银租赁共获得 6 家基石投资者认购,包括三峡集团、中再集团、广东恒健、中船工业、中银投和中交国际等。其中,三峡资本认购 13.07 亿股、中再集团认购 3.71 亿股,广东恒健国际认购 2.52 亿股,中船工业认购 1.94 亿股,中银投认购 1.59 亿股,中交国际认购 1.54 亿股,分别约占发行后股份的 10.4%、2.9%、2%、1.3%、1.3%、1.2%。

公开发售日结束时,4 家券商累计借出 170 万港元孖展额,与公开发售集资 5.71 亿港元相比,几乎不值一提。另外,7 月 11 日正式上市后,发售价定为 2 港元,接近招股价格区间(1.90~2.45 港元)的下限。小幅升至 2.01 港元后便出现较大幅度下滑,一度触及 1.85 港元,收报 1.86 港元,跌幅 7%。

如此"冰火两重天"的现象,主要源于以下几点原因:

作为"中国最大租赁企业",不管是业务领域还是前景在业内认可度较高,受到基石投资者的热捧自然也不足为奇。基石投资者认购占比高一般是为后市的价格提供支持,特别是在市场环境不算好的情况下,可以为其他认购者提供信心。国银租赁 2016 年 7 月 11 日在香港上市之后,成为港股市场第 3 家飞机租赁企业。前两家分别是 2014 年 7 月上市的中国飞机租赁和 2016 年 6 月 1 日上市的中银航空租赁。与上述两家不同,国银租赁业务以飞机租赁为主,也从事基础设施租赁,此外还有船舶、商用车和工程机械租赁业务,以及其他租赁业务。国银租赁招股书显示,截至2015年底,国银金融租赁自有、托管及已订购的飞机组合共有415架,就账面价值而言,是国内最大的经营租赁飞机机队。受惠于国开行的资源,以截至2014年底的租赁资产计算,国银租赁是中国最大的基础设施租赁商,截至2014年底,市场份额为10.7%,排名第1。它还是国内最早提供船舶租赁服务的公司之一、中国商用车和工程机械租赁市场主要参与者之一、中国获得国际评级最高的金融机构之一。受惠于较高的信用评级,国银租赁获得了国内大部分主流银行和多家主要国际银行的青睐。

国银租赁香港公开发售为何遇冷?2016年6月底,英国通过公投决定脱离欧盟,当天引发全球金融市场剧烈震荡。受英国"脱欧"事件影响,中国香港和欧美股市震荡下跌,市场避险情绪升温,投资者观望情绪较浓,市场氛围疲软,同期赴港上市的内地商业银行、券商等金融机构先后遇冷。

5. 主营业务分析

2012年以前,国银租赁的业务主要集中在飞机租赁和基础设施租赁,而后经租赁业务拓展至其他领域,包括化工、造纸、煤炭、钢铁等行业的制造设备租赁,以及商业地产租赁。

2016年,国银租赁继续加大飞机和基础设施板块的投放力度,核心低风险业务板块的资产规模实现稳步增长。飞机租赁方面,专业化发展能力不断增强,国际化业务团队初步组建,爱尔兰飞机租赁子公司获准设立,使国银租赁成为第1家设立境外专业子公司的金融租赁公司;基础设施租赁方面,重点围绕国家开发银行客户和政府类客户,通过业务推介及签署战略合作协议等方式,加大基础设施项目开发力度,实施基础设施售后回租项目。此外,还积极开拓船舶、商用车及工程机械业务板块的发展路径。船舶租赁方面,首次实现了与境外大型货主的合作,同时把握市场低位低价购入船舶资产,开展船舶经营租赁业务;商用车及工程机械租赁方面,与国内主流厂商租赁公司达成人民币50亿元资产包交易业务合作意向,与多家保险公司达成车辆履约险业务合作意向,并不断深化新能源车辆租赁业务。

国银租赁收入主要来自融资租赁收入和经营租赁收入。2016年,实现总收入108.17亿元,较上年增加1.76亿元,增长1.7%。这主要是由于经营租赁收入的增加,但被融资租赁收入的减少部分抵销。

表 5－12 2016 年度国银租赁收入情况   单位:亿元

	经营性租赁			融资租赁		
	2016年度	2015年度	同比增长(%)	2016年度	2015年度	同比增长(%)
飞机租赁	52.27	45.00	16.15	2.27	2.29	-0.8
基础设施租赁	1.23	1.20	2.7	33.15	33.06	0.3
船舶、商用车和工程机械租赁	0.87	0.04	2181.6	10.04	11.93	-15.8
其他租赁业务	0.17	0.22	-26	8.17	12.67	-35.5
合计	54.54	46.46	17.39	53.63	59.95	-10.5

数据来源:国银租赁 2016 年年报,零壹融资租赁研究中心。

从国银租赁几大主营业务来看,2016 年经营性租赁业务在营业收入中占比提高,而融资租赁业务收入占比有所降低。

具体来看,国银租赁飞机租赁主要以经营性租赁为主,飞机租赁在经营性租赁收入中占比超过。2016 年度飞机经营性租赁收入达 52.27 亿元,同比增长 16.15%,占经营性租赁收入总额的 95.9%。基础设施租赁的融资租赁收入为 33.15 亿元,较上年增长 0.3%,主要是由于全年基础设施租赁业务的投放增加,该增加被融资租赁项目利率下降部分抵销。同时,2016 年国银租赁船舶、商用车和工程机械租赁板块的经营租赁收入大幅提升,全年实现经营租赁收入 0.87 亿元,较上年增长 21.8 倍。

6. 盈利能力分析

表 5－13 2016 年度国银租赁主要盈利指标

年份 指标	2016	2015	2014	2013
营业总收入(元)	10820528000.00	10708769000.00	11361743000.00	11373418000.00
主营业务收入	10718198000.00	10640918000.00	11324892000.00	11049349000.00
其他营业收入	102330000.00	67851000.00	36851000.00	324069000.00
营业总支出(元)	3365230000.00	2758335000.00	2550033000.00	3083171000.00
营业成本	—			
营业开支	3365230000.00	2758335000.00	2550033000.00	3083171000.00
营业利润(元)	7455298000.00	7950434000.00	8811710000.00	8290247000.00
净利润(元)	1561339000.00	1052506000.00	1916061000.00	1886761000.00
每股收益(元/股)	0.14	0.11	0.2	—

续表

年份 指标	2016	2015	2014	2013
每股净资产(元)	1.76	1.58	1.75	—
净利率(%)	14.43	9.83	16.86	16.59
ROA(总资产净利率)(%)	0.97	0.71	1.36	—
ROE[净资产收益率(摊薄)](%)	7.00	7.02	13.68	—
不良资产率(%)	0.98	1.39	1.09	0.40

数据来源:Wind,零壹融资租赁研究中心。

国银租赁业绩保持稳健增长,实现营业总收入108.20亿元,较上年增加1.11亿元,增长1.04%,且主营业务收入远高于其他业务收入;营业利润有所下降,净利润大幅增长48.3%至15.61亿元,净利的提高得益于2016年租赁行业整体发展以及国银租赁业务布局的进一步优化,以飞机租赁和基础设施租赁为主体的业务架构更加清晰。

应收账款比例减少,不良资产率降低,资金利用较好。截至2016年12月31日,国银租赁应收账款为68.42亿元,较上年末减少69.85亿元,下降50.5%。这主要是由于随着融资租赁资产建成交付并达到全部租赁条件,对应的融资租赁项目预付款项转为应收融资租赁款。

7. 偿债能力分析

表 5-14 2016 年度国银租赁主要偿债指标

年份 指标	2016	2015	2014
资产负债率(%)	86.61	90.37	90.02
流动比率	1.18	0.95	0.99
速动比率	—	—	—

数据来源:Wind,零壹融资租赁研究中心。

从短期偿债能力来看,2016年国银租赁流动比率突破了100%,短期偿债能力较往年提高。从长期偿债能力来看,资产负债率较往年相比有所降低,负债经营的风险降低。

8. 营运能力分析

表 5-15 2016 年度国银租赁主要营运能力指标

年份 指标	2016	2015	2014
营业周期	347.12	471.82	626.96
经营活动产生的现金流量净额（亿元）	40.85	118.42	—
经营的应收账款周转率（次）	1.04	0.76	0.57
流动资产周转率（次）	0.09	0.10	0.11
固定资产周转率（次）	0.24	0.27	0.33
总资产周转率（次）	0.07	0.07	0.08

数据来源：Wind，零壹融资租赁研究中心。

2016 年，国银租赁经营活动所产生的现金流入净额为 40.85 亿元人民币，较上年下降 65.5%，主要是由于全年额外借款发生额的减少。全年应收账款周转率提高近 30 个百分点，表明其收账速度加快，平均收账期缩短。其流动资产周转率较往年有所降低，主要是因为 2016 年公司持续扩大租赁业务规模，尤其是飞机租赁板块。

9. 发展能力分析

表 5-16 2016 年度国银租赁主要发展能力指标 （%）

年份 指标	2016	2015	2014
营业总收入增长率	2.33	-5.75	-0.10
营业利润增长率	-6.23	-9.77	6.29
净利润增长率	48.34	-45.07	1.55
总资产增长率	6.95	10.92	-1.41

数据来源：Wind，零壹融资租赁研究中心。

国银租赁 2016 年营业总收入实现了小幅增长，主要是由于经营租赁收入的增加，但被融资租赁收入的减少部分抵销。此外，净利润增长幅度较大，主要是因为经营租赁收入和其他收入收益的大幅增长以及利息支出的下降，该增长被折旧及摊销以及员工成本的上升部分抵销。

5.4.2 远东宏信财务分析

1. 公司基本情况

1991年,远东宏信有限公司(下称"远东宏信")前身远东国际租赁有限公司(下称"远东国际租赁")经中国对外贸易经济合作部批准正式成立。此后10余年间,远东宏信主要致力于开拓业务领域和区域布局,形成了9个系统事业部,包括医疗、包装、建设、教育、工业装备等,在深圳、北京、成都、武汉、长沙、沈阳、济南、哈尔滨、合肥、厦门等各地设立办事处。2009年9月,随着KKR、GIC SI以及中金公司的战略注资完成,远东宏信正式成立,远东国际租赁作为远东宏信的全资子公司继续存在。2011年3月,远东宏信正式在香港联合交易所上市,成为首家在港上市的以融资租赁为基础业务的公司。

目前,远东宏信总部设在香港,在上海设业务运营中心,并在北京、沈阳、济南、郑州、武汉、成都、重庆、长沙、深圳等多个中心城市设立办事机构,形成了辐射全国的客户服务网络,还在海内外设立了租赁、贸易、医用工程、船舶租赁等多个专业化的经营平台。

2. 主要子公司情况

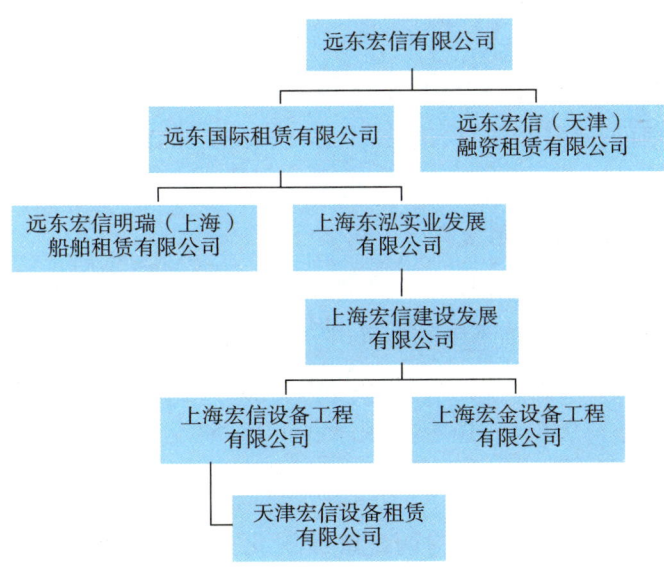

图5-7 远东宏信部分成员企业关系

数据来源:远东宏信财报。

(1)远东国际租赁。

截至2016年底,远东国际租赁由远东宏信100%控股,注册资本为18.17亿美元。

2016年,远东国际租赁在中国资产规模前十大的融资租赁企业中,平均总资产收益率与净利润较高,融资租赁业务在医疗、教育、建设及包装行业相关细分领域中市场份额排名居前。

截至2016年末,远东国际租赁资产总额、归属于母公司股东的净资产分别为1588.81亿元和215.07亿元,较2015年末分别增加了19.66%和11.14%,主要是股东增资以及本年留存收益未分红,结转为未分配利润所致。2016年度,远东国际租赁归属于母公司股东净利润为20.28亿元,较2015年度增加4.72亿元,增幅30.32%,主要是因为营业收入增长带动了利润增长。

表5-17 远东国际租赁2015年、2016年营业收入情况

项目	2016年		2015年	
	金额(亿元)	占比(%)	金额(亿元)	占比(%)
租赁、保理及委贷利息收入	80.31	60.99	67.46	58.83
咨询服务费	38.20	29.01	38.35	33.45
贸易及其他业务收入	13.16	9.99	8.85	7.72
营业收入合计	131.67	100	114.66	100

数据来源:Wind,零壹融资租赁研究中心。

租赁、保理及委贷利息收入是远东宏信的主要收入来源,占营业收入的60.99%以上,目前远东宏信已在医疗、教育、建设、交通、包装、工业装备、电子信息、纺织、城市公用等多个领域为产业客户开展融资租赁相关服务。

(2)远东宏信(天津)融资租赁有限公司。

远东宏信(天津)融资租赁有限公司成立于2013年底,目前注册资本为55亿元,其中,远东宏信出资26亿元,远东国际租赁出资29亿元。

截至2016年底,总资产为401.60亿元,同比增长44%,归属于母公司股东的权益为73.13亿元,同比增长93%,2016年实现净利润18.58亿元,同比增长21%。

3. 主营业务分析

从大的产业环境来看,产业结构调整继续深化。2016年第三产业增加值增长7.8%,比第二产业高1.7个百分点;第三产业占GDP比重达51.6%,连续第二年超过50%。以制造业为核心的第二产业处境未有明显改观,全年规模以上工业增加值持续下降,同比增长6.0%。

从远东宏信所附着的各产业板块来看,产业环境分化趋势日趋明显。医疗、教育、城市公用、信息传媒产业保持了较为稳定、快速发展的势头;中国建筑业逐步进入产能

饱和期,产值增速减缓,但新型城镇化、基础设施升级与完善将为建筑业创造新增量空间;工业装备、轻纺、交通、包装行业受经济增长放缓的影响,行业仍将处于调整、震荡与升级过程中。

2016年度远东宏信业务主要集中于医疗、教育、建设、工业装备、包装、交通、电子信息、城市公用事业、综合发展9大行业。随着国家宏观调控政策陆续出台以及集团产业化运营的进一步推进,医疗、教育和建设行业整体收入较上年分别增长24.45%、37.06%及13.33%。综合发展事业部随着所涉行业的扩展,收入较上年同期增长42.43%。2016年1月,为构建生活消费品生产、流通、消费的价值链,远东宏信在纺织、轻工、民生消费服务等领域持续、深入地开拓,扩展业务事业及提升行业经营能力。

4. 财务分析

截至2016年底,远东宏信资产总额达1665.60亿元,同比增长19.55%;总负债为1417.15亿元,同比增长21.8%;2016年实现营业收入约139亿元,同比增长约18%;2016年实现净利润28.8亿元,同比增长约15%。

(1)盈利能力分析。

从营业收入看,2016年远东宏信实现营业收入为139.37亿元,较上年度的117.96亿元增长18.08%。年报显示,2016年金融及咨询部分收入(未计营业税及附加税前)均稳定增长,达到119.6亿元,占收入总额(未计营业税及附加税前)的84.98%,较上年度增长11.77%。2016年,远东宏信的经营租赁业务已经初步形成较为完善的营销体系,在工程设备和脚手架等细分领域资产规模位居全国前列,全年收入(未计营业税及附加税前)为8.3亿元,占产业运营分部收入的39.28%,较上年度增幅38.11%。

表5-18 远东国际租赁2014—2016年主要盈利指标

	2016年	2015年	2014年
营业收入(万元)	1393759.10	1179613.40	1007532.20
营业利润(万元)	376181.30	319237.50	270346.70
净利润(万元)	288220.80	250310.90	229595.40
销售净利率(%)	21.11	21.87	23.25
销售毛利率(%)	58.82	59.55	59.18
总资产净利率(%)	1.88	2.00	2.33
净资产收益率(平均)(%)	13	13.35	15.19

数据来源:Wind,零壹融资租赁研究中心。

2016年远东宏信毛利率有所降低,2016年与2015年的毛利率分别为58.82%和

59.55%,且净利率与毛利率的差值有所增大,期间费用增加。2016 年远东宏信销售成本较上年度增加 20.20%,主要是由于产业运营分部成本上升的影响,上升幅度较大主要是由于产业运营尚处于初期阶段。其中,金融及咨询分部成本 41.32 亿元,占成本总额的 72.04%;产业运营分部成本 16.04 亿元,占成本总额的 27.96%。

远东宏信 2016 年实现净利润 28.82 亿元,较上年度增加 3.79 亿元,增幅 15.15%。2016 年净利润率为 21.12%,与上年度的 21.87%基本保持稳定。

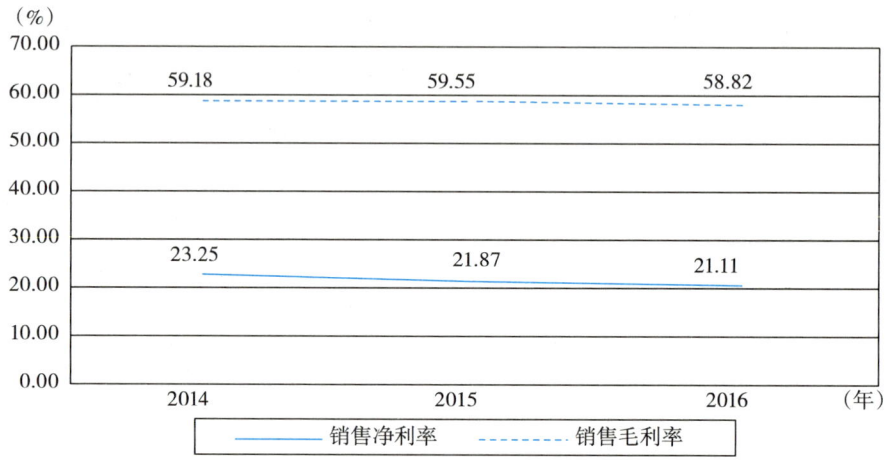

图 5-8 远东宏信 2014—2016 年销售净利率、毛利率

数据来源:Wind,零壹融资租赁研究中心。

2016 年远东宏信 ROA 降至 13%,这主要是受公司整体营业成本增加所致,利润增幅不及总资产增长幅度。2016 年 ROE 也持续下降,为 1.88%。

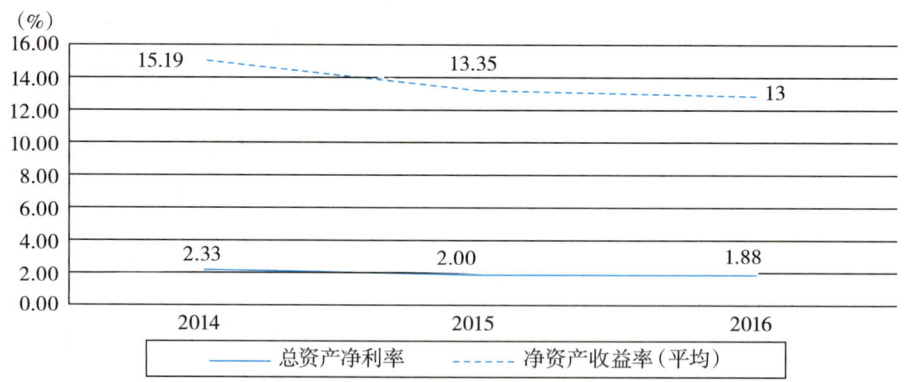

图 5-9 远东宏信 2014—2016 年总资产净利率、净资产收益率

数据来源:Wind,零壹融资租赁研究中心。

(2)偿债能力分析。

表 5-19　远东国际租赁 2014—2016 年主要偿债能力指标

	2016 年	2015 年	2014 年
资产负债率	85.08%	83.52%	84.24%
流动比率	0.99	0.97	1.18
速动比率	0.98	0.97	1.18
权益乘数	6.7	6.07	6.35

数据来源：Wind，零壹融资租赁研究中心。

2016 年远东宏信资产负债率继续居于高位。2016 年远东宏信在营运中充分利用资本杠杆从而保持资产负债比率相对较高，资产负债率为 85.08%，维持在合理的水平。流动比率和速动比率较为稳定，反映出远东宏信 2016 年偿债能力较为稳定。2016 年远东租赁权益乘数依然较高，但目前远东宏信的营运状况较为稳定，资产周转率也趋于稳定，财务风险尚在可控范围内。

(3)营运能力分析。

表 5-20　远东国际租赁 2014—2016 年主要营运能力指标

	2016 年	2015 年	2014 年
存货周转率	25.64	29.99	43.57
流动资产周转率	0.23	0.23	0.25
固定资产周转率	3.34	4.63	7.47
总资产周转率	0.09	0.09	0.10

数据来源：Wind，零壹融资租赁研究中心。

2016 年远东宏信流动资产周转率保持稳定，而固定资产周转率有所下降，对固定资产的利用率有所降低。2016 年存货周转率减少 4 个百分点，2016 年底存货量较年初增长了 1 倍，而库存销售成本涨幅较小。总资产周转率与往年相比也较为稳定。

(4)发展能力分析。

表 5-21　远东国际租赁 2014—2016 年主要发展能力指标　　　　（%）

	2016 年	2015 年	2014 年
营业收入增长率	18.15	17.08	27.99
营业利润增长率	17.84	18.08	18.6
净利润增长率	15.15	9.02	20.03

续表

	2016 年	2015 年	2014 年
总资产增长率	19.56	25.82	27.99

数据来源：Wind，零壹融资租赁研究中心。

2016 年远东宏信营业收入、净利润均保持平稳增长，增幅均高于上年，总资产增长率较上年增幅减少，主要是因为 2015 年收购导致资产规模扩张速度较快。从各项增长率指标来看，远东宏信成长能力较为稳定。

5.4.3 渤海金控财务分析

1. 公司基本情况

渤海金控投资股份有限公司（原渤海租赁股份有限公司，下称"渤海金控"）成立于 1993 年 8 月 30 日，注册地新疆，法定代表人汤亮，注册资本为 61.85 亿元，并于 2016 年 1 月变更名称为"渤海金控"。渤海金控是领先的国际化综合金融投资控股集团和综合租赁产业集团，是中国 A 股市场唯一的上市租赁公司和全球最大的集装箱租赁服务供应商。公司主营业务为租赁业，主要为境内外客户提供全方位的集装箱租赁、飞机租赁、基础设施租赁、大型设备租赁等租赁服务，经营租赁业务占公司 2016 年营业收入的 47.71%，飞机销售业务占 32.77%，融资租赁业务占 16.03%。此外，渤海金控还以飞机租赁及销售、集装箱租赁及销售、基础设施租赁、高端设备租赁为主要业态，建立了境内以天津自贸区、广东自贸区、上海自贸区、皖江城市带等国家重点扶持经济特区为中心，境外以中国香港、新加坡、英国伦敦、美国迈阿密为中心，辐射中国内地及全球各大洲的租赁产业区域布局。

渤海金控前身为新疆汇通集团，2011 年 5 月渤海金控控股股东海航集团拿下此壳，于同年 10 月通过重大资产重组借壳 ST 汇通实现租赁资产上市，成功登陆深圳证券交易所，成为国内唯一一家上市租赁公司。2011 年，我国融资租赁行业还处于起步阶段，融资租赁相关政策密集出台，国家税务总局发布《关于融资性售后回租中承租方出售资产行为有关税收问题的公告》降低了融资租赁行业产业链的成本，直接利好行业发展，同时上市之初，紧缩性货币政策预期提高了公司再融资的可能性。增长潜力巨大，公司盈利前景十分光明。公司从 2009 年 4 月起租第一个项目到 2011 年仅运营 2 年时间便实现较强的盈利能力，成立的子公司获得银监会金融租赁牌照。公司业绩高速增长，背靠控股股东海航集团，同时旗下拥有众多租赁产业，盈利机会较强。2010 年归属母公司净利润为 2.52 亿元，2011 年净利润达到 5 亿元，同比增长接近

100%。公司于 2011 年 5 月 17 日接到中国证监会《关于核准新疆汇通（集团）股份有限公司重大资产臵换及向海航实业控股有限公司等发行股份购买资产的批复》和《关于核准豁免海航实业控股有限公司及一致行动人公告新疆汇通（集团）股份有限公司收购报告书并豁免其要约收购义务的批复》，标志着资产重组方案正式获得批准。2011 年 7 月 12 日晚间公告其借壳上市完成重组流程中最后一道的批准，重组方案中定增的 6.76 亿股于 2011 年 7 月 14 日正式上市，标志着渤海金控正式成为 A 股市场中的租赁第一股。

渤海金控旗下控股及参股 14 家公司，包括天津渤海租赁有限公司、皖江金融租赁股份有限公司、香港航空租赁有限公司（HKAC）、香港渤海资产管理有限公司、Seaco SRL、横琴国际融资租赁有限公司、Avolon、GSC 等。其中天津渤海租赁有限公司为渤海金控全资子公司，是经国家商务部批准的第 5 批内资融资租赁试点企业，注册资本 221 亿元；皖江金融租赁股份有限公司为天津渤海租赁控股公司，注册资本 46 亿元，是由中国银监会批准成立的全国第 18 家金融租赁公司，2015 年 11 月在新三板挂牌，成为银监会监管的国家首家上市的金融租赁企业。

2012 年，公司收购 HKAC100% 股权，首次进入国际飞机租赁领域。2013 年，公司收购了全球第 6 大集装箱租赁公司 Seaco100% 的股权并因此进入国际集装箱租赁领域。2015 年 1 月，渤海金控完成全球第 8 大集装箱租赁公司 Cronos 80% 股权的收购，成为全球第 2 大集装箱租赁服务商；2016 年 1 月，渤海金控完成爱尔兰飞机租赁公司 Avolon100% 股权收购，成为全球领先飞机租赁公司之一。2016 年，公司完成 GECAS 旗下 45 架附带租约的飞机租赁资产的收购，作价 19.75 亿美元，拟全额现金认购，进一步加强了公司在全球飞机租赁行业的地位及市场份额。同年，公司拟通过现金认购 CIT 旗下的飞机租赁资产，作价约 100 亿美元，购买 CIT 467 架飞机，收购 HKAC 12 架飞机资产，通过本次的收购，公司 2017 年将拥有飞机 910 架，成为全球第 3 大飞机租赁公司，其规模仅次于 GECAS 和 AerCap。

经过多年的发展及资本运作，目前公司已全面实现租赁全牌照运营，旗下境内金融租赁平台、内资融资租赁平台、外资融资租赁平台及境外飞机租赁平台、集装箱租赁业务平台协同发展，已在全球 6 大洲、80 多个国家和地区建立了分支机构或销售渠道，形成了国内外并行的全球化租赁产业布局。此外，公司还积极布局保险、证券、银行、互联网金融等金融领域，围绕租赁这一核心业务逐步打造多元化的金融投资平台。

2. 主要子公司概况

（1）天津渤海租赁。

天津渤海租赁有限公司是经国家商务部和税务总局联合审批的第 5 批内资融资

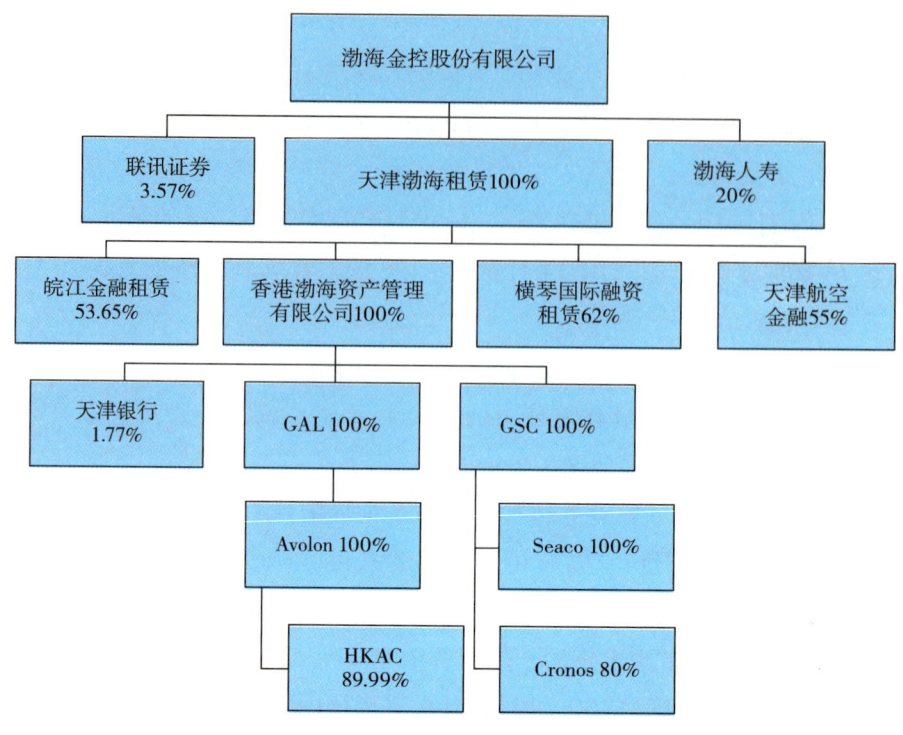

图 5-10 渤海金控主要控股参股关系

数据来源：渤海金控 2016 年度财报。

租赁试点企业，是渤海金控的全资子公司。成立于 2007 年，目前注册资本为 221 亿元。天津渤海租赁依托专业化操作以及租赁全牌照的优势，成为渤海金控的主要投资管理平台及租赁业务经营平台，其主营业务为飞机租赁、市政基础设施租赁、电力及设备租赁以及基础能源设施设备租赁、境内融资租赁业务等，是国内各类型租赁公司的行业龙头。

截至 2016 年母公司年报显示，2016 年天津渤海租赁总资产为 2102.38 亿元，净资产为 335.31 亿元，实现营业收入为 242.51 亿元，同比增长 151%，实现营业利润为 32.78 亿元，归属于母公司净利润为 31.25 亿元，同比增长 63.50%。

(2) 皖江金融租赁。

皖江金融租赁股份有限公司为天津渤海租赁控股公司，注册资本为 46 亿元人民币，是由中国银监会批准成立的全国第 18 家金融租赁公司，2015 年 11 月在新三板挂牌，成为银监会监管的国家首家上市的金融租赁企业。2016 年 12 月，该公司完成首次非公开发行融资，募集资金 19.52 亿元，发行完成后，天津渤海租赁持有公司 24.68 亿股，持股 53.65%。

皖江金租目前的主要业务为开展境内融资租赁业务，业务模式主要为售后回租融资租赁和直接融资租赁。其中,售后回租业务占该公司主营收入的96.82%,直接租赁融资租赁业务占1.62%。同时,皖江金租是国内首家接入中国人民银行征信系统的金融租赁公司,并可通过征信系统实时关注下游客户的信用情况,及时做好风险防范。目前,皖江金租是芜湖市唯一一家获得金融机构许可证的金融租赁公司,是安徽省2家金融租赁公司之一。

截至2016年年报显示,皖江金租租赁总资产388.06亿元,同比增长47.78%,实现营业收入24.95亿元,同比增长46.51%,其中,售后回租融资租赁业务实现营业收入为24.15亿元,占营业收入的96.79%,同比增长51.28%,直接租赁融资租赁业务为0.4亿元,占营业收入的1.6%,同比减少41.36%。归属于母公司净利润5.06亿元。

(3)横琴国际租赁。

横琴国际融资租赁有限公司成立于2013年10月25日,该公司目前注册资本为1亿美元。借助于天津渤海租赁强有力的支持,横琴租赁既可利用横琴自贸区金融创新和跨境示范政策,又可以依托上市公司的运营经验和资金渠道。同时拥有中外合资租赁业务牌照,面向前海金融改革区,定位于提供新能源、医疗项目等服务开展境内融资租赁业务。

据其控股母公司渤海金控2016年年报显示,2016年横琴租赁总资产为15.33亿元,实现营业收入9659.80万元,实现净利润3063万元。

(4)Avolon。

Avolon是一家位于爱尔兰都柏林的全球领先的航空租赁公司。Avolon主要为航空公司和飞机投资者提供飞机租赁和资产管理服务。2010年,Avolon以私人公司名义创立,良好的运营状态和极具成长力的资产价值组合使得其在成长之初便得到了国际投资者的广泛青睐。2014年12月,Avolon成功在纽约证券交易所上市,市值为16亿美元。到2014年底,机队达到235架。2016年1月,渤海金控以每股31美元的价格收购Avolon的全部股权,实现全盘私有化成为渤海金控旗下的全资子公司并成为其核心飞机租赁品牌。2016年10月,渤海金控宣布通过Avolon以100亿美元收购CIT集团的飞机租赁业务,此时Avolon单体已拥有850架包括自有、代管和承诺订单在内的飞机机队,价值约为430亿美元。

截至2016年母公司年报显示,Avolon总资产为999.90亿元,净资产为347.15亿元,2016年实现营业收入为148.05亿元,实现营业利润为24.51亿元,归属于母公司净利润为23.64亿元。

3. 主营业务及模式介绍

报告期内,渤海金控的主营业务为租赁业,主要向境内外客户提供全方位的飞机租赁、集装箱租赁,基础设施租赁,大型设备租赁等服务,包括经营租赁和融资租赁两大业务。

(1)飞机租赁与销售。

公司自 2011 年置出了原有的水利施工等业务收购天津渤海租赁 100% 股权后,公司因此首次进入了租赁行业。同年皖江金租的成立得到中国银监会的批复,2012 年公司收购了 HKAC 100% 股权,进入国际飞机租赁领域。公司飞机租赁业务主要通过子公司 Avolon、HKAC 及天津渤海租赁开展,主要为中长期经营租赁。主要业务模式为通过与航空公司进行售后回租、向飞机制造商直接购买飞机并出租给航空公司以及向其他人购买飞机资产出租给航空公司等方式向客户提供飞机租赁服务,飞机租赁在公司主营业务收入中占比最大。2016 年 8 月,公司完成 GECAS 旗下 45 架附带租约的飞机租赁资产的收购,进一步加强了公司在全球飞机租赁行业的地位及市场份额。同年,公司拟通过现金认购 CIT 旗下 467 架飞机租赁资产,公司预计 2018 年将拥有飞机 910 架,成为全球第 3 大飞机租赁公司,其规模仅次于 GECAS 和 AerCap。

2016 年,飞机租赁营业收入为 76.60 亿元,占公司总收入的 32%,同比增长 3.3 倍。2015 年营业收入为 17.80 亿元,占公司总营业收入的 18.44%。这是自公司完成 Avolon 的收购后飞机租赁业务首次成为公司的主要业务。飞机销售也是由于收购 Avolon 后而成为了公司收入占比的主要两大业务之一,2016 年实现收入 79.50 亿元。

(2)集装箱租赁与销售。

2013 年,公司收购 Seaco 100% 股权进入国际集装箱租赁领域。2014 年收购 Cronos 80% 的股权,进一步提升业务规模。公司集装箱租赁业务主要通过子公司 Seaco、Cronos 开展,主要为经营租赁业务。主要经营模式为向制造商购买集装箱并出租给船运公司等客户,获得租金收益,通过多样化的集装箱投资组合,以长期租赁为主,短期租赁为辅的方式提供多元化集装箱租赁服务。

2015 年公司集装箱业务实现营业收入 51.70 亿元,占总收入的 53.49%,2014 年为 31.60 亿元。截至 2016 年末,子公司 Seaco 和 Cronos 自有和管理的集装箱合计为 403 万 CEU。

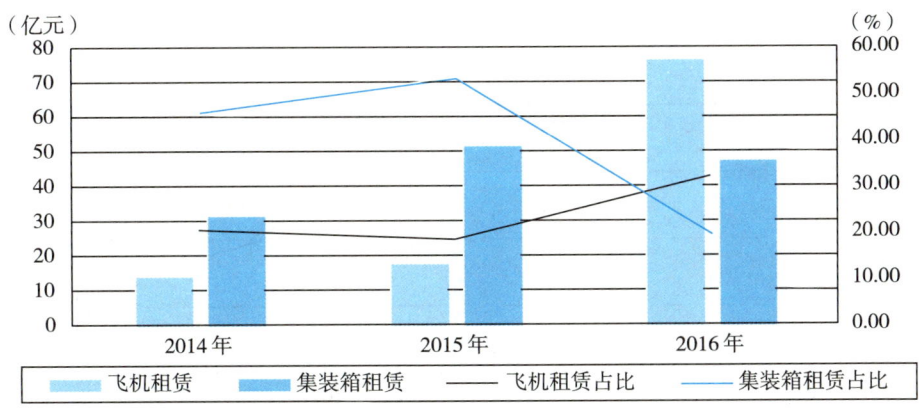

图 5-11 渤海金控主营业务数据

数据来源:东方财富网,零壹融资租赁研究中心。

4. 财务情况

(1) 融资租赁业务规模。

公司资产规模雄厚,盈利能力较为显著。截至 2016 年底,渤海金控资产总额 2166.32 亿元,同比增长 64.24%,归属母公司股东净资产 311.48 亿元,同比增长 14.13%。营业利润 29.95 亿元,同比增加 57.90%,归属于母公司所有者的净利润为 22.77 亿元,同比增加 74.54%。

2016 年度,渤海金控实现营业收入 242.58 亿元,同比增长 146.86%,其中融资租赁和融资租赁咨询业务收入为 38.90 亿元,占营业收入的 16.03%,同比增长 27.58%,毛利率为 53.49%,同比增长 21.51%;经营租赁收入为 116 亿元,占营业收入的 47.71%,同比增长 103%。2016 年公司业务发展较快,主营业务收入实现翻倍增长,主要来源是经营租赁收入的增加以及飞机销售,该业务发展迅速,其盈利增加来源于公司在 2016 年 1 月完成飞机租赁公司 Avolon 100% 股权收购交割,合并报表范围发生变化以及定增资金投放收益显现和境外公司投资收益增加。

在细分行业收入方面,飞机租赁和飞机销售占比很大,分别为 33.26% 和 32.06%。其次为集装箱租赁 17.66%,之后依次为基础设施租赁 10.49%,机械设备租赁 2.42%,集装箱销售 2.07%,商业物业租赁为 2.04%。

公司业务大幅扩展,营业成本大幅增加。2016 年渤海金控营业成本为 153.65 亿元,较上年增加了 218%。其中,经营租赁业务成本为 52.60 亿元,与上年同期增加了 119%;经营融资租赁与融资咨询业务成本为 18.08 亿元,与上年同期增加不大;新增经营飞机销售业务成本为 75.90 亿元。主要原因是由于完成飞机租赁公司 Avolon 的

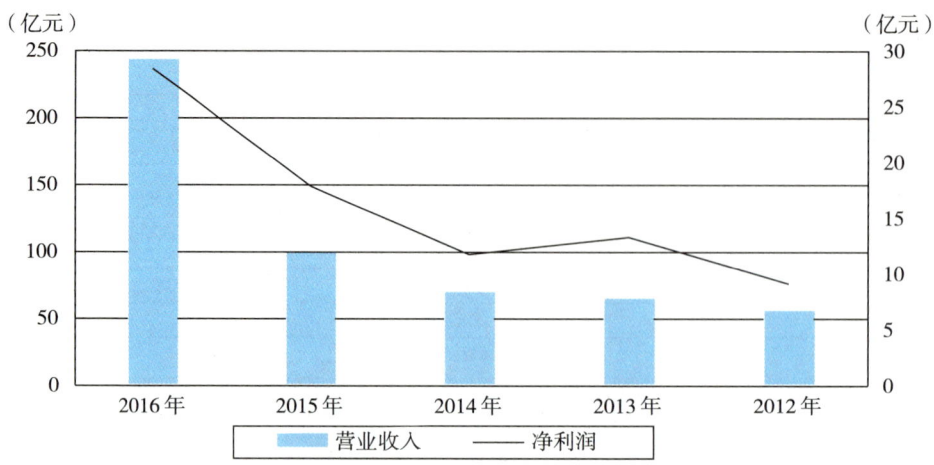

图 5-12　渤海金控 2012—2016 年营业总收入、净利润走势

数据来源：渤海金控 2012—2016 年度报告，Wind，零壹融资租赁研究中心。

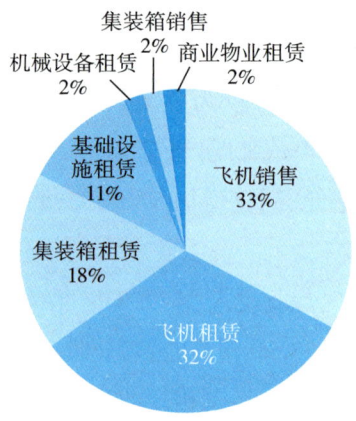

图 5-13　渤海金控各细分行业收入分布（2016 年）

数据来源：Wind，零壹融资租赁研究中心。

收购后合并报表所致以及公司主营业务的扩张所致。

截至 2016 年 12 月，渤海金控应收账款 15 亿元，一年内到期非流动资产为 150.85 亿元，较期初增加了 11.85%。长期股权投资为 28.46 亿元，较上年同期增加了 138%，其主要原因为 2016 年公司开展了一系列股权投资，其中包括购买华安财险 14.77% 的股权以及 HKAC 的少数股权。

(2)盈利能力分析。

表5–22 渤海金控2012—2016年主要盈利指标

年份 项目	2016	2015	2014	2013	2012
营业收入(亿元)	242.58	98.42	68.52	63.76	54.69
营业总成本(亿元)	217.00	80.00	56.40	49.30	44.40
营业利润(亿元)	29.95	18.42	12.34	14.52	10.25
净利润(亿元)	28.41	17.88	11.79	13.34	9.14
毛利率(%)	36.66	49.92	46.43	49.33	48.50
净利率(%)	11.71	18.51	17.20	20.92	16.71
营业利润率(%)	12.35	19.07	18.02	22.77	18.73
每股收益(元/股)	0.37	0.37	0.55	0.83	0.39
每股净资产(元)	5.04	4.41	5.52	4.46	5.58
ROA(%)	1.63	1.79	1.89	3.06	2.60
ROE(摊薄后)(%)	7.31	4.78	9.33	18.60	6.95

数据来源:渤海金控2012—2016年度报告,Wind,零壹融资租赁研究中心。

合并报表令财务数据锦上添花,盈利能力显著增强。渤海金控营业收入、营业利润和净利润等都在逐年上涨,且在2016年实现大幅上涨,2016年营业收入同比翻番。营业利润同比增加57.90%,净利润同比增加74.54%,表明公司在2016年经营业绩突出,市场竞争力和企业盈利能力较强。2016年,公司新增飞机销售业务,占营业收入的32%,集装箱销售与租赁业务占比下降,这主要是受到公司完成Avolon的收购及合并报表所致,由于Avolon公司在行业中的雄厚优势及实力,公司受益于Avolon公司的全球性优势背景和雄厚的飞机租赁资产,使得盈利能力显著提升。2016年每股收益较往年整体上下降,系公司增资扩股所致。

2012—2015年,公司毛利率基本保持一致,而2016年则显著下降,这主要是受到公司整体营业成本增加所致,2012—2016年,公司ROA逐年下降,是因为营业成本增加,利润增长幅度不及总资产及所有者权益的增长幅度。ROE较上年上升,同时公司总资产报酬率逐年增加,净资产收益率较上年同期增加,表明公司2016年盈利能力整体保持稳定,利润实现稳步增长。

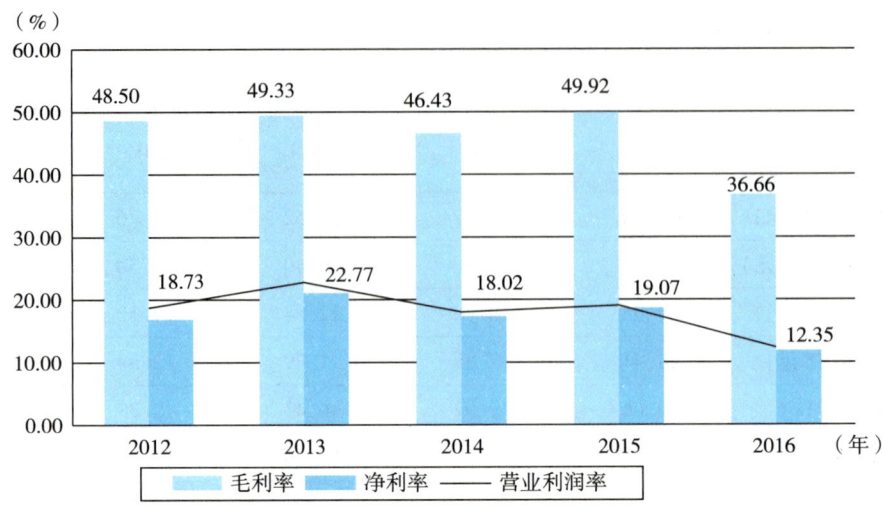

图 5－14　渤海金控 2012—2016 年毛利率、净利率、营业利润率

数据来源：渤海金控 2012—2016 年度报告，Wind，零壹融资租赁研究中心。

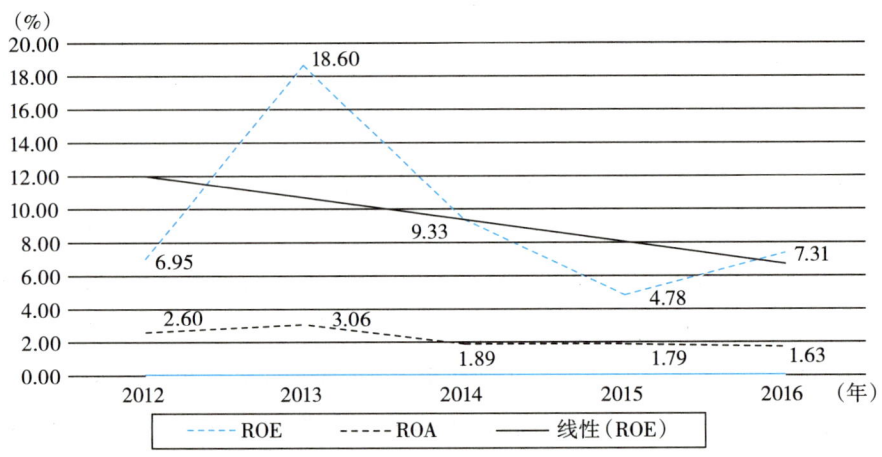

图 5－15　渤海金控 2012—2016 年 ROA、ROE 变动趋势

数据来源：渤海金控 2012—2016 年度报告，Wind，零壹融资租赁研究中心。

（3）偿债能力分析。

表 5－23　渤海金控 2012—2016 年主要偿债能力指标

年份 项目	2016	2015	2014	2013	2012
流动比率(%)	92	127.00	66.10	55.04	84.36
速动比率(%)	92	126.00	64.00	25.05	44.24

续表

年份\项目	2016	2015	2014	2013	2012
资产负债率(%)	82.58	75.00	81.40	85.32	68.33
清算价值比率(%)	138.66	132.05	122.73	117.03	146.04
利息保障倍数	1.85	2.20	2.34	2.79	2.44
长期负债/营运资产	-28.35	7.51	-5.13	-3.93	-19.09

数据来源：渤海金控2012—2016年度报告，Wind，零壹融资租赁研究中心。

资产负债提升，偿债能力稳定。2016年渤海金控流动比率和速动比率较上年同期下降约30个百分点，资产负债率同比上升，主要是由于公司在2016年流动资产总额较上年有所下降，非流动资产总额较上年上升，公司2017年开展的一些资本运作活动，完成相关公司的收购，使得总资产大幅增加，相关业务积累了较大的非流动资产，同时，总负债也较上年同期上涨，主要是公司2017年扩大了业务规模所致。2012—2016年，利息保障倍数和清算价值比率保持稳定，反映出公司借款偿付能力与综合偿债能力稳定。

2016年，公司长期负债与营运资产比率较上年同期降为负值，且变化较大，系流动负债同期相比高于流动资产所致，而2015年较往年都为正值，针对2016年的变动，仍认为是公司在2016年主营业务较上年的变动较大导致流动负债增加。

(4)营运能力分析。

表5-24　渤海金控2012—2016年主要营运能力指标

年份\项目	2016	2015	2014	2013	2012
经营活动产生的现金流量净额(亿元)	139.45	70.14	47.35	46.20	34.80
存货(万元)	193.70	111.60	271.90	87.80	—
存货周转率(次)	10056.58	2522.79	2041.01	—	—
应收账款周转率	18.12	9.45	10.29	10.13	14.10
流动资产周转率(%)	56	35.06	59.56	76.72	78.57
总资产周转率(%)	14	9.68	10.98	12.14	14.57

数据来源：渤海金控2012—2016年度报告，Wind，零壹融资租赁研究中心。

主营业务继续拓展，营运能力显著提升。2016年渤海金控经营活动产生的现金流量净额较上年同期增加98.80%,存货较上年同期有所增加但小于2014年,其影响有限,而存货周转率和上年相比增加了近4倍,公司对存活的运营能力加快。应收账款周转率在2016年显著高于往年,使公司资金的运用能力显著提升,提高了公司的资产流动性。此外,公司2016年流动资产周转率和总资产周转率均较上年有所上升,公司的营运能力有所提高,主要是由于公司2017年的主营业务较上年有所改变所致。

(5)发展能力分析。

表5-25　渤海金控2012—2016年主要发展能力指标　　　　　　　　(%)

年份 项目	2016	2015	2014	2013	2012
营业利润增长率	57.90	49.21	-14.99	41.73	64.43
净利润增长率	74.54	51.72	-11.64	45.90	78.15
资本积累率	14.13	178.81	72.96	-55.33	41.82
总资产增长率	64.24	94.77	18.55	19.31	75.89

数据来源:渤海金控2012—2016年度报告,Wind,零壹融资租赁研究中心

业务扩张迅速,发展能力强劲。2016年渤海金控营业收入增长率涨幅显著,公司在2016年开展了一系列资本运作活动,公司业务扩张能力较强,公司业务市场前景良好。但本期资本积累率较上年大幅下降,本期股东权益增加额较上年增幅较少,主要是由于今年资产负债表由于合并报表较上年出现一些较大变动所致。2016年净利润增长率较上年有较大幅度增长,总资产增长率较上年有所回落,但增幅依然可观。

渤海金控近3年营业利润增长率、总资产增长率呈上升趋势,整体营业利润逐年上涨,资本积累率呈线性上涨趋势,表明公司利润来源比较稳定,公司成长能力较为稳定。公司不仅纵向做深自己的主营业务,而且加速海外业务扩张及外延并购,并乘国内融资租赁政策之春风,公司发展前景看好。

(6)财务费用。

表5-26　渤海金控财务费用相关数据　　　　　　　　单位:亿元

年份 项目	2016	2015	2014	2013	2012
财务费用	39.20	16.66	9.92	9.05	7.73
管理费用	12.26	8.81	6.18	5.16	5.62

数据来源:渤海金控2012—2016年度报告,Wind,零壹融资租赁研究中心。

2016年渤海金控财务费用同比上涨67.96%,管理费用同比上涨42.53%,是由

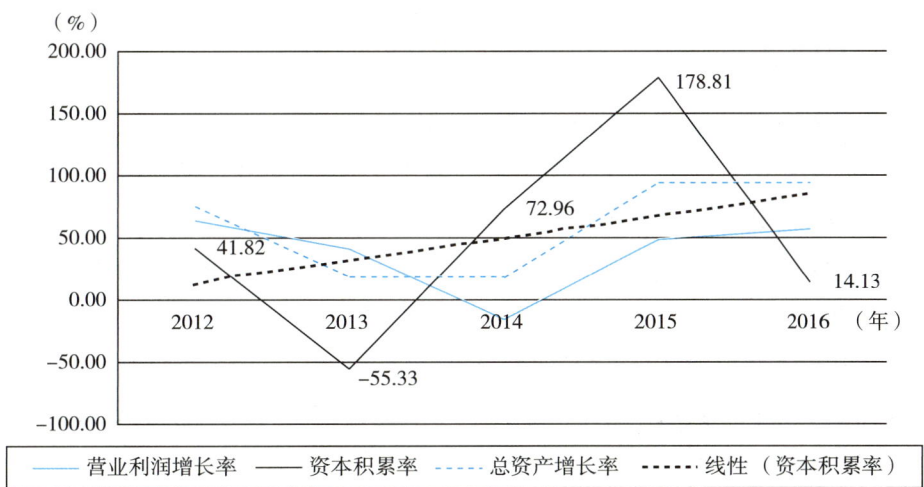

图 5-16　渤海金控 2012—2016 年主要发展能力指标走势

数据来源：渤海金控 2012—2016 年度报告，Wind，零壹融资租赁研究中心。

于 2016 年收购 Avolon100% 股权以及 HKAC、GECAS 部分股权合并范围扩大，导致应付职工薪酬、折旧及摊销以及中介费用等增加、借款增加。

(7) 杜邦分析。

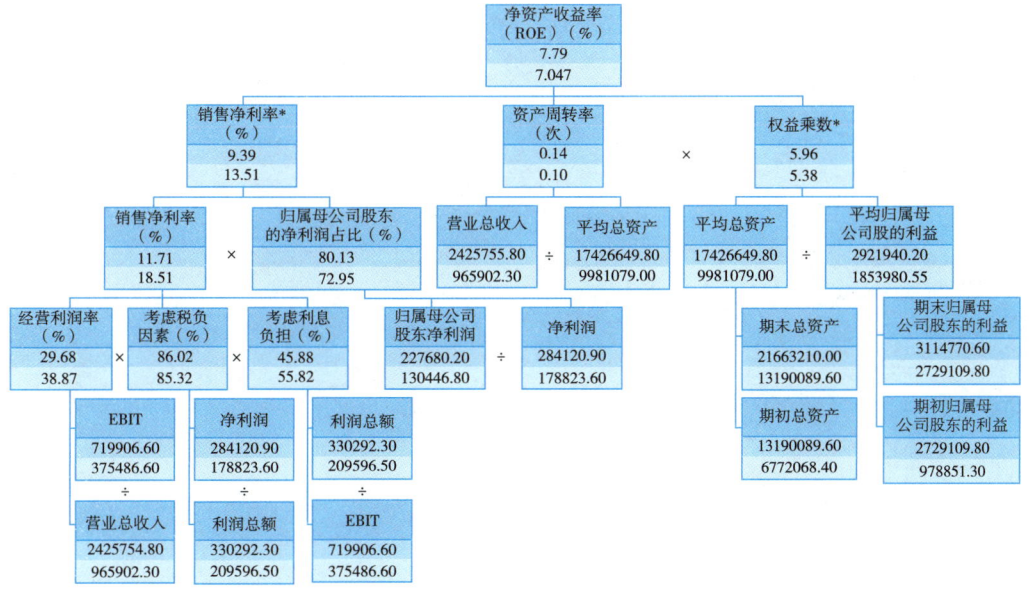

图 5-17　渤海金控 2016 年杜邦财务分析

数据来源：渤海金控 2012—2016 年度报告，Wind，零壹融资租赁研究中心。

营业成本大幅增加，仍需注重风险与成本控制。从图 5-17 中可以看出，2015 年公司的净资产收益率为7.04%，2016年小幅上涨升至7.79%，观察总资产净利率(总资产净利率=销售净利率×总资产周转率)和权益乘数，三者均有增减的变化，由于净资产收益率由这三个方面共同影响，销售净利率由13.51%下降到9.39%，降幅较大，资产周转率由0.1上升为0.14，权益乘数由5.38上升为5.96，权益乘数和总资产周转率上升的作用效果超过销售净利率的下降，权益乘数的上升说明公司的资本结构有所变化，由于目前公司偿债能力良好，资产周转率提高，资本结构的适当调整不会给公司带来较大的影响。

总资产净利率略微下降，主要是由于销售净利率下降所致，但变化不大，主要原因是由于净利润增长的速度落后于营业收入增长的速度，究其原因为营业成本大幅增加所致，2016年公司营业收入实现成倍增长，同时营业成本也相应大幅增长，其中一个原因是公司在2016年主营业务发生较大变化，并且扩大了销售收入，但在成本控制方面还需努力。总体来说，公司的财务状况较为正常，净资产收益率平稳增长，发展较为稳定，但由于营业成本与营业收入几乎同步增长，利润增幅回落，公司在新的一年仍需注重成本与风险控制，适当关注利润增长来源。

第 6 章

融资租赁 ABS

6.1 租赁ABS定义与分类

资产证券化（Asset-backed Securities，ABS）通俗而言是指将缺乏流动性但具有可预期收入的资产，通过在资本市场上发行证券的方式予以出售，以获取融资，以最大化提高资产的流动性。

资产证券化是通过在资本市场和货币市场发行证券筹资的一种直接融资方式，在盘活存量、增强资产流动性、获得低成本融资、减少风险资产以及管理资产负债等方面都能发挥重要作用，金融机构、非金融企业等都积极拓展这一融资渠道，资产证券化已经成为一些企业的重要融资渠道。

目前我国资产证券化产品由不同的监管机构分别监管。按照监管机构的不同，我国资产支持证券可划分为银监会监管的信贷资产支持证券（下称"信贷ABS"），证监会监管的企业资产支持证券（下称"企业ABS"），央行旗下银行间市场交易商协会（下称"交易商协会"）监管的资产支持票据（下称"ABN"），以及保监会监管的项目资产支持计划（下称"保监会ABS"）四种产品。

表6-1 四种租赁ABS对比

	信贷ABS	企业ABS	ABN	保监会ABS
监管机构	人民银行银监会	证监会	银行间交易商协会	保监会
发行主体	银行业金融机构	未明确限制，实际以非金融企业为主	非金融企业	未明确规定，但对原始权益人作出了一些条件要求
交易场所	由市场和发行人双向选择（银行间债券市场、交易所均可）	证券交易所、全国中小企业股份转让系统、机构间私募产品报价与服务系统、证券公司柜台市场	银行间债券市场	主要在上海保险交易所

数据来源：零壹融资租赁研究中心。

自 2014 年 12 月证监会将 ABS 产品发行由审批制改为备案制后,国内迎来了资产证券化业务的新机遇,融资租赁公司发行 ABS 渐成风潮。一方面,对融资租赁公司而言,与间接融资相比,ABS 具有成本和期限优势,能够极大地降低资金成本,有利于融资租赁公司稳定、快速发展,提升公司资产的流动性,拓展融资渠道,实现向资本市场直接融资;另一方面,对 ABS 市场来说,租赁资产期限长、单体价值较大、现金流相对稳定,也非常适合成为 ABS 的基础资产。2016 年租赁 ABS 共发行 122[①] 只,发行总额达 1205.7 亿元,占全年 ABS 发行量的 24.64%。

按照现行监管办法,由银监会监管的金融租赁公司属于非银行金融机构,亦在银行业金融机构的范畴之内,可发行租赁信贷 ABS、租赁企业 ABS,目前金融租赁公司发行的 ABS 多为信贷 ABS;内、外资租赁公司属于非金融企业,可发行租赁企业 ABS、租赁 ABN。

6.2 租赁 ABS 政策背景及发展历程

6.2.1 ABS 政策背景及发展历程

我国资产证券化起步于 20 世纪 90 年代,时至今日可分为 3 个阶段。

1992—2004 年的探索阶段。我国在 1992 年就开始了资产证券化的尝试,但当时国内资产证券化业务相关法律法规尚不健全,资本市场尚不成熟,市场整体处于摸索阶段,资产证券化产品发行量极少。

2005—2008 年的试点阶段。2005 年央行和银监会颁布《信贷资产证券化试点管理办法》和《金融机构信贷资产证券化试点监督管理办法》,标志着中国资产证券化业务从探索走向试点。2005 年 8 月国内发行首单 ABS,中国资产证券化业务的正式启动。2007 年国务院批复扩大试点,但 2008 年美国"次贷危机"爆发,国内资产证券化业务被叫停。2005—2008 年,共发行 26 单 ABS 产品,发行总额为 932.83 亿元,整体发行量仍较少。

---

① 通过筛选 2016 年发行的 ABS 产品中监管机构为证监会 ABS、银监会 ABS 以及基础资产为租赁资产、租赁租金的 ABS 产品,然后剔除其中 5 只非融资租赁公司发行的 ABS 产品,再加上 3 只交易商协会主管的融资租赁 ABN 产品所得。

2009—2011年的停滞阶段。伴随着2008年美国次贷危机,我国资产证券化业务戛然而止,2009年、2010年两年中无一单ABS产品发行上市。2011年也仅有远东租赁发行1单ABS。

2012年至今的重新启动与全面发展阶段。2012年,中国人民银行、银监会和财政部联合下发《关于进一步扩大信贷资产证券化试点有关事项的通知》,标志着停滞近4年之久的信贷资产证券化业务重新开闸;2012年8月,中国银行间市场交易商协会发布《银行间债券市场非金融企业资产支持票据指引》,推出了资产支持票据(ABN)产品;2013年3月中国证监会公布《证券公司资产证券化业务管理规定》,正式将该业务从试点转为常规业务;2015年8月保监会印发《资产支持计划业务管理暂行办法》。随着各项政策的进一步完善与鼓励,中国资产证券化业务在近几年,尤其是2014年以后,获得了快速发展。

自2005年8月发行首单ABS以来,2005—2016年共发行ABS产品962支,发行总规模为19427.79亿元。其中:

信贷ABS共发行308支,发行总规模为11802.93亿元,占ABS发行总额的60.75%。

企业ABS共发行622支,发行总规模为7229.09亿元,占ABS发行总额的37.21%。

ABN共发行26支,发行总量395.77亿元,占发行总量的2.04%。

6.2.2 租赁ABS政策背景及发展历程

自2005年8月发行首单ABS以来,2005—2016年共发行ABS产品962只,发行总规模为19427.79亿元。其中,租赁ABS共发行193[①]只,发行总额1869.79亿元,发行总额占比为9.6%。其中,租赁信贷ABS发行10只,发行总额为209.32亿元;租赁企业ABS发行180只,发行总额为1620.78亿元;租赁ABN发行3只共计39.69亿元。

2006年发行首单租赁ABS产品,之后4年里租赁ABS发行陷入完全停滞状态;直至2011年租赁ABS开闸,当年再发1单租赁ABS;2012年租赁ABS继续停滞,2013年发行1单,2014年发行5单,租赁ABS正式重启,并于2015年进入爆发增长期。

2015年租赁ABS发行规模达575.26亿元,是2014年的近10倍。2016年租赁

---

① 通过筛选2005—2016年发行的ABS产品中监管机构为证监会ABS、银监会ABS以及基础资产为租赁资产、租赁租金的ABS产品,然后剔除其中7只非融资租赁公司发行的ABS产品,再加上3只交易商协会主管的融资租赁ABN产品所得。

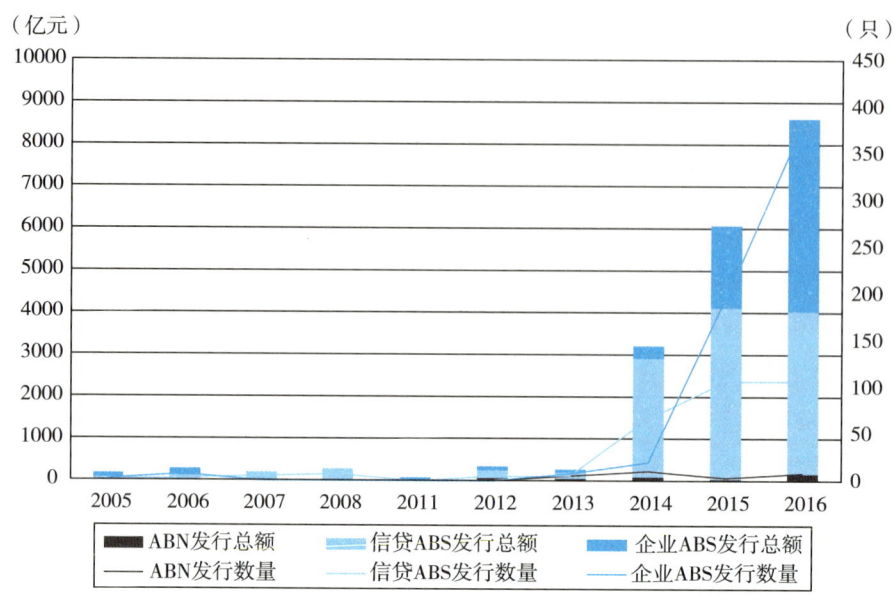

图 6-1 2005—2016 年各类别 ABS 产品发行量统计

数据来源：零壹融资租赁研究中心，Wind。

ABS 发行继续井喷，租赁 ABS 共发 122 只，占全年 ABS 发行量的 24.64%；发行总额 1205.7 亿元，占全年 ABS 发行总额的 14.04%；有 69 家融资租赁公司通过 ABS 方式融资，其中一些租赁企业 ABS 发行规模甚至突破百亿元。

6.2.3 租赁信贷 ABS 政策背景及历史发展情况

租赁信贷 ABS 正式开始于 2014 年，此前，由于政策限制，金融租赁公司并不能开展信贷资产证券化业务。2014 年《金融租赁管理办法》颁布后，金融租赁公司可以开展资产证券化业务，当年发行 1 单租赁信贷 ABS 产品，发行金额 10.12 亿元。此后，2015 年、2016 年租赁信贷 ABS 产品发行金额逐年上涨，2015 年发行 4 单租赁信贷 ABS，发行金额 61.89 亿元，2016 年发行 4 单，发行金额达到 130.87 亿元。

1. 租赁信贷 ABS 政策背景

2005 年 4 月 20 日，中国人民银行、中国银行业监督管理委员会制定了《信贷资产证券化试点管理办法》，指出"在中国境内，银行业金融机构作为发起机构，将信贷资产信托给受托机构，由受托机构以资产支持证券的形式向投资机构发行受益证券，以该财产所产生的现金支付资产支持证券收益的结构性融资活动，适用本办法"。

从中可以看出，当时信贷资产证券化渠道并不适合租赁公司。由商务部监管的内资试点和外资融资租赁公司，不属于金融机构，不符合"银行业金融机构作为发起机

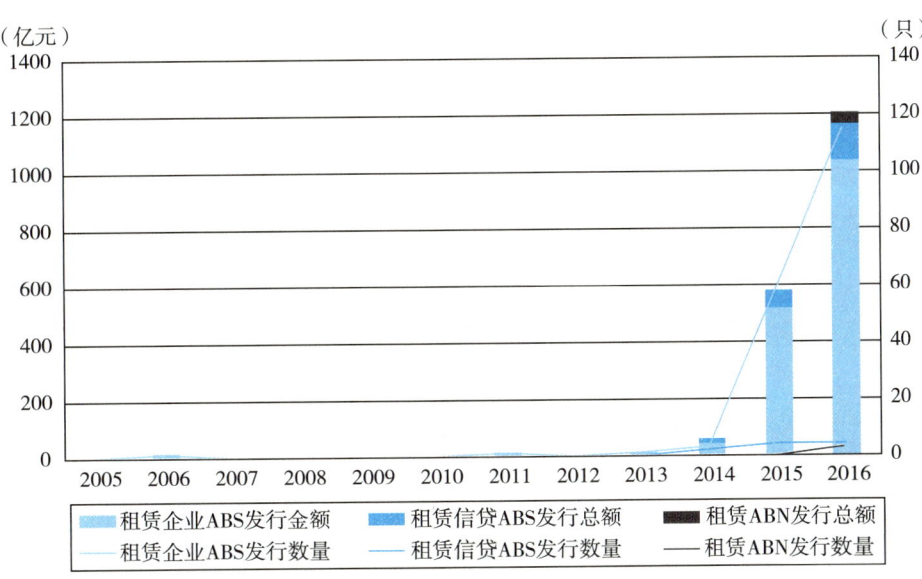

图 6－2 2005—2016 各类别租赁 ABS 发行数量、发行金额

数据来源:零壹融资租赁研究中心,Wind。

构"的条件;由银监会监管的金融租赁公司,属于非银行金融机构,亦在银行业金融机构的范畴之内,但融资租赁资产不属于"信贷资产"的范畴,因此,三类融资租赁公司都不能开展信贷资产证券化业务。

而金融租赁公司开展企业资产证券化业务仍需事先获得银监会批准。2012 年底,工银租赁首单资产证券化产品"工银租赁专项资产管理计划"获证监会审批通过,但由于银监会未出台相关细则,最终夭折。民生租赁 2012 年底获证监会批复的专项资产管理计划也迟迟未发。

金融租赁公司开展信贷资产证券化业务始于 2014 年。2014 年 3 月 13 日,中国银监会公布《金融租赁公司管理办法》(中国银监会令 2014 年第 3 号),增加了对金融租赁公司开展资产证券化业务的规定。文件规定,"经银监会批准,经营状况良好、符合条件的金融租赁公司可以开办资产证券化业务";"金融租赁公司开办资产证券化业务,可以参照信贷资产证券化相关规定"。

2014 年 11 月 20 日,银监会下发《关于信贷资产证券化备案登记工作流程的通知》,指出金融租赁公司开展信贷资产证券化业务将由审批制改为业务备案制。

2015 年 3 月 26 日,央行出台关于信贷资产支持证券实行注册制的公告,规定"已经取得监管部门相关业务资格、发行过信贷资产支持证券且能够按规定披露信息的受托机构和发起机构可以向中国人民银行申请注册"。2012 年信贷资产证券化试点重启后并没有出台新的管理办法,是以通知文件的形式沿用了 2005 年的《信贷资产证化试点管理办法》,此次将是央行重新出台的关于信贷资产证券化的制度性文件,比银监会的备案制对市场影响更大。

表 6-2 信贷资产证券化政策

发布时间	政策名称	政策要点
2005 年 4 月 20 日	《信贷资产证券化试点管理办法》	在中国境内,银行业金融机构作为发起机构,将信贷资产信托给受托机构,由受托机构以资产支持证券的形式向投资机构发行受益证券,以该财产所产生的现金支付资产支持证券收益的结构性融资活动,适用本办法
2014 年 3 月 13 日	《金融租赁公司管理办法》(中国银监会令 2014 年第 3 号)	经银监会批准,经营状况良好、符合条件的金融租赁公司可以开办资产证券化业务,金融租赁公司开办资产证券化业务,可以参照信贷资产证券化相关规定
2014 年 11 月 20 日	《关于信贷资产证券化备案登记工作流程的通知》	金融租赁公司开展信贷资产证券化业务将由审批制改为业务备案制
2015 年 3 月 26 日	《关于信贷资产支持证券实行注册制的公告》	已经取得监管部门相关业务资格、发行过信贷资产支持证券且能够按规定披露信息的受托机构和发起机构可以向中国人民银行申请注册

数据来源:零壹融资租赁研究中心整理。

2. 租赁信贷 ABS 历史发行情况

2005—2016 年度,租赁信贷 ABS 共发行 10 只,发行总额为 209.32 亿元。

由于政策原因,2014 年以前,租赁信贷 ABS 处于停滞状态。其中,2014 年 9 月 9 日,交银金融租赁有限责任公司发行了全国首单银监会主管租赁资产支持证券——交融 2014 年第一期租赁资产支持证券,发行金额 10.12 亿元。2014 年仅发行 2 单租赁信贷 ABS,发行金额 16.56 亿元;2015 年共发行 4 单租赁信贷 ABS,发行金额 61.89 亿元。

2016 年租赁信贷 ABS 发行 4 只,发行金额共计 130.87 亿元,发行金额同比增长 111.46%。

表6-3 2005—2016年租赁信贷ABS发行统计

项目名称	发起机构	发行总额（亿元）	发行公告日
皖金2016年第一期租赁资产支持证券	皖江金融租赁股份有限公司	16.64	2016-11-25
金信2016年第一期租赁资产支持证券	兴业金融租赁有限责任公司	21.56	2016-09-05
招金2016年第一期租赁资产支持证券	招银金融租赁有限公司	48.56	2016-04-27
融汇2016年第一期租赁资产支持证券	华融金融租赁股份有限公司	44.11	2016-04-12
融汇2015年第一期租赁资产支持证券	华融金融租赁股份有限公司	28.55	2015-09-30
招金2015年第一期租赁资产支持证券	招银金融租赁有限公司	12.61	2015-06-30
苏租2015年第一期租赁资产支持证券	江苏金融租赁股份有限公司	10.41	2015-04-08
工银海天2015年第一期租赁资产支持证券	工银金融租赁有限公司	10.32	2015-01-08
华租稳健租赁资产支持证券	华融金融租赁股份有限公司	6.44	2014-12-12
交融2014年第一期租赁资产支持证券	交银金融租赁有限责任公司	10.12	2014-09-09

数据来源：零壹融资租赁研究中心，Wind。

6.2.4 租赁企业ABS历史发展情况

2004年，租赁企业ABS在政策层面允许发行，2006年5月，首单租赁企业ABS问世——远东首期租赁资产支持收益专项资产管理计划，发行金额4.77亿元；由于国内外经济环境的压力，2007—2010年，无租赁企业ABS产品发行；2011年，证监会重启对企业ABS的审批，当年发行了1只金额为12.79亿元的租赁企业ABS产品；2013年发行1只，发行金额11.14亿元。

2014年以后，多重政策利好，租赁企业ABS迎来了黄金时代。2014年共发行3只合计40.7亿元；2015年共发行59只合计516.24亿元；2016年共发115只合计1035.14亿元。

1. 租赁企业ABS政策背景

2004年，证监会发布《关于证券公司开展资产证券化业务试点有关问题的通知》（下称《通知》），文件指出"基础资产应当为能够产生未来现金流的可以合法转让的财产权利，可以是单项财产权利，也可以是多项财产权利构成的资产组合。基础资产为收益权的，收益权的数据来源应符合法律、行政法规规定，收益权应当有独立、真实、稳定的现金流量历史记录，未来现金流量保持稳定或稳定增长趋势并能够合理预测和评估；基础资产为债权的，有关交易行为应当真实、合法，预期收益金额能够基本确定"。

文件为企业开展资产证券化的发展提供了法律基础,资产证券化实践从此在中国拉开了帷幕。融资租赁公司自此可以通过发行企业 ABS 融资。

2007 年国务院批复扩大试点,但 2008 年美国次贷危机爆发,国内资产证券化业务被叫停。2009 年 5 月,《证券公司企业资产证券化业务试点指引(试行)》发行(下称《指引》),《指引》所称的基础资产,"是指符合法律、行政法规的规定,权属明确,能够产生独立、稳定、可评估预测的现金流的财产或财产权利"。"基础资产可以为债权类资产、收益权类资产以及中国证监会认可的其他资产。基础资产可以是单项财产或财产权利,也可以是同一类型多项财产或财产权利构成的资产组合"。其对原始权益人的规定也是指标型而非种类型的。

2011 年 9 月,证监会重启对企业资产证券化的审批。2012 年 5 月,人民银行、银监会和财政部联合发布《关于进一步扩大信贷资产证券化试点有关事项的通知》,标志着在经历了国际金融危机之后,我国资产证券化业务重新启动,进入第二轮试点阶段,试点额度 500 亿元。

2014 年 11 月 19 日,证监会发布《证券公司及基金管理公司子公司资产证券化业务管理规定》,对企业资产证券化监管进行全面梳理,成为开展企业资产证券化的总领指引。同时废止了《证券化公司资产证券化业务管理规定》。

2014 年 12 月 26 日,证监会发布《资产支持专项计划备案管理办法》,开始针对企业资产证券化实施备案制,同时配套《资产证券化业务风险控制指引》和《资产证券化业务基础资产负面清单指引》,提出 8 类负面清单,大大拓宽了发行人及基础资产的可选范围,促进企业资产证券化在 2015 年高速发展。

表 6-4 企业资产证券化政策

发布时间	政策名称	政策要点
2004 年 10 月 21 日	《关于证券公司开展资产证券化业务试点有关问题的通知》	基础资产应当为能够产生未来现金流的可以合法转让的财产权利,既可以是单项财产权利,也可以是多项财产权利构成的资产组合
2009 年 5 月 21 日	《证券公司企业资产证券化业务试点指引(试行)》	规范证券公司企业资产证券化业务试点工作。基础资产可以为债权类资产、收益权类资产以及中国证监会认可的其他资产。其对原始权益人的规定也是指标型而非种类型的
2012 年 5 月 22 日	《关于进一步扩大信贷资产证券化试点有关事项的通知》	在经历了国际金融危机之后,我国资产证券化业务重新启动,进入第二轮试点阶段,试点额度 500 亿元

续表

发布时间	政策名称	政策要点
2013年8月28日	《国务院常务会议研究部署促进健康服务业发展决定进一步扩大信贷资产证券化试点》	决定进一步扩大资产证券化试点。自从第三轮试点开始,本轮试点规模为4000亿元,这标志着资产证券化业务由试点业务开始转向常规化发展
2014年11月19日	《证券公司及基金管理公司子公司资产证券化业务管理规定》	基础资产可以是企业应收款、租赁债权、信贷资产、信托受益权等财产权利,基础设施、商业物业等不动产财产或不动产收益权,以及中国证监会认可的其他财产或财产权利
2014年12月26日	《资产支持专项计划备案管理办法》	取消事前行政审批,企业资产证券化将实行基金业协会事后备案和基础资产负面清单管理

数据来源:零壹融资租赁研究中心整理。

2. 租赁企业 ABS 历史发行统计

2005—2016 年,租赁企业 ABS 发行 180 只,发行总额为 1620.78 亿元。

2006 年 5 月,远东国际租赁有限公司发行首单证监会主管 ABS 产品——远东首期租赁资产支持收益专项资产管理计划,发行金额 4.77 亿元。2007—2010 年,无租赁企业 ABS 产品发行。2011 年发行了 1 只金额为 12.79 亿元的融资租赁 ABS 产品;2013 年发行 1 只,发行金额 11.14 亿元。

2014 年租赁企业 ABS 共发行 3 只合计 40.7 亿;2015 年共发行 59 只合计 516.24 亿元;2016 年共发 115 只合计 1035.14 亿元。

6.2.5 租赁 ABN 政策背景及历史发展情况

资产支持票据是指非金融企业在银行间债券市场发行的,由基础资产所产生的现金流作为还款支持的,约定在一定期限内还本付息的债务融资工具。基础资产是指符合法律法规规定,权属明确,能够产生可预测现金流的资产、财产权利或财产和财产权利的组合。基础资产不得附带抵押、质押等担保负担或其他权利限制。

资产支持票据在国外发展比较成熟,其发行过程与其他资产证券化过程类似,即发起人成立一家特殊目的公司,通过真实销售将应收账款、银行贷款、信用卡应收款等资产出售给 SPV,再由 SPV 以这些资产作为支持发行票据在市场上公开出售。通常由大型企业、金融机构或多个中小企业把自身拥有的、将来能够生成稳定现金流的资产出售给受托机构,由受托机构将这些资产作为支持基础发行商业票据,并向投资者

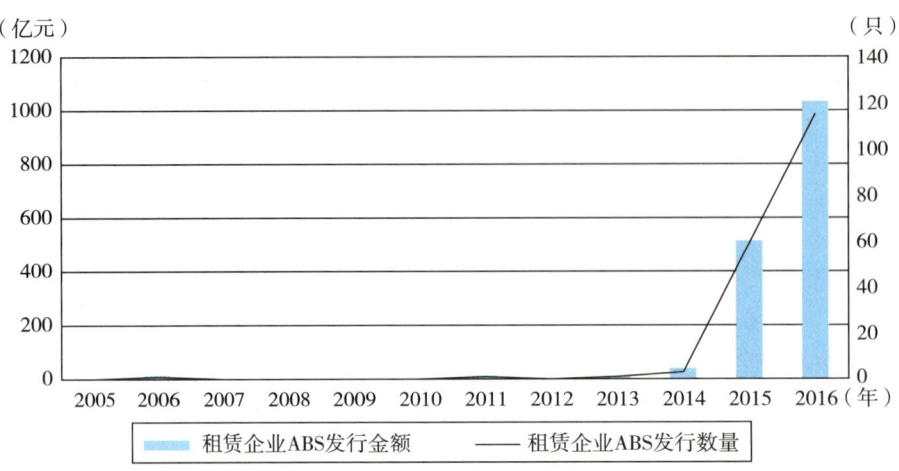

图 6-3 2005—2016 年度租赁企业 ABS 发行数量、发行金额

数据来源：零壹融资租赁研究中心，Wind。

出售以换取所需资金。

1. 租赁 ABN 政策背景

资产支持票据的推出，对融资租赁公司构成重大利好，这意味着长期以来制约融资租赁公司发展的融资渠道将得以打通。

首先，商务部监管的内资试点和外资融资租赁公司属于非金融机构，有资质开展 ABN 业务。

其次，租赁资产与基础资产大体相似。基础资产是指符合法律法规规定，权属明确，能够产生可预测现金流的财产、财产权利或财产和财产权利的组合。基础资产不得附带抵押、质押等担保负担或其他权利限制。而租赁资产能产生可预测现金流，并且不附带抵押、质押等担保负担或其他权利限制。唯一的实施障碍就是明确租赁资产的权属问题。

2012 年 8 月 3 日，银行间交易商协会发布《银行间债券市场非金融企业资产支持票据指引》，重点对资产支持票据的资产类型、风险隔离、交易结构、信息披露、参与各方的权利义务等进行了规范，尤其强化了对资产支持票据投资人的合理保护机制。并要求企业发行资产支持票据应在交易商协会注册。

2012 年 8 月 8 日，由上海浦东路桥建设股份有限公司发起，浦发银行作为首批试点承销商的"上海浦东路桥建设股份 2012 年第一期资产支持票据"正式发行，发行金额 5 亿元，标志着 ABN 正式推出。

招商证券 2015 年底的一份报告指出，制约 ABN 发展的最大制约因素，是"无法真实出售,具有表内融资的债务融资工具特性"。该报告称,理论上,ABN 的交易结构分为:没有 SPV 参与的"抵质押结构"和有 SPV 参与的"破产隔离结构",但由于法律等因素的制约,在实际操作中,SPV 未能被引入 ABN 的交易结构中,存量 ABN 产品使用的均为抵质押型结构。

2016 年 12 月 12 日,交易商协会获央行授权发布《非金融企业资产支持票据指引(修订稿)》(下称《指引(修订稿)》),在资产支持票据中引入特定目的载体(SPV),便于实现"破产隔离"和"真实出售",保留现有"特定目的账户+应收账款质押"模式,满足多样化结构融资需求。在基础资产类型上,《指引(修订稿)》将其范围进一步扩大,既可以是企业应收账款、租赁债权、信托受益权等财产权利,基础设施、商业物业等不动产财产或相关财产权利也可作为基础资产。

在发行方式上,既可以是公开发行,也可以是定向发行。发行资产支持票据应在交易商协会注册,注册有效期内可分期发行。

《指引(修订稿)》的推出为此前发展相对缓慢的 ABN 开辟了更大的发展空间。

截至 2017 年 5 月 31 日,交易商协会网站上最新会员名单显示,已有 41 家融资租赁公司注册成为交易商协会会员可发行资产支持票据。

表 6-5 交易商协会融资租赁公司注册名单

中航国际租赁有限公司	聚信国际租赁股份有限公司
远东国际租赁有限公司	立根融资租赁有限公司
海通恒信国际租赁有限公司	君创国际融资租赁有限公司
中建投租赁股份有限公司	国投融资租赁有限公司
平安国际融资租赁有限公司	华能天成融资租赁有限公司
中飞租融资租赁有限公司	长江租赁有限公司
重庆银海融资租赁有限公司	上海元晟融资租赁有限公司
卡特彼勒(中国)融资租赁有限公司	中民国际融资租赁股份有限公司
国泰租赁有限公司	光大幸福国际租赁有限公司
国网国际融资租赁有限公司	君信融资租赁(上海)有限公司
中国环球租赁有限公司	海尔融资租赁(中国)有限公司
天津渤海租赁有限公司	河钢融资租赁有限公司
中信富通融资租赁有限公司	丰汇租赁有限公司
仲利国际租赁有限公司	上海易鑫融资租赁有限公司
汇通信诚租赁有限公司	中远海运租赁有限公司

续表

悦达融资租赁有限公司	狮桥融资租赁(中国)有限公司
广州越秀融资租赁有限公司	华融金融租赁股份有限公司
大唐融资租赁有限公司	中国康富国际租赁股份有限公司
中电投融和融资租赁有限公司	国电融资租赁有限公司
远东宏信(天津)融资租赁有限公司	渤海钢铁集团(天津)融资租赁有限公司
华电融资租赁有限公司	

数据来源:零壹融资租赁研究中心整理自交易商协会。

2. 2016 年租赁 ABN 发行统计

截至 2016 年 12 月 31 日,交易商协会 ABN 已发 32 单,发行总额 395.77 亿元。其中,租赁 ABN 发行 3 单共计 39.69 亿元,占历史发行总额的 10.03%。

表 6-6 租赁 ABN 历史发行情况统计

项目名称	原始权益人	发行总额(亿元)	发行公告日
中电投融和融资租赁有限公司 2016 年度第一期信托资产支持票据	中电投融和融资租赁有限公司	16.01	2016-10-26
国泰租赁有限公司 2016 年度第一期资产支持票据	国泰租赁有限公司	3	2016-06-20
远东国际租赁有限公司 2016 年度第一期信托资产支持票据	远东国际租赁有限公司	20.68	2016-06-15

数据来源:零壹融资租赁研究中心,Wind。

6.3 2016 年租赁 ABS 发行情况分析

2016 年租赁 ABS 共发行 122 只,发行总额 1205.7 亿元,发行数量较上年呈现近翻倍增长,且占全年 ABS 发行量的 24.64%。

其中,租赁信贷 ABS 发行 4 只,发行总额为 130.87 亿元;租赁企业 ABS 发行 115 只,发行总额为 1035.14 亿元;租赁 ABN 发行 3 只,发行总额为 39.69 亿元。

第 6 章 融资租赁 ABS

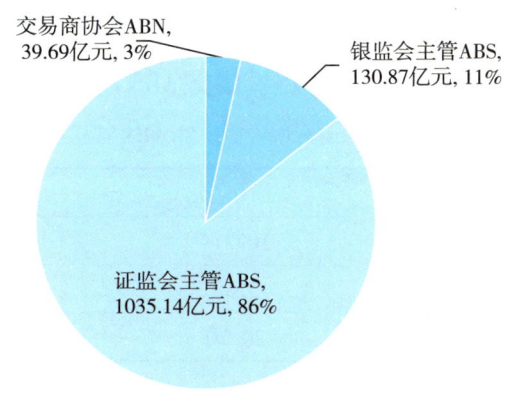

图 6－4　2016 年各类别租赁 ABS 发行金额

数据来源：零壹融资租赁研究中心，Wind。

6.3.1　2016 年租赁信贷 ABS 发行情况分析

2016 年租赁信贷 ABS 发行 4 只，发行总额为 130.87 亿元。与 2015 年相比，2016 年租赁信贷 ABS 发行数量不变，而发行金额同比增长 111.46%。租赁信贷 ABS 全年虽然仅发 4 只，但单笔发行金额较高，笔均发行金额达到 32.72 亿元。

4 只租赁信贷 ABS 中，由招银金融租赁发行的"招金 2016 年第一期租赁资产支持证券"发行金额最高为 48.56 亿元，也是 2016 年度发行金额最高的融资租赁 ABS 产品；其次为华融金融租赁发行的"融汇 2016 年第一期租赁资产支持证券"，发行金额 44.11 亿元，发行金额在 2016 年融资租赁 ABS 产品中同样排名第 2。

表 6－7　2016 年金融租赁公司发行的租赁信贷 ABS（按发行金额排序）

项目名称	发起机构	发行总额（亿元）	发行公告日	发行机构
招金 2016 年第一期租赁资产支持证券	招银金融租赁有限公司	48.56	2016－4－27	上海国际信托有限公司
融汇 2016 年第一期租赁资产支持证券	华融金融租赁股份有限公司	44.11	2016－4－12	上海国际信托有限公司
金信 2016 年第一期租赁资产支持证券	兴业金融租赁有限责任公司	21.56	2016－9－5	兴业国际信托有限公司
皖金 2016 年第一期租赁资产支持证券	皖江金融租赁股份有限公司	16.64	2016－11－25	中国对外经济贸易信托有限公司

数据来源：零壹融资租赁研究中心，Wind。

从评级来看,2016 年租赁信贷 ABS 高评级产品居多,且评级较为集中。AAA 级产品发行总额为 105.14 亿元,占全年租赁信贷 ABS 产品发行总额的 80.34%。

表 6-8 2016 年租赁信贷 ABS 评级分布

租赁信贷 ABS 评级分布	金额(亿元)	金额占比(%)
AAA	105.14	80.34
AA+	5.53	4.23
次级	20.20	15.43

数据来源:零壹融资租赁研究中心,Wind。

从发行利率来看,金融租赁公司在银行间市场发行租赁信贷 ABS 产品需双评级,因其主体评级较高,资产质量良好,4 只租赁信贷 ABS 平均利率仅为 2.92%。

因融资成本的增加,2016 年 12 月招银金融租赁、中国外贸金融租赁、平安租赁先后发公告称因资金需求和发行成本取消发行 ABS 产品,总规模达 89.03 亿元。

6.3.2 2016 年租赁企业 ABS 发行情况分析

2016 年租赁企业 ABS 发行 115 只,发行总额为 1035.14 亿元。与 2015 年相比,发行数量增加 56 只,同比增长 94.91%,发行金额同比增长 100.52%,2015 年共发行 59 只合计 516.24 亿元。

1. 远东国际租赁发行金额最高,前五名原始权益人累计发行额占比较高

从 2016 年租赁企业 ABS 发行金额来看,远东国际租赁发行金额最高,累计发行 193.05 亿元,占租赁企业 ABS 产品发行总额的 18.65%,且发行数量也最高,共发行 6 只租赁企业 ABS 产品;其次为平安国际租赁,发行金额累计 105.19 亿元,占租赁企业 ABS 产品发行总额的 10.16%,共发行 5 只融资租赁 ABS 产品;排名第 3 的是聚信国际租赁,累计发行 65.04 亿元,占融资租赁 ABS 产品发行总额的 5.41%,共发行 5 只融资租赁 ABS 产品。

此外,先锋太盟融资租赁发行的租赁企业 ABS 数量为 7 只,但累计发行金额远低于远东国际租赁,为 21.19 亿元。

2016 年租赁企业 ABS 前 5 名原始权益人累计发行金额达 459.44 亿元,占全年租赁企业 ABS 发行总额的 44.38%。

表6-9　2016年租赁企业ABS原始权益人前十榜

租赁企业ABS原始权益人	发行数量(只)	发行金额(亿元)	金额占比(%)
远东国际租赁有限公司	6	193.05	18.65
平安国际融资租赁有限公司	5	105.19	10.16
聚信国际租赁股份有限公司	5	65.04	6.28
汇通信诚租赁有限公司	5	55.40	5.35
海通恒信国际租赁有限公司	3	40.76	3.94
华中融资租赁有限公司	3	37.44	3.62
中电投融和融资租赁有限公司	3	35.74	3.45
上海易鑫融资租赁有限公司	5	34.60	3.34
上海国金租赁有限公司	1	26.51	2.56
丰汇租赁有限公司	3	26.17	2.53

数据来源：零壹融资租赁研究中心，Wind。

2. 国金证券成租赁企业ABS最大计划管理人

从2016年租赁企业ABS产品的累计发行金额来看，国金证券累计发行金额最高，为131.16亿元，占租赁企业ABS发行总额的12.67%，且发行数量也最多，共发行18只租赁企业ABS产品；其次为上海国泰君安证券，共发行110.20亿元，占租赁企业ABS发行总额的10.65%，共发行6只租赁企业ABS产品；排名第3的是广发证券资管，累计发行额为86.99亿元，占融资租赁ABS发行总额的8.4%，共发行8只租赁企业ABS产品。

2016年租赁企业ABS排名前5的计划管理人累计发行金额达446.88亿元，占租赁企业ABS发行总额的43.17%。

表6-10　2016年租赁企业ABS计划管理人前十榜

租赁企业ABS计划管理人	发行数量(只)	发行金额(亿元)	金额占比(%)
国金证券股份有限公司	18	131.16	12.67
上海国泰君安证券资产管理有限公司	6	110.2	10.65
广发证券资产管理(广东)有限公司	8	86.99	8.40
中信证券股份有限公司	3	71.59	6.92
华泰证券(上海)资产管理有限公司	2	46.94	4.53
上海富诚海富通资产管理有限公司	4	46.57	4.50

续表

租赁企业 ABS 计划管理人	发行数量（只）	发行金额（亿元）	金额占比（％）
财通证券资产管理有限公司	4	42.67	4.12
中信建投证券股份有限公司	5	42.09	4.07
兴证证券资产管理有限公司	2	39.73	3.84
中国国际金融股份有限公司	1	35.06	3.39

数据来源：零壹融资租赁研究中心，Wind。

3. 租赁企业 ABS 评级较为分散

相比租赁信贷 ABS 产品，2016 年租赁企业 ABS 产品评级较为分散。AAA 级产品发行总额达到 745.25 亿元，占 2016 年租赁企业 ABS 发行总额的 72％。

表 6-11 2016 年租赁企业 ABS 评级分布[①]

租赁企业 ABS 评级	发行数量（只）	发行金额（亿元）	金额占比（％）
AAA	382	745.25	72
AA+	122	92.98	8.98
AA	77	86.90	8.39
AA-	4	1.12	0.11
A+/A-	2	1.58	0.15
次级/未评级	137	107.31	10.37

数据来源：零壹融资租赁研究中心，Wind。

6.3.3　2016 年租赁 ABN 发行情况分析

2016 年共发行 3 只租赁 ABN，发行总额为 39.69 亿元。其中，远东国际租赁发行金额最高，为 20.68 亿元。此外，远东国际租赁还于 2016 年发行了 6 只租赁企业 ABS，笔均发行额高达 30.53 亿元。

---

① 根据前述 2016 年所发租赁 ABS 的起息日，然后剔除未评级/次级产品。

表 6-12 2016 年发行的融资租赁 ABN

项目名称	发起机构/原始权益人	发行总额（亿元）	发行公告日	发行人/计划管理人
远东国际租赁有限公司 2016 年度第一期信托资产支持票据	远东国际租赁有限公司	20.68	2016-6-15	平安信托有限责任公司
中电投融和融资租赁有限公司 2016 年度第一期信托资产支持票据	中电投融和融资租赁有限公司	16.01	2016-10-26	兴业国际信托有限公司
国泰租赁有限公司 2016 年度第一期资产支持票据	国泰租赁有限公司	3.00	2016-6-20	国泰租赁有限公司

数据来源：零壹融资租赁研究中心，Wind。

6.4 租赁 ABS 发展特点及存在的问题

6.4.1 租赁 ABS 发展特点

融资租赁资产正成为 ABS 最主要的资产来源之一，ABS 也正在成为一批租赁公司的重要融资来源。伴随着政策支持以及债券市场成本的进一步下降，越来越多的租赁公司寻求 ABS 融资。从租赁 ABS 发展历程来看，主要呈现出以下特点：

1. 监管更加完善，相关政策也更加规范。一方面监管机构简化发行流程，完善制度，2014 年银监会 1092 号文及 2015 年央行公告标志着信贷 ABS 从双重审批制向"银监会备案央行注册制"的转换。另一方面在国务院 2015 年确定了信贷 ABS 的试点扩容，同时强化了信息披露和业务监管，推动资产证券化合规有序地快速发展。

2. 发行量呈增长之势。2016 年融资租赁 ABS 发行呈井喷之势，发行数量达到 121 只，占全年 ABS 发行数量的 24.44%；发行金额为 1202.60 亿元，占全年 ABS 发行总额的 14.04%。发行数量及金额均较以前年度有大幅增长，且远超过了以前年度累计发行规模。

3. 发行的主体越来越多。从三种类型的金融租赁公司、外商融资租赁公司和内资独资的融资租赁公司，到现在几乎各种类型的租赁公司都有参与。发行金额也越来越大。

6.4.2 租赁 ABS 发展存在的问题

租赁 ABS 市场虽然发展迅猛，但在整个 ABS 市场依然有很大的发展空间，2016 年共有 69 家融资租赁公司作为发起机构/原始权益人发行租赁 ABS，占行业公司总数的比例不到 1%，且大部分为国有背景以及行业的龙头企业，中小企业甚少，千亿规模之中也鲜少有租赁资产实现出表，主要存在以下问题：

1. 租赁 ABS 法律法规不健全。其两个重要法律基石——真实出售和风险隔离，在"风险隔离"方面，法律层面障碍略小，但是在实践层面上缺乏必要的操作规范。另一方面，资产出表成为越来越多的融资租赁公司参与资产证券化的目的，因其可调整融资租赁公司债务结构，进而充分利用杠杆倍数扩大业务规模，然而真正实现出表的融资租赁 ABS 少之又少。

2. 融资租赁公司的增信措施不完备和资产违约问题。在应用证券分级、超额利差、外部流动性支持等常见增信方式时，只要租赁公司承担风险的比例符合要求，仍能做到租金资产"真实出表"。另外，确保租赁业务的低违约率也会促进资产证券化业务的顺利开展。

3. 资产证券化门槛较高。融资租赁公司的租赁基础资产集中度参差不齐、承租人信用风险水平高低不同，而资产证券化业务对入池资产的基础信用要求较高，并且基础资产需要更加分散化。从目前来看，在一级市场上，尽管资产证券化规模得到了迅速发展，但是相比可证券化资产规模仍是微不足道。

4. 资产证券化成本仍有进一步降低的空间。相比于保理和银行贷款，租赁 ABS 的综合融资成本对很多租赁公司尤其是融资租赁公司来说依然较高，资产证券化各参与机构的成本应该更加标准化、透明化，从而进一步降低融资成本。

5. 发行主体需进一步要扩大、监管模式需要更加市场化、基础资产范围和参与主体应进一步扩展。发展势头虽猛，2016 年发行融资租赁 ABS 产品的融资租赁公司共计 69 家，占行业公司总数的比例不足 1%，且大部分为国有背景以及行业的龙头企业，中小企业甚少，千亿规模对超 5 万亿元的融资租赁行业规模而言也还只是杯水车薪。

6.5 典型案例

6.5.1 2016年度ABS发行量最大的租赁公司——远东租赁

2016年远东国际租赁有限公司(下称"远东租赁")作为发起机构共发7只融资租赁ABS,累计发行金额为213.73亿元,平均每笔发行规模为30.45亿元,而同样发行了7只租赁ABS产品的先锋太盟租赁,全年发行总额21.19亿元,排名仅位居第18。优先级利率除12月发行的第六期外,均不超过4.00%,且优先级评级均为AAA。

表6-13 远东租赁2016年发行的7只资产证券化产品概况

项目名称	发行金额（亿元）	监管机构	基础资产	发行日	发行利率（%）	优先级债券评级
2016远东六期资产支持专项计划	39.20	证监会主管ABS	租赁租金	2016-12-28	5.28	AAA
2016远东五期资产支持专项计划	35.16	证监会主管ABS	租赁租金	2016-11-02	3.50	AAA
2016远东四期资产支持专项计划	30.81	证监会主管ABS	租赁租金	2016-08-22	4.00	AAA
2016远东三期资产支持专项计划	34.80	证监会主管ABS	租赁租金	2016-06-24	4.00	AAA
2016远东二期资产支持专项计划	35.06	证监会主管ABS	租赁租金	2016-05-16	3.50	AAA

续表

项目名称	发行金额（亿元）	监管机构	基础资产	发行日	发行利率（%）	优先级债券评级
远东国际租赁有限公司2016年度第一期信托资产支持票据	20.68	交易商协会ABN	租赁债权	2016-06-15	3.75	AAA
2016远东一期资产支持专项计划	18.02	证监会主管ABS	租赁租金	2016-02-26	3.73	AAA

数据来源：零壹融资租赁研究中心，Wind。

1. 基础资产集中于医疗等成熟领域、为同业树立典范

从2016年远东租赁已发7只产品来看，基础资产集中于医疗、工装设备、教育、建设等领域，多为远东租赁自身发展较为成熟的领域。从融资租赁ABS排名前10的发起机构来看，另有3家主营医疗融资租赁业务，分别是平安国际融资租赁有限公司、聚信国际租赁股份有限公司、华融金融租赁股份有限公司。

主营医疗融资租赁的公司通常主力客户为具有一定政府性质的公立医院或口碑较好的民营医院，其盈利和现金流比较稳定。相应地，医疗类租赁资产比较注重服务质量、信用风险也较低，自然成为资产证券化基础资产的优选。长远来看，医疗类资产作为基础资产发行ABS将在租赁ABS市场中占据主流地位。远东租赁凭借自身在这一板块的成熟商业模式，或将为同业进军ABS市场树立典范。

表6-14 2016年融资租赁ABS发行总额排名前十的发起机构

发起机构/原始权益人	发行数量（只）	发行金额（亿元）
远东国际租赁有限公司	7	201.15
平安国际融资租赁有限公司	6	114.70
聚信国际租赁股份有限公司	5	65.04
汇通信诚租赁有限公司	5	55.40
中电投融和融资租赁有限公司	4	51.75
招银金融租赁有限公司	1	48.56
华融金融租赁股份有限公司	1	44.11
海通恒信国际租赁有限公司	3	40.76

续表

发起机构/原始权益人	发行数量(只)	发行金额(亿元)
华中融资租赁有限公司	3	37.44
上海易鑫融资租赁有限公司	5	34.60

数据来源:零壹融资租赁研究中心,Wind。

2.远东租赁资产规模逐年扩大

表6-15 远东租赁主要财务数据

人民币(百万元)	2016/12/31	2015/12/31	2014/12/31	2013/12/31
总资产	158881	120945	103353	82355
总负债	133748	101378	88527	69234
归属母公司股东权益	21507	19352	14748	13082
股东权益合计	25163	19567	14825	13122
总营业收入	13167	8867	9294	7502
营业利润	3121	1768	2602	2442
税前利润	4111	1887	2940	2440
净利润	2028	1555	2194	1818
资产负债率(%)	84.16	83.82	85.66	84.07
净利润增长率(%)	30.32	-29.1	20.71	16.4
净资产收益率(%)	9.43	8.04	14.88	13.89
总资产回报率(%)	1.28	1.29	2.12	2.21

数据来源:零壹融资租赁研究中心,Wind。

从资产规模来看,远东租赁资产总额呈逐年递增趋势。截至2014年末、2015年末、2016年末,公司资产总额分别为1033.53亿元、1209.45亿元、1588.81亿元,2016年末资产总额较上年末增长31.37%。资产规模增长较快主要系融资租赁业务规模的扩大、资金筹集能力的增强以及经营业绩的积累。

从营业收入来看,远东租赁主营业务收入整体呈现上升趋势。2016年实现营业总收入131.67亿元,2015年为88.67亿元,同比增长48.49%。这主要是因为融资租赁业务各板块都快速增长,建设、工业装备、教育等板块增速较快。远东租赁主营业务中占比较大的两个板块分别为:融资租赁及保理、咨询服务。2014—2016年远东租赁的主营业务毛利率分别为58.94%、49.10%、62.38%,基本呈波动下降趋势。

从净利润来看,2014—2016年远东租赁实现归属于母公司所有者的净利润分别为 21.94 亿元、15.56 亿元、20.28 亿元,2015 年较 2014 年减少 29.08%。这主要是由于在 2015 年主营业务收入没有增长的情况下,营业成本与管理费用分别增长 18.27% 和 41.49%,营业利润下降明显。其净利润主要依赖融资租赁及保理业务的发展,近年来变动趋势与营业收入基本吻合。

6.5.2 狮桥租赁 ABS 部分出表

狮桥融资租赁(中国)有限公司(下称"狮桥租赁")12 月 13 日发行第五期 ABS(狮桥五期资产支持专项计划),募集 10 亿元资金,并实现"部分出表"。

表 6-16 本期 ABS 具体分层情况

债券名称	大公国际	分层比例(%)	发行金额(万元)	当期票息(%)
狮桥 05A	AAA	79.30	79300.00	4.50
狮桥 05B	AA	4.20	4200.00	5.30
狮桥 05C	—	16.50	16500.00	0.00

数据来源:零壹融资租赁研究中心,Wind。

1. 入池资产集中于重卡和乘用车

本期基础资产池主要分为重型卡车融资租赁资产与乘用车融资租赁资产两类,入池资产中,乘用车数量占比约 59.70%,重卡车辆数量占比约 40.30%。乘用车最高价格为 97.80 万元,最低价格为 1.65 万元,融资金额在 20 万元以内的超过 90%,减轻了承租人的还款压力。

本期入池基础资产租赁合同共计 11160 笔,承租人户数为 10252 户,应收租金总规模约为 11.67 亿元,剩余应收本金约为 10.07 亿元。

基础资产池对应租赁物中,新车本金余额占比为 75.23%,二手车占比为 24.77%。本次入池的二手乘用车租赁资产本金余额占乘用车租赁资产比例达 60.17%。相比于狮桥四期 ABS,本期入池的乘用车二手车比例增加进一步拓宽了资产池租赁物覆盖品牌范围。

此外,本次资产证券化项目入池资产均为正常类资产,所有资产对应租赁物均已投保,所有租赁合同均设有租赁物抵押担保。

2. 已发 4 只 ABS 各有特色

截至 2016 年底,狮桥租赁共发行 5 只 ABS,发行总额达 30.61 亿元。

表 6-17 狮桥租赁 ABS 历史发行情况

项目名称	发行总额（亿元）	次级占比（%）	监管机构	发行公告日
狮桥四期资产支持专项计划	6.4	12.50	证监会主管 ABS	2016-08-12
狮桥三期资产支持专项计划	5.94	5.05	证监会主管 ABS	2016-03-21
狮桥二期资产支持专项计划	3.45	10.00	证监会主管 ABS	2015-11-18
狮桥一期资产支持专项计划	4.82	20.75	证监会主管 ABS	2015-01-20

数据来源：零壹融资租赁研究中心，Wind。

资料显示，狮桥租赁以往发行的几只 ABS 各有特色：狮桥一期 ABS 是深交所（备案制后）的第一只租赁资产支持的证券产品。二期 ABS 的特色更多，最突出的就是循环购买。三期为医疗类资产支持专项计划。四期是狮桥首单车辆类 ABS。

截至 2016 年底，狮桥一期资产支持专项计划、狮桥二期资产支持专项计划和狮桥三期资产支持专项计划运行正常，基础资产管理良好，对应的租赁资产运营情况良好，回款情况稳定。具体兑付情况如下：

一期 ABS 已完成了优先 A1 - 优先 A6 资产支持证券的本金兑付，次级证券本金偿还额现阶段超过 96.00%；

三期 ABS 已完成优先 A1 资产支持证券的本金兑付；

四期 ABS 已完成优先级兑付本金约 6707.71 万元。

6.5.3 汽车租赁资产成 ABS 市场新宠 累计发行规模超过 200 亿元

1. 汽车租赁 ABS 超 200 亿元，市场集中度较高

据零壹融资租赁研究中心不完全统计，截至 2017 年 5 月，汽车类租赁 ABS 发行规模已超过 200 亿元，且市场集中度较高。汽车租赁 ABS 发行规模较大的融资租赁公司主要有汇通信诚、上海易鑫租赁、先锋太盟、狮桥租赁等，其中：

汇通信诚发行 10 只，发行总额 122.02 亿元；

上海易鑫融资租赁发行 6 只，发行总额 55.49 亿元；

先锋太盟发行 10 只，发行总额 30.14 亿元；

狮桥租赁发行 3 只，发行总额 25.4 亿元。

从单笔发行金额来看，先锋太盟为 3.01 亿元，汇通信诚为 12.20 亿元，差异较大。这主要受制于客观条件，单笔发行金额小是汽车租赁尤其是做低端车租赁的特色。汇通诚信租赁公司因其业务体量大,单笔发行金额较大。

2. 汽车租赁类资产小而分散、成 ABS 市场新宠

狮桥租赁已发行的 3 只汽车租赁类 ABS 基础资产主要为重卡和乘用车两类。其中,四期为狮桥租赁首单车辆类 ABS,发行金额 6.4 亿元。狮桥五期实现部分出表,入池乘用车资产品牌众多,92.50% 乘用车均在 20 万元以下,承租人还款压力并不大。狮桥六期募集资金 9 亿元,资产池来自 8932 笔租赁资产,单笔资产平均余额 10.07 万元,借款人分散于 26 个省、自治区、直辖市,资产集中度风险较低。

易鑫二期 ABS 入池资产涉及 28133 户承租人签订的 28179 笔融资租赁合同,风险较为分散;加权平均初始抵押率为 67.45%;资产池组合的信用风险较低。

从这些公开信息来看,小而分散是汽车租赁作为 ABS 基础资产的主要特点,可有效降低资产池风险,这也是近年来汽车租赁资产在 ABS 市场广受青睐的主要原因。

第 7 章

租赁金融债、公司债发行情况

7.1 金融债

7.1.1 概念和发展历程

1. 租赁金融债的概念

金融债券是由银行和非银行金融机构在全国银行间债券市场发行的、按约定还本付息的有价证券,具有流动性较强、期限长、成本较低的特点。

在英、美等欧美国家,金融机构发行的债券归类于公司债券。在我国和日本等国家,金融机构发行的债券称为金融债券。其中,金融租赁公司发行的金融债券成为租赁金融债。

金融租赁公司常规的融资方式有同业借款、同业拆借、保理借款、应收租赁款回购式转让、抵质押借款、内保外贷、发行金融债券等。其中发行金融债券融资属于企业的一种直接融资方式,在成熟的资本市场上,债券融资往往更受企业的青睐,因此发行金融债券融资也是金融租赁公司的一种重要筹资手段。

2. 租赁金融债的发展历程及相关政策

我国金融债券的发行是一个逐步放开的过程,最初只在国有大行、极少数的政策性银行中发行,渐渐地又有10多家金融机构具备资格发行金融债券。

2009年9月中国人民银行和中国银监会联合发布公告,允许金融租赁公司和汽车租赁公司等发行金融债券。中国人民银行表示,允许金融租赁公司发债,有利于拓宽其资金来源渠道,促进融资租赁业务开展,并增强其支持中小企业发展的能力。根据要求,发行金融债券,金融租赁公司注册资本金应不低于5亿元或等值的自由兑换货币,汽车金融公司注册资本金不低于8亿元或等值的自由兑换货币;而发行金融债券后的资本充足率均应不低于8%。

金融租赁公司发行金融债券主要是依据中国人民银行《全国银行间债券市场金融债券发行管理办法》《全国银行间债券市场金融债券发行管理操作规程》等法律法规。

但2011年后,金融租赁公司发债一直处于停滞状态,直到2013年6月26日招银租赁金融债的发行标志着租赁金融债时隔两年后再次重启。2010—2014年,只有4

家金融租赁公司发行金融债，2015 年开始有上升趋势，有 6 家金融租赁公司发债，2016 年有 10 家金融租赁公司发行金融债。

2014 年 5 月，中国人民银行和银监会发布公告，规范了金融租赁公司在银行间市场发行金融债的条件。公告所称金融租赁公司是指经中国银行业监督管理委员会批准设立，以经营融资租赁业务为主的非银行金融机构。

同时，公告表明中国人民银行和中国银行业监督管理委员会依法对金融租赁公司金融债券的发行进行监督管理；中国人民银行对金融租赁公司在银行间债券市场发行和交易金融债券进行监督管理；中国银行业监督管理委员会对金融租赁公司发行金融债券的资格进行审查。

公告对金融租赁公司发行金融债券的条件进行了规范，应该具备以下条件：

（1）具有良好的公司治理机制、完善的内部控制体系和健全的风险管理制度；

（2）资本充足率不低于监管部门的最低要求；

（3）最近三年连续盈利；

（4）风险监管指标符合审慎监管要求；

（5）最近三年没有重大违法、违规行为；

（6）中国人民银行和中国银行业监督管理委员会要求的其他条件。

对于资质良好但成立未满三年的金融租赁公司，可由具有担保能力的担保人提供担保。

金融租赁公司、汽车金融公司和消费金融公司发行金融债券，应向中国银行业监督管理委员会报送以下文件：

（1）金融债券发行申请报告；

（2）发行人公司章程或章程性文件规定的权力机构的书面同意文件；

（3）发行人近三年经审计的财务报告及审计报告；

（4）募集说明书；

（5）发行公告或发行章程；

（6）承销协议；

（7）发行人关于本期偿债计划及保障措施的专项报告；

（8）信用评级机构出具的金融债券信用评级报告和有关持续跟踪评级安排的说明；

（9）发行人律师出具的法律意见书；

（10）中国银行业监督管理委员会要求的其他文件。

采用担保方式发行金融债券的，还应提供担保协议及担保人资信情况说明。

金融租赁公司、汽车金融公司和消费金融公司发行金融债券申请获得中国银行业监督管理委员会批准后,除了上述文件,还应向中国人民银行报送以下文件:

(1)中国银行业监督管理委员会同意金融债券发行的文件;

(2)中国人民银行要求的其他文件。

2015年9月初,国务院办公厅发布《关于促进金融租赁行业健康发展的指导意见》(69号文),允许通过发行债券、资产证券化等方式多渠道筹措资金。

7.1.2 2016年租赁金融债发行统计

2016年,金融租赁公司金融债(下称"租赁金融债")发行数量达15只,同比增长67%;发行金额共计280亿元,同比增长42%;加权平均利率为3.30%,同比下降16%。

1. 发行规模大幅增加,发行利率明显下降

从期限来看,2016年租赁金融债主要为3年和5年期债券,其中3年期金融债有13只,5年期2只。

从债券评级来看,租赁金融债评级普遍较高,AAA级的有9只,其余均为AA+。

从2010—2016年,租赁金融债的发行数量和发行规模都有明显增加,6年间共发行租赁金融债605亿元,其中2016年发行总额占6年总额的46.3%。

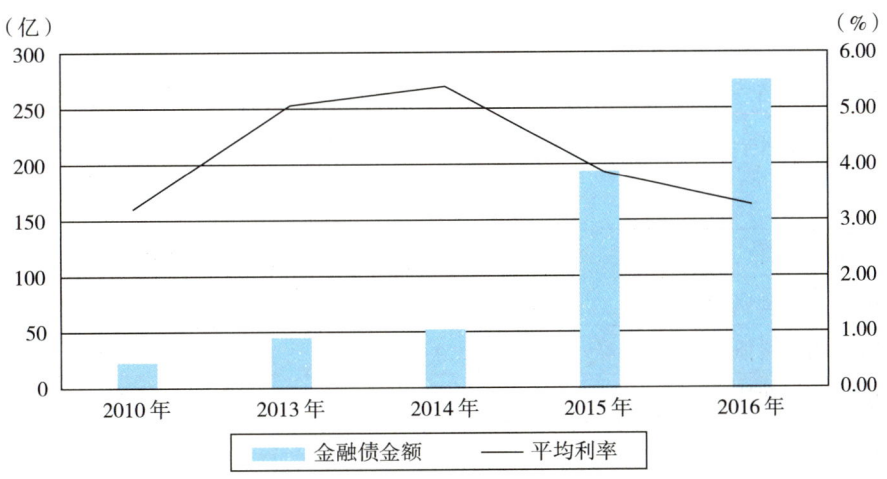

图7-1 2010—2016年租赁金融债发行金额、利率走势

数据来源:零壹融资租赁研究中心。

2. 多家金融租赁公司首发金融债

发行机构中,除了招银金融租赁、交银金融租赁、江苏金融租赁、中国外贸金融租赁4家公司,信达金融租赁、河北金融租赁、哈银金融租赁、皖江金融租赁、国银金融

租赁、建信金融租赁 2017 年均为首次发行金融债。其中皖江金融租赁 8 月发行的 6 亿元金融债为新三板公司的第一例金融债。

从 2016 年发行的金租金融债规模来看,交银金融租赁共发行 3 只共计 60 亿元金融债,位列第 1;其次是建信金融租赁和信达金融租赁,均发行了 2 只共计 50 亿元金融债。

表 7-1 2016 年金融租赁公司金融债发行金额排行榜

发行人	发行总额(亿)	数量(只)
交银金融租赁	60	3
建信金融租赁	50	2
信达金融租赁	50	2
招银金融租赁	38	1
国银金融租赁	30	1
江苏金融租赁	20	1
哈银金融租赁	10	1
皖江金融租赁	16	2
河北金融租赁	5	1
中外贸租赁	1	1

3. 金融债利率大幅下降

2016 年的 15 只金融债中,利率最高的是皖江金融租赁发行的 6 亿元金融债,利率高达 4.5%,利率最低的是国银金融租赁发行的 30 亿元金融债,利率为 3.0%。

表 7-2 2016 年金融租赁公司金融债发行票面利率排行榜

债券简称	期限	票面利率(%)
16 国银租赁债 01	3 年	3.00
16 建信租赁债 01	3 年	3.05
16 交银租赁债 02	3 年	3.05
16 信达租赁债 02	3 年	3.15
16 交银租赁债 01	3 年	3.17
16 江苏金租债	3 年	3.25
16 建信租赁债 02	5 年	3.25
16 交银租赁债 03	5 年	3.25
16 招银租赁债 01	3 年	3.27
16 哈银租赁债 01	3 年	3.50

续表

债券简称	期限	票面利率(%)
16 信达租赁债 01	3 年	3.81
16 皖江租赁债 02	3 年	4.20
16 河北租赁债 01	3 年	4.25
16 中外贸租赁债 01	3 年	4.38
16 皖江租赁债 01	3 年	4.50

数据来源：零壹融资租赁研究中心。

2015 年发行的金融债票面利率最高的是中国外贸金融租赁在 2015 年 8 月发行的 20 亿元金融债，利率为 4.64%。在历史发行的金融债中，利率最高者为交银金融租赁和江苏金融租赁在 2014 年初分别发行的 2 亿元和 1 亿元金融债，票面利率同为 6.1%。

今年的利率相比 2015 年有所下降，2015 年的加权平均票面利率为 3.93%，2016 年的加权平均票面利率为 3.30%，同比下降 16%。

7.1.3 租赁金融债发行特点与存在的问题

金融债是金融租赁公司重要的中长期融资工具。金融债对于金融租赁具有更多的先天优势，既能有效地解决资产负债期限错配的问题、缓解流动性风险，又可以降低融资成本，还增加了融资渠道、有利于流动性管理以及筹集稳定而期限灵活的资金。

在众多资金来源方面，金融债的期限特点与金融租赁业务周期匹配度最高。此外，在融资成本、规模效益等方面，金融债也是金融租赁公司的最佳选择。

目前，我国金融租赁公司的资金来源主要是自有资金、股东增资、银行贷款、同业拆借等。但随着业务规模的高速增长，单纯依靠自有资金与股东增资无法满足业务增长需求。而同业资金虽然成本较低，但受银行间市场流动性的变化影响明显，不确定性较强，期限匹配度也差，不利于流动性管理。银行贷款（期限通常在一年以内）也同样存在资产负债期限错配的问题，往往只能通过"短借长用"的方式来弥补期限上的不足，存在较大的流动性风险隐患。

金融债对于金融租赁行业的行业特点具有更多的先天优势：

第一，期限更加匹配。金融债的融资期限通常为 3~5 年，与租赁行业的业务周期匹配度较高，解决了资金来源短期化和资金运用长期化之间的矛盾；

第二，融资成本更低。已发行的金融债利率水平平均在 4% 左右，低于 Shibor 利率水平，更高的利差可以为金融租赁行业带来更多的利润；

第三，多元化融资方式。有利于发行人管理流动性及筹集稳定而期限灵活的资

金,缓解其潜在的流动性风险,优化公司资产负债结构;

第四,融资规模大。已发行的金融债最低规模为 5 亿元,相对于银行贷款和同业拆借,规模效应更加明显,交易成本更低;

第五,扩大公司影响力。通过在银行间债券市场上发债,发行人可以扩大自身在资本市场的品牌知名度,对于金融租赁公司在资本市场上更多的融资活动具有战略意义。

但由于金融债不计入资本,而金融租赁公司也缺乏次级债等资本补充工具,资本补充问题对业务扩张的制约会逐渐显现出来。

7.2 公司债

7.2.1 概念、分类和发展历程

1. 公司债的概念、分类及政策

《公司法》对公司债券的定义是:"指公司依照法定程序发行、约定在一定期限内还本付息的有价证券。"

公司债可按以下进行分类:

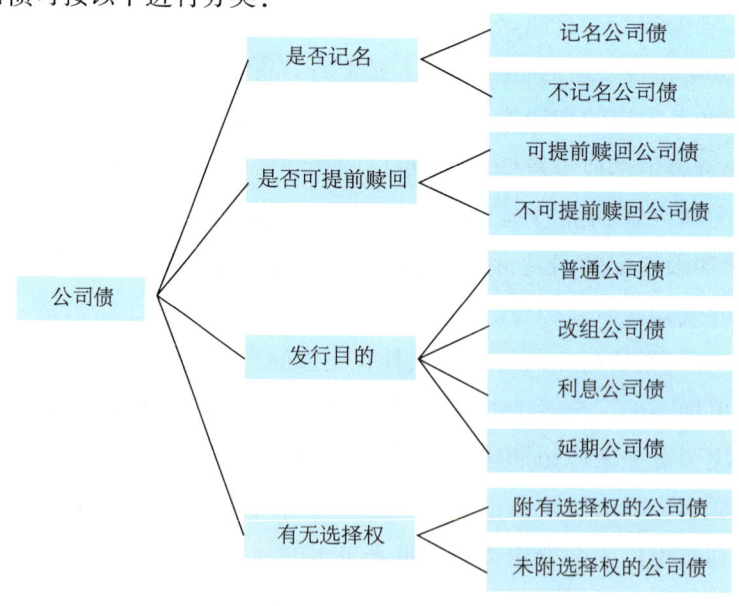

图 7-2 公司债分类

长期以来,租赁公司在发展过程中不断拓展融资渠道,发行债券也是租赁公司融资的方式之一。

在2007年1月全国金融工作会议上,制定了要大力发展公司债市场的方针,发行由审批制转向核准制,并且在会议之后推出了一系列诸如做市商新规定、企业年金进入银行间市场等规定。

在2007年3月召开的全国政协十届五次会议上,《关于2006年国民经济和社会发展计划执行情况与2007年国民经济和社会发展计划草案的报告》提出,2007年要加强债券市场基础性制度建设,扩大企业债券发行规模,做好产业投资基金试点工作。债券市场的发展将迎来历史性的发展新机遇,可以预见一个更为透明、公开、创新的市场。在公司债发行管理办法出台后,公司债的发行将掀开新的篇章。

2007年8月14日,中国证监会出台了关于实施《公司债券发行试点办法》有关事项的通知(以下简称《试点办法》),试点初期,试点公司限于沪、深证券交易所上市的公司及发行境外上市外资股的境内股份有限公司。

2015年1月15日,中国证监会出台了《公司债发行与交易管理办法》(以下简称《办法》)。该《办法》分总则、发行和交易转让、信息披露、债券持有人权益保护、监督管理和法律责任、附则6章程73条,自公布之日起施行。该《办法》取代了施行七年多的《公司债券发行试点办法》(证监会令第49号,以下简称"《试点办法》")。此次公布实施的《管理办法》将适用证券公司债券发行的规定也被纳入统一适用,实际上是将原来分散的针对不同发行主体的债券发行规则进行了统一。

原《试点办法》规定的公司债券发行主体仅限于沪、深证券交易所上市的公司及发行境外上市外资股的境内股份有限公司,《办法》将发行范围扩大至所有公司制法人,使得发行主体数量获得大幅扩展,缓解了企业融资难问题,抬升了公司债的平均发行规模,但《办法》规定的发行主体不包括地方政府融资平台公司。

《办法》出台后,相比2014年发行的2只公司债共计0.38亿元,2015年公司债的数量与金额已有显著提升,2015年共发行了21只公司债,共计41.52亿元,2016年的租赁公司债又在金额上有了大幅提升,说明该办法的积极作用正在显现。

从另一方面来看,办法的出台缩短了审核时间,面向合格投资者的公司债审核周期可缩短至30个工作日,为发行者提供较大的便利。受益于交易所优良的流动性环境,公司债发行利率得以降低,降低了公司的发行成本。

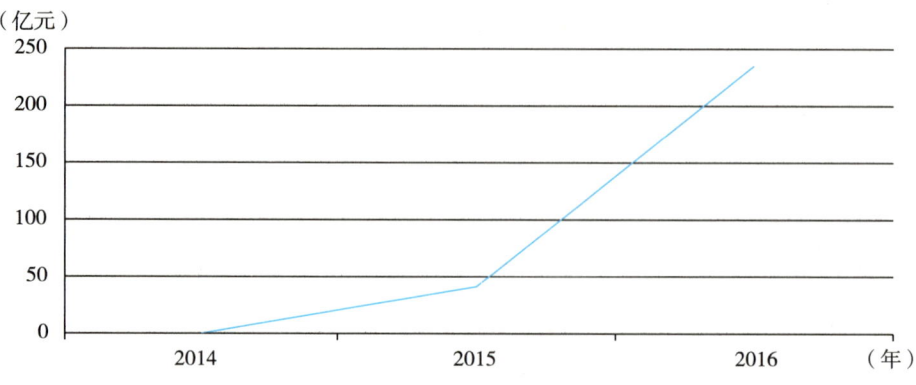

图 7-3　2014—2016 年融资租赁公司债发行总额

数据来源:零壹融资租赁研究中心。

7.2.2　2016 年租赁公司债发行统计

2016 年,融资租赁公司共发行公司债 20 只(下称"租赁公司债"),与 2015 年基本持平;发行总金额达 235.5 亿元,同比增速超 467%。且主要为 3 年、5 年期公司债,其中 5 年期 14 只,共 172.5 亿元,占 2016 年发行总数的七成。

2016 年发行的租赁公司债中,远东国际融资租赁发行总额及数量位列第 1,发行了 6 只公司债,共计 130 亿元,占发行总额的 55%;其次是中民国际融资租赁,共发行了 2 只共 50 亿元公司债;发行总额第 3 的是中国环球租赁,共 3 只公司债 22 亿元。

表 7-3　2016 年融资租赁公司债发行金额排行榜

发行人	发行总额(亿)	数量(只)
远东国际租赁	130	6
中民国际融资租赁	50	2
中国环球租赁	22	3
国泰租赁	6	1
中信富通融资租赁	5	1
天津渤海租赁	5	1
广东粤科融资租赁	5	2
狮桥租赁	4.5	1
长江租赁	4	2
聚信国际租赁	4	1

数据来源:零壹融资租赁研究中心。

第7章 租赁金融债、公司债发行情况

2016年公司债中,发行利率最高的是长江租赁2月和8月发行的两只公司债,利率分别为7.5%、7%;利率最低的是远东国际租赁在今年1月和3月发行公司债,利率分别为3%、3.03%。

2015年公司债中,宝信国际融资租赁2015年8月发行的公司债票面利率最高,达8.9%;最低的是远东国际租赁2015年11月发行的20亿元公司债,利率为3.85%。

从利率来看,2015年平均利率为5.85%,2016年平均利率为3.93%,同比降低了33%。

表7-4 2016年融资租赁公司债发行利率排行榜

发行人	名称	期限(年)	票面利率(%)
远东国际租赁有限公司	16远东一	5	3
远东国际租赁有限公司	16远东三	5	3.03
中国环球租赁有限公司	16环球01	5	3.13
中国环球租赁有限公司	16环球02	5	3.14
远东国际租赁有限公司	16远东五	5	3.15
远东国际租赁有限公司	16远东六	5	3.46
中国环球租赁有限公司	16环球03	5	3.5
远东国际租赁有限公司	16远东四	5	3.8
远东国际租赁有限公司	16远东二	5	4
国泰租赁有限公司	16国泰01	5	4.65
中民国际融资租赁股份有限公司	16民租01	3	4.7
中民国际融资租赁股份有限公司	16民租02	3	4.97
中信富通融资租赁有限公司	16富通债	5	5.5
广东粤科融资租赁有限公司	16粤租02	5	5.6
狮桥融资租赁(中国)有限公司	16狮桥债	5	5.88
聚信国际租赁股份有限公司	16聚信一	3	6
广东粤科融资租赁有限公司	16粤租01	5	6.3
长江租赁有限公司	16长租02	3	7
长江租赁有限公司	16长租01	3	7.5
天津渤海租赁有限公司	16津租02	3	

数据来源:零壹融资租赁研究中心。

7.2.3 租赁公司债发行特点与存在的问题

租赁公司债具有筹资数额大、筹资资金的使用限制相对较少的特点,但资本成本负担较高。

1. 一次筹资数额大

利用发行公司债券筹资,能够筹集大额的资金,满足公司大规模筹资的需要。这是在银行借款、融资租赁等债权筹资方式中,企业选择发行公司债券筹资的主要原因,也能够适应大型公司经营规模的需要。

2. 筹集资金的使用限制条件少

与银行借款相比,债券筹资筹集资金的使用具有相对的灵活性和自主性。特别是发行债券所筹集的大额资金,主要用于流动性较差的公司长期资产上。从资金使用的性质来看,银行借款一般期限短、额度小,主要用途为增加适量存货、增加小型设备等;反之,期限较长、额度较大,用于公司扩展、增加大型固定资产和基本建设投资的需求多采用发行债券的方式筹资。

3. 资本成本负担较高

相对于银行借款筹资,发行债券的利息负担和筹资费用都比较高。而且债券不能像银行借款一样进行债务展期,加上大额的本金和较高的利息,在固定的到期日,将会对公司现金流量产生巨大的财务压力。尽管公司债券的利息比银行借款高,但公司债券的期限长、利率相对固定。在预计市场利率持续上升的金融市场环境下,发行公司债券筹资,能够锁定资本成本。

第 8 章

汽车融资租赁

8.1 汽车融资租赁发展背景及现状

汽车融资租赁指出租人（融资租赁公司）根据承租人对车辆的特定要求和对品牌、经销商的选择，出资向经销商购买车辆，并租给承租人使用，承租人则分期向出租人支付租金，在租赁期内车辆的所有权属于出租人所有，承租人拥有车辆的使用权。租期届满，租金支付完毕并且承租人根据融资租赁合同的规定履行完全部义务后，承租人以一个名义价格（一般远低于车辆市场价值）购买车辆，车辆最终归承租人所有的交易过程；或者，承租人委托融资租赁公司处理车辆残值。

8.1.1 中国汽车融资租赁发展背景

汽车融资租赁业务于20世纪80年代就已进入中国。当时汽车并不属于消费品，除了少数领导使用，企业拥有使用的汽车数量及级别均受到限制；恰逢融资租赁行业进入中国不久，发展方向尚不明确，加之国家放开政策允许进口汽车，当时全国只有10家允许进口汽车的企业，其中就有2家是融资租赁公司，中国汽车融资租赁业务应运而生。这些租赁公司拿到汽车进口批文，通过融资租赁方式进口汽车，之后高价租给企业，帮助企业绕过了政府对汽车使用的级别限制，实质是变相地卖进口汽车批文。

1985年，该漏洞被发现，财政部发文不允许开展汽车融资租赁业务，堵住企业超前消费，汽车融资租赁业务因此陷入停滞。

进入20世纪90年代中期，汽车经营租赁开始崛起，部分租赁公司开始尝试通过融资租赁的方式销售汽车。尽管此时国营企业变成国有企业，私人经济开始发展，但还是抑制不住国有企业的乱投资和超前消费问题。

1997年11月，财政部再次出台政策叫停汽车融资租赁，《关于不得以融资租赁方式变相销售购买小汽车的通知》（财预字〔1997〕第378号）指出，最近一个时期以来，一些汽车租赁企业无视财务制度规定和控制社会集团购买力的规定，借汽车租赁为名变相将小汽车出售给单位的现象时有发生，有的还在租赁合同中明确规定，合同期满后小汽车所有权归属承租者；一些承租单位则将小汽车的租赁购置费用摊进成本（费用）。这种不规范的经营行为给财务制度和控购管理工作带来了很大的冲击，并造成一定程度的混乱。故明确规定，不得以融资租赁方式变相销售小汽车，不得搞以租代卖。

进入 21 世纪,中国的经济体系发生了重大变化,由限制消费和投资转变为鼓励消费和投资,汽车融资租赁被重新关注。

2000 年出台的《金融租赁公司管理办法》中,租赁物界定为固定资产,但当时不允许做汽车融资租赁的政策并未取消。

直到 2003 年 1 月 30 日,为了适应我国加入世贸组织新形势的需要,叫停汽车融资租赁业务的财预字〔1997〕第 378 号文才得以废止。

2004 年商务部与国家税务总局发布的《关于从事融资租赁业务有关问题的通知》(商建发〔2004〕560 号)文件出台,汽车融资租赁才得以合法准入。有关汽车融资租赁的监管按照国务院的责任划分,自然地落在商务部身上。2004 年国内首批 9 家内资试点融资租赁公司正式成立,其中就包括从事汽车融资租赁业务的融资租赁公司——联通租赁集团有限公司和长行汽车租赁有限公司等,2006 年 4 月又加入了安吉汽车租赁有限公司。

2005 年 2 月 3 日,商务部下发《外商投资租赁业管理办法》(商务部令 2005 年第 5 号),明确办法所称租赁财产包括汽车。至此,三类融资租赁公司的汽车融资租赁业务都得以合法准入。

2008 年 1 月 24 日,中国银监会颁发《汽车金融公司管理办法》,办法明确规定汽车金融公司经批准可以从事汽车融资租赁业务及向金融机构出售或回购汽车融资租赁应收款业务。办法颁布后,2004 年以来成立的汽车金融公司,如上汽通用汽车金融公司、梅赛德斯—奔驰汽车金融公司、菲亚特汽车金融公司、沃尔沃汽车金融公司等陆续获批从事汽车融资租赁业务。

自此,汽车融资租赁业务逐渐步入正轨,到 2011 年,随着各路资本的进入,汽车租赁行业开始逐渐萌芽、起步并进入蓬勃发展的阶段。

8.1.2 中国汽车融资租赁行业发展现状

2011—2015 年,受制于汽车租赁相关法律及税收政策的制约,汽车租赁行业整体发展较为缓慢,近两年随着政策环境的逐渐完善、年轻一代消费观念的变化等,市场进入蓬勃发展期。有观点认为,2016 年是中国融资租赁的元年。

虽然与欧美等成熟汽车市场 80% 的汽车金融渗透率相比,中国仅有 20%,但随着中国消费者消费习惯的改变,中国汽车金融市场正迎来发展的黄金时期,市场规模正随着专业汽车租赁公司、整车厂、经销商及银行系融资租赁公司的积极加入快速增长。

此外,年轻一代的崛起,汽车限购、限牌政策的推出,更是为汽车融资租赁市场提供强有力的需求支撑。

进入2016年之后,中国人民银行、银监会联合发布的《关于加大对新消费领域金融支持的指导意见》,为汽车金融及融资租赁行业的发展助力。种种迹象表明,中国汽车行业这片土壤,已开始具备汽车金融及融资租赁"茁壮成长的养分"。

罗兰贝格统计,2014年我国汽车金融渗透率仅为20%,2015年为35%,较2014年大幅增长,但仍与汽车金融成熟国家有较大的差距。

未来5年,汽车金融将是汽车产业链上的明星业务,低市场渗透率蕴含着巨大的增长潜力,预计在2020年可以提升至50%。"80后""90后"将逐渐成为消费主力,对金融产品的接受度提高。供应链层面将会由银行独大转变为多方参与,如汽车金融公司和融资租赁公司。其中,融资租赁公司因其灵活性而将成为汽车金融市场的新生力量。

根据德勤的调研统计,截至2014年末,国内汽车融资租赁在汽车金融行业的渗透率仅约为2%;截至2015年底,汽车融资租赁渗透率依然不超过2%,较北美成熟市场超过50%的融资租赁渗透率相去甚远,但同时也蕴藏着巨大的发展潜力;目前在国内,个人租赁市场基本未开放,即使是公司车队,租赁渗透率也不到10%,且客户基本为外企;而在德国、法国等成熟市场,每年近50%的公司车辆会以租赁的形式出售。

有数据显示,2009—2014年,中国汽车融资租赁市场规模从1000辆增长至20.8万辆,实现了191%的符合增长率,根据市场经验,预计2015—2020年汽车融资租赁年均符合增长率仍将保持在50%以上,到2020年,有望实现6%的渗透率。

国内广阔的汽车融资租赁市场空间也吸引了大量资本布局这一领域,目前国内汽车融资租赁市场的主要参与者已经形成体系,大致分为银行系租赁公司、专业租赁公司、厂商系租赁公司、经销商系租赁公司等四类。

值得关注的是,厂商系和经销商系的融资租赁公司凭借在销售渠道、车辆维修服务、残值评估和二手车协同处理等方面的优势,逐渐在这个领域发展壮大,并成为汽车厂商和经销商集团新的利润增长点。

8.2 汽车融资租赁参与主体对比分析

广阔的市场空间吸引了大量的资本开始布局汽车融资租赁这一领域,目前国内汽车融资租赁市场的主要参与者已形成体系,大致分为独立第三方、银行系、厂商系和经销商系四类。独立第三方租赁公司一方面赚取利息收入及手续费收入,另一方面通过二手车再销售的价差获得利润。对汽车厂商而言,设立汽车融资租赁可以降低新车使用/购买门槛,吸引更多客户,促进新车销售。对经销商而言,开展融资租赁业务能够帮助缓解库存压力,增加二手车的供给,另外通过提供汽车保险、延保、售后和汽车零部件及精品加装等捆绑服务,提高售后返厂率,充分挖掘汽车全生命周期价值,并让融资租赁成为继新车销售和售后保养以外新的盈利增长点。

表 8-1 汽车融资租赁企业类型与特点

类型	代表性企业	企业特点
独立第三方	先锋太盟融资租赁远东国际租赁平安租赁车行天下融资租赁创富融资租赁捷众普惠国际融资租赁	专注融资租赁业务,为客户提供专业的整合服务业务经验丰富、流程高效、人才储备实力强,业务模式更加灵活多样,销售渠道相对有限
银行系	工银金融租赁国银金融租赁交银金融租赁民生金融租赁	资金实力雄厚,资金成本较低,专业度较低,销售渠道有限,对客户的理解有限
厂商系	先锋国际融资租赁东风日产易租车梅赛德斯—奔驰租赁大众新动力	具备汽车生产制造能力,不仅能促进品牌新车销售,还能通过回收、维修、出租二手车,实现二次销售收益
经销商系	广汇汽车租赁中进汽贸服务易汇资本融资租赁庞大乐业融资租赁上海永达融资租赁	销售渠道较广,与终端消费者接触更多,对客户行为有深入了解

数据来源:零壹融资租赁研究中心整理。

从外部来看,也有诸多因素吸引各路资本在汽车融资租赁领域进行布局。越来越多的城市推出汽车限购、限牌政策,大幅提高了消费者的购车成本以及车辆获取的可能性,这也为汽车租赁市场创造了强有力的需求支撑;喜欢"超前消费"和分期付款的"80后""90后"年轻消费者对汽车融资租赁的接受度逐步提高;融资租赁可以抵扣税款,这也鼓励更多企业客户选择融资租赁缓解企业现金压力,降低税负;上海自贸区、深圳前海以及天津滨海自贸区为融资租赁企业创造了优惠的政策条件和多元化的融资渠道。如在自贸区内注册的融资租赁公司,拥有灵活度更高的贷款产品,同时还可以兼营保理业务。

1. 独立第三方

第一类也就是独立第三方融资租赁公司。相对于银行背景的金融租赁公司和厂商背景的融资租赁公司,独立第三方融资租赁公司数量众多,却面临单个体量小、融资渠道窄、融资难度大等问题。

对于独立第三方融资租赁公司,资金既是决定因素也是制约条件。

(1)股东背景不够强大,资本实力不够。融资租赁公司的融资能力实质上是公司的核心竞争力,因此股东的资金实力较强,对公司发展的作用也最为直接。与金融租赁公司有强大的银行背景、厂商系公司多有大企业背景不同,独立第三方公司的股东自有资金往往有限,很难依赖股东的后续投入拓展业务。

(2)内资银行借款,难度与风险并存。对独立第三方融资租赁公司来说,使用最普遍的融资方式是向国内商业银行借款。租赁公司向银行贷款金额的多少、利率的高低,取决于自身的经营和信用状况以及能提供的担保情况。一般情况下银行对贷款有内部控制标准要求,一旦资产负债率超过70%以后将很难继续新增贷款。这对第三方融资租赁公司来说,是一个矛盾的问题,一方面,融资渠道依赖银行信贷,另一方面,贷款的增加必定提高公司的债权比和公司的风险系数,反过来又增加了贷款的难度。

(3)独立第三方融资租赁公司无法进入银行间市场开展金融机构同业拆借。由于我国的融资租赁行业分别归银监会和商务部监管,银行系金融租赁公司归银监会,在三类公司中目前仅有金融租赁公司可以向有金融许可证的同业金融机构拆借资金,内资试点和外商投资的融资租赁公司则不适用。尽管同业拆借是一个短期的货币市场,但利率低。

(4)直接融资难度太大。所谓的直接融资是指在资本市场发行股票或发行债券。股票上市条件要求苛刻、周期长、难度高。即使是在整个融资租赁行业内,直接融资的比例也依然非常低,对独立第三方公司而言,更是难以企及。

(5)租赁资产证券化还有待发展。租赁资产证券化本质上就是一个以租金收益权为支撑发行证券,融通资金的多主体、多环节的运作过程。尽管资产证券化是国际上各类应收款打包成固定收益产品的成熟做法,但受制于国内信用评级体系和征信系统,依然可谓是杯水车薪。

2. 银行系

传统银行系租赁公司的租赁标的物多集中在资本性货物上,如飞机、轮船、大型成套设备等,依托品牌、客户、网络和技术优势,建立了较为完善的金融租赁产品和服务体系。当前在汽车消费金融市场快速发展之际,更多的金融租赁公司凭借雄厚的资金实力,尝试大规模开展汽车融资租赁业务,然而目前影响金融租赁公司介入汽车租赁业务的主要原因是对汽车消费金融市场的覆盖面不够,风险控制没有针对性,于是采取和专业汽车融资租赁公司合作的方式,依托专业汽车融资租赁公司在市场开拓上的深度和广度,在风控技术上的专业性,在资产监管处置上的优势,各展所长,将会打造更有竞争力的租赁商业模式。

以国银租赁公司为例,该公司以厂商租赁和经销商租赁为主要服务对象,在国内率先开展商用车租赁业务。具体来看,该公司根据不同商用车的特点与需求,开展富有针对性的融资租赁业务,为国内商用车制造企业进入研发、生产、销售、发展的良性循环提供专业的金融租赁服务。目前,国银租赁的用户已基本覆盖全国各省、自治区、直辖市。

3. 厂商系

通常此类模式的公司业务涵盖范围较广,还涉及经营租赁业务、向国内外购买租赁资产、租赁财产的残值处理及维修以及租赁交易咨询与担保等。除融资租赁业务外,但因2013年8月起对融资租赁中增值税缴纳税基的严格控制,新的税务条款下,车厂需要缴纳额外的增值税额,这对于该模式下的租赁公司发展提出了挑战。

与银行系汽车融资租赁公司相比,这类公司在厂商支持政策、销售网络布局,以及系统对接等方面具备明显优势,但在融资渠道方面却比较有限,因此其发展也受到了资金规模和成本的限制,直接表现为库存金融业务很难真正做大。较为典型的是先锋国际融资租赁有限公司。

先锋国际融资租赁有限公司(下称"先锋租赁")是2009年9月8日经中华人民共和国天津市商务委员会批准注册的外资租赁企业。股东为世界知名汽车集团——宝马集团。长期以来,先锋租赁同汽车产业领袖深入合作,与宝马、大众、奥迪、沃尔沃、克莱斯勒、通用、雪铁龙等30余家主流品牌主机厂建立了战略合作伙伴关系。

当前,先锋租赁主要为企业及个人客户提供多样化的汽车融资解决方案(融资性租赁业务、经营性租赁业务)、车队管理解决方案、高端移动出行解决方案等服务。公司成立至今,成功推出替换车、试乘试驾车、公务用车、商用车、婚车、中小企业"明白租"产品、二手车、校车、客运车、房车等项目,产品几乎涵盖了与企业、个人相关的各种出行方式及乘车环境。

4. 经销商系

经销商开展融资租赁业务有以下四个优势:

第一是客户。客户有很多,凭借经销商股东的客户资源,这些人就是潜在可以做融资租赁的客户。第二是消费或交易场景,只要和消费有关的金融。七大风险难以解决,最终可能会导致很强烈的坏账,得不偿失。但是4S店,所有人见到,车是自己卖的,抵押自己的,所以它有一个非常强的优势,就是消费者场景非常真实。第三是当地的资源,经销商可以协调很多当地的资源,企事业的资源,当然还有独立第三方做不到的优惠。第四个是渠道。渠道是汽车经销商集团发展融资租赁的最大优势。相对于银行和汽车金融公司,经销商是直接面向消费者的,位于汽车销售的最前沿,在消费者购车的环节当中,经销商开展汽车融资租赁有着天然的优势。如今,越来越多的4S店加码汽车融资租赁服务。甚至有业内人士预测,经销商融资租赁未来有望成为国内汽车金融市场的一个主导模式。

此类以汇通信诚租赁为代表。汇通信诚是全国最大的汽车经销商广汇汽车的子公司,是国内较早开展汽车融资租赁业务的公司,背靠上市公司广汇汽车这棵大树,融资渠道较多,目前市场占有率靠前,是目前国内汽车融资租赁领域的"领头羊"。汇通的业务定位主要是以租赁的形式降低消费者购车的门槛,带动其汽车销售业务规模。公司租赁标的丰富,涉及其全国旗下4S店在售的多款汽车。

8.3 代表性企业发展现状及商业模式分析

8.3.1 回租为主——先锋太盟

先锋太盟融资租赁有限公司(下称"先锋太盟")成立于2015年2月17日,总部位于上海,截至2016年4月,公司注册资本已达到2亿美元,由亚洲著名投资集团——PAG太盟投资集团控股。

2015年3—10月,先锋太盟半年即实现当月盈利,11月实现累计盈利,全年累计完成了38000个合同,创造了中国汽车金融公司成立首年放款合同的新纪录。2016年上半年完成32000台车的租赁业务,投放金额达20亿元,预计全年合同数超过7万个,保有合同将超10万个。2015年度汽车销量为3.8万台,2016年汽车销量7万台,2016年二手车销量3万台。

1. 业务模式

在车辆的选择上,先锋太盟的车辆分配情况是:80%集中在A、B级车,20%在C

级车上;在汽车融资租赁业务中,新车占比80%,二手车占比20%。为满足客户的不同需求,先锋太盟设计出了e证融、自贸融、倾心融、轻松融等多种创新产品。

在获客方面,新车主要采取3种模式:一种是和授权商SP合作,SP通过4S店、综合展厅、二手车商户等渠道推广先锋太盟金融产品,在合同成交后由租赁公司支付一定佣金;第二种是和4S店以及厂家直接合作,如一汽丰田、广汽等;另一种是介入电商平台,如阿里巴巴的车秒贷,为电商平台切入金融产品。

对于二手车,先锋太盟主要采取与二手车交易市场合作的模式。2016年上半年,先锋太盟二手车交易占比28%,新能源车放款台次近3000台,放款金额同比大幅增长。

考虑到税收风险,先锋太盟采取了回租的产品模式。2017年全面"营改增"后,此限制取消,先锋太盟未来或许尝试直租业务。考虑到各地的限牌趋势,开展直租业务时,先锋太盟尤其注重地区的选择。

2. 获客渠道

合作渠道商间接获客,给付渠道商的佣金标准各有不同。具体的评估标准则根据合同转换率、逾期率、业务量、融资额等因素。此外,还通过高效审核增加客户黏度。进店客户的金融申请,30%可以在工作日一小时内给予信审决定,50%可以在三小时内决策完毕,90%可以当天决策完毕。

3. 主要的车型和目标客户

针对平行进口车推出了自贸融产品。近年来,国家政策放开,平行进口车领域开始起步,零售金融需求旺盛;另一方面,由于经销商发票低开,金融机构在价格认定上有难度。据此,先锋太盟推出自贸融,提供公允、较为专业的价格认定,得到经销商和客户的肯定。

针对新能源车推出环保融。新能源车前景广阔,先锋太盟主要与企业、网约车公司、经营性租赁公司合作。

在不同首付比例上,推出了e证融、明白融等多款产品。e证融主要针对可以提供较高首付的客户,只需客户提供身份证即可,大大简化了申请材料。明白融则除了缴纳首付,只需提供较少比例的保证金且到期可退还给客户,费率较低给客户更多样化的选择。

4. 风控措施

在车辆的选择上,先锋太盟的车辆分配情况是:80%集中在A、B级车,20%在C级车上。这种选择基于一定的经验曲线,一般车价到30万元以上欺诈风险就会明显提高,50万元以上的车辆欺诈风险更高。

在地域上,对于高价车带来的高风险问题,先锋太盟的做法是避开传统欺诈风险较为高发的区域。

在客户群上,先锋太盟遵循"三见四真"的原则——见人见车见需求,真首付真发票真抵押真面签。并注重人车匹配,客户信用评估,什么样的客户能够消费、适合消费什么样的车,进行综合评估。

5. 未来布局

首先,在两三年内做大直租比例;其次,更加广泛地依靠互联网获客,合作更多的互联网平台,如阿里巴巴、汽车之家等;再次,重点开发出区别于厂商金融的差异化金融产品,特别针对4S店需求旺盛的精品、保险、延保融资等产品加大开发力度;最后,针对部分集团经销商在自己开展融资租赁业务资金和团队缺乏问题,会通过股权合作、战略合作等多种形式进行合作。

8.3.2 直租为主——花生好车

花生好车是一家专注于新车销售及消费的汽车交易服务平台,以其平民化的品牌理念,实惠、低价的产品定位,为广大用户提供售前到售后全方位一站式服务;花生好车成立于2015年5月。公司总部设立在北京,直营城市店从一线至四线城市全覆盖,服务遍布北京、天津、杭州、广州、深圳、石家庄、济南、成都、武汉、重庆等全国80多个主要城市。

1. 业务模式

在国内融资租赁业务七成以上为回租业务,汽车融资租赁业务也绝大部分为回租业务的情况下,花生好车"叛逆"地选择了做汽车直租,并且只做汽车直租。

汽车融租业务在中国目前只适合用回租模式来做。其中最主要的原因是,租赁公司普遍认为中国人有着较强的产权观念,很难接受花钱买车,结果车辆并没有登记在自己名下。他认为相对汽车回租,汽车直租模式有诸多优点:首先,更方便控制风险。直租模式下,车辆登记在租赁公司名下,如果承租人出现逾期等违约现象,租赁公司能更方便地取回车辆并进行再处置;另外,车辆登记在租赁公司名下,承租人就很难将车辆抵押或者转卖,对防范第三人善意取得租赁物也大有裨益。

其次,盈利模式更加多样化。汽车回租模式的盈利主要来源于金融利差,而采取汽车直租模式,租赁公司还可以赚取汽车批发零售差价、保险返点等。

当然,汽车直租相对回租模式的诸多弊端,如转化率低、租赁公司需要承担车辆使用过程中带来的损坏或事故风险等。针对这些弊端,花生好车将车辆型号限定在几款性价比较高的畅销 A 级车,以解决转化率低的问题;通过为每辆车购买价值百万元的各种保险,来覆盖车辆使用过程中可能产生的风险。

2. 风控措施

即使是 0 首付,首次提车也能收回包括保证金和首期租金在内的 1.5 万元左右,再收回两三个月的租金,就能保证承租人逾期支付租金时,花生好车收回车辆进行处置不会产生损失,因此坏账的产生概率很低;其次,花生好车的直租车型主要为价值 10 万元左右的畅销 A 级车,保值及再处置方面都有优势;最后,花生好车还通过为每辆车购买了价值百万元的保险和安装 GPS 等方式防范车辆使用过程中可能产生的风险及诈骗风险等。

目前汽车消费在一二线城市增长乏力,增长的主要动力在三四线、四五线城市,花生好车正是看到了这一点,因而避开传统汽车消费的红海市场,将目光转向了汽车消费的新蓝海——三四线、四五线城市,将客户目标锁定在那些没被传统汽车经销体系覆盖的人群,并通过自建网点自主获客。摆脱对渠道商的依赖。截至 2016 年 8 月,花生好车已开业的网点有 110 家,遍布除西藏、黑龙江的各个省市。

汽车经销行业的特点是劳动密集型、资金密集型、分散,不容易形成垄断或者寡头垄断,这个市场也足够大,最终的格局就是有很多竞争者,每个竞争者获得一小块蛋糕。花生好车已经在这个市场里形成了一定的优势,首先是进入较早,抢占了市场先机,提前把网点布局到下沉区域市场;另外就是通过 IT 技术等不断提高汽车业务流程各个环节的服务水平,构建自己的业务壁垒;再通过规模的不断增长,在采购等上下游链条上形成壁垒。

3. 未来布局

在三四线、四五线城市包括小城镇继续铺设更多的网点,争取一年内开业网点 200~300 家;除汽车直租外,参考美国等发达国家的融资租赁模式,探索先租后买,可租可买、二手车等模式;二手车流通需要解决三个流程的问题——回收、检测和再处置,未来花生好车会在各个流程上延伸产业链,完善服务链条;争取 3~5 年内成为中国最大的汽车服务品牌。

第 9 章

中国融资租赁三十人论坛理事访谈录

9.1 邓英：不忘初心 坚守原则 均衡发展 发挥优势——论中小金融租赁公司发展的关键[①]

金融租赁行业从 2007 年开始进入了发展的新时期，2014 年之后，大量的中小金融租赁公司进入市场，客观上助推了行业的蓬勃发展。近些年，有关租赁行业发展道路的讨论不断，而作为中小金融租赁公司，要想在激烈的竞争下实现生存、发展的关键又是什么？结合邦银租赁 4 年来的实践经验，笔者认为，关键是要坚守"三性"原则、做到六个"坚持"。

1. 中小金融租赁公司已成为行业支撑

数量庞大。截至目前，全国已开业的金融租赁公司总数为 66 家，其中有 57 家公司资产规模在 600 亿元以下，有 47 家公司成立时间不足 5 年，有 35 家公司为地方中小银行参、控股，从数量上看，中小金融租赁公司占据着行业的大半江山。

贡献提高。截至目前，在已开业的 66 家公司中有 8 家资产规模超过千亿，这 8 家传统大型金租公司，规模合计占全行业的比重由 2013 年的 73% 下降到 2016 年的 56%，可以看出，近些年大量的中小金融租赁公司对行业的贡献比重在不断提高。

促进发展。中小金融租赁公司在股东实力、发展战略、经营思路等方面与传统大型金租有所差别，与大型金租在业务发展中既有竞争，也形成了一定的互补，客观上促进了租赁行业整体的发展、壮大。

2. 中小金融租赁公司发展的关键

（1）坚守"安全性、流动性、效益性"原则。

①安全性。

习近平总书记强调"金融安全是国家安全的重要组成部分"，作为一家中小金融租赁公司，由于资本实力、业务积累、资产分散程度等相对不足，更容易受到安全问题的影响，也更应该把"防范风险、确保安全"作为经营管理的首要原则，既要有健全的风控体系，又要保证各项风控手段的高标准执行，不能为了"冲规模、抢投放"而牺牲

---

① 本文作者为CFL30成员、邦银金融租赁股份有限公司总裁邓英。

风控底线。近几年,国内经济下行压力较大,邦银租赁坚持将风险防控放在发展的首位,建立全流程的风控体系,以"三农"和中小企业、国计民生、高端装备制造、节能环保等行业为主要投放领域,从未介入"两高一剩"和房地产行业,重视企业的社会公信力,优先选择市场公开发债主体,有效控制长期风险敞口,实现了开业至今超过4年的时间里零逾期、零不良,这一成绩在行业内也是非常难得的。

②**流动性**。

回顾国际金融发展史,导致那些久负盛名的金融机构陷入破产倒闭的"最后一根稻草"通常是流动性风险。金融机构绝对不能为了短期利益而为自己留下流动性的隐患,一旦流动性出现问题,对任何金融机构都是致命的打击。2017年,在全球缩表加息的大背景下,国内资金成本大幅上涨,资金市场紧张已成常态,流动性管理引起了所有金融机构的重点关注。中小金融租赁公司资金来源比较单一,期限错配较为明显,更易受到金融市场波动的影响,也更需要在经营和管理中坚守流动性原则。邦银租赁始终将流动性作为最为重要的工作来抓,一方面,依托出色的经营业绩,不断扩大银行授用信规模,另一方面,积极发行金融债和银登中心资产转让产品,改善负债期限结构。2017年,同业资金市场明显紧张,邦银租赁及时加大现金储备,做到立足长远、稳健经营。

③**效益性**。

当前,国内金融机构竞争激烈、服务同质化严重,部分金融机构将"冲规模、拼份额"作为经营的首要目标,往往会以牺牲效益为代价。作为一家中小金融租赁公司,我们要充分认识到,创造效益是公司实现长期健康经营的基本保障,是公司对股东负责的基本要求,是公司以人为本,为员工谋幸福、谋发展的基本路径。必须在坚守效益性原则的基础上谈发展、谈专业、谈创新,否则一切的成绩都只是有名无实的"空架子"。邦银租赁坚持以利润为中心,不做"亏本生意",四年来利润保持几何式增长,ROA、ROE位居行业前列。盈利能力的持续提高,既得益于公司规模的大踏步提升,也充分体现了公司健康发展的经营理念。

(2)做到六个"坚持"。

①**坚持脚踏实地、均衡发展**。

中小金融租赁公司要认清自身的定位,要遵守金融行业的发展规律,先"生存"再"发展",然后才能谈"创新",切忌盲目跟风,在没有足够的人才基础、经验基础的情况下,急于介入社会热点领域,为了冲规模而走向高风险、低利润的行业,导致进退两难。中小金融租赁公司既没有能力,也没有必要去"交学费、买教训",脚踏实地才能走得更远,均衡发展才能持续发展。邦银租赁在4年多的发展过程中,始终坚持风控、规模和利润的平衡发展,在资产规模年均增长率达到116%的情况下,既没有牺牲利润,也没有牺牲风控,净利润的年均增长率达到127%,全部资产实现了零逾期、零不良。

②坚持不忘初心、回归本源。

中小金融租赁公司应该坚持将"服务实体经济"作为自身的初心和使命,积极落实国家战略,避免金融服务"脱实向虚"。邦银租赁始终践行这一理念,从区域来看,公司积极支持"一带一路"建设、京津冀协同发展和长江经济带发展,在相关地区累计投放分别超过160亿元、50亿元和210亿元;从行业来看,公司以"稳增长、促改革、调结构、惠民生"相关的产行业为主要业务领域,在"三农"和中小企业、国计民生、高端装备制造、节能环保等行业累计投放超过350亿元。

③坚持登高望远、居安思危。

当前,国内经济正在转型升级,中小金融租赁公司的发展不仅要立足当下,还要有前瞻性的战略眼光,要在稳健发展的基础上不断转型、不断完善、不断创新。邦银租赁在传统业务领域建立优势的基础上,坚持稳步创新和转型发展,业务领域方面,公司不断探索大健康、大消费等符合国家导向、有一定发展前景的产行业;业务模式方面,公司积极支持产业升级,大力拓展直租业务和经营性租赁业务。

④坚持立足专业、突出特色。

《国务院办公厅关于促进金融租赁行业健康发展的指导意见》中指出金融租赁行业要"实现专业化、特色化、差异化发展",邦银租赁非常重视提升自身的专业化水平,突出融资和融物相结合的特色,围绕先进制造领域,大力探索直租和经营性租赁业务,提高专业化的租赁资产管理能力和增值服务能力,在现有的利差收入基础上,逐步探索经营性租赁收入、残值处置收入和咨询服务收入。

⑤坚持机制优势。

中小金融租赁公司的最大优势就是高效、灵活、务实的机制。邦银租赁4年多来不断完善公司机制,已形成自身的核心竞争力,依靠行业领先的经营决策效率,在做好风险防控的前提下,高效满足优质客户需求,同时,第一时间贴近市场,不断调整发展思路、优化业务政策、提高管理效率,实现公司与客户的双赢。

⑥坚持人才战略。

金融业是人才和智力密集的行业,中小金融租赁公司要想在行业中立足,必须要有一套自身的吸引人才、培养人才的战略。一方面,要向优秀同业取经,不断吸引有经验的行业人才,充实队伍力量;另一方面,要打造自身的人才培养氛围,形成业务发展和人才培养的良性互动。近些年,邦银租赁在业务的快速发展过程中,也经历了吸引人才、留住人才、培养人才的过程,现阶段也开始像工银租赁、民生租赁等优秀同业一样,可以向行业输送人才,充分体现了行业对邦银租赁近几年的经营业绩的认可和肯定。

9.2 丁化美:开展租赁资产交易,促进租赁业发展①

租赁业的发展同样遵循金融业发展的一般规律,就是没有流动性就没有安全性和效益性,没有发达的租赁资产交易市场就没有健康持续的租赁业务,租赁资产交易市场的发展促进租赁业的健康发展。

1. 租赁业的发展不能重走银行业老路

2007 年以来,中国租赁行业无论是在机构数目上,还是在资本规模和业务规模上,都经历了爆发式的增长,仅以融资租赁为例。

全国融资租赁企业(不含单一项目公司、分公司、子公司和收购的海外公司)总数由 2007 年的 109 家增长到 2016 年底的 7136 家,其中金融租赁公司 59 家,内资租赁公司 205 家,外资租赁公司 6872 家。从所属行业来看,制造业企业数量最多,有 132 家;批发和零售业企业有 18 家。

注册资本金从 2010 年的 1617 亿元发展到 2016 年的 2.56 万亿元,六年增长了近 15 倍。其中,内资试点企业最高注册资本为 221 亿元,外资租赁企业最高注册资本为 143 亿元;注册资本金超过百亿元的融资租赁企业有 3 家,超过 50 亿元的企业有 21 家。

2007 年底融资租赁合同余额约 240 亿元,2016 年底融资租赁合同余额约 53300 亿元,2016 年较 2007 年业务量增长超过 200 倍,年均复合增长率高达 82.27%。

需要特别指出的是,在我国融资租赁蓬勃发展进程中,天津滨海新区占据着举足轻重的位置,从国内第一单飞机保税进口租赁业务发轫,到租赁品种迅速扩展至船舶、电力、地铁、高铁机车等多种大型设备,助力实体经济发展;从融资租赁法人机构数量和业务规模连续多年全国最多、最大,到"龙头企业"纷纷增资扩容,新区已经成为我国最具话语权的融资租赁聚集区。自贸试验区融资租赁企业达到 2000 余家,业务规

---

① 本文作者为 CFL30 理事、天津金融资产交易所总裁丁化美。

模占全国近 1/3,形成了以中铁建为代表的大型设备和基础设施租赁、以中水电为代表的节能环保和新能源租赁等新兴业务板块。

我国租赁业规模已跃居全球第 2 位,仅次于美国,增长速度全球第 1。中国租赁业在高速发展的同时,呈现出以下显著特点:

一是主要靠机构数量增加,资本金规模扩大,来推动租赁资产规模的增长;

二是越来越类似于传统银行业服务模式,脱离了与产业发展为获取利润的基础;

三是租赁资产没有流动性。其中缺乏流动性是最突出显著的特点,深刻地反映了当今租赁业所面临的问题,我国银行业今天面临的问题,就是租赁业明天将要面临的问题。

我国银行业信贷资产总量超过了 230 万亿元,中央要求"三去一降一补"。"三去"主要是政府去杠杆,国有企业去杠杆,去杠杆的实质是要求银行业去杠杆。银行去杠杆实质就是要求银行不能再简单地通过不断增加信贷资产规模总量来服务实体经济,而是要提高信贷资产的流动性,减少间接融资规模,增加直接融资规模,来提升服务实体经济的能力,提升服务经济结构调整的能力,提升服务供给侧改革的能力,提升服务小微企业的能力。要让银行成为"交易银行"。

从 2013 年开始,李克强总理多次强调进一步扩大信贷资产流转和证券化,落实金融支持经济结构调整和转型升级决策部署的具体措施。建立全国信贷资产流转市场,促进信贷资产在全国范围内的流转对国租赁资产的交易具有重大借鉴意义。按照能卖即租,开展租赁业务,要从现在开始形成交易租赁理念。改变租赁公司参与企业全生命周期的管理的状况。让中国租赁业以创新引领发展,不要走银行的老路。

融资租赁公司数量在增加、注册资本金在增加,融资资产规模也在增加,这些指标的增加并不能完全代表融资租赁行业正在健康、快速发展。租赁资产规模增加,但资产没有流动性,那么融资租赁就无现实意义可言,融资租赁资产的交易不能重走银行的老路,不能单纯地以规模指标作为发展衡量标准。

2. 开展交易租赁,把租赁资产流动性作为关键指标

以往的融资租赁资产以规模作为发展衡量指标是远远不够的,规模再大,缺乏流动性,也只是一潭死水。面对当今融资租赁的现状,应该开展交易租赁,让融资租赁资产可以展开合适合理的交易,帮助融资租赁公司盘活存量资产、释放资本金。

把租赁资产的流动性作为关键指标,以流动性为核心,重视安全性和效益性。没有流动性的租赁就是没有质量的租赁;没有流动性的租赁就是没有持续服务能力的租赁。

融资租赁的资金来源主要为银行贷款,"借短融长"是行业普遍现象。融资租赁

公司的资产负债久期配置错位将导致两种结果：一是利率变化使租赁公司无法锁定资金成本；二是资金周转缓慢，租赁公司陷入流动性不足的困境。流动性不足会导致租赁资产没有在融资中充分发挥其作用，也就失去了融资租赁资产的意义。租赁资产行业的健康快速发展不仅要追求机构数量的增加、资本金的扩大、租赁资产规模的增长，更要以资产的流动性为核心，重视安全性和效益性，把租赁资产的流动性作为关键指标，开展交易租赁，通过资产的流动，促进资本的流动。

国务院发展研究中心金融研究所所长张承惠认为，融资租赁基础资产中很多都是非常优质的资产，沉淀在各个融资租赁公司的手中，不能流通，因此不是一个非常完整的市场。所以需要开展交易租赁，把租赁资产的流动性作为关键指标。融资租赁的资产流动，不仅对于融资租赁机构有很重要的作用，对中国的金融市场改革和发展来说也将产生长远的影响，对整个金融市场功能的拓展以及更加有效率地配置金融资源都会有突出的效果。天津金融资产交易所，就是为租赁资产流动提供的一个渠道。它是经财政部和天津市人民政府共同批准，是国内首家注册成立的金融资产交易所。自成立以来，天金所以"直接融资，信用天下"为公司愿景，始终秉承"创新、创业、创造"的企业精神，率先以规范发展实现了交易规则、交易系统、信息披露、会员服务、服务标准、结算模式的"六统一、六覆盖"，在行业内创造了诸多第一和众多标准，真正形成了全国统一、独立、公开和互联网化的金融资产流转平台。公司首创"金融资产交易生态圈"概念，以"共创平台、共建生态、共享资源"为战略目标，吸引更多的市场主体参与并分享，培育生态圈，助力经济转型升级和结构调整，让更多的中小企业和普通投资者可以在追求梦想的道路上感受到金融服务的力量。通过租赁资产交易进行租赁资产转让，可锁定融资租赁公司的资金成本，增强对抗经济周期的能力，同时获得充分的流动性，进而有利于其增量业务的开展。

3. 建立全国统一的租赁资产交易市场

没有活跃的租赁资产流转市场，就没有健康持续发展的租赁行业。租赁资产的流转需要统一、专业、公开、透明的租赁资产流转市场。

（1）必要性和紧迫性

任何金融交易都不能只有一级市场没有二级市场，没有二级市场会带来很多的问题。建立一个全国统一、规范、监管部门能够实施监管的租赁资产交易市场，这对于促进融资租赁资产的流转具有重要的基础性作用。

目前我国的融资租赁行业严重缺乏流动性，要重视并解决流动性问题就要想办法开展融资租赁资产交易，要达到这个目的，就必须建立一个开放的、流动性强的全国统一的租赁资产交易市场。

由于租赁资产具有金额大、期限长及属性特殊等特点,主要交易形式为场外交易。虽然场外交易具有灵活性强的特点,但交易匹配成本过高,总体交易规模和市场活跃程度受到较大限制,无法形成规模效应,从行业的长远发展看,仅依靠场外交易无法适应租赁资产交易规模扩张需求。所以需要建立一个全国统一的租赁资产交易市场。

在发达国家,金融产品的交易市场已经非常成熟,例如,德国有专业的金融产品市场,卢森堡交易所有15000个不同等级的产品;美国的CDO、CDS也全都在专业的交易所买卖;伦敦交易所也是一个大型的金融产品交易市场。但是,我国有接近1万家融资租赁公司,融资租赁资产接近5.4万亿元,却没有一个统一租赁资产交易市场,这是致命的缺陷。例如,银行的理财产品,每一个银行发行自己的理财产品,自己的客户群绝对不和其他银行分享;66家信托公司,发行产品通过各自的渠道,一家一个市场。因此建立全国统一的租赁资产交易市场是非常必要而且紧迫的。

(2)政策建议

当前,天津等地政府依托区位优势,通过政策创新、财税支持等方式对融资租赁企业进行扶持,初步形成了区域产业集聚,具备了建立租赁资产交易市场的良好条件。

①**支持建立专业的租赁资产交易平台**

我国融资租赁资产的二级市场发展不足、交易量低,可通过在自贸区打造专业化的融资租赁资产交易平台,为租赁资产交易培育专业化、多层次的流转市场,以拓宽租赁行业的融资渠道,提高租赁资产的流动性,挖掘租赁业的潜在投资者。建议充分利用自贸区离岸金融、跨境融资等政策创新空间,联合租赁行业、交易所行业的优势企业,组建配套专业化、权威性的租赁资产交易平台,打造面向世界的国际化融资租赁产业中心。天津金融资产交易所是目前国内金融资产交易最为集中的市场之一,有超过16万家的机构会员和客户,是具有很好地进行融资租赁资产交易的交易市场和平台。

②**完善租赁资产交易的权属登记体系**

融资租赁资产的物权登记对于有效地保障租赁资产交易双方的合法权益具有基础支撑保障作用。天津市已协同中国人民银行征信中心、最高人民法院等相关部门,对融资租赁物权征信体系登记进行探索和实践。2015年,国务院批准的《中国(天津)自由贸易试验区总体方案》中,明确提出"支持设立中国金融租赁登记流转平台,推进租赁资产登记、公示、流转等试点"。如天津金融资产登记结算有限公司,公司的成立是国务院推进天津滨海新区金融改革创新重要战略部署的成果,得到了国家发改委、国家财政部、中国人民银行、天津市人民政府等政府部门的极大支持和帮助。公司以客户为中心,以服务为宗旨,严格遵循国际国内行业标准,坚持"诚信、服务、专业、效率"的核心价值观,全力打造国际一流的登记托管结算平台。

公司拥有严谨规范的业务体系和先进高效的信息系统,初步形成六大竞争优势:一是构建了完整独立的登记、托管、结算业务规则体系;二是形成了服务水平高、涵盖范围广的会员综合管理体系;三是吸纳了一批国内外顶级的专家、学者及金融、法律专业的高端人才;四是开发了由登记托管、电子簿记、中央清算等系统组成的满足各种金融资产的登记、托管、结算需求的综合信息系统;五是拥有了符合国际标准的现代化机房和遍布全国的专线网络,建立了有效防止信息丢失的灾备系统和有效防范信息入侵的加密系统;六是组建了与国内规模最大的12家银行强强联手的结算体系,有效保证金融资产的安全、高效流通。

公司为租赁资产、信托资产、基金资产、非上市非国有金融股权、保险资产管理产品等金融产品的登记、托管与结算提供专业化的服务。

③健全融资租赁行业统计制度

目前,融资租赁行业尚未形成完整的数据统计体系。建议国家统计局会同融资租赁行业相关主管部门,尽快建立健全涵盖融资租赁行业的完整统计制度,促使融资租赁公司向监管部门及其授权机构报送真实反映利润及不良资产状况的相关报告、信息和统计资料,为融资租赁资产的公平交易提供保障。

④规范信用评级制度

为推动租赁资产交易,建议进一步规范信用评级制度,推动建立更加具有国际影响力的资产和信用评级机构,加强对评级机构的管理,做到统一监管,完善监管制度,使得评级机构能不受其他因素影响地独立发挥作用,确保评估结果客观公正,从而为融资租赁资产交易定价提供有效的依据。

⑤给予租赁资产交易税收优惠

为进一步降低交易成本,活跃融资租赁资产交易市场,扩大交易规模,建议给予融资租赁资产交易税费方面的优惠。自贸区作为境内关外的特殊区域,应发挥其先行先试的优势,在融资租赁资产交易税收方面比照爱尔兰等国际融资租赁中心,形成包括跨境交易的出口退税等单项政策在内的、具有普适性的配套优惠政策体系,支撑我国租赁企业更好地走向国际市场。

⑥推动跨境租赁资产交易创新

境外融资方面,鼓励融资租赁公司在境外设立项目公司,通过股权、债权等方式引入境外低成本资金,对其租赁资产交易产生的跨境资本作出明确界定,放宽相关外汇管制,逐步提升其外债额度,简化其借用中长期外债的审批流程,实行资格核准和额度管理制;境外投资方面,鼓励融资租赁公司境外布局,进行全球化资产配置,打通境外放款渠道,提升境外放款额度,同时,简化对外投资审批手续,由审批制改为备案制,采取"单一窗口"服务,进一步推动跨境租赁资产交易。

⑦加大国际化租赁业人才培养

融资租赁资产交易涉及多方面的专业知识,包括境内外法律法规、会计准则、税收政策、风险管理和资产定价等,但由于融资租赁产业在我国发展时间不长,且近年来发展步伐加快,融资租赁的专业人才储备有限。同时,融资租赁业务的国际化是大势所趋,而我国租赁产业起步较晚,缺乏开展国际租赁的业务经验,了解境内外两个市场的专业人才更是极其紧缺。建议相关主管部门制定相应人才引进优惠政策,加大国际化融资租赁人才储备和培养力度,鼓励融资租赁企业加强与国内外高校与研究机构合作,培养高端租赁人才,满足融资租赁行业快速发展的需要。

9.3 高克勤:新时期租赁行业的发展方向及实现环境①

十八大以来,中国特色社会主义进入新时代。经济发展进入以创新引领、内需驱动、结构升级为标志的新常态;对外开放进入以自贸区建设、人民国际化以及"一带一路"为标志的新格局;行业监管开启以防范系统性风险,强化功能监管为标志的新变化。融资租赁行业自身发展已近不惑之年,体量规模和经验教训的积累已经具备了发展模式实现质的飞跃的主客观条件。可以预见,随着十九大各项政策措施的推进落实,融资租赁行业必将进入一个以创新升级为特征的新时期。认识行业创新升级的现实基础、基本方向以及政策环境诉求对于行业发展具有战略意义。本文试图从行业的角度对上述问题作鸟瞰式分析,为业界人士提供发展定位参考。

1.创新升级是新时期租赁行业发展的主线

(1)创新升级是经济新常态的现实需要。

①产业新业态的涌现以及中国制造2025规划的实施,要求租赁行业探索拓展新的宜租产业和租赁标的。

我国经济已由高速增长阶段转向高质量发展阶段,正处在转变发展方式、优化经

---

① 本文作者为 CFL30 常务理事、融资租赁三十人论坛(天津)研究院院长、农银金融租赁有限公司董事长高克勤。

济结构、转换增长动力的攻关期。消费已经取代投资成为中国经济增长的第一驱动力。城镇化的深入和居民人均可支配收入水平的提高，必将推动居民的消费需求和消费能力的强劲增长。租赁业应把握消费升级中的机遇，创造性地拓展个人租赁、不动产租赁等蓝海市场。中国制造 2025 规划提出，加大对新一代信息技术、高端装备、新材料等重点领域的支持力度，加快发展高端核心装备进口、清洁洁能源、社会民生等领域的租赁业务，鼓励通过租赁推动装备"走出去"和国际产能合作。如何在蓬勃兴起的新业态和潜力巨大的高端制造业中寻求新的宜租领域和租赁标的，对于转型发展中的融资租赁业既是必须面对的挑战，更是潜力巨大的商机。

②产业融合为租赁业务模式的创新和增值业务的拓展提供了广阔的空间。

产业融合是基于技术创新和制度创新而形成的产业边界模糊化和产业一体化。产业融合是供给侧改革的重要内容，也是创新发展、转型升级的必然要求。产业融合既包括相关产业的横向整合，也包括产业链上下游企业的纵向整合，而更多的则是行业龙头企业主导的纵横结合的整合，互联网平台已经成为产业融合的重要主体。产业整合的目的是资源、客户、信息的共享，以及交易和管理成本的降低和市场竞争力的提升，既是价值链企业链供需链空间链的协同和贯通，也是资本和金融运作的协同。作为产业链和贸易链融资的重要工具，产业融合为融资租赁提供了创新升级的广阔空间，而融资租赁也将在产业融合中发挥不可替代的作用。

③"一带一路"以及金融市场的进一步开放，为租赁企业的国际化提供了现实可能。

"一带一路"建设着力打造亚欧非大陆及海洋的互联互通，沿线各国大规模港口、机场、铁路、核电、电信等基础设施建设以及国际产能合作，为我国租赁企业提供了潜力巨大的商机和租赁资产选择，同时也对我国租赁企业运营提出了国际对标的要求，必将带来我国租赁企业业务模式的跨越式升级。近年来我国对外开放政策体系进一步完善，人民币加入 SDR、资本项目进一步开放、人民币离岸市场扩大、自贸区的建设和扩容，将为我国融资租赁企业直接参与国际金融市场，开展资本和融资运作，丰富融资工具和渠道，降低成本，对冲风险创造更加有利的条件。

（2）创新升级是宏观政策的本质要求。

①国家对金融回归本源的要求，为租赁行业支持政策提供了强有力的顶层设计依据。

融资租赁行业与新时代国家发展战略高度契合。从"一带一路"建设到中国制造2025，从服务"三农"到普惠金融，国民经济对融资租赁的需求和租赁业务的身影无处不在。当前我国金融体系建设存在的主要问题之一，是直接融资比重过低，实体经济融资难、融资贵,特别是中小微企业融资渠道狭窄,难以从现有金融体系中获得有效的金融服务。2015年国务院印发的《关于加快融资租赁业发展的指导意见》和《关于促进金融租赁行业健康发展的意见》,高度认可了融资租赁在推动产业创新升级、拓宽中小微企业融资渠道、带动新兴产业发展和促进经济结构调整等方面发挥着重要作用,同时要求融资租赁行业继续加大对科技型、创新型和创业型中小微企业的支持力度。2016年,国务院《推进普惠金融发展规划(2016—2020年)》明确提出鼓励金融租赁公司和融资租赁公司更好地满足小微企业和涉农企业设备投入与技术改造的融资需求,助力大众创业、万众创新,助推经济发展方式转型升级,增进社会公平和谐。党的十九大报告进一步明确,"以供给侧改革为主线,推动经济发展质量、效率和动力变革,着眼全要素生产率,加快实体经济、科技创新、现代金融协同发展的产业体系",为租赁行业政策环境的完善确立了基本方向。

②行业监管的变化为租赁企业提供了更高的金融市场运作平台和便利。

第五次全国金融工作会议上,李克强总理就我国下一步金融监管工作提出:"坚持从我国国情出发推进金融监管体制改革,增强金融监管协调的权威性、有效性,强化金融监管的专业性、统一性、穿透性,所有金融业务都要纳入监管,练就'火眼金睛',及时有效识别和化解风险,整治金融乱象。"融资租赁行业一直以来面临着"两类三机构"的多头管理问题,商务部及税总局主管的商业融资租赁和银监会主管的金融租赁在业务本质上具有高度同质性。会议之后银监会、商务部和各地方金融局陆续开展了对融资租赁企业的风险排查和摸底,未来将从机构监管转变为机构监管与功能监管相结合的模式,并强化行为监管,监管主体和标准统一是大势所趋。整个融资租赁行业将会经历一个清理摸底、重新准入、规范经营的调整过渡期。这一过程,实质上也是融资租赁企业自身规范治理结构、优化业务模式、缓释化解风险、提升经营管理的优化升级,从而带来整个行业质量效益和资信等级的提高,为融资租赁公司进入金融同业市场、深化同业合作、突破融资租赁公司的融资瓶颈创造有利条件。

(3)创新升级是行业发展的必然选择

①四十年来我国融资租赁业发展成绩斐然。经过四十年的探索发展,特别是近十年的快速发展,我国融资租赁行业在机构体系、规模数量、行业覆盖率与渗透率以及专业化、国际化、差异化等方面都取得了长足的进步,国民经济地位日益提高。根据商务部《中国融资租赁业发展报告》和银监会相关资料估计,我国融资租赁企业资产总额已达5万亿元左右,形成了包括金融租赁、厂商租赁以及独立第三方租赁在内的功能完备的业态体系,产业覆盖国民经济的主要行业,设备投资渗透率不断提高。随着国家自贸区建设的推进,以天津自贸区、上海自贸区、广东自贸区为代表的租赁聚集高地

相继涌现,各地区结合地方优势特点,打造具有本土特色的融资租赁品牌,专业化、国际化、差异化发展与日俱进。一批租赁公司除传统飞机、船舶租赁外,还创造了基础设施、三农、小微企业、绿色租赁和保税租赁等模式,产生了良好的自身效益和社会效益;一批租赁公司积极进入境内外金融市场,开展不同层级形式多样的资本运作,建立了可持续的资本补充机制,快速做强、做大;一批租赁公司着力产业融合,延伸产业链增值服务,建立起专业化的盈利和风控模式;一批租赁公司积极拓展 ABS、ABN 等资产证券化模式,拓宽了融资渠道。融资租赁已经成为国民经济日益重要的金融业态。

②**融资租赁行业面临的共性挑战**。一是增长率高,开业率低。近年来新注册融资租赁公司较多,2016 年,在全国融资租赁企业管理信息服务平台上登记的融资租赁企业数量共计 6158 家,增幅达 70.3%,但实际开业率不足 30%。二是类信贷业务占比较高,专业化程度较低。相当部分融资租赁公司以做所谓的通道类业务为主,进行跨监管、跨市场和跨境套利,或类小贷的高进高出业务,收益很难覆盖风险。相当部分金融租赁公司以企业信用和担保的售后回租业务为主,与商业银行信贷业务同质,甚至出现低价竞争,在利差模式日渐式微的大趋势下,很难可持续发展。三是金融科技开发应用滞后,管理较为粗放。业务系统多为外购,鲜少自主开发;数据采集积累挖掘技术比较落后,公司商机发现和风险识别滞后;对互联网大数据等先进金融科技的运用明显落后于其他金融业态。科技开发运用的不足导致对市场需求和监管要求响应迟缓,内部信息交流不畅,管理难以做到精细严谨。

2. 创新升级的目标方向和实现路径

(1) **目标方向**。

金融的本源在于服务实体经济,租赁作为一种功能性金融业态,其服务实体经济的优势在于发挥资产价值管理的优势。据此,试对租赁行业创新升级的基本方向作如下概括:

①**业务模式升级**。抓住我国高端制造和创新产业发展、"一带一路"和人民币国际化的机遇,依托互联网、大数据、云计算、区块链等金融新技术,实现业务模式的跨越式升级,提高专业化服务能力,由借鉴追随型向创造引领型转变。

②**涉租行业拓宽**。做大、做强、做专传统宜租行业,积极拓展新兴宜租领域,培育一批全球性行业龙头企业。深耕航空、航运、高端设备制造、健康医疗、清洁能源、汽车消费等重点产业领域,行业专业化、差异化、国际化取得突破性进展。

③**行业聚集地升级**。随着国家融资租赁的政策环境不断优化,国家自贸试验区政策体系日趋完善,各租赁聚集地逐步形成产业基础雄厚、基础设施完善、中介服务专业、政府行政高效的行业生态,各具特色而又具备国际竞争力。

④营商环境完善。持续推进税收、会计、法律、监管等外部环境的优化,争取规则制定的国际话语权。

(2)实现路径。

基于宏观经济、行业现状及创新升级目标方向的基本分析,实现行业创新升级的基本路径是,做实租赁+模式,走"一体两翼"有中国特色的现代融资租赁发展之路,即着力金融新科技的开发应用,全面进入境内外金融市场,充分发挥租赁资产价值管理的功能优势,走产融深度融合的发展之路。

"一体":就是要做产业链租赁。第一要精准定位细分行业和租赁标的。要扬长避短,聚焦一两个、两三个细分市场的核心设备,做专做精。第二建立从采购经营、租后管理、余值管理、资产处置全项目生命周期资产价值管理能力。第三要打造专业团队,建立市场化机制。一些公司创立的专业化子公司模式值得借鉴,通过子公司建立精熟所在行业的前中后台,采用行业通行的激励方式筑巢引凤。第四要以租赁为切入点,深化行业上下游价值链供需链合作,建立基于产业链专业化服务的盈利模式、风控模式和信息系统。

"两翼":开发应用金融新科技,全面对接金融市场。

①开发应用金融新科技驱动租赁创新。

大数据、云计算、人工智能、区块链等金融科技正在成为变革传统金融的重要驱动力,并成为金融业未来的主流趋势。相关资料显示,2016年,我国金融科技投资额已居全球之首。移动支付正逐步取代银行卡、现金成为最常用的支付工具。互联网大数据云计算人工智能正在成为普惠金融的重要平台和助推手段。区块链作为去中心的信任机制,交易双方可在无须借助第三方信用中介的条件下开展商务活动,从而降低资产在全球范围的交易成本。人工智能对金融业务,在前端可以使服务个性化,在中端可以支持分析决策,在后端可用于风险识别和防控。金融新科技在租赁的应用有广阔的想象空间,当前应解决的主要问题是:

第一,数据收集和挖掘,用于发现和筛选客户。通过行业数据库建设和数据分析,服务产业链租赁,挖掘新的客户,设计个性化的营销方案,对存量客户进行分类管理,动态维护,提高客户留存率。

第二,实现信息的充分和对称,用于实时识别和防控风险。基于大数据和算法模型,实时发现客户的风险信号,作出风险预警,针对风险特征和信用状况及时采取防控措施,降低整体违约率,减少不良资产的产生。

第三,提高业务运作的质量效率,用于降低运营成本和操作风险。通过大数据分析和互联网手段,可以实现业务标准化与个性化的统一,线上线下的结合,特别是对于小单业务,可以节约运营成本,降低操作风险。

②强化金融市场运作。

一要建立基于良好商业模式的基础资产池。好的基础资产必须要有好的业务模式,并符合市场交易标准。在此基础上利用好租赁资产证券化、租赁资产保理、收益权转让等渠道,降低资本消耗,实现资产收益。同时做好租赁资产负债组合管理,保持资产的充分流动性和资产负债总量与结构的审慎匹配。

二要积累提升信用层级。良好的公司信用评级和债项评级是金融市场运作的基础。公司信用评级关系公司融资的额度和价格,债项资信级别关系其认购比例与发行利率。公司信用评级是公司运行质量效益的反映,也是公司法人行为的长期积淀。债项信用评级是基础资产质量的反映。良好的公司和债项信用评级,需要公司对业务模式的精心打造和对公司信誉的不懈坚持。

三是深化金融同业合作。融资租赁公司既要拓宽金融同业合作空间,更要注重建立长期稳定的战略合作关系。金融同业合作包括租赁公司之间,也包括租赁公司与其他金融业态主体的合作。租赁公司由于股东背景、体量规模、目标市场以及业务模式的不同,相互可在资产交易、资产管理、相互增信、一二级市场等方面实现优势互补,相互借力。与其他金融业态可着眼拓宽融资渠道、建立轻资产模式、全产业链全金融工具解决方案等方面,开展融资、资产证券化、投贷租证保综合金融服务等合作模式,共享客户资源,拓展增值服务,共同防控和缓释化解风险。

四是创造条件进入资本市场。融资租赁是重资产行业,特别是随着新的监管政策的落地,资金本约束将是行业发展的主要瓶颈。资本积累的路径包括自身积累、股东注资和资本市场筹资。资本规模和结构不仅关乎公司规模和发展速度,而且关系公司机制和信用评价。公司要平衡公司长远发展和股东短期收益的关系,在可能的条件下争更多的盈余公积。股东的适度多元化有利于市场化运作机制的建立,财务投资和战略投资应结构合理,战略投资者的选择应有利于公司行业地位的提升和产业链增值业务的拓展。要利用多层次资本市场,因已制宜地选择进入主板、创业板、新三板或区域性股权交易市场,用好次级债等债权性资本工具,建立可持续的资本补充机制。

五是打通境外多币种融资。随着我国金融市场的进一步开放,特别是最近对外资金融企业持股比例的扩大;境内租赁公司以离岸租赁的方式涉足飞机、船舶、高端设备乃至基础设施等业务的日益增多,打通境内外金融市场的需求与日俱增。可喜的是,有关当局对资本项下的外汇管制正因势而变,宽严相济。对租赁公司而言,一方面应共同努力推动政策环境的优化,另一方面也应主动作为,打通境内外资金通道,充分利用各种信用和资产融资工具,改善流动性管理;积极审慎地开展跨境资本运作,全球配置资产;选择运用利率汇率衍生工具,避免投机套利,规避市场风险。

3. 持续推进行业政策的适应性调整

适宜的政策环境是租赁行业创新升级的制度保障。政策优化的对标主要是国际租赁发达国家及地区的成功实践,并符合国家战略实施的需要以及租赁行业健康快速发展的要求。国务院"两个文件"的出台,自贸试验区先行先试的政策创新实践,对于租赁行业的跨越式发展和业务模式创新的作用功不可没。也毋庸讳言,从经济新常态的要求,国际租赁聚集高地的打造看,我国租赁行业的政策环境,特别是法律、税收、会计、监管和有关行业政策还需要与时俱进地进行适应性调整。最近融资租赁三十人论坛(天津)研究院对行业痛点难点政策性问题进行了较为全面的梳理,一批涉及税务、会计以及租赁高地打造的课题正在有序推进。当前的问题是,如何从行业内角度推动相关政策的调整和落地。

(1)从金融体系顶层设计的高度,推动租赁行业政策的改善。

党的十九大为我国金融改革发展确立了基本方位,第五次全国金融工作会议对下一步工作进行了全面部署。以此为标志,我国金融行业改革发展必将进入一个新的时期。改革开放以来,我国金融业改革发展的成就举世瞩目。金融市场体系日臻完善,金融工具日益丰富,人民币纳入SDR,金融资产总量进入世界前列,对国民经济的快速健康发展发挥了重要的促进作用。但也应该看到,间接融资比重过大,资本市场尚不完善;金融脱实向虚,普惠金融发展滞后;风险积聚较大,"黑天鹅事件"时有发生。党的十九大会议和第五次全国金融工作会议要求金融要回归本源,服务实体经济;优化结构,发展普惠金融;强化监管,严守系统风险底线。租赁兼具投融资功能,直接服务实体经济,特别是小微企业;融资与融物相结合,具有天然风险屏障,理应成为新时期重点发展的金融业态。对租赁行业而言,在做大体量的同时,也应在国家战略的重点领域有所作为,在"一带一路"、小微企业、"双创"事业、"三农"服务等领域做出成功模式的实践探索,产生有影响力的社会效益,形成有利的舆论氛围。

(2)创新业务模式,合理表达诉求。

业务模式创新与政策创新,相互关联,相辅相成。事实上,不少政策创新都是在业务模式创新的推动下达成的,而政策的突破必将催生新业务模式的形成。天津东疆包括航空、航运、海工装备、轨道交通、医疗设备、汽车及高端成套设备数十种创新租赁交易结构的形成与天津东疆作为租赁创新示范区系列支持政策的出台,正是企业业务模式创新与政府政策创新良性互动结出的硕果。国家经济政策法规是服务实体经济和国家战略的有机体系,国家税务、法规、监管、会计政策不仅是支持和规范某一个行业的,而且是着眼宏观全局,相互关联的、互相配合的。何时出台、何种方式、何种力度要审时度势,综合平衡。政策法规也是分层级的,有中央的地方的,还有自贸区的。政策的效应不仅是政策本身,关键还要操作落地。我们的政策诉求不仅要找准痛点、难点,还要着眼大局,分清层级,以适当的方式在适当的时间窗口提出,循序渐进,顺势而为,与相关部门建设性互动,让政策瓶颈逐步突破,让好的政策开花结果。

(3) 对标先进,先行先试。

目前,我国租赁行业主要聚集在天津、上海、深圳,一批经济中心城市也竞相发力,香港、澳门跃跃欲试。租赁聚集高地的形成有赖各自特色优势,也是一个地区、一个城市软硬综合实力的竞争。毫无疑问,政策环境是最重要的软实力。问题在于,我们不仅要面对国内竞争,而且要面对国际竞争,原有聚集区域优势地位的保持和新聚集高地的形成必须具备国际竞争力。当前制约我国行业发展的政策性问题既是行业创新升级的现实需要,也是与国际先进软环境差距的反映。对此,我们相关专题报告已有系统深入的分析。一个可喜的现象是,现有租赁活跃区域都已先后列入国家自贸试验区。自贸区最大的优势在于"境内关外"和"先行先试",前者有利于在营商环境打造方面直接对标爱尔兰、美国、日本、新加坡等租赁发展先进国家,博采众长;后者有利于区内在税收、司法、监管等方面率先突破,逐步解决困扰行业的法规不统一、物权保护不够完善,所得税和预提所得税偏高、折旧年限过长,监管不统一与差异化监管缺失,外债管理不够便利等问题,努力争取承租人与出租人双方权利义务平衡、有利于行业发展的会计处理方式。政策优化是一个永续动态的过程,要因时而变,与时俱进。需要指出的是,区域竞争力的增强不仅局限于政策,产业基础、资产交易及二级市场培育、金融市场发育、征信及信息化管理、人才聚集及中介服务、政府行政效率及专业能力等都是租赁行业生态系统的重要因子,应该全产业打造,全方位提升。

9.4 江琴:百亿、零不良率只是过去,现谋划"一高一基"[①]

如何在一年的时间内使融资租赁业务累计投放额及总资产规模双双突破百亿元,

[①] 本文为 CFL30 成员、河南九鼎金融租赁股份有限公司总裁江琴接受融资租赁三十人论坛(天津)研究院专访的访谈稿。

同时还能保持零不良率？金融租赁是高杠杆金融机构，如何保持公司资金的流动性？河南九鼎金融租赁未来的发展是如何定位和谋划的？近日，带着这些问题，融资租赁三十人论坛（天津）研究院研究员专访了河南九鼎金融租赁总裁江琴。

问：河南九鼎金融租赁成立仅一年就在同业中赢得了市场，社会上打出了名声，您认为这些成绩的取得主要来自哪些方面？

江琴：《孙子兵法·月战》曰："天时、地利、人和，三者不得，虽胜不殃"。九鼎金租作为一家城商行系金融租赁公司，能够在较短的时间内取得如此佳绩，关键也是"天时、地利、人和"。

天时，从1986年第一家外资金融租赁公司到2007年第一家银行系金融租赁公司批准成立，20年来金融租赁仅寥寥十来家，但到2016年底，金融租赁公司已获批并正式开业56家，2007年以来的十年真正迎来了金融租赁的快速发展期。随着"一带一路""中国制造2025"，产业升级加快，尤其是助力装备制造业发展和服务企业"走出去"，为融资租赁开辟了新天地。2015年以来，国务院办公厅相继出台《关于加快融资租赁业发展的指导意见》和《关于促进金融租赁行业健康发展的指导意见》，为进一步促进金融租赁行业健康，创新金融服务，支持产业升级，拓宽中小微企业融资渠道，有效服务实体经济，提升金融租赁行业对国民经济的渗透率和行业覆盖率提供了机遇和契机。

地利，九鼎金租可以说是得道多助。首先是得到了河南银监局的大力帮助和专业指导，高效审批、顺利开业；其次是郑州银行作为主发起行，并得到了宇通客车、天伦燃气两家上市公司股东的鼎力资助，股东背景实力雄厚；最后是得到了河南省委、省政府及郑州市委、市政府的大力支持，河南省政府出台了"金融豫军""引金入豫"工程及《河南省人民政府办公厅关于促进金融租赁行业健康发展的实施意见》，郑州市政府出台了《郑州市人民政府关于鼓励金融机构入驻郑州的意见》等支持金租发展的具体措施，当地政府的大力扶植，为九鼎金租营造了良好金融环境。

人和才能"治家齐国平天下"，一是公司实现了以股东大会、董事会、监事会及高级经营管理层"三会一层"的现代公司治理体系。二是设立3大板块、9个部门内设管理架构体系，租赁业务部和金融市场部组成的业务管理板块；风险管理部、运营管理部和审计监察部组成的风险管理板块；计划财务部和综合管理部组成的职能管理板块，各部门间相互协作、流程控制，形成了运作高效的组织团队。三是完成了公司企业文化建设大纲，从企业哲学、企业使命、企业愿景、企业精神、核心价值观、经营理念、管理理念等全方位进行了阐述与提炼，设计完成了九鼎金租LOGO，为打造有九鼎金租特色的企业文化奠定了坚实的基础。

问：河南九鼎金融租赁经营首年，屡创佳绩，亮点纷呈，主要体现在哪些方面？

江琴：在各项业务发展方面。2016年经审计，公司累计实现租赁投放82.59亿元，年末总资产达84.23亿元，融资租赁资产余额80.19亿元，全年实现营业净收入2.50亿元，利润总额达1.32亿元，税后拨备后净利润0.98亿元，净资产收益率（ROE）达17.92%，总资产净回报率（ROA）达2.34%，不良资产率维持在0%，资本充足率14%。截至目前，公司融资租赁业务累计投放额101.79亿元，总资产规模达到107.80亿元，仅用一年时间"双双破百"，速度就是效益在九鼎金租人身上得到了有力诠释。

在项目布局方面。公司坚持"立足河南、面向全国、专业精深、特色鲜明"的基本发展定位和"专业化、差异化"的行业投放原则，业务项目投放广泛分布于河南、江苏、四川等13个地区。

在行业投放方面。涉及租赁和商务服务、交通运输、制造业等10大行业，横跨城市基础设施建设、医疗健康、航空物流等12个领域，产业布局、区域布局稳步推进，开始逐步形成九鼎特色。

在业务经营方面。如航空租赁：2016年12月，公司将2架ERJ-145客机成功收入囊中，正式宣告进入客机租赁市场。从E190发动机等航材租赁，到通用机场配套设施售后回租，再到支线飞机签约，用时不足9个月，公司高效敏捷的航空租赁行业布局，给市场留下了深刻的印象。飞机租赁市场专业性强，环节众多，结构复杂，涉及大量的法律文本，ERJ-145客机的顺利签约，充分展示了公司在航空租赁领域的专业能力。如直租项目：蓝德环保作为公司首个直租项目，将公司的优质服务与蓝德集团强大的技术实力有机地结合在一起，从设备选购、抵质押登记、租金监管账户等各个环节进行了详细的设计，对三方复杂的合同进行了细致审定，既展现了公司的创新能力，也体现了公司支持固废处理环保行业发展的决心。如精准扶贫：在精准扶贫领域，公司同样勇于承担社会责任，通过创新型交易结构，全力支持兰考县经济发展，助力脱贫。

问：金融租赁是高杠杆金融机构，如何保持公司资金的流动性？

江琴：金融机构是高杠杆行业，金融监管部门将"安全性、流动性和盈利性"作为监管的三原则。公司自开业以来，始终将资金流动性管理放到重要位置。科学制定和管理资金计划，实时关注公司账户资金变动，及时筹措资金，保障公司经营需要；通过不断扩大可用银行授信规模、科学安排融资时点、巧妙搭配融资期限等多种措施，使公司资金融入成本处于行业领先地位，在资金端逐步形成竞争优势。目前，公司已获得金融机构授信35家，额度已逾185亿元人民币。

**问：刚才你提到了"三性原则"，安全性关乎金融机构的可持续发展，河南九鼎金

融租赁是如何防范风险的?

江琴:监管机构对于金融租赁行业十分关切,调研时均对稳健经营、风险管控等提出了切实可行监管建议,风险管控是保持各项业务又好又快发展的强力支撑。

金融租赁是高风险经营企业,金融风险的外部传染性和扩散性都极具杀伤性,从公司成立之初公司就设立风险管理部和审计监察部,构筑严密风险防控网络,严把风险防控关。

首先,公司坚守"创新、高效、协同、稳健"的发展理念和不发生案件、不发生重大风险事件的经营底线,坚持以全面风险管理为轴心,持续加强信用风险、租赁物风险、市场风险、流动性风险和操作风险等管控,在风险控制、资金流动性管理等方面建立起全方位的防控体系。

其次,公司制定出台了《全面风险管理办法》等一整套规章制度,初步形成了管理有制度、部门有约束、岗位有职责、操作有程序、风险有监测、工作有评价、责任有追究的风险管理体系架构。深入研究国家宏观经济形势,全面分析行业发展趋势,结合公司战略发展规划和经营目标,制定出台了一系列行业指导意见,为公司业务发展提供强有力的指导。

最后,在日常营销过程中全面加强操作风险管理,严格落实双人现场尽职调查、留存现场影像资料等尽职调查要求,有效防范操作风险。在项目审查工作当中,严格合规性、完整性、真实性审查,对有重大风险隐患的一概否决,推动业务稳健发展。

截至目前,河南九鼎金融租赁不良资产率为0,未发生案件和重大风险事件,内部控制管控有效,各项经营稳健发展。

问:俗话说"创业难、守业更难",对于公司未来的发展是如何定位和谋划的?

江琴:"逆水行舟,不进则退",成绩只代表过去,面对未来我们又站在新的起点和征程上。公司在未来的产融结合、发挥地区优势、行司联动互补和股东协同发展、风险防控等方面提出了殷切希望,郑州银行、宇通客车、天伦燃气3家股东也对公司的未来发展提出了高标准。

结合公司未来发展和监管要求,要在激烈的金融租赁市场中快速发展,我认为应谋划好"一高一基",双轮驱动发展。

"高"是公司要有高瞻远瞩的发展战略,定方向、明目标,要做好人才引进和培养战略、业务转型发展战略、特色化和专业化经营战略等,充分利用好股东的资源优势、信息优势、技术优势,努力做到优势互补、协同发展、合作多赢;竭力以金融租赁的特色产品和灵活高效的金融服务,对接《中原城市群发展规划》,围绕"特色化、差异化、专业化"经营战略,在航空物流、新能源环保、高端制造业、医疗健康、教育文化旅游、基础设施建设、电子信息等领域梯次推进产业布局,区域布局有效辐射周边地带,积极推进公司"探索、巩固、创新"三个阶段的发展历程,用高效速度和优质服务创出了自己的特色、打出了自己的品牌、树立了良好社会形象。

"基"是驱动公司各项业务发展的基础要牢,公司治理、规章制度流程等要跟上业务发展需要,尤其是内控体系建设要牢固;人员管理要稳,稳队伍、稳人才,抓住"人"这个关键要素,加强操作风险和人员行为管理,有效遏制案件和重大风险事件的发生;风险管理要全,风险防控不仅要覆盖信用风险、租赁物风险、市场风险和操作风险等风险领域和环节,还要覆盖到各个层级、各个部门,形成全员的、全流程的、全面的风险管理体系,切实发挥"三道防线"的作用;企业文化建设要实,企业文化不是空中楼阁、不应虚无缥缈,要以人为本,应是一以贯之、坚持不懈和凝聚企业核心价值的企业精神。

"九久致远,鼎顶追一"是各位股东和社会各界对九鼎金租的殷切期盼,也是对公司快速发展、成就辉煌的美好祝愿,更是公司全体同人为之奋斗、为之拼搏的动力源泉。我们将始终坚持提升自身的核心业务能力和金融服务水平,加强与各类金融机构合作,不断推动产品和业务模式的创新,全力打造一个可持续发展、稳健、审慎、富有社会责任感的一流金融租赁公司,用优异的业绩回报股东、回报社会、成就员工。

9.5 李思明:融资租赁+创新思维[①]

三年前我提过一次展望融资租赁未来五年的发展,有五点:

第一,金融租赁公司的发展方向应该是项目融资、大型项目的方向发展,这是他们的监管和经营所决定的发展方向。

第二,厂商的融资租赁公司很有可能回归到内陆的职能。像三一、中联都是厂商系的,当时都回归到职能或者是职能外包,就像20世纪80年代末、90年代初的时候,美国租赁行业大洗牌,卖给第三方租赁人,我想未来中国可能会朝那个方向发展。

第三,独立出租人呈现分化。一是向综合租赁发展,像远东、平安;另外一批是向专业租赁发展,如过去几年发展比较快的汽车。

[①] 本文为CFL30常务理事、君创国际融资租赁有限公司董事长李思明在2017年6月30日的2017融资租赁创新与发展高峰论坛上的发言稿。

第四,通道类租赁公司会随着规范消失。现在全国有7000多家租赁公司。根据曾做过的一个区域统计,在那个城市里,在能够联系到2/3的租赁公司里,大概有1/3在经营。也就是说7000多家只有不到1/3在经营,绝大多数是通道租赁公司。过去几年国家政策实施规范对租赁行业影响挺大,所以通道类的租赁公司会逐步消失。

第五,二手市场的完善将触发经营租赁的持续发展。目前二手市场还不是很完善,比较完善的有天上飞的、海里跑的,即飞机、轮船的租赁,其他的还没有完善的生产和服务,所以经营租赁开展起来比较困难。

新形势下,融资租赁环境到底是什么样,现在的融资租赁企业经营环境怎么样。现在我觉得应该进入稳定发展的阶段,不是高速发展的阶段。而且进入的是一个竞争性的稳定发展阶段,什么是竞争性的稳定发展阶段?

一是机构数量增长放缓。从去年到今年增加了不到1000家,还没有算有1/3找不着的,有另外1/3是找着了但是没有在经营的,减掉之后,这个行业实际上已经进入稳定的阶段。高速发展的时候,进入行业的投资人主要是被这个类金融行业可以做十倍的杠杆所吸引。大家知道银行对中小租赁公司是很慎重的,给一些贷款或者是各种各样的抵押担保。过去几年银行对小的租赁公司根本不给钱,做杠杆根本就做不起来。所以,这几年数量的增长放缓是好事,融资租赁的投资人开始理性了。

二是资产规模的增长没想象得那么快。资产的增长也在放缓,可能是因为优质资产的稀缺性。我们现在说是有5万亿,真正融资租赁的增长能占1/4就不错了,其他的都是通道类的。因为政府融资的门实际已经关上了,超过一半以上的就做不起来了。传统行业像医疗、印刷、工业设备、机床,这两年比较火的飞机租赁,这些已经是完完全全的红海了。其实飞机不需要那么多,现在签那么多飞机,未来五年交付的话,飞机租赁的价格无法判断是往下走还是怎么样。因为现在飞机租赁的价格已经是非常低了,你要是没有银行非常低的成本的话,根本赚不了钱。

三是资本的增长受到制约。从资本的增长来讲,大家看到一个现象,需要资本金的已经转向到股市融资了。因为这个行业是资本金消耗非常大的行业,股东需要不断地掏钱。像我一年前出来做君创的时候,当时要求就是低于15亿干不了这个。所以资本金多元化是一个比较好的方向。但是资本金的扩张受到资本市场的影响非常大,一方面,股东不可能无限地每年给你资本金,另一方面,股市上融资还不能弄。去年银监会对类金融限制,要在国内上市基本上是不可能的。所以资本金增长是受到制约的。

四是前几年高速扩张带来的风险显现。因为合同一般签的都是3~5年。我的经验是头十八个月不太可能出现风险,除非你被骗贷了。如果新的设备不能上,十八个月之后就可能支撑不住,所以经过这两年的发展该出的风险也出现了。也就是说风险的出现也使这个行业正进入洗牌的状态。这是我们国内现在的情况,我用的词比较好听叫"稳定发展",实际上对大家的挑战非常大。

国际方面也不容乐观。过去两年以美国租赁协会为主,欧洲的洗牌很厉害,美国的租赁指数是上升的。但是,上升的背景是2008年之后有长达三年的萎缩下上升,一个显著的特点就是融资租赁的传统出资人或者传统投资人纷纷退出,这两年国内的投资人到国外买的一些比较大型的公司,比如说海航买的阿波罗,还有国内经营机构买的船。其实为什么有这么多人卖,还有很多投资人当年的IFC就把飞机租赁业务卖掉了,比较好的长足资产为什么卖掉?我们看国际租赁的发展状况就知道了。

行业面临的环境实际上是挺严峻的,但是不是没有机会呢?其实机会挺多的,就看你怎样发展。我们讲发展的话,要看看跟什么结合,需要什么能力地提高我们才有一个美好的发展前景,这就是我最后讲的这几点,叫"融资租赁+"。

第一,融资租赁+"共享经济思维"。思维要改变,我还是现在的想法,赚利息的钱,跟别人谈点,一个点的利差太少了,要三个点。现在已经是共享经济了,共享单车,OFO、摩拜车出市几个月,但是估值已经几个亿了。其实在共享经济环境中,做租赁的人不是搞租赁的人,摩拜也就是我的校友搞的,他不是搞金融也不是租赁的人,但是他搞起来了。他们做的是什么?一个主意,把共享经济对物权的模糊,注重使用权,使共享经济得到更大的发展。像谷歌、滴滴,包括现在的共享办公室强调的都是使用而不是拥有。三十多年前,我进入这个行业的时候,我的观点就是融资租赁、经营租赁在国内很难发展,因为我们东方人的传统观念就是我要拥有这个东西。我们最早做医疗的时候,利息高没关系,你只要告诉他你这个付了三年租金之后这个设备就是你的,那些小老板就很开心。我们的下一代已经进入共享的大环境,所以第一个咱们从业人员要改变思维,怎么去迎合共享经济的发展。

第二,融资租赁+"行业焦距"。我前面讲的有未来发展五点,这五点中间其实都是未来五年我认为租赁公司应该聚焦的专业行业。比如现在发展得有点意思的汽车金融租赁这一块,虽然汽车金融在我看来是消费金融,但也是一个行业的发展。所以行业焦距是非常需要的。

第三,融资租赁+"专业能力"。专业能力一定要提高,现在已经看到这个趋势的发展,有几家租赁公司,他们在飞机租赁经过陆航的痛苦之后现在已经是不错的,专业能力提高,比如说买国外的公司或者国外的团队。做飞机租赁是非常专业的工作,我给大家举个简单的例子,不是说国内的飞机好或者不好。对飞机租赁公司来说一个新的飞机没有经过市场几年的飞行和运行,你不知道飞机的余值是多少。你飞机出来之后,五十架、一百架你可能租得出去,因为你第一批下订单所以会很便宜,但是五年之后你要做资产的减值。所以它是一项非常专业的工作。

第四,融资租赁+"一带一路"。"走出去",通过融资租赁加国际化,特别是开拓"一带一路"的海外市场。说实话,"一带一路"的市场是租赁的荒地,开发起来机会非常多。同时也是风险极高的区域,我们这边一往西走进入东亚或者伊斯兰国家,对它的国家法律、生活习惯和宗教信仰都是很不熟悉的。有实力的企业,输出去的是整合的能力。现在,国外有一批很优秀的融资租赁公司或者人员他们不会做发展中国家,而我们有这个实力,我们对发展中国家很熟了,我们能够输出我们的专业和整合能力。对中国来讲,过剩产能租赁得出去,这是非常好的发展方向,风险和机会都在。

最后强调一下,融资租赁这个行业,已经跨过赚利息的时代,我们要进入到赚设备余值的时代了。

9.6 梁雪文:物联网时代的商用车智慧租赁——山重租赁商用车融资租赁的发展路径[①]

随着科学技术的发展进步,人类已经迈入物联网时代。物联网是互联网世界的衍生。物联网本质还是互联网,只是终端设备不再是计算机,而是嵌入到现实世界中任何物质实体里的计算系统及传感器等设备。通过这些物联网系统和设备,可以实现物与物、人与物及人与人之间的信息交互和联通。山重租赁的商用车业务历经了前物联网时代及物联网发展的不同阶段。在不同的发展时期,山重租赁逐步建立起了自己的商用车资产管理和风险管理体系。

1. 前物联网时代:建立完整的信用风控体系

前物联网时代,由于缺乏物联网技术和设备,无法对租赁资产进行有效监控,融资租赁的核心问题是如何做好风控工作。山重租赁基于促进厂家销售,为客户提供租赁服务的初衷,依托工厂的销售网络平台,搭建了严密的信用风控体系。

山重租赁的信用风控体系可以分解为"六级风控防火墙":

---

① 本文作者为CFL30理事、山重融资租赁有限公司总经理梁雪文。

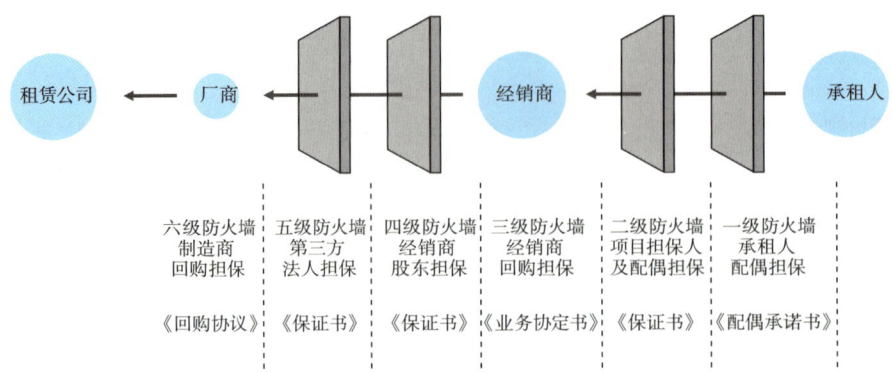

第一级防火墙是承租人层面还款义务的法律约束,包括客户配偶担保。第二级防火墙是项目担保人及其配偶的担保。第三级防火墙是经销商层面的回购担保,经销商需负责租前客户审查和租后客户管理责任。第四级防火墙是经销商股东的担保。第五级防火墙是第三方法人企业对项目的担保。第六级防火墙是工厂的车辆回购担保。通过构建上述严密的信用风控体系,基本上保障了前物联网时代,租赁资产的安全。

2. 物联网1.0时代:初步建立资产管理体系

GPS设备是最原始化的物联网设备。在商用车上安装GPS,可以实现对车辆的定位和追踪。进入1.0时代,山重租赁要求所有出租的车辆都安装GPS,并向山重租赁开放监控端口。通过GPS的追踪定位功能,山重租赁可以实现基础的资产管理。在这个背景下,山重租赁建立起了一套资产管理流程。

租赁资产管理流程示意图

(1)山重合作经销商负责采购GPS,并在车辆交付给客户前安装好GPS;
(2)山重安排专职人员在项目起租放款前确认监控端口已向山重开放;
(3)山重安排专职人员定期查看车辆位置,确认车辆处于正常状态;
(4)当客户恶性违约时,山重安排专业的催收人员,根据定位信息,取回车辆。

3. 物联网2.0时代:建立车辆全生命周期的管理体系

在物联网2.0时代,物联网技术有了巨大进步。厂家研发了适合自己车辆的智能管理设备和系统。该智能管理设备不仅可以实现定位追踪等基础功能,还能防拆、远程锁车以及对车辆状态进行实时监控。对于出租方来说,资产管理有了质的飞跃,资产的安全性有了很大提高。对于客户来说,通过智能管理设备可以随时把握车辆运行状态,及时地进行车辆的维修保养。

在物联网2.0时代背景下,我们建立了车辆全生命周期的风险管理体系。

车辆全生命周期风险管理体系图

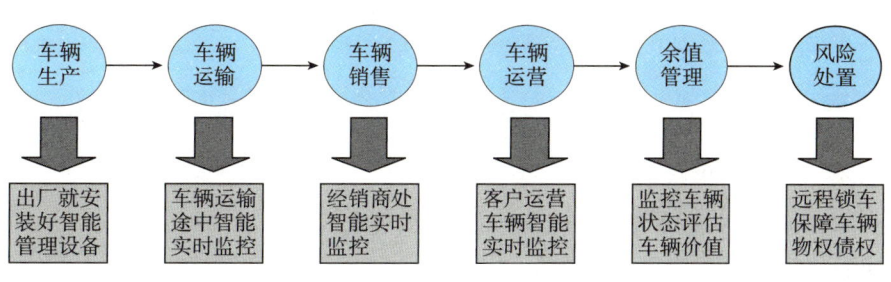

(1)智能管理设备作为车辆标准配置,在车辆生产时即安装好。客户下订单时,山重租赁就能看到车辆配置、价格、用途等一系列数据。

(2)工厂把车辆运输到全国各地接车点,这个运输过程可以通过智能管理设备进行全程监控,保障车辆运输途中的资产安全。

(3)车辆到达经销商处,形成经销商的库存。这个环节也可以通过智能管理设备进行库存车辆监控。

(4)车辆交付给客户运营后,山重可以通过智能管理设备实时监控车辆运营状态。

(5)价值管理:智能管理设备记录了该车运营状态、维修保养记录等有效信息,为租赁资产价值管理提供了实时的评估数据。

(6)客户恶性违约后,智能管理设备可以远程锁车,无须现场人员控制车辆。这样既节省山重债权处置成本,也能给客户强大的还款压力,以最方便快捷的手段实施债权管理。

4.物联网3.0时代:构建大数据模型下实时动态风险管控体系

通过智能管理设备等有效手段,山重租赁积累了大量在租车辆和客户运营等数据。我们利用这些大数据,构建了实时动态的风险管控模型。这些大数据模型是我们资产管理和风险控制的大脑和灵魂。具体来说,我们的模型可以分为三个部分:一是车辆运营数据分析模型;二是客户行为数据分析模型;三是客户信用数据分析模型。

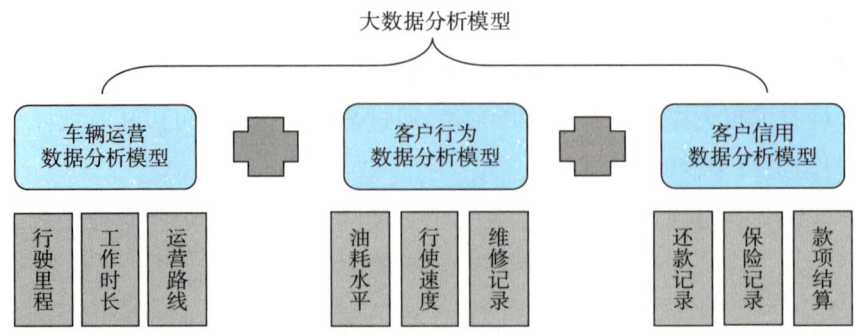

车辆运营数据模型是通过行驶里程、工作时长及运营路线等一系列指标,综合评价出车辆某一个时点的运营状态。

客户行为数据模型是通过车辆油耗水平、行驶速度、维修记录等一系列指标,对客户行为进行专业细致的分类。

客户信用数据模型是通过对客户还款记录的跟踪、保险记录的跟踪和油气费、司机工资、运费款结算等指标的跟踪,来对客户信用进行客观评价。

上述三个模型都是基于智能管理设备采集的车辆和客户数据,通过特定的模型算法,把分析结果量化,然后对应不同的风险等级。这种风险等级的量化评估是通过系统自动测算,并实时更新反馈的。当某个项目、某个客户或某个车辆的风险等级降到设定标准的下限时,系统会自动报警。这样我们便可以在风险实际发生之前预先采取处置对策,做到真正的风控前移。

5. 未来智慧租赁展望:构建智慧租赁生态圈

未来物联网技术将要实现的场景是任何时空下的万物互联。在这个大的趋势下,山重租赁将基于物联网技术,构建智慧租赁生态圈。这个生态圈要引进资金方(银行等金融机构)、商用车制造商、商用车销售及售后服务提供方、第三方服务公司(如油气站、保险公司等)、车主(购买商用车运营的物流公司及司机)、货源(需要运输商品的企业)。在生态圈中,山重租赁整合各类资源,山重由租赁服务提供商,升级为物流综合解决方案和大数据信息整合提供商。

下图是山重租赁计划布局的智慧租赁生态圈。在这个生态圈中,山重租赁整合了金融资源、车辆资源、服务资源、人力资源及货物资源等。通过各类资源的整合,为物流运输企业提供资金服务、车货资源匹配服务、保险服务、加油加气服务、车辆销售及维修保养服务等综合物流解决方案。

通过智慧租赁生态圈,也可以实现大数据信息共享,解决交易信息不对称问题。金融信用信息共享,准确识别项目信用风险,保障银行等资金方的资金安全;司机信

智慧租赁生态圈示意图

息、车源信息、货源信息共享,帮助物流运输企业高效化的人、车、货匹配,助力物流公司健康、稳定的运营;车辆生产、运营、维修保养记录信息共享,为车辆的安全使用、价值评估、二手车交易和处置打下坚实的基础;保险、加油加气等第三方服务信息共享,一方面为这些服务公司拓展了优质客户资源,另一方面为物流公司提供了优质的增值服务。

最后,智慧租赁生态圈的搭建,将租赁交易各方的利益捆绑在一起,整个生态圈就是一个利益共同体。山重租赁作为该共同体的核心,为参与各方的信息流、资金流、物流,包括每个交易环节提供优质服务。山重租赁相信通过生态圈的建立和运转,能实现各方价值最大化。

9.7 潘明忠：梦想与现实 —— 中国飞机租赁行业未来展望[①]

东疆保税港区管委会积极落实建设国家租赁创新示范区的战略要求，致力于把东疆保税港区打造成为全国乃至全球飞机租赁业聚集地和航空融资中心，至今已有超过 1000 家飞机租赁公司及项目公司落户东疆。经过近 10 年的努力，东疆已成为国际飞机租赁版图重要的组成部分，也为飞机租赁在中国的发展做出了巨大的贡献。

今年是本届东疆论坛的第六个年头，论坛在中国航空金融行业飞速发展的势头下，一直紧紧把握市场热点和行业发展规律，深刻剖析不同阶段中国航空金融产业所面临的不同问题，得到各界朋友的广泛认可和支持。本届论坛以"跨越前行，共享发展——中国航空金融新征程"为主题，旨在探讨过去一年来行业发展面临的新问题、新趋势和新动态，从而引领行业的健康发展。这个主题很好，今天借此机会，结合光大金融租赁这几年的发展，谈几点想法。

首先我们看看行业发展的新趋势。

第一就是全球航空运输市场依然保持持续增长。全球民航运输市场年运输量增长到 10 亿人次用了近 40 年的时间；从 10 亿人次增长到 20 亿人次用了 20 年的时间；从 20 亿人次增至 30 亿人次仅用了 7 年时间，这种趋势仍在持续加速，预计将在今年突破 40 亿人次，4 年的时间完成了 10 亿人次的增长。另据预测，预计未来 20 年全球民航行业年均增长率约为 4% 以上，中国等新兴发展中国家与地区的增长将逾 6%。在客运市场增长的同时，货运市场的情况也表现不俗，过去 5 年内货运市场除了某些季节性的回调，总体上都保持了向上的趋势。因此，我们有理由相信，在可预期的时间内，全球航空运输市场将保持持续增长。

第二，再来看看油价。大家都知道，国际油价主要受市场供需、美元强弱、技术发展及地缘政治等影响而波动。2014 年之后，随着全球经济趋缓，多项技术革新，强势美元周期，需求萎缩且世界主要产油国继续保持充足供应，国际油价保持跌势，石油市

[①] 本文为 CFL30 理事、光大金融租赁总裁潘明忠在 2017 年 9 月 29 日第六届中国航空金融发展（东疆）国际论坛上的发言稿。

场供需宽松已成为新常态,虽有所反复,但后期亦将大概率保持在中低位区间运行。

第三,航空产品加速升级换代。油价市场扑朔迷离,航空技术革新始终没有止步,近年来,随着航空新技术的不断涌现,世界主流飞机制造厂商纷纷推陈出新,发布新一代、更节油、更先进的机型。根据预测,未来20年全球至少需要41000架飞机,其中43%将替换现有飞机,有57%为新的需求增长。

第四,中国将成为最重要和最有活力的市场。长期以来,以中国为代表的亚洲国家经济发展速度高于世界平均水平仅3个百分点;同时,受益于人口众多,航空市场需要旺盛,未来20年整个地区机队在世界机队的比重将上升到近40%。作为亚洲经济"领头羊"的中国,因其特有的制度设计和充满活力的各项配套改革措施,仍将在可预见的时间内保持健康持续发展,民航运输也会得益于经济的发展而逐步壮大。按照现有各方预测,中国整体机队规模占全球的比例将从目前的14%上升至20年后的25%以上,我国未来20年内的交付量逾7000余架,市场价值逾万亿美元,中国将成为全球最重要和最具有活力的市场。

近年来,我国航空融资与租赁市场已经取得了长足的发展,国际影响力显著提高,服务民航实体经济的能力显著增强。面对这样一个生机勃勃的市场,依然有各种不确定性存在,随着全球整体经济增速放缓,地区经济发展不平衡,金融市场长期不确定性增加,飞机租赁行业特别是国内的飞机租赁投资者面临新的挑战和课题,也出现了一些值得深思和分析的问题,需要引起我们的关注。

一是市场层面上,虽然市场规模不断增长,但行业运行有同质化和低端化竞争倾向,没有形成可持续的、健康的行业生态环境。国内市场新增交易超过80%由国内租赁公司完成,国际市场开拓也有了明显的进步。新增订单不断,多家公司涉足直接订购飞机,区域性统计甚至已超出同期交付总量。监管创新持续,飞机融资在降低航空公司财务指标、增强机队规划灵活性、降低资产处理风险等方面的积极作用逐步显现,航空公司获得前所未有的谈判空间。在历经近10年的市场化洗礼后,各类机构的趋势判断能力、交易掌控能力以及资产管理能力显著增强,与国际竞争对手的差距逐渐缩小。在各种乐观现象出现的同时,国内租赁公司与国内租赁市场也出现了以抛弃服务差异、钟情价格战为标志的同质化、低端化倾向,不仅无法形成服务民航实体经济的金融支持行业,也为其自身长期稳定的发展埋下了隐患,值得从业人员特别是长期投资者关注并做出适当的调整,特别是从长远考虑制定符合行业自身发展规律的决策并真正实施。

二是战术层面上,虽然交易结构和体系日渐丰富和完善,但竞争日渐白热化的同时,利差空间不断缩小,资产减值风险加剧。国内飞机租赁的实践中,各类围绕税收、政策产生的以爱尔兰等先发地区为模板所进行的保税区和自贸区改革,为地方经济注入了活力,增加了投资、融资及租赁机构针对客户需求的选择,也为国内公司拓展国际市场争取了空间。近几年以来,我国航空融资与租赁市场出现了租金率显著下降、售后回租竞争惨烈的情况,引起各方关注。究其原因,上下游挤压之下,既有国内供需基本面短期失衡的因素,也有国际民航运输、融资和租赁市场波动的因素,更有处于垄断地位的航空制造商不可推卸的责任。民航以及飞机租赁是长周期行业,以短周期思路运作必然要遭到经济规律的惩罚,从业人员应慎之又慎。在此情况下,一旦发生油价回升,新一代飞机寿命周期演化超出预期,持续给老旧机型的估值带来压力,未来租赁公司面临的资产减值风险将会陡增。此外,二级市场资产包交易估值风险始终存在,也考验着租赁公司的机队结构优化能力和资产管理能力。

三是本土制造业起航,中国租赁业面临考验,借助"一带一路"国家战略,实现深度合作与参与尚未形成基本模式。中国商飞 C919 大型飞机今年成功实现试飞,实现里程碑式跨越,今年 6 月光大金融租赁购买 30 架 C919 飞机,型号飞机订单突破 600 架,上周在北京航展商飞又新添 130 架订单,总订单数继续向 1000 架飞机订单迈进。国内租赁公司踊跃参与国产飞机的市场推广与营销,截至目前在战略上没有清晰的合作方案,虽在国际推广上略有动作,但该型号飞机最期待的非洲和东南亚市场还没有出现中国租赁公司的身影。对比波音和空客飞机的发展策略和轨迹,中国的租赁公司面对着考验,市场期待其有积极、有效的作为。

我们的发展思路与设想。

一是坚定长期发展思路。新形势下,航空融资和租赁市场本身也需要进行供给侧改革,选择适合自己的市场,提供更好满足国际民航实体经济需要的法规、制度、产品和服务。作为中国飞机租赁业发展道路的见证者,我们应坚定长期发展的道路,用持续地发展来克服前进中所面临的问题,不畏难、不畏长,以服务实体经济为己任,强身壮体,从资产选配与管理、融资多样化专业化的角度做好具体工作。

二是坚定国际化发展思路。飞机租赁一定要坚决"走出去",进入国际市场竞争。飞机既是典型的租赁物,也是国际化特征明显的租赁物,国内租赁公司应在更广阔的市场参与竞争,兼顾国内和国际市场、民航与通航市场,全球资产配置与全球融资共重,形成符合租赁物本身的发展规律和自身风险定位的资产组合。乘"一带一路"东风,国际化发展是飞机租赁业的必由之路,为其前行拓展了空间的同时,也大幅降低了资产处置与融资的风险。在面对海外市场时,决定因素众多,涉及变量复杂,在资产国际化配置当然可以有效解决流动性缺乏和提高收益水平,但这也并非救命稻草,投资者一定要在风险预判、战略设计和管理团队等方面做好充分的准备。

三是做好专业化管理。首先,做好资产端和融资端的细化管理。面对严酷的市场,目前金融租赁公司的竞争领域已经变成了资金成本的血拼,几年来航空公司每次公开后的结果都在刷新纪录,外资同行的直接参与已经几乎不见踪影。控制好资金成本既是进攻的利器,也是防守的盾牌,更是救生的安全网,要不遗余力地调动各种资源重视起来。其次,高质量、全流程的投资组合管理,打通全产业链条,提升资产处置能力,在扩大市场范围的同时,完善资产寿命期后端的拆解、航材交易的运作能力。租赁公司老旧飞机处置和机队更新调整,还可以有效地降低资产减值风险和改善盈利能力,在配合负债端成本结构优化过程中同样意义重大。最后,服务细节管理。提高服务质量,深度挖掘客户需求;提高资产周转率和交易水平,实现资产价值跨越资产生命周期的循环;

今年是光大金融租赁股份有限公司成立的第七年,我们的资产规模目前已经超过人民币660亿元,2015年开展航空业务以来,经过两年多的实践,业务发展迅速,机队规模逾60架,成功完成了保税区租赁业务投放、向制造商直接采购飞机、批量包资产交易等业务类型。

经过一段时间的积累,公司与国内外航空融资领域各机构建立了广泛而深入的联系,树立了光大金融租赁的品牌,为下一步全面进军国际市场、打造全产业链租赁业务、建设专业飞机租赁团队奠定了坚实的基础。光大金融租赁始终关注行业发展未来,以振兴产业为己任,脚踏实地谋发展,一心一意求创新,用实际行动向关心产业未来的各界朋友致敬。

各位嘉宾,各位朋友,适应中国经济发展"新常态",推进租赁理论与中国特有市场逻辑的结合,将为航空融资和租赁市场发展带来新机遇。我相信,在金融与实业结合的大背景下,租赁公司坚持服务实体经济的根本宗旨,坚持市场化、国际化、专业化的改革方向,市场必将迎来更加美好的未来。

9.8 秦群:引进海外战略投资者的经验分享[①]

站在被投人的角度谈谈中建投租赁海外引战的心得,首先分析对接资本市场对融资租赁公司发展的意义,同时与大家分享中建投租赁开展海外引战,推进国际化的一

---

① 本文为CFL30理事、中建投租赁有限责任公司总经理秦群在2016中国融资租赁年会上的发言稿。

些经验体会。

1. 走向资本市场是融资租赁公司发展的趋势

近年,政府对融资租赁行业的发展给予了政策上的大力支持,特别是《关于加快融资租赁业发展的指导意见》等政策的出台,使融资租赁行业迎来发展的黄金时期。据中国租赁联盟统计,截至2016年第三季度末,全国融资租赁合同余额为49500亿元,较2015年底增长11.5%,融资租赁公司数量为6392家,较2015年底增长41.8%。

融资租赁是典型的资金消耗型行业,对接资本市场,通过引进战略投资者的方式提高自身资金实力是租赁公司未来发展的有效选择。当然除了解决资本金的难题,资本市场带给融资租赁企业的好处还包括:通过优化公司股权结构,改善公司治理,提升公司管理的规范化水平;通过与战略投资者的合作,实现业务的互补与协同;提升公司形象,提高市场对公司的认同度。

资本市场本身所具有的魅力不断地吸引融资租赁企业。先行者如远东宏信、中飞租赁、环球医疗、国银租赁、中银航空租赁、渤海租赁,在路上的如江苏金租、聚信租赁等租赁公司也正在筹备A股上市。这些业内的同行为融资租赁公司走向资本市场积累了宝贵的经验,探索出了可持续发展的道路。

2. 中建投租赁海外引战工作分享

中建投租赁股份有限公司成立于1989年,近几年公司紧抓发展机遇,业绩实现了快速增长。

在中央积极推动混合所有制改革的背景下,结合融资租赁企业国际化的发展趋势,公司决定通过引入国际投资者来解决发展中面临的瓶颈问题。

经过一年多紧锣密鼓的工作,2015年公司成功引入海外投资者:中国建投持股75%、凯雷投资和招商局中国基金2家战略投资者持股25%,引战完成后,公司注册资本金达到26.68亿元人民币。

(1)海外引战历程

海外引战是一项系统、复杂而又艰巨的工作:①全球路演:历时3个月,公司先后在中国上海、中国香港、加拿大和美国进行路演。②尽职调查及协议签署。战略投资者凯雷集团先后调动4批尽调团队,在短短的1个月多一点的时间里对公司进行全面调查。投资条款的谈判是非常关键的一个环节。递进、并行作业、相互交替。

(2)体会

中建投租赁在较短时间内成功引进海外战略投资者,并且实现了预期的目标。我有以下几点体会:

第一,目标清晰。在引战之初就确定好目标,并且考虑好这些目标之间的优先级排序,会更有助于公司在与多轮次和多家机构的沟通过程中,选择更适合自身发展的合作方。如需要推进国际化,具备国内投资经验的国际知名投资者将会有助于实现该目标;如希望在管理水平的提升和公司治理的优化,则参与过大型企业投资并有过实际管理经验的投资者会是不错的选择。

第二,选择谁很重要。我们要注重公司与战略投资者的匹配度,"门当户对"非常重要。发展战略、经营理念、品牌影响、行为方式以及过往经验,决定了双方沟通的有效性。

第三,充分展示自我。公司需要考虑如何做好自身工作以便吸引满足公司发展目标的投资者。首先,公司发展靠战略和业务模式,清晰有效的战略和业务模式未来业务增长可持续的保障,也是投资者评估公司未来价值的重要考量因素。其次,良好的风险管理能力是租赁公司的生命线,包括管理体系和管理技术。同时,扎实的基础管理也是一家企业能否真正做大做强的基本要素,基础管理、流程设置等管理基因要随着公司规模的扩大持续改进。最后,经四大权威审计机构审计的财务报告,具备良好的质量和可信度,可大大缩短引战尽调的时间。

9.9 万钧:展望起飞时期的中国汽车租赁业[①]

汽车金融这两年是一个热点,它现在是一个什么样的情况,跟我们原来想象的有什么区别?有些什么新东西?我向大家分享一下。

大致来讲,现在中国每年销售的乘用车加商用车,总共是2700多万,每年保持5%~10%的增长,去年是比较高的一个跳跃,是平均大概10%。

美国是什么情况呢?卡车、乘用车,这是一个到成熟以后就不会再增长的行业,实际情况是这样吗?其实也不是,如果我们看美国会发现,美国这么一个成熟的市场主体,它每年的汽车产量和销量怎么样呢?我们把它分成乘用车、轻型和中重型,2016年乘用车的产量是393万、轻型卡车799万、中重型26万。

更重要的是,在美国做 lease 的车,大概占40%,而在中国,为3%左右。记住,这

---

① 本文为CFL30常务理事、狮桥融资租赁(中国)有限公司董事长兼CEO万钧先生的发言稿。

里我们说的是 lease，很多人问我，我们说租赁的时候，到底有几种租赁，我想在汽车里面大概三种：第一种叫融资租赁，这是大家最好理解的，所谓融资租赁简单说就是贷款，它的特点是全额清偿，就是这个钱值 10 万，你就连本带息 10 万元还给我，中间不能提前结束汽车租赁的合同，最后产权归你，这是融资性的租赁。

第二个，leasing car，它没有这个 Finance，lease 在国外很多场合，租房子往往都是 lease，lease 往往是期限比较长，但是又不是终身的，也不是全额的，也就是三年、五年。比如在美国很多时候，我们看这个车上面写着 199 美元/月，那个大部分情况下是属于 lease 的，就是说三年以后我会把车还给他，残值可能是 20% 或者 30%，所以这叫 lease，这是大家要重点关注的，这是未来核心的市场。

至于我们说的出租，也就是 rental，那是第三个概念，大家周末到神舟租车去租两辆车，或我们到美国去玩，机场下来之后，租一辆车开一个星期，到另外一个城市再还，这叫 rental。

所以整个市场是三种，Finance lease、lease 和 rental。这里面我的数据只有 lease 的这部分，其在美国占 40%，中国现在是多少？我觉得这个数夸大了，现在大家知道，在美国其实 lease 最大的用户是政府，但在中国用得很少，这说明了巨大的机会，在商用车里面，其实这个比例更高。

从宏观来讲，我们融资租赁行业，这两年增长有所放缓，说大家都在焦虑，焦虑什么？其实很简单，大家知道我们原来融资租赁行业，可能有一大部分都做了地方政府平台，地方做的平台现在怎么样呢？现在发债了。

第二，我们的固定资产投资增速下降了，融资租赁在中国原来做比较大的两个方向现在都受到阻碍，我们的眼光投向哪儿呢？我们有很多的创新，其实是惊呆了全世界人民的，比如大家看到辉山乳业狂跌 83%，大家知道辉山乳业曾经给我们行业带来一个巨大的惊喜——做活体租赁，活体租赁就是价值 20 多个亿元的奶牛，我现在很为他们担心，奶牛怎么办？拿回家去挤奶？比较困难一点。

所以这个时候，我觉得咱们租赁可以观察的行业就是车辆，车辆到底是有多大的市场，2016 年的销售量是 2640 万辆，金额达到 3 万元亿左右，如果按欧美发达市场汽车销售领域约 50% 金融占比计算，汽车融资租赁在我国未来面对的是一个万亿级的广阔市场。

市场上，汽车金融以银行信贷、汽车金融公司形式发展历史已经比较久，也进入相对稳定期。但以租赁方式，特别是独立的第三方融资租赁公司发展的时间比较短。最早下水试探商用车的，2012 年开始有开元、同岳、狮桥。2014 年开始有很多的公司进入乘用车领域，像建元、佰仟、浩天国际、狮桥等。而这两年租赁公司第一件想做的事情就是做汽车,这背后的驱动因素是什么?其实很简单,资产荒是事实,租赁为资金市场提供了大量的优质资产,但是原来的资产是把存量的资产变现了,变成优质资产可以直接融资。近年来这些资产数量越来越少,收益越来越低,大家就寻找可以为市场提供大批量收益相对合理的资产,汽车就变成很好的标的物,所以这个市场成为大家追逐的热点。

而在政策层面,2014年7月,国务院下发《国务院关于加快发展生产性服务业促进产业结构调整升级的指导意见》,交通运输部随后印发《实施意见》,提出鼓励用融资租赁方式更新和改造运输装备,提升交通运输装备专业化水平。2015年8月,国务院办公厅下发《关于加快融资租赁业发展的指导意见》,明确提出发展家用轿车融资租赁,扩大国内消费的意见。密集的政策支持使中国汽车金融业也迎来了新一轮发展的黄金时期。

身处这样一个广阔而方兴未艾的新兴市场,作为汽车金融的重要参与者,汽车融资租赁行业的持续、健康发展,除了需要行业自身不断创新与严格自律,更离不开主管部门的指导,如何正确理解主管部门的监管要求和指导思想不仅关系到各融资租赁企业业务合规和自身权益保障,更关系汽车融资租赁行业如何长远地在国家产业结构调整升级及金融秩序的健康稳定中更好地承担起应负起的历史责任。

基于这些考虑,成立了中国融资租赁三十人论坛汽车租赁专业委员会,我们创立专委会的目标有四个:第一,希望成为在大协会和论坛的领导下作为行业政策监管沟通的渠道;第二,希望大家一起有更多的机会、更好的平台一起研讨这个市场发展方向,共同解决它的行业模式和发展方向问题;第三,希望成为一个从业机构自我保护的网络,建立行业自律的黑名单体系;最后,我们希望建立一个同业资产的交易平台,我们标的物都是车,这样的标准产品我们将来可以在我们的成员企业之间互通有无,做到资金和资产的相互交换。

但在实际开展业务过程中,我们发现虽然我们的行业发展非常快,但是我们的行业政策和营销环境有非常大的改善空间,其中有几点是我们整个汽车租赁行业同人们觉得比较难的地方。

第一,租赁就是核心在于物的控制,车辆作为一个物有特殊性,它有登记,有登记就可以抵押,可以对抗部分的第三人,但是抵押变成租赁从原则上来讲就是所有权人,变成所有权人就是自己把自己的东西抵押给自己。当我们把车辆上户在承租人名下的时候,即便我们能收回车辆,处置的过程也极其漫长,至少需要半年的时间才能完成整个审判的过程,而在过户的过程中又会遇到车管系统各种不同的地方规定,导致真正的处置可能在一年以后,这样会使得我们行业健康发展受到制约。

第二,权利保护的问题,汽车融资租赁通过抵押的方式保护了一部分利益,商用车尚不明确,但是乘用车领域小贷公司就有占有即可以处分的情况,有一些客户融资租赁到车就弄到小贷公司,小贷公司对车进行处置,可以得到法院的支持。有一些法院认为小贷公司支付对价给到了客户,但是我们有抵押也有融资合同的支撑,我们的权益也应该得到保护。

第三,概念推广仍然需要时间,作为融资租赁行业的老兵,我记得十年前融资租赁最担心的事情是老百姓不知道什么是融资租赁,企业不知道什么是融资租赁,所以概念推广很重要,现在企业做融资租赁已经没问题,但是汽车金融里面仍然存在这个问题,我们起了一个艺名叫"分期付款",客户认为当初买的就是一个分期,那么我们怎么把融资租赁概念推广到社会,让大家认识到融资租赁的本质是什么?

第四,整个资本市场对于汽车融资租赁的认知程度还有很大的提升空间,狮桥发了好几期的ABS,很多人(包括券商、银行)不知道租赁公司的ABS是什么样的产品、什么样的结构,导致我们要做非常多的解释说明才能让大家接受。所以需要行业共同努力,让融资租赁的认知度得到更好地提升。

第五,汽车金融行业的参与主体非常复杂,这里只列了三个:汽车经销商/厂商、二手车商、SP,这个SP好处在于可以帮助我们快速地扩大我们的业务,好的SP对发展和风险的控制非常有帮助,但是也不可否认市场上出现了一批害群之马,以帮助金融公司获取业务的名义,但实际在中间掩盖风险,甚至伪造客户的资料和记录,最终既害了客户也坑害了金融企业。这些环境和现状是现实存在的,行业内怎么规范这个市场,怎么改善这个市场,需要行业同人花很多精力和心血去应对。

第六,我认为是行业的产品服务非常单一和同质,基本上来讲做的还是纯金融业务,做的是贷款,但是我们真正有租赁物,有交付有使用,但是提供服务的核心仍然是金融的利差作为主要的核心,这种机会来自于三、四、五线城市,还有二手车市场,这是传统的金融机构包括银行不能够或者因为成本考虑不愿覆盖的区域和领域,但是这些市场是否能一直不被大机构攻陷?有人抱怨金融也打价格战,但事实上,金融是最应该打价格战的,钱没有个性,没有服务。你给我钱是10%的利息,人家给我是8%的利息,我为什么不用它呢?

所以,我认为租赁还是应该做自己的事,融资租赁是金融和产业结合最密切的行业,我们把融资租赁这个词拆开前面的"融资"是金融属性,后面的"租赁"是运营性属性,所以我们应该更多地做我们的租赁。我提出一个说法,设备管理为基础,金融工具助规模,海纳百川做平台,在这个基础上我们可以获取金融利润以外的资产运营的利润,有了核心的资产,我们就可以以核心资产作为一个平台,服务于更多的而不仅仅是金融客户的资产,因为你有足够量的资产池,你就在整个市场上具有了强大的谈判和议价能力,有了这样的能力就可以不断地为自己的金融资产提供更低的采购成本,也可以为外部的客户提供更好的服务,去获取平台收益。狮桥已经做了这方面的尝试,帮助客户获得了更低的成本提供了更好的服务,虽然还在前进的路上,但是给我们提供了思考的方向。

最后归结一下,中国的汽车融资租赁市场巨大,它未来的趋势会越来越科技化,越来越互联网化,越来越重视服务,而不是单纯金融,希望大家能够关注中国的汽车金融,特别适合我们租赁行业做,车辆虽然单体的价值只有二三十万,但加起来是一个两三万亿的市场。

9.10 王佳林:今后融资租赁业监管主基调是趋严趋紧①

1. 过去几年,我国融资租赁行业经历了爆发性的增长

这种爆发性的增长,第一方面是因为融资租赁这种以融物的方式来实现融资的业态,的确是服务实体经济的一种非常有效的金融服务方式,在当前我国经济发展方式转型升级的形势下具有广泛的应用场景和空间;第二方面是因为随着我国资本市场、外汇市场等的进一步改革和发展,以及多个自由贸易区的不断发展和创新,融资租赁公司的融资渠道更加多元,租赁资产证券化、债券发行以及海外融资等成为众多融资租赁公司在银行贷款之外筹集资金的重要来源;第三方面是得益于融资租赁的社会认知度大幅度提升,社会各行各界对这个业态有了更多和更深入的了解,更多的企业愿意接受融资租赁,开展融资租赁的热情也空前高涨,同时,中央和地方政府政策的大力支持,也为融资租赁行业发展提供了较好的环境。

所以,过去几年我们经历了融资租赁业的爆发性增长,融资租赁企业数目快速增加、行业注册资本金总量以及总资产规模大幅度增长。

---

① 本文为CFL30常务理事、中国融资租赁企业协会副会长兼秘书长王佳琳在2017第四届全球租赁业竞争力论坛上的发言稿。

2. 综观我国融资租赁市场现状,我认为,那种爆发性的高速发展状态已经基本结束,融资租赁业开始进入一个一般性增长、同时又是激烈竞争、转型、分化的新阶段

融资租赁所面临的挑战越来越大,一方面,目前市场上8000多家融资租赁企业,业务领域和业务模式雷同,大多数都是在做单一的"类信贷"模式的业务,公司之间往往是同质化、低水平的竞争。

另一方面,银行等金融机构近期对融资租赁行业开始收紧,那些中小型或管理上薄弱的融资租赁公司融资难度加大,融资成本上升。

第三方面,政府监管总的趋势是趋严、趋紧,监管的趋严和趋紧应该是今后一个时期政府对融资租赁行业管理的主基调。

所以说,我国融资租赁那种爆发性高速发展状态已经基本结束,行业开始进入一个新阶段。

3. 新时期下融资租赁行业的健康发展离不开融资租赁的市场主体、政府监管机构以及行业协会等各方面的共同努力

首先,融资租赁的市场主体(也就是这几千家融资租赁公司)需要做好差异化市场定位,需要结合自身特点,走专业化的道路,提高市场开拓能力和风险管理能力,提升企业的综合运营效率,通过为实体经济企业服务、合规经营来获取良好的经济效益和自身的健康发展。

最近一段时间,我也注意到一些融资租赁企业在研究、探索、尝试新的专业化发展方法和路径,这是可喜和值得肯定的。这次论坛就有这方面的内容。

第二,关于政府政策和政府监管。过去这几年中国融资租赁业的快速发展离不开从中央到地方政府一系列政策的大力支持,应该说2015年国务院连续发布的《关于加快融资租赁业发展的指导意见》和《关于促进金融租赁行业健康发展的指导意见》,这两份《指导意见》是政府大力支持融资租赁业快速发展的最高体现,也是最全面、最系统的体现。

前几天有媒体报道国家将要对融资租赁的监管做一定的调整,行业内对此有一些议论。因为目前尚未见到政府相关部门的正式文件,所以对于国家下一步对融资租赁行业的具体监管政策和办法我们现在还不得而知。但是从不久前的中央金融工作会议,从更加强调防范金融风险这一点来看,今后对我们这个行业的监管要加强的基调是确定的。我想我们行业的主流也是希望政府能够加强对这个行业的监管,希望全国融资租赁企业能够按照一个统一的规则规范经营,所以我们也是非常期待这个新的监

管办法的出台。

过去 10 多年,商务部资质的内资试点融资租赁公司和外商投资融资租赁公司对我国融资租赁行业的发展起到了非常重要的作用,厂商租赁、供应商租赁、直租业务等这些好的融资租赁模式往往是由这两类融资租赁公司开展的,希望政府在新监管格局和新监管政策中充分考虑这两类融资租赁公司的特点,兼顾到这两类融资租赁企业所能够发挥的服务实体经济企业,特别是中小企业的特性。

第三,融资租赁的健康发展需要行业协会发挥积极作用。行业协会可以在融资租赁企业之间以及在政府与企业之间架起桥梁,行业协会是推动行业自律的重要力量,行业协会也可以协助政府加强对行业的监管;当更多的中国融资租赁企业走出国门、走向世界的时候,行业协会也可以与国际同行加强交流,为中国企业国际化助力。

展望未来,我对融资租赁业的发展前景非常看好,相信会有一批融资租赁企业能够在竞争中胜出,也相信不久我国就将成为世界上融资租赁规模最大的国家,也会有中国的融资租赁公司成为国际领先融资租赁企业。

9.11 王蓉:把握新机遇 打造最具特色的中民投租赁集团[①]

一、租赁行业已经进入黄金时代。

融资租赁不仅集融资与融物于一体,更是将贸易与技术融于一体的新兴产业,可以断言,融资租赁未来在中国的市场空间将会不断扩大。

近年来,在国家政策的引导和各位业内同人的共同努力下,国内融资租赁业已经进入蓬勃发展的黄金时代,融资租赁行业对实体经济的渗透率不断增强。

全球租赁行业起源于 20 世纪 50 年代,70 年代末期之后迎来高速增长时期。回顾中国租赁行业的发展历史,自 1981 年中国第一家融资租赁公司成立至今,经历了 20 世纪 80 年代的粗放经营,90 年代的发展停滞,及过去 10 年的迅速发展,中国融资租赁行业资产规模已经突破 5 万亿元,市场主体数量突破 8000 家,租赁企业抗经济周期的能力和出色的风险控制能力不断增强。

---

① 本文为中国融资租赁三十人论坛理事、中民投租赁集团董事长王蓉在 2017 年全球租赁业竞争力论坛的讲话

二、新的经济金融和监管形势将带来新的发展机遇。

今年7月的全国金融工作会议提出了"服务实体经济、深化金融改革、防控金融风险"的工作目标,以进一步促进经济和金融良性循环健康发展。

金融是实体经济的血脉,为实体经济服务不仅是金融的天职,也是金融工作的出发点和落脚点,租赁行业需要将更多的金融资源配置到经济社会发展的重点领域和薄弱环节。此外,租赁行业也需要把主动防范化解金融风险放在更加重要的位置,科学防范、早识别、早预警、早发现、早处置,完善安全防线和风险应急处置机制。同时,尊重市场在金融资源配置中发挥的决定性作用,提高金融资源配置效率。

对于租赁业而言,在新的经济金融形势和监管形势下,同样面临新的发展机遇。此次第四届全球租赁业竞争力论坛的主题正是围绕着"新监管和新机遇"来探讨租赁业的进化之路。

在共享经济强势兴起、专业化细分行业蓬勃发展、供给侧改革不断深化、"中国制造2025"及"一带一路"等众多利好因素的叠加促进下,中国租赁行业的新蓝海正在逐渐呈现在我们面前。

2017年,世界经济复苏迹象明显,世界经济的包容性和可持续性增长能力持续增强,但全球经济仍面临诸多不确定性和风险,新一轮增长动能尚待充分挖掘。2017年也是中国实施"十三五"规划的重要一年和推进供给侧结构性改革的深化之年,稳中求进,更好地把握"稳"和"进"的关系成为中国经济发展的总基调。

我们相信,在融资租赁行业规模和企业数量继续保持平稳较快增长的同时,通过把握产业结构升级以及与实体经济细分领域深入结合的需求,将能够为租赁企业的发展带来更多崭新的机遇,带来无限的成长空间。

三、中民投租赁集团首创的"集团化管理、专业化运营"发展模式落地。

如何在新的监管和新的机遇下,制定前瞻性的战略,有效控制风险,减少同质化竞争,实现快速、优质地发展,甚至变道超车,已经成为整个行业持续努力探索的方向。

中民投租赁集团诞生在这样的背景下,今年初,中民投租赁集团率先推出业内首创的"集团化管理、专业化运营"的发展模式,逐步搭建完成高效、透明的内部控制体系和完善的公司治理结构。

中民投租赁集团作为由中民投全资控股的国际化、专业化大型租赁集团,在聚焦航空、物流、健康产业和清洁能源等专业领域的同时,充分发挥股东、战略和团队优势,坚持专业化发展和投资并购双轮驱动的发展战略,以香港为中心,汇聚国际租赁资源,积极进驻中国天津、中国上海、爱尔兰等全球租赁产业集聚地,实现资产在全球范围内布局。

同时，我们以中民投租赁集团为平台，围绕股权、债权和物权，围绕租赁行业上下游产业链打造"租投并举、租管结合"的核心商业模式。

租赁行业的实践证明，只有坚持专业化发展才能真正形成公司的核心竞争力，才能获取更高的收益，才能够真正提升风险管理及合规经营能力。

中民投租赁集团旗下中民投国际租赁目前已成为"中国最大的直升机租赁公司"，直升机机队规模近120架，全力开拓直升机租赁、运营管理、航材保障及通航机场建设等板块，并已经实现在紧急医疗救援、低空旅游、通航作业等领域快速布局。

伴随着人口老龄化及大健康产业的发展带来的新蓝海，中民投租赁集团旗下中民投健康租赁围绕"健康行业最专业的综合金融服务提供者"这一战略目标，积极拓展医疗机构、公共卫生、医药制造行业的发展机会，为中国健康产业的发展保驾护航。

当前，全球航空客运市场已经成为一个增长空间巨大的行业，需求量往往会在每15年左右实现翻番，飞机租赁已经成为当前和未来航空公司引进飞机的首选方式。中民投租赁集团旗下中民投航空租赁在最短时间内进驻中国天津、中国上海、中国香港，新加坡、爱尔兰等地，境内外业务均实现全面突破，并优先将优质资产布局在"一带一路"沿线国家。

随着物流园区、物流数据设施及物流智能化、冷链等专业细分市场的迅猛发展，中国物流租赁市场也亟待深度挖掘。中民投租赁集团旗下中民投物流租赁是国内第一家专注于物流全产业链投融资领域的租赁公司，致力于成为中国最具实力的物流产业融资租赁商和物流综合服务平台。

资产业务的关键词是"聚焦"，通过"聚焦"挖掘专业化生产力；融资业务的关键词就是"做活"，形成有源之水，夯实稳健发展的基石。在市场整体流动性趋紧的大背景下，中民投租赁集团积极构建股权主导、基金支撑、债权支持，多路并进的筹资模式，调动银行、同业、债券等各方渠道资源，在传统银行融资渠道不断拓展的同时，直接融资取得突破性进展。

四、打造最具特色的中民投租赁集团。

未来，中民投租赁集团将在社会各界同人的关心支持下，结合国家重大战略及自身多年积累的经验，依托国际"一带一路"、京津冀协同发展及"走出去"政策，不断加快集团化、专业化、国际化经营的步伐，优化资产管理与资源配置，开阔视野，打造特色，持续汇聚并整合境内外优质资源，提升综合实力。

我们将锐意进取，脚踏实地，通过专业化发展和投资并购双轮驱动的发展战略，打造最具特色的、盈利能力强劲的租赁集团。

9.12 王石山：中资企业国际化三步走——产品、技术、金融服务[①]

目前，中国中车是全球最大的轨道交通制造企业，产品覆盖全球102个国家和地区，全球轨道交通80%的企业有中国中车的产品。在中国中车"走出去"过程中，以前多是通过产品、技术走向海外，今后将围绕中车的战略发展，在产品和技术"走出去"的同时，金融和服务跟得上，延伸产业链。

1. "一带一路"带给中国高铁巨大机遇

在国际化这些年，我感觉第一是产品要走出去，走进去，走进去以后要沉下来，能够融入当地的文化和当地的企业、当地的政府民众共享产品和技术带来的便利。

目前中国中车除了产品和技术"走出去"，在落地这块更多的是通过本地化生产、技术和售后服务，在当地站稳、融入。例如，在南非、东南亚、美国，随着业务的发展，在当地建起了制造和维修工厂。

最近三年，中国中车在美国主要城市拿了比较多的地铁订单，其中包括波士顿、芝加哥、洛杉矶等等，很受当地政府和民众的喜爱。在产品中标后，结合后期市场和发展的需要，我们做一些本地化的生产服务，在美国芝加哥建立了制造维修基地，在东南亚建了制造工厂和维保服务中心，像汽车4S店的方式做好服务，解除客户的后顾之忧。

"一带一路"倡议提出以后，中国高铁和中国轨道交通产品"走出去"有了更多的发展机遇。第一，"一带一路"沿线人口密集，经过国家和地区达65个，覆盖人口46亿，占世界60%，沿线基础设施特别是轨道交通的互联互通需求旺盛，是当地重要的民生工程，受到沿线国家和民众的拥戴。

2. 走进、站稳、融入、共享

国际化经营要走进、站稳、融入、共享。第一是产品"走出去"。目前我们的产品和技术、质量已非常过关，又有比较好的性价比，中国的制造能力强，制造周期短，所以在产品竞争上有优势。

[①] 本文为CFL30理事、中车投资租赁有限公司董事长王石山在2017年6月6日一带一路与租赁业战略新空间论坛上的发言稿。

第二,走进去,站得稳。要做好经营网络布局,有条件的地区开展本地化生产制造,实现技术落地,中车在全球设立了多个海外经营机构,在东南亚、北美洲、南美洲、非洲已经建立了制造维修基地,整个产品因为有大的布局和本地化生产,更容易让采购国接受。

第三,融入与共享。通过产品和技术走进去,通过制造与服务中心融入当地社会,促进就业,改善民生,共享技术带来的绿色和便捷。

3. 文化冲突风险不容小视

风险方面,国别和信用风险非常大。轨道交通是一个周期长、低租金、回收慢的产品。虽然有标准化,但是其标准化程度与飞机和船舶相比还是差了很多,二级市场不像飞机、汽车、船舶那样活跃。所以存在着周期带来的一些风险。

汇率风险和文化冲突的风险。文化可以说是行走的经济,对于在每一个地方能不能真正地落下来,能够长期地去占据这个市场是非常关键的。中车在东南亚是本地化建厂,本地化制造和本地化员工,与当地的文化融合到一起,对整个中车的品牌宣传起到了很大的作用。就长期经营来说,在防范风险方面,我感觉文化冲突带来的风险可能比技术和产品带来的还要大。还有就是制度法规的风险。

4. 防范风险的一些举措

一是做专业化。在产品技术、产品服务方面,在全球做得更专业、更领先。

二是与本地企业合作。通过与当地企业利益共享,风险共担,化解和减少我们在海外的一些风险。

三是要用一些风险对冲的工具去化解和减少经营风险。如货币互换、利率互换,海外投资两头在外等。

9.13 杨钢:中国租赁业发展展望[①]

1. 国内外租赁业发展现状

(1)发达国家(地区)发展状况

发达国家的租赁业发展相关信息很多,我们可以从两个角度来研究一下。

---

① 本文为CFL30理事、中国外商投资企业协会租赁业委员会会长杨钢在2017年7月10日中国金融改革与融资租赁业发展论坛上的发言稿。

①风险。租赁是一个具有金融属性的业务,同时也是一个有风险的业务。很多跨国公司都可以到中国开公司,但是不能去其他国家开,如越南、菲律宾、印度尼西亚等。当然这些国家也有租赁业务,但风险让他们不敢去做。

②应用范围。我们经常讲租赁渗透率,美国一度有 32%,德国、日本基本上在 15%~20% 中间。他们主要是设备租赁(包括车辆等),几乎没有回租赁的概念(回租赁就是一种简单融资)。国外去 4S 店买汽车,一般就是现款、租赁、分期付款三种方式,但相对而言,国外使用租赁更为普遍。

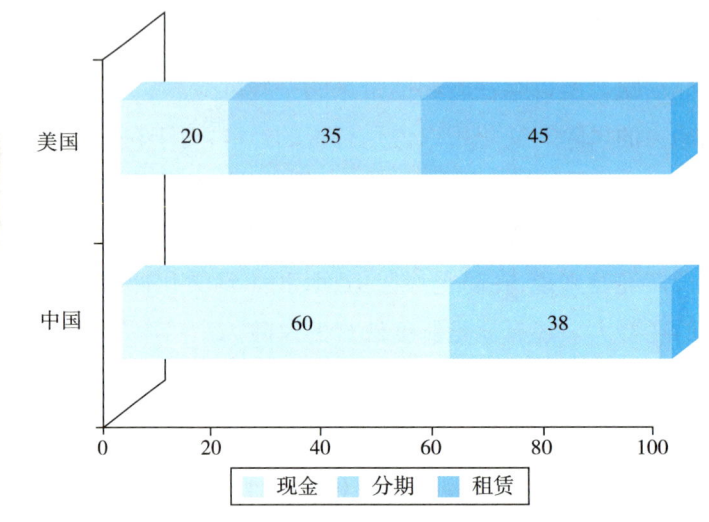

图1　中美汽车购置方式差别

香港由于直接融资非常容易,虽然租赁市场发达,但以经营性租赁为主,融资租赁市场小。而日本由于租赁市场已经十分发达,现在也已经很难进入。而在国内借钱比较困难,所以我们选择了中国大陆这个市场。

此外,由于美国等发达市场的消费者更多地考虑了资产过时的风险,故而他们更愿意使用租赁的方式获得产品,这也是我们租赁从业者继续进行思考的。

(2)中国租赁业发展现状

中国的租赁业自 2001 年加入世贸组织后,审批制度的改革使得外资租赁、金融租赁、内资租赁遍地开花,走出了一条具有中国特色的租赁业发展之路。

当前阶段,我国的租赁业主要有以下几个特点:

①租赁业的业务灵活性得到发挥。由于租赁业务的灵活性强,目前银行满足不了的需求,租赁公司则可以,使得包括政府融资在内的大量融资需求得到满足。

②实体企业开始拥抱租赁牌照。虽说租赁牌照不是金融牌照,但租赁牌照的放开已经可以让实体企业开拓更多的业务,使企业对金融牌照的渴望得到了满足。

图2　租赁行业关键词变化轨迹

③越来越多的投资人涉足租赁业。租赁业较高的回报率、资产的安全性和稳定性、现金流的持续性吸引了很多投资人进入,包括很多职业投资人。

④租赁业务被资金压力复杂化。租赁业由于资金市场端还不够成熟,融资难度较大,而其对资金的需求又很大,导致租赁业开始变得复杂化,如结构性金融和通道业务。

⑤类贷款特征给了租赁业机遇和限制。类贷款特征给租赁业带来很多发展机遇,但现在也带来了很多限制,导致只会做类贷款业务,却忽略了租赁和贷款的区别。

2. 中国租赁业发展面临的挑战

行业内企业的股东背景、机构类别各不一样,企业的资金和规模不同,所以各自的发展定位和愿景也有所不同。目前,绝大多数的公司都遇到诸多挑战。

(1)租赁业务利润较低。利润较低现象主要在地方政府融资中,如承租人为央企和地方国企,租赁公司普遍利润率较低,无利可图。

(2)租赁风险防范困难。由于信息不对称的存在,租赁公司对承租人还租能力感到担忧;即便承租人为上市公司,租赁公司也会担忧。也正因如此,虽然中小企业融资需求旺盛,但却鲜有人敢做中小企业的业务。

(3)租赁业务未能很好地服务实体经济。虽然央企、地方国企、民企都开始成立自己的租赁公司,但很多租赁公司却未将金融与实业密切结合,为实业提供支持。

(4)初始资产公允价值难以确定。目前只有大型飞机、船舶的采购,卖方的价格才不会有太多差异,是真的是公允值。但更多的是一些设备在上市不久后便下架停售,这样就没有了初始的公允值,使得后期不好处理。

(5)租赁期间资产的使用程度难以保障。如租赁汽车,驾驶里程会与租赁金额有对应关系,超过某个阈值则需额外付费,但租赁公司没有能力时刻注意资产的使用程度。

(6)资产再处理难以开展。租赁的资产可以取回,坏了可以修,丢失了可以找保险公司赔。但是取回的资产如何将其再次卖出或者外租,是目前租赁业面临的一大挑战。

3. 中国租赁业未来发展方向

通过前面的阐述,我们知道,中国的租赁业才刚刚起步,没有达到完全成熟的市场,这对我们来说,既是机遇也是挑战。但是我们可以从中看出未来租赁业将会有以下两个发展方向。

(1)二手市场。现在二手市场基本上不存在,我们没有对其按照资产分类,未能有一个公开的二手资产的价格评价体系。但是租赁物的二手市场空间极大,却由于信息的不透明导致其未能很好地发展。如果某一天,我们不管遇见客户违约或是破产,抑或是租赁到期,租赁资产取回后,能够在一两天之内就能够有一个真实的报价,到那时我们的二手市场将会蓬勃发展。

(2)聚焦资产。租赁是产融结合非常好的工具,而聚焦资产是租赁业融入实体经济的钥匙。世界上在资产交易方面有两种:一种方式是买卖;另一种就是租赁。医疗行业中90%的客户都不会给钱,至少是交付之后两三个月才给钱,美国只有10%~20%的人会用现金去买汽车,中国也是如此。分期付款由于所有权在客户手中,会带来资产风险,这就给了租赁业发展难得的机遇。租赁的类贷款属性将会使得租赁业在各行各业中广泛发展,其中的关键就是聚焦资产,这才是未来的发展方向!

9.14 杨凯生:建设绿色融资体系,发展绿色金融[①]

大家好!我非常荣幸受邀参加本次论坛,与大家共同探讨绿色金融如何支持沙漠治理等绿色环保项目。

---

① 本文为CFL30主席、中国工商银行原行长杨凯生在2017年7月29日第六届库布其国际沙漠论坛上的发言稿。

中国是世界上受荒漠化危害最严重的国家之一,也是在沙漠治理领域取得成就最多的国家之一,如我国的库布其沙漠治理模式自2015年在巴黎气候变化大会上发布,获得了许多国家的一致赞许,至今为止仍是全球沙漠治理的一个典范。内蒙古亿利集团不仅改造了库布其沙漠的生态环境,而且创造了一种"库布其生态财富模式"。这里有许多现象值得重视,许多问题值得研究。例如,治理沙漠、修复生态需要大量的资金,仅靠国家财政、个别企业的支持是无法满足需求的,必须建设绿色融资体系,发展绿色金融,依靠市场化的融资方式来解决。这就是我今天想和大家分享的一个观点。

近年来,绿色金融在全球和中国取得了一系列突破性进展。从全球层面来看,中国在担任2016年G20东道国期间,首次将绿色金融纳入G20的核心议题,得到了G20国家的热烈响应,成为2016年G20峰会的重要亮点之一。从中国层面来看,去年,人民银行等7部委发布了《关于构建绿色金融体系的指导意见》,标志着我国绿色金融体系建设的全面启动。当前,我国绿色金融市场迅速发展:

(1)绿色信贷规模持续增长,贷款结构不断优化。截至2017年2月,我国21家主要银行业金融机构的绿色信贷余额已达7.51万亿元。

(2)绿色债券市场爆发式增长,未来发展前景巨大。截至2016年末,我国绿色债券发行量达到2300亿元人民币,占全球发行量的40%,并超过美国成为全球第1。人民银行行长周小川指出,预计到2020年,我国的绿色债券存量有望达到5.7万亿元。

(3)全国统一的碳金融市场即将启动。预计在2017年底,我国碳金融市场将结束七省市试点的过渡期,进入全国统一阶段,预计初期碳价格年平均水平将在30~40元/吨,第一个履约期内碳排放配额现货为2亿~5亿吨,交易额为60亿~100亿元。此外,我国一些绿色基金、绿色保险、绿色股权等产品也已开始起步。

作为具有社会责任感的银行,应该深刻认识到资源、环境对于经济和社会发展的深远影响,应该致力于推进绿色信贷建设及绿色金融领域的前瞻性研究工作。例如,中国最大的商业银行,工商银行提出了打造"国内领先、国际一流的绿色金融机构"的战略愿景,将绿色发展理念融入到了银行的企业愿景、发展战略、政策制度、管理流程、产品服务等各个环节之中,建立起了一套行之有效的绿色信贷管理制度和长效机制。截至2016年底,工商银行投向绿色项目的贷款余额为9785.61亿元,绿色贷款余额的增长高于同期公司贷款余额增速约6.8个百分点。工商银行还积极支持绿色债券发展。2015年以来,工商银行承销了金砖国家开发银行等多家机构发行的各类绿色债券总量达到383亿元人民币,居中国银行业之首。工商银行作为中国人民银行绿金委副主任单位,2015年以来开展了"环境风险对商业银行信用风险影响的压力测试研究"等绿色金融领域的前沿性研究,并在G20伦敦绿色金融峰会上发布了研究报告。

这一成果首次开展了对环境风险量化和传导机制的研究,在全球银行业处于领先地位。2017年工商银行还作为G20绿色金融工作小组的成员之一,并作为绿金委环境风险量化研究小组牵头人,正在继续不断深化压力测试研究。

随着环境问题的日益严峻,环保标准的不断提高,环境风险开始逐步转化为企业生产经营过程中面临的实质性风险,并向为其提供融资等服务的银行业金融机构传导。因此,银行业金融机构必须转变意识,早作准备,要认识到发展绿色金融既不是搞赞助也不是不讲防范风险,而是要着力有选择性地支持那些环境风险较低、符合生态文明建设理念、踏踏实实从事生态保护和环境治理的行业和项目。以沙漠治理为例,土地荒漠化会制约一个国家或地区的经济发展,带来贫穷,甚至会诱发严重的社会问题,给当地企业和金融机构的运营带来巨大风险。我国正在积极推进"一带一路"倡议,其中,丝绸之路经济带经过的一些地区就面临着十分严重的荒漠化问题,这影响了这些国家和地区的经济社会发展,也对我国企业和商业银行参与"一带一路"建设和"走出去"带来一定的风险。因此,银行业金融机构应当将荒漠化治理纳入绿色金融范畴,这既有助于降低自身在"走出去"的过程中面临的环境与社会风险,也有利于通过沙漠治理议题开创与沿线国家一个新的合作领域。

女士们,先生们,"一带一路"倡议为各国勾画出了"共商""共建""共享""共赢"的全景图,而绿色可持续发展是这幅全景图中一个明亮的主题。发展"一带一路",绿色金融不能缺位,我们工商银行愿与大家共同携手,践行绿色金融,助力社会和谐发展,共建我们"天蓝、地绿、水净、山青"的美好家园!谢谢大家!

9.15 俞雄伟:浅析租赁资产组合管理[①]

融资租赁在我国得到了近十年高速的发展,无论是资产规模、公司数量、创新理念还是社会认知程度都达到了新的高度。租赁业如何可持续发展、发展趋势和方向等课题引起了越来越多租赁公司、租赁同人的重视、关注和思考。远东租赁提出租赁2.0,李思明总经理提出"租赁+",不少公司提出了产融结合、租赁与投资相结合、租赁与资产管理相结合的经营思路和业务定位。

---

① 本文作者为CFL30理事、浙江汇金租赁股份有限公司董事长俞雄伟。

租赁是资产融资,因此重视租赁资产管理既是租赁经营的内在要求,又是租赁价值链延伸、服务延伸、树立特色的可用武之地。

租赁资产管理可以分成几个不同的层面、不同的维度,内容广泛、角度多元。希望通过初步梳理分析,抛砖引玉,共同讨论。

1. 租赁资产的分类

(1) 由租赁物组成的基础资产

- 租赁物的选择环节:应考虑租赁物的通用性、保值性、先进性、适用性、变现能力等;
- 购买环节:涉及租赁物询价、价格和价值、采购合同条款、付款条款、交货、验收等;
- 租后管理和确权:涉及标识、登记、抵押、保险、维护、管理、监控、服务等;
- 处置:对企业的重要程度、余值、二手市场、租赁物生命周期价值曲线、留购、出售、续租等;
- 租赁物本身的产生现金流的能力、再融资能力等。

这也可以说是租赁的资产端,它是租赁资产管理的基础和起点。前三个环节各租赁公司都非常重视,因为租赁是资产融资。而后面两个方面相对研究不够、重视不足,也因为市场的成熟、专业化的深入有一个过程,因而租赁特点和比较优势还没能充分展现。同时这又给租赁的发展带来巨大的动力和空间。

重视租赁物,是租赁与银行信贷的差异之一。能有效地管理租赁物就可以更好地控制风险,也可以利用租赁物实现融资,飞机、汽车、火车等本身就应该也可以发挥其再融资能力。

不同租赁物有不同的要求、办法和措施,如飞机和汽车相比管理难度相差很大。

这里举几个例子:

例1:引用租赁专家王佳林先生的微信:

20世纪90年代,我刚到GECAS时,正是GE Capital收购GPA后不久,还在磨合期,当时GECAS一百多号人中很大一部分都是GPA过来的人,都是航空及航空租赁业界的顶级专家。我也见过几次Tony Ryan,那位传奇式的GPA的创始人。……

20世纪90年代初,GPA在其最鼎盛的时期突然倒闭,固然如文章中所说"流动性危机加之IPO失利",但其最根本的原因是他们对当时全球航空市场的发展走势做了一个预判、打了一个大赌:他们根据他们自己"最专业的判断",认为航空市场将要大幅增长,所以他们抓住"机会""赌了一把",提前与波音等飞机制造公司签订了大批新飞机的订单。但是他们的预判与实际发生的情况有一个小小的时间差——早了几年,当新飞机要按合同交货时,全球航空市场没有上行,反而下降,飞机租不出去,又卖不掉。GPA 最终陷入流动性危机,IPO 又不成,所以违约破产,卖给了 GE Capital。

GE Capital 当时真是做了一笔极好的生意,只以白菜价收购了 GPA 团队,但没有购买其飞机资产,而是管理这些飞机资产,并收管理费。GPA 的专业团队,加上从 GE Capital Structured Finance 过来的航空租赁小团队,构成了后来的 GECAS 团队。

GECAS 接着再打同样的赌(这次是 GPA 的人和 GE Capital 的人一起赌),他们还是赌全球航空市场将要上涨,GECAS 又预定了大批新机位。结果 GECAS 的预判完全正确,后来那几年挣了很多钱,甚至新飞机交货时,不去租赁啦,倒手就卖掉、就挣钱,因为那时各个航空公司都要发展、都要飞机。

一段本人在 GE Capital 十年的小插曲。

往事不堪回首。那时 GE 还是杰克·韦尔奇时代,GECapital 一直是发展发展、买买买;现在是杰夫·伊梅尔时代,他把 GE Capital 都卖掉了,除了 GECAS。可见融资租赁企业行业专业性的重要性:正和反的例子都在同一家同一处发生。

例 2:李思明总经理介绍:GE 汽车租赁公司,因为残值估计高了几个百分点,设计残值 35%,实际为 30%。造成严重亏损 5 亿美元,结果被迫将此资产全部出售。

(2)由租赁公司的应收租赁款集合而成

这也可以说是租赁的负债端。我们常说的租赁资产证券化、ABN、PRE - ABS、保理融资、收益权转让、资产转让、不良资产中的租赁资产基本上是从这个概念出发点。单从此视角来定义租赁资产管理是不全面的,这更多的是租赁资产管理的融资和再融资。

我们现在的租赁资产证券化中的资产,比较少考虑租赁物本身的价值、现金流和抗风险能力,更多考虑出租人、承租人或担保人的信用评级。

(3)上述两项组合而成——租赁资产组合管理

包括种类(资产种类、租赁种类、行业分布)、租赁物价值、期限、折旧、成本、负债结构、头寸管理、税收、利润、规模、经济周期、融资的匹配等等。

因此租赁资产管理不但有租赁基础资产的管理,也有融资和再融资的管理,还有租赁资产的组合管理——组合与拆分、买进与卖出等,相互构成一个有机的整体。我们在这方面的研究还很少,远远满足不了租赁业快速发展的需要。租赁资产组合管理涉及租赁的本质特征、租赁的发展动因、租赁的功能和优势发挥等等。

2. 学习《租赁资产组合管理》心得

本书从风险及定价、利润和回报、组合管理三大部分来介绍如何认识租赁、如何提高回报并控制风险。它把收益、信用、租赁物价值、解约价值、税收、折旧、风险、现金流及其组合管理都量化了,值得好好学习。但我们在实践中,缺乏数据积累和来源,市场环境又不同,因此不能简单照搬,也无法照搬。

然而其思想和方法、趋势和方向,值得我们认真思考、借鉴、掌握和利用。从而使我国的租赁业进入新的、更高的发展阶段。

(1)租赁对于出租人的吸引力
- 租金收入带来的定期现金流;
- 租赁结束时,销售租赁物获得收益的前景;
- 租赁物折旧带来的税收好处;
- 通过创新性的财务结构,可以进一步提高租赁的价值。

我们现在大部分开展是融资租赁业务,因此得到大多数也只是第一项的收益,后几项的收益要通过经营性租赁和组合管理来获得。

(2)决定租金的5个因素
- 租赁物当前的价值,及租赁结束时可能的价值;
- 承租人停止支付租金的可能性;
- 租赁物折旧可带来的价值;
- 出租人借款购买租赁物的成本;
- 出租人需要收取的费用和留作储备的数额,以足够应付前述四种因素出现估计错误时可能导致的风险。

总的来说,更多的是看租赁物的价值,是资产定价和风险定价,而我们更多的是以资金成本定价为主。由于存在折旧的税收优惠和租赁物在租赁期末的价值,因此租金支付额通常低于类似贷款的利息和本金的支付额,从而形成租赁自己的竞争力。

(3)租赁现金流

通过对购买成本、残值、租金、税前现金流、折旧、应税收入、税金、税后现金流、会计收入、解约价值的分析和计算,了解各阶段的现金流以及各因素特别是折旧对它的影响。折旧的税收好处是杠杆租赁的驱动力。

影响租赁物将来价值的因素:

由商业循环周期的影响、需求因素、价格变动、通货膨胀、政策因素、二级市场、租赁物对承租人的重要性、租赁合约本身(如归还条件)等因素组成。

(4)出租人对租赁物对承租人的重要性判断方法
- 出租人的历史记录和数据;
- 考察承租人的收入结构;
- 租赁物在承租人业务中使用的情况;
- 生产者价格指数;

- 公开来源数据——如 Dove Bid，IronSolutions，Rail Solutions 和 Avitas。

目前，我们最缺少的正是这些数据的积累和来源这也制约了我们经营性租赁的开展。

（5）衡量租赁物风险的依据

在租赁的不同阶段，通常有三个标准：账面价值、市场公允价值、历史销售价值。这也需要数据的积累和来源。

（6）租赁的信用风险

与其他大部分金融工具相比，租赁的信用风险有所不同：

- 期限更长；
- 信用风险会随着时间而改变；
- 不同租赁合同之间的信用风险不同；
- 租金流的不同结构也会影响租赁的信用风险。

（7）信用风险估计模型

- 违约概率；
- 信用迁移；
- 回收额；
- 以上三者的波动率。

几乎所有的信用迁移运动都是向下的，即违约概率倾向于上升。

之所以要预测回收额，一方面有助于出租人明确在订立租赁合同时应怎样更好地设定条款；另一方面也使出租人清楚当违约发生时应采取什么措施将风险降到最低。

历史数据：穆迪投资者服务公司和标准普尔都会发布关于违约概率的历史数据。这些信息按照不同年份以及承租人的信用评级和其所在行业进行分类。

（8）风险定价路径

运用租赁物风险、违约概率、信用迁移、破产概率、合同终止概率和违约损失计算出损失额，从而定价。有很多现成的程序可以计算。

（9）税收风险

美国在过去的 56 年里，联邦的公司所得税税率只变化了 11 次（总的趋势是下调）。

由于出租人提折旧，使税收的现值大大低于总应税额。

"如果现实中没有税收的话。可能也会存在租赁，但绝不会有现在这么多。出租人拥有租赁物，根据税法的规定，租赁物折旧金额可以减少其应税收入。这就使得出租人可以大幅节省税收支出，节省下来的部分出租人通常会与承租人分享，使双方受益。"

这是租赁很大的优势和特色。

(10) 租赁合约中的期权

三种可量化的而且对出租人而言可能是机会的期权类型：

- 早期买断期权：指定时间指定价格；
- 购买期权：公允市场价值或固定价格；
- 续订期权：公允市场租金、固定租金以及续订加购买。

在融资租赁中一般只收取简单的名义货价。期权的价值会影响出租人的收益。可能是出租人的利润来源，也可能是风险点。

(11) 租赁合约的利润

对应信用风险、租赁物风险、税务风险，对每个租赁合约分别计算出每个年度的信用回报、租赁物收益补偿、税务现金流。对应的回报贡献度有大有小、有正有负。

对组成要素的风险和回报拆开分析后，可通过将租赁合约卖给其他出租人来获得收益；或满足现有客户的要求，卖出一部分，新做一部分。

了解租赁合约中各要素的风险与收益的对应关系，可以有针对性地采取措施。如果可以有针对性地降低风险或提高收益，出租人就没有必要因个别风险或收益要素而放弃整个租赁合约。

(12) 租赁组合的多元化

- 不同的租赁合约；
- 不同的租赁物类型；
- 不同的经济周期；
- 不同时期的税务收益和税务支付；
- 不同的区域。

不同的两份租赁资产会产生正向或反向的相互作用。一定的分散（离散）对出租人有好处。租赁组合的多元化可降低其组合的整体风险，从而减少了用于缓冲风险的资本数额，并且提高了租赁业务的回报水平。

(13) 因子分析

通过因子分析的四个步骤，判别承租人及相关租赁合约的趋势：

- 确定资产组合中的主要行业组别；
- 列出每个组中的重要承租人；
- 确定最重要的可能影响收入与成本的因素；
- 分析市场价格和指数与这些因素之间的关系。

因子分析是评估承租人信用风险的新视角,通过对相关价格、因素及走势进行跟踪、分析,提前做出评估和预警。

(14)资产组合风险和收益

租赁资产组合模型的设计目的:

- 对整个租赁资产组合在信用、租赁物以及税收方面所存在的风险加以汇总和计算,从而对租赁资产组合的组织、整合以及二级市场操作进行指导;
- 确定在租赁资产组合中与每个租赁资产相对应的风险和收益,通过设计相应的激励措施,引导资产组合的发起;
- 针对租赁资产组合中各部分的构成进行比较和评价;
- 根据不同租赁资产组合的多元化差异,通过评估不同承租人和不同租赁物类型所产生的效应,正确引导资金分配(投向);
- 分别以租赁资产组合的总风险和组合中单独租赁资产为基础,进行对冲操作;
- 基于租赁资产组合中的租赁物的整个生命周期,针对上述所有方面进行综合考虑。

简言之,通过设计可以降低资金成本,增加新的租赁资产的收益,衡量掉期收益,进一步优化组合。

(15)租赁资产组合对冲

主要针对信用和租赁物两种风险,解决之道便是从金融、保险等市场寻找工具,以此降低风险、增加收益。

①信用风险

- 信用违约掉期(如保险);
- 因素对冲(如利率、汇率等)。

②租赁物风险

- 预售远期交割的租赁物(已租租赁物找到期买家);
- 出售未来购买租赁物的权利(期权);
- 转售协议(卖给另外一个出租人);
- 购买残值保险;
- 厂商/供应商回购。

(16)租赁资产组合的基本原则

- 长期盈利和生存的关键因素包括经济回报、风险以及二者的关系;
- 出租人需要理解租赁交易在整个生命周期内的风险并对其进行量化考核,以获得一个具有良好定价和结构的租赁,这样的租赁能带来更高的利润水平;

- 管理者需要理解租赁资产组合的风险和回报并对其进行量化考核。这样,他会清楚自己想要购买哪种租赁、持有哪种租赁以及出售哪种租赁;
- 每一份出租人发起的租赁都应该能够在两个市场中的一个进行出售——纳入自己的组合或卖给更大的投资市场(其他的出租人、银行、共同基金);
- 制定的租赁资产组合战略需要依靠一个团队来实施。

简言之,租赁资产组合管理的基本原则是承担风险、赢得回报,追求收益/风险比率最大化。也就是说,通过对组合模式的定量分析、计算,平衡风险与收益,然后对资产组合进行有效的管理,发起、买入卖出、对冲及优化。

要做到这一点需要专业化的业务定位和大量的数据积累。

总之,只有有效地管理好租赁资产,才能更好地发挥租赁的功能和优势,从而体现与其他金融产品的差异性,以此形成如批发零售等的合作关系;才能通过各种形式的ABS,与资本市场、资金市场相结合;并通过租赁资产组合管理降低风险,提高收益,增加流动性,减少资本的约束。为租赁业的可持续发展奠定良好的基础。

9.16 张国俊:融资融物服务国家顶层大战略 创新手段耕耘"一带一路"新市场[①]

金融业作为现代经济的助推器,在"一带一路"建设中发挥着越来越重要的支撑和推动作用。金融租赁公司具有融资和融物双重优势,更能以东风之势谋划布局,大有可为。

中铁金租在服务"一带一路"建设中,紧紧依托中国铁建产业背景,充分发挥建设、施工、设备制造等全产业链优势,在促进产融结合、打通资金与实体经济之间通道、支持与服务实体经济发展上具有独特亮点。公司自成立以来,不忘初心,砥砺前行,聚焦"一带一路"的关键通道和重点工程,主要围绕"工程装备和基础设施"两个领域开展了积极探索,勇于创新业务模式,以融资融入方式服务"一带一路"建设。

在工程装备领域,中铁金租依托股东单位在高端装备制造领域的背景,通过融资

---

① 本文为CFL30成员、中铁建金融租赁有限公司党委书记、副董事长张国俊在6月6日"一带一路"与租赁业战略新空间论坛上的发言稿。

租赁模式及时更新技术装备,引入新技术、新工艺,提高产品竞争力和市场占有率,发挥金融服务实体经济的作用,促进产融结合。一方面深入研究跨境"厂商租赁"业务模式,积极介入中国铁建参与建设的俄罗斯、伊朗、土耳其等"一带一路"沿线国家项目,通过开展直租业务,将融资租赁的促销功能与工程装备需求紧密结合起来,降低国外用户在使用中国设备时的资金压力,帮助客户享受境外税收优惠,有效推动拥有完全自主知识产权的"大国重器"出口中东及欧洲市场。同时与国内多家知名装备制造厂商进行合作,以开展售后回租业务为抓手,助力企业"去产能、调结构",盘活存量资产,提高资源利用效率,为"一带一路"工程设备需求保驾护航。

另一方面,围绕中国铁建上下游产业链,全力打造大型设备市场化集中调剂平台,通过行政和经济杠杆作用,将内外闲置设备资源、制造厂的技术与服务资源和中铁金租的设备租赁信息及融资能力等资源融合起来,有效解决工程机械设备利用率低、闲置设备难以体内循环和部分效益外流等问题,实现全系统设备采购、调剂、租赁、维修、物流、配件、融资和在建工程项目需求信息的互联互通。目前,中铁金租已通过经营租赁模式将工程装备租赁服务跟进到中国铁建"一带一路"新疆及非洲项目现场,有效节省项目建设周期,逐渐打造形成"以融资租赁促进经营租赁,由经营租赁带动融资租赁"的格局。

在基础设施领域,中铁金租顺应国家基础设施建设项目投资模式的转变,积极介入铁路、公路、港口码头、城轨地铁等交通设施建设以及停车场、供水供气、污水处理、地下综合管廊等城市基础设施建设、管理、运营项目,围绕"一带一路"基础设施项目特点,以客户需求为导向、风险管控为底线,创新融资方案,设计交易结构,通过联合合作企业,以股权投资+租赁融资等方式,为相关单位的10余个基础设施项目提供资本金、流动资金及存量项目融资置换等专业化、特色化、定制化一揽子服务方案,达到了"小股权"带动"大债权"效果,实现了融资租赁与项目建设、营运的有机结合。

未来,中铁金租将继续借助天津东疆保税港区的优良平台,充分利用驻地天津在"一带一路"建设中的政策优势和区位优势,瞄准天津市政、轨道交通等建设市场,不断加大市场开拓力度。在立足国内"一带一路"建设区域和沿海港口的基础上,积极发挥融资融物优势,广泛参与公路、铁路、港口等项目建设。同时,紧跟中国铁建"走出去"战略部署,将业务营销方向由国内向海外辐射区域进发,带动高端装备制造产品"走出去",为国家创新、绿色发展与"一带一路"伟大战略的实施做出新的贡献。

9.17 赵桂才：金融租赁推动实体经济发展[①]

本文为金融是现代经济的核心和血脉，为实体经济服务是金融的天职，也是防范金融风险的根本举措。做好金融工作，需要把握好的首要原则就是金融要"回归本源，服从服务于经济社会发展"。金融租赁作为连接金融和实体经济的特殊纽带，可以打通境内外两个市场，整合产业链上下游，助力国家战略实施，引导经济脱虚向实。在促进我国经济转型升级，特别是在落实"中国制造2025"规划目标、加快推动高端装备制造业"走出去"及引进先进技术走进来的过程中，金融租赁发挥着重要而独特的作用。

金融租赁为实体经济的发展保驾护航

金融租赁具有融资与融物的双重特性，以资金为纽带、以租赁物为载体，以融物代替融资，能够保证资金直接进入实体经济，引导资本合理有序流动。国际经验表明，在拉动社会投资、促进产业升级、降低企业融资成本、优化企业资产负债结构等方面，金融租赁服务实体经济的优势更加显著。

促进产业升级与经济结构调整。我国经济发展中部分产业产能过剩和局部投资资金不足的问题突出，租赁资金投放可以有效引导资源在重点和新兴产业间进行配置。一方面，金融租赁按照国家产业政策、行业政策严格制定投向，侧重支持先进、高端产业和国家扶持的战略产业，避免资金流入产能过剩和落后领域，从而持续推动整个宏观经济结构的优化；另一方面，通过金融租赁可以带动国内产能向外输出，从而起到平稳经济运行、化解系统风险的作用。

促进产融有效结合，拉动有效投资需求。金融租赁公司直接购买租赁资产，既提高了制造商的销售规模，也扩大了承租人可使用的资产规模，增加了社会投资。金融租赁可以使承租人使用较少的资金引进设备，对实体企业而言，有利其采用新技术，实现资产轻量化发展，促进经济增长。同时，实体企业还可享受到税收优惠，避免设备过时淘汰的风险。

便于设备进出口，规避贸易和技术壁垒。一些国家出于保护本国产业和竞争优势

---

① 本文为CFL30常务理事、工银金融租赁总裁赵桂才于《中国金融》上发表的署名文章。

的考虑,对高新技术出口设置了各种限制。由于金融租赁不转移租赁物所有权,不属于技术出口范畴,采用租赁方式引进先进技术和设备,能有效规避技术壁垒,缓解贸易摩擦。同时,在进口方面,金融租赁通过从国外采购直接拉动进口,能够发挥平衡国际贸易的作用。另外,在中国企业"走出去"的过程中,金融租赁可以为企业提供更加贴身的金融服务,发展出"中国制造+中国金融租赁"的海外发展模式,即租赁公司从国内购买产品并租给国外企业,打开国际市场,成为中国企业特别是高端装备的探路者和急先锋。

优化企业资产负债结构,改善企业短期偿债能力,降低资产负债率。设备生产企业可以和金融租赁公司合作,将应收账款项转为回购担保项,从表内移到表外,成为租赁公司的应收租赁款,收到依法合理降低资产负债规模、提升收益率的效果。经营性租赁还可以帮助企业根据市场条件适机扩大或收缩生产规模,灵活使用资金,提高企业经营的灵活性,帮助企业从重资产型转向轻资产型。

降低中小企业融资成本,为中小企业发展提供便捷服务。中小企业由于规模小、缺少健全的信用记录,较难获得银行信贷资金,社会融资成本又相对较高,从而对进一步扩大生产形成掣肘。金融租赁作为一种基于"资产信用"的融资方式,可以通过租赁与信贷、保理等产品的组合设计,以及对租赁资产的所有权控制和专业化管理,有效抵补业务风险,并在一定程度上克服中小企业信用风险"难识别、难控制、难防范"的问题。同时,通过业务结构设计帮助企业享受增值税抵扣及国家对特定行业的政策补贴等优惠,降低企业融资成本,为企业进行设备更新、扩大产能提供帮助。

工银租赁支持实体经济发展的成功实践

作为首家获批准成立的银行系金融租赁公司,10年来,伴随着整个金融租赁业的发展,工银租赁始终以服务实体经济为经营核心,充分发挥金融租赁精准服务实体经济的优势,深入推进专业化、市场化、国际化战略,服务实体经济的能力不断提升。

围绕国家重大战略服务实体经济

工银租赁紧紧围绕国家"一带一路"建设和企业"走出去"的投融资需求,积极促进对外经贸往来,成为中国制造走向世界的金融桥梁。

积极支持国内航运制造业"走出去"。2014年,工银租赁与利博瑞集团签订了价值4.6亿美元的散货船和集装箱船项目协议;2016年,携手招商轮船,与全球最大的矿业集团巴西淡水河谷公司就价值13.8亿美元的14艘超级矿砂船达成新船建造和运输协议。其中,首艘矿砂船于2017年9月在青岛北海船厂下水,这是中国制造的全球最大、世界首艘新一代40万吨矿砂船。这些项目通过租赁"穿针引线",订单跟海外公司签订,船舶全部由国内船厂建造,资金由工银租赁提供,帮助国内航运业拓展国际市场,带动了国内造船业发展,有效发挥了金融租赁产业稳定器和调节器的作用。

大力支持国产航空制造业发展壮大。2011年10月,工银租赁与中国商飞签署45架C919大型客机订单协议,成为C919大型客机单一最大启动用户。2012年12月,首次将中国天津空客总装线总装的A320飞机出口海外,租赁给马来西亚的亚洲航空公司运营,实现中国总装大飞机首次出口。2015年3月,与中国商飞签署ARJ21-700飞机购机协议,全面支持国产飞机"一干两支"的研发、制造、销售和售后服务全产业链。2016年11月,与中国商飞联合发布《关于航空金融助力国产大飞机发展三年行动计划》,助力民族航空制造业发展壮大。

积极促进国产高端装备设备进行"国际产能合作"。工银租赁依托中国制造业和金融资本实力的优势,发挥金融业"走出去"的先锋作用,助力国产设备输出。公司相继完成了华为匈牙利电信的跨国电信设备租购项目、肯尼亚工程设备租购项目、金光集团印度尼西亚售后回租项目以及华能澜沧江水电、天津天纺投资机械设备等经营租赁项目,推动中国发电、电信、机械设备等装备走向世界,成为国家"走出去"战略的新载体。

围绕国家战略,拓展东欧、南美、东南亚等新兴市场。公司率先与新兴市场国家开展跨境飞机租赁业务,与俄罗斯航空、土耳其航空、埃塞俄比亚航空及巴西航空等新兴市场航空公司开展项目合作,推动我国从商品输出向资本输出、从贸易大国向投资大国的转型。

围绕供给侧结构性改革服务实体经济

工银租赁充分发挥融资与融物一体化优势,精准对接供给侧结构性改革重点任务,有力推动实体经济提质增效。

加大对高端制造、清洁能源、轨道交通、基础设施以及医疗、旅游等领域的投入,与华能、大唐和中核等大型能源电力集团以及中车等国内主要工程机械制造商开展业务合作,2017年陆续开展了人工智能设备(导购机器人)、金融租赁行业支持PPP项目发展及房产租赁等相关调研活动,进一步开拓新领域,支持国内先进制造业发展。

发挥金融租赁的灵活性经营优势,开创厂商租赁、税务租赁、链式租赁等业务,打通了产业链上下游,促进企业去库存、去杠杆、降成本。与东方电气、浪潮电子等多家大型制造商、高科技企业开展链式租赁业务,发挥金融租赁兼具的促销和促投资功能。通过进口设备保税结转租赁模式,将宁波梅山港新采购港口装卸设备的交易锁定在保税区内,降低交易的烦琐程度及企业税负成本。

大力发展绿色租赁业务。在光伏、风力发电等新能源、环保业务领域不断发力,与国家电网、中电投集团等央企开展新能源领域的租赁合作,并在多个城市开展绿色公交租赁业务,为清洁能源、清洁交通等绿色产业项目提供资金支持。

主动为中小企业提供优质服务

工银租赁主动设计不同租赁产品,解决中小企业普遍存在的融资难题,降低中小企业购买设备的资金压力,有效推动企业技术创新及扩大产能。

充分发挥工商银行集团优势,建立行司联动机制,合作开展中小企业租赁业务。2010 年,依托工商银行营销网络及客户资源,工银租赁积极发展母行代理中小企业设备租赁业务,开发了"租易通"租赁产品,累计为 300 多家中小企业合计提供租赁融资 80 多亿元。同时,经过产品改进和升级,将该业务由仅在工商银行内部经营扩大到其他银行机构,扩大了"租易通"的服务范围。

借助供应链融资模式,拓展中小企业租赁业务。在厂商租赁模式下,工银租赁借助具有丰富二手设备处置和管理经验的制造商提供租赁物回购担保或租赁债权担保,向其下游用户提供租赁融资,承租人在指定分行开户,租金由厂商统一归集后向租赁公司支付,有效解决了中小企业担保抵押能力不足的问题。

练好内功是关键

服务实体经济需要把握国家经济政策动向,服务好传统产业升级改造与战略新兴产业发展,在促发展的同时也要防风险,既要做到企业商业化经营也要履行社会相关责任,选择项目及投放倾斜时要"有所为有所不为"。夯实管理基础、练好内功才是持续稳健发展、更好地服务实体经济的关键。

坚持产品创新,引领行业发展。金融租赁有别于银行信贷,作为首家获银监会批准开业的银行系金融租赁公司,工银租赁在起步阶段开展业务没有现成模式可循,也缺少相关的经验借鉴,成长主要在于创新。公司先后推出了"保税租赁""人民币跨境租赁""厂商租赁"中小企业"租易通"、联合租赁等一系列创新产品及"租赁+贷款""租赁+保理""租赁+理财""租赁+基金""保函+租赁+保理"等新型结构化产品。同时,与商业银行、信托、基金和保险等金融机构合作,在行业内率先推出了出表型资产证券化产品、PPP 项目租赁、短期转让等产品。得益于不断创新的业务发展理念,工银租赁在积极融入国家经济结构调整、产业结构升级和区域经济发展中,实施了一系列重大租赁创新项目。如在外资垄断的背景下,在 2009 年底创立了中国式保税租赁,免除了国内航空公司从境外租入飞机需承担的预提税和营业税,打破了国外租赁公司在我国飞机租赁市场的长期垄断地位,推动了国内航空租赁市场的发展。2015 年 6 月,将"中尼友谊号"飞机交付尼泊尔喜马拉雅航空公司,完成我国自贸区首笔飞机离岸租赁业务。正是这些我国租赁业的诸多"第一"和"突破",不断引领行业服务实体经济并向纵深发展,在蓝海竞争策略中使行业焕发勃勃生机。

加强行司联动,提升综合化服务客户能力,拓展服务实体经济的广度与深度。金融租赁公司中很多都具有银行背景,银行的品牌、客户、网络和技术优势,是金融租赁公司发展的强有力支撑。以银行为依托,充分调动银行在营销渠道、融资成本等方面的优势,同时发挥租赁专业化优势,与银行信贷、投行、基金、保险等其他金融业务相结合,可以一揽子地满足客户全方位的需求,提升集团整体服务水平,拓展新的服务领域。对于如何有效衔接金融租赁公司与银行各级分行的需求,工银租赁也经历了多年的探索。从开始建立重点联系行到实施租期委托管理,公司和分行建立起了从业务营销到租期管理的联动机制,并在综合考量资产管理、辐射半径、未来业务发展潜力与推广等诸多因素基础上,逐步设立南京、武汉、成都等 17 家区域管理中心,搭架起租赁公司与分行间沟通桥梁。凭借与工商银行之间的密切关系,工银租赁实现了独一无二的协同效应,也为更加贴近企业、更加靠近客户、实施"走上门"服务提供了保障。

完善全面风险管理体系,适应租赁业务发展要求。部分产业、地区和领域加快去产能、去库存、去杠杆,会给企业资产质量带来一定压力,信用风险、市场风险及实物资产风险等管理难度也随之加大。随着租赁业务的发展,金融租赁公司在支持传统产业转型升级、新兴产业发展等实践中也需要加强风险防范。工银租赁一直以来都将发展质量放在公司经营的首要位置,建立了以资产价值管理为核心,以租赁物、承租人和交易结构三个维度为基础的风险管控体系,开发了行业领先的船舶资产管理系统、飞机资产管理系统及 Cplease 租赁管理业务系统,对资产进行多维度动态管理及全流程管理,显著提升了资产风险、价值的管理效率和管理质量。工银租赁在构建完善的风险治理架构基础上,定期开展压力测试,强化对各类风险的识别、计量和管理,在风险与收益平衡间促进业务稳健发展。

夯实党建基础,引领企业发展。多年来,工银租赁始终坚持党建与业务经营工作两手抓、两手硬,以党建为抓手,用党建引领业务发展,不断开创党的建设和经营发展新局面,取得了党建工作与业务发展的双丰收。

2017 年以来,中国供给侧结构性改革取得了积极成效,经济运行延续了稳中向好的发展势头,但经济发展中的潜在风险和挑战依然存在。在当前国际经济环境复杂多变、国内经济增速放缓的情况下,大力发展金融租赁,从而提振投资、促进消费,具有重要的战略意义和现实意义。2017 年是工银租赁成立十周年,站在新的发展起点上,公司将坚决贯彻落实好中央工作会议精神,继续发挥金融租赁的独特功能,坚持服务实体经济不动摇,积极支持国家重点行业的发展,全力推进国产大飞机等中国制造的成长,一如既往助力"一带一路""长江经济带建设""中国制造 2025"等重大国家战略实施,为推动经济转型升级、支持中国企业"走出去"和国际产能合做贡献力量。

9.18 赵宏伟：飞机租赁业的崛起[①]

近年来，我国融资租赁行业尤其是飞机租赁业开始进入高速增长后的一个相对平稳期，知道融资租赁的人越来越多，参与到融资租赁的企业也越来越多。作为金融创新工具，融资租赁能够为企业提供高效的融资渠道，对于提高企业经营的灵活性、改善财务状况、促进产品销售等方面具有独特的作用。

飞机租赁发展的轨迹与融资租赁行业的发展轨迹一致。1980年我国飞机租赁行业启动，民航总局采用杠杆租赁的方式引进了第一架波音747飞机，此后经过了近20年的艰难探索，我国飞机租赁才真正进入快速发展时期。如今，伴随着我国航空金融市场的繁荣，进入21世纪，国家对飞机融资租赁的支持力度不断加强，相关政策的出台有力地推动了我国飞机租赁行业的发展，如国务院的108号文以及允许设立特殊目的公司（SPV）等政策。特别是允许SPV公司设立，这一作为国际惯例的做法极大地促进了我国飞机租赁业务的发展，率先推行SPV公司优惠政策的上海、天津已发展为国内融资租赁聚集地。目前我国飞机租赁业也取得了长足的发展，在前全球十大飞机租赁公司中，中资飞机租赁公司占有4家，中资租赁公司已成为市场上不可忽视的力量。

1. 租赁助力国产民机打开市场

回顾我国航空工业发展历程，从1951年开始成立航空工业委员会到现在，航空工业一直是我们国内工业发展的前端高科技产业。2002年，国务院批准ARJ21-700飞机项目立项。到2017年5月5日，我国国产大飞机C919在上海浦东国际机场第四跑道成功起飞，取得了历史突破。在这一过程中，中资租赁公司则成了国产大飞机的未来发展的重要金融支撑，在C919的750架订单中中资租赁公司所占的份额，超过了订单总额的75%，解决了未来我国大飞机市场化运营的后顾之忧。

尽管近些年来，我国航空工业取得了傲人的成绩，但是就整体而言我们的民族航空工业还是在起步阶段，不仅大型客机的制造才刚刚起步，市场瓶颈也依然存在。从1980年的"运10"开始，后来种种原因停飞，经历了三十多年的历程。从立项、攻关、

[①] 本文作者为CFL30理事、中航国际租赁有限公司总经理赵宏伟。

下线到首飞，C919客机用了十年时间。目前，国内干线飞机基本被波音和空客两大航空工业巨头所垄断，支线航空市场渐成加拿大庞巴迪、法国ATR和巴西航空公司鼎足之势，三大支线飞机制造商分享了世界市场的主要份额，我国国产民机要在已经形成高度垄断的市场占据一席之地，殊为不易。尤其国产飞机目前在国内市场的应用程度还比较低，缺乏市场化运营经验，在飞机制造成本、经济效能及市场竞争力等方面还处于弱势。要推动我国航空工业的发展，必要的金融支持不可或缺。

从租赁公司在国外发展过程的作用来看，波音、空客等在发展之初，均有本土或控股的出口信贷、租赁公司等金融机构为其发展铺路。所以我们民族的航空的发展必须要有融资租赁公司的支持。2007年，中国航空工业集团组建了航空工业租赁，并赋予其为国产民机搭建融资租赁平台的重要使命。多年来，航空工业租赁通过加强业务创新和产融结合，发挥资金、资源、渠道等优势，架起了产业资本与金融资本间桥梁，加速推进国产民用飞机国内外市场的开发。通过航空工业租赁的努力，推动了新舟60、AC311直升机、直9直升机和运12等国产飞机批量进入国内外市场。

2. 租赁推动航空制造发展

随着时代的发展，我国的航空制造也在不断升级发展，租赁公司在高端装备制造业中发挥作用不再仅限于飞机整体，同样也可以在技术发展中扮演角色。例如，C919集成的零部件超过1000多万个，上游包括新材料、现代制造、先进动力、电子信息、自动控制、计算机等领域；下游则包括大型民用飞机的商业运营，对民航运输、航空维修、航空金融、旅游、物流等领域，几乎覆盖我国所有工业门类的高端制造。

这其中，离不开租赁公司在支持高端装备制造业发展过程中所发挥的重要作用，融资租赁能够有效推动我国当前航空制造产业促进产业技术升级改造进程。

3. 租赁推动国产飞机"走出去"

航空市场本身就是一个全球性的市场，如何让国产飞机真正"走出去"，并参与到全球市场竞争中去，成为各大中资租赁公司关注的话题。随着"一带一路"的推进，国内租赁公司加快了国际化业务的布局，以天津、上海等自贸区以及境外爱尔兰都柏林为中心建立境内外市场平台，加快开拓海外飞机租赁市场。

航空工业租赁是国内最早在爱尔兰设立平台公司的国内租赁公司之一，在2013年通过爱尔兰平台公司完成了公司首架飞机国际化租赁业务，目前，已有近20架飞机通过爱尔兰平台公司完成跨境租赁。

下一步，则将进一步加强国产飞机国际化市场的开拓，助力国产飞机"走出去"。通过在国产飞机租赁方面积累的多年经验，以及在国内外飞机租赁市场建立的客户网络以及成熟、专业的租赁业务模式,帮助国产飞机开拓国际化市场。

未来,随着"一带一路"建设的深入,"一带一路"沿线国家的航空市场必将会蓬勃发展,随着航空试产的发展,对落后飞机的淘汰、装备的换代都有很高的需求,这就为我们国产飞机走出去创造了良好的条件,相信在我国飞机制造业和融资租赁企业的通力合作下,我国国产飞机必定能在国际航空市场"雄起"。

当然,我们还是需要正视自我,从 C919 试飞成功到最后实现商业价值,还有很多路要走,这需要各方做出巨大的努力,也需要国家各项政策扶持。

其一,一定要加强政府对租赁业的支持,特别是对飞机租赁行业的支持。通过对重点企业扶持带动行业的发展;

其二,"一带一路"相关的项目更多来自于东南亚、非洲等新兴市场。这些新兴市场的环境更复杂,所以国家要为国产飞机走向市场提供保证;

其三,在支持国产飞机"走出去"的情况下可以考虑完善政策,适当放宽币种管制,特别是境外发行人民币债券、境外人民币贷款,充分发挥导向政策,提高企业的国际竞争力。

随着国产大飞机项目逐步进入实际生产运营阶段和我国航空产业的不断发展,国内各大租赁公司合力打造的全产业链融资租赁服务模式,也在不断地市场磨砺中日渐成熟。相信在大家的共同努力下,航空租赁行业一定能够成为推动国产民机产业发展的中流砥柱,助力我国民族航空制造业的崛起。

9.19 郑常美:绿色租赁急需四方面差异化配套政策[①]

从京津冀、雄安新区发展的角度再到实际的案例,我都深受启发。

从刚才看到的视频短片,假如我们早些知道,这些恰是我们应该做,而且一定能够做好的事情,不应该形成金融的缺位。这涉及几个重要的安排:首先是激励机制,相关

---

① 本文为 CFL30 常务理事、兴业金融租赁有限责任公司总裁郑常美在 2017 年 8 月 4 日第二届天津绿色金融论坛上的讲话。

的政策安排是起点;其次,在自筹资金到位、主体实力介入之后我们即可进入,不需要任何其他的政府承诺,因为政府相关政策是连续稳定的,如项目开发后期景区的收入完全是持续、有保障的;再次,我们对土地政策进行评估,如果认为没问题,资本金达到一定比例就可以放心介入。所以结合这些考量,在相关政策的安排下积极作为,不应该会出现金融缺位问题。

结合今天的主题,我重点报告三个方面。第一点,兴业银行集团是一个领先的绿色金融银行集团,稍后兴业银行绿色金融部的罗施毅总经理会有更权威的发布。第二点,报告一下我们扎实的绿色租赁实践。第三点,提几个急迫的差异化政策诉求。

第一方面,领先的绿色银行集团。作为绿色金融领域的拓荒者、领跑者和先行倡导者,兴业银行是集团绿色金融战略的统一实施者,前期也在开展"植绿十年"宣传活动。集团旗下子公司都非常认真地执行全行绿色金融战略,发展得也比较扎实坚定。同时,从银行集团的角度,所有的体制、机制、考核的安排,对旗下的子公司、专业单元都有相应的激励约束和评价机制。稍后罗总会权威发布这方面的具体数据。

第二方面,扎实的绿色租赁实践者。自2010年获得银监会批准筹建,兴业金融租赁根据兴业银行发展战略,一直将绿色租赁业务作为差异化发展的落脚点,始终高举绿色租赁大旗,坚定绿色租赁战略。目前,公司资产总额大概1350亿元,净资本约115亿元,近几年累计投放2500亿元左右;在绿色租赁领域累计投放约1000亿元,资产余额超过500亿元,占比约40%。我们结合国家战略以及环保部的水、气、土三大战役的"十条"治理安排,推出了三大工程——蓝天工程、绿水工程、净土工程,并研究安排了六大绿色租赁产品序列服务这些工程。

六大产品序列,包括绿色出行(主要从公共交通体系建设的角度思考如何融入绿色发展)、工业节能减排、清洁能源、水环境治理、土壤治理以及其他的循环经济领域。我们通过六大产品实施了三大工程,在相关领域开展了很好的实践。

一是蓝天工程,主要围绕大气污染防治领域,目前累计投放了近500亿元,主要包括立体的公共交通、城市的集中供暖,以及工业的节能减排,如尾气和余热的循环利用、高炉煤气发电等,收到了良好的环境效益和经济效果。作为本身就是注册在天津的企业,相信我们所开展的绿色租赁也是京津冀绿色金融发展当中一个重要的单元。在服务京津冀区域的过程中,我们也非常重视大气污染防治领域,包括工业的循环发电,如我们支持的一个钢铁企业节能技改项目,利用高炉煤气发电进行资源循环利用,客户取得了非常好的经济效益与环境效益。

二是绿水工程,主要围绕水环境的治理领域,包括污水、中水、流域的治理以及水源地保护等,目前累计投放也近500亿元。蓝天工程和绿水工程是我们绿色租赁的两大主体工程,合计投放900多亿元,形成租赁资产近500亿元。

三是净土工程,这是我们最近几年正在推进实施的领域。对于净土工程,我们理解,包括土壤环境的修复如刚才徐林所长讲到的荒山荒地的综合治理,其他也包括资源循环利用、生物秸秆发电、垃圾填埋或焚烧发电等固废处理领域。由于相关配套政策的逐步完善,在结合京津冀区域进行相关评价以及对还款来源综合分析的基础上,我们集中开展了垃圾发电、垃圾处理、生物秸秆发电等方面的业务,围绕土地的节约利用和垃圾的清洁处理等环节开展了有益的探索。目前累计投放接近100亿元,资产余额大概30亿元。实际上,水和土是紧密结合的,水的治理、土壤的净化以及地下水的利用是联系在一起的,而从水源地保护、地表的绿化到地下水的治理是一个综合长期的工程。我们这几年在这方面的实践是非常努力的,投入是非常坚决的,实践达到了预期效果。

我们通过"三大工程、六大产品"服务低碳、环保、生态领域,开展了扎扎实实的工作,并且在实践过程中真正落实了银行集团"寓意于利"的安排,相信只要我们对社会、对实体有价值,就一定可以实现长期可持续的发展。

第三方面,迫切的差异化政策诉求。近些年,在国家政策的推动下,天津市金融改革创新力度不断加强,目前已具备了良好的融资租赁业发展环境。在实际发展中,我们还有一些比较关键的政策诉求和亟待解决的问题。考虑到今天与会嘉宾都是金融专家和金融监管者,建议在下面四个方面研究探讨差异化政策的相关安排。结合金融租赁行业的发展特性,允许差异化、结构性的监管配套政策,使金融租赁公司更好地融入绿色发展中。

第一,差异化平台融资政策,绿色专业领域的许多项目实施都需政府主导,建议在绿色租赁相关的政府融资平台业务方面,制定差异化的监管政策。虽然我们从事绿色金融是自发自觉的行为,基本完全按照商业化规则进行操作,但是在绿色专业领域,由外部经济性引起的历史环境问题需要政府主导解决。正如刚刚马骏首席所讲,雄安新区建设需集首都、天津、河北之大成共同推动,京津冀环境治理也是区域间协同推进、互相影响、功能互补的,这些重大工程的整体实施一定要政府主导推动。因此,自2014年"国发43号文"以来,尤其是今年初以来,在引导金融机构积极介入绿色金融领域方面,需要深入考虑并合理安排,允许金融租赁公司在绿色租赁上差异化服务政府融资平台业务,以满足该领域大量长期的资金需求。在这方面,我们已经积极主动地开展了很好的实践。实际上,租赁作为中长期金融产品,恰恰可以很好地搭建交易结构,形成与该领域业务匹配度很高的服务方案。另外,绿色金融在包括PPP、政府购买、政府采购方面有很多积极介入、提供服务的机会,但目前这方面确实受到一定的政策限制。

第二,**差异化社会融资规模增长政策,在 MPA 考核政策方面,建议在 MPA 考核的整体管理机制下,针对绿色租赁等确定差异化合意增长速度**。截至 2016 年末,我国金融租赁行业资产规模仅为 2 万亿元,相比 150 多万亿元的社会融资规模,占比很小。目前金融租赁行业整体体量较小,且处于相对快速发展过程中,而 MPA 考核体系对于规模增速较高的要求,一定程度上限制了金融租赁公司的服务能力。为有效引导金融租赁公司支持绿色环保事业,建议在对一般租赁业务进行规范的基础上,对绿色租赁业务规模进行科学灵活的总量安排,对 MPA 考核体系下绿色租赁的发展有差异化的政策,从而可以允许更多绿色租赁的规模增长。

第三,**差异化资本管理政策,在资本占用方面,建议降低绿色租赁业务的风险权重,减轻资本约束**。事实证明,在我们开展绿色金融业务时,只要相关政策安排妥当,违约率和损失率还是可控的。因此,建议对金融租赁公司发展绿色业务安排差异化的风险计量政策,适当降低相关资产风险权重,减轻资本压力,提升其对绿色环保事业的服务能力。

最后,差异化筹资与资产流转政策,建议积极支持金融租赁公司发行绿色金融债、绿色资产证券化产品,提升资金筹集能力。目前,金融租赁公司筹资渠道有限,主要资金来源为同业借款,与长期限的绿色资产业务形成了期限错配。因此,建议对于金融租赁公司发行绿色金融债、绿色资产证券化产品提供更通畅、便捷的通道和更稳定的机制,引导金融租赁公司提升资产负债管理和稳健经营的能力,从而加大对绿色节能环保领域的支持力度。

总的,希望通过以上四个方面的差异化政策,目的在于促进金融租赁公司一是将新增资产更好地引导到绿色租赁领域,二是优化存量资产结构,更好地执行国家产能政策,支持京津冀区域生态环保事业的发展。

9.20 周巍：紧抓"一带一路"三大机遇 未来十年租赁业仍处战略机遇期[①]

回顾中国租赁业的发展历程，发展最快的是最近十年，从2007年中国银监会修订《金融租赁公司管理办法》以后，中国租赁业步入了快速发展的轨道。

1. 未来十年租赁业仍处战略机遇期

回头来看，为什么这十年发展得这么快？除了外部制约行业发展的瓶颈得到了解决，有政府政策的支持，包括大环境的支持以外，还有一个很大的因素就是中国实体经济本身对租赁的内在需求非常大，在这十年当中这种内在需求得到了释放。改革开放以来，中国整个实体经济发展非常快，但是租赁作为和实体经济联系最紧密，能够很好地支持实体经济发展的工具，在改革开放前期并没有得到足够重视。最近十年，在各方参与者的共同努力下，这种内在需求被挖掘出来，促使中国租赁业实现爆炸性的增长。

未来十年，我认为，一方面国内经济转型升级给租赁业带来非常大的内在需求。同时，"一带一路"战略的提出及实施，又为中国租赁业乃至全球租赁业提供了一个新的非常大的战略空间。刚才大家也都谈到了这方面的内容，工银租赁的李总还介绍了工银租赁在国际化发展的一些成功实践。在过去的十年中，中国租赁业已经尝试国际化发展，包括民生金融租赁在内也都是其中的实践者和受益者。

从民生金融租赁来说，我们有1/5的业务在境外，而且这些业务既支撑实体经济的发展，支持中国制造"走出去"，同时我们自身也得到了很好的发展。所以"一带一路"不仅仅是中国大批实体企业的机遇，也是中国租赁业的机遇，同时还是世界租赁业的机遇。

"一带一路"带给我们的发展空间是非常巨大的。"一带一路"战略从提出到构想到现在开始逐步落地实施，带来了巨大效应。2014—2016年，中国与"一带一路"沿线国家的贸易总额超过3万亿美元，投资总额超过500亿美元，从落地项目可以看出，在

---

① 本文为CFL30理事长、民生金融租赁股份有限公司董事长周巍在2017年6月6日举行的第十一届中国企业国际融资洽谈会·"一带一路"与租赁业"战略新空间"论坛上的讲话。

"一带一路"战略实施过程当中,很多中国企业已经走出去,并取得了非常好的成绩。大家熟悉的很多中国企业在境外有非常成功的投资。我们租赁业在这个过程当中也做了很多实践和尝试,取得了很好的经验。

2. "一带一路"对租赁业的三大机遇

我认为,"一带一路"战略给租赁业带来的机遇,主要表现在以下三个方面:

一是中国制造及其产业链的全球化布局。这是租赁业感受最深的。目前,中国企业正在积极寻求产业链条在全球范围内的有效整合,通过设厂、投资、收购等方式,布局"一带一路"沿线国家和地区。2016年我国对外直接投资1690.5亿美元,其中对"一带一路"国家的直接投资为305.9亿美元,占比18.1%。在这一过程中,中国租赁公司跟随中国企业海外投资建厂的步伐,以租赁方式为企业配套生产设备。

二是"中国制造+中国技术"的"走出去"。"一带一路"已然在亚、非、欧等国家和地区全面铺开,与以往仅仅强调出口不同的是,本轮"走出去"是全方位、立体化的"走出去"。在项目运作中,提供带资本、带设备、带人员、带技术的全面服务,已经成为中国企业成功拿下项目的核心竞争力。尤其是设施联通,重点是基础设施建设,更需要建立在资金、人才、技术、信息等资源要素整合的基础上。在这些大型项目中,租赁公司以融资租赁方式实现工程机械出口,或是与当地厂商合作,为中国承包商海外工程提供必需的设备,将会是中国企业整体服务方案中的有机组成部分。

三是全球化的跨境资源配置。尽管近两年出现了一些反全球化的事件,但是全球化的趋势是不可阻挡的。习主席提出的"一带一路"战略,可以说是推动新型全球化的中国方案。在这个大背景下,通过租赁的方式进行资源的全球配置,是一种非常好的资源配置方式。这些年,中国租赁业在全球化的跨境资源配置方面做了非常成功的尝试,不仅涉及飞机、船舶、工程机械,还包括轨道交通、高铁等等。实际上,金融机构要支持"一带一路"的发展,自身还是受到一些局限,如在境外设置机构要经过当地批准,另外每个国家每个地区的监管政策也不一样。所以,像银行等金融机构在境外通过自己设立分支机构开展业务,不是所有金融机构都能够做得到的,而且也难以在当地迅速打开局面。但是通过租赁的方式介入"一带一路",则具有天然优势,因为租赁最大的优势是经营和管理租赁资产。因此,租赁公司可以发挥自身天然优势,参与全球资源配置。

3. 中国租赁公司的实践

我在前面谈到,国内租赁公司在推动"一带一路"战略实施的过程中,主要的实践集中在飞机和船舶领域。其中,既包括国内船舶和海工装备的出口项目,也有协助"一带一路"国家进口大型商用客机的项目。

譬如几大金租公司,如民生金融租赁、工银租赁、国银租赁、交银租赁、招银租赁等,均在飞机和船舶等领域有诸多项目落地。像民生金融租赁,过去几年间已经为很多中国制造的大型船舶和海工装备出口项目提供了融资支持,仅高端海工装备目前已经有2座海上自升式钻井平台分别在东南亚和中东海域为当地的石油公司提供服务。总体来讲,租赁在支持实体经济,支持中国制造"走出去"方面,发挥了非常重要的作用。

未来,随着"一带一路"战略的深入推进,中国租赁公司在基础设施联通方面会具有更大的发展空间,这是个巨大的市场。据亚洲开发银行的报告,到2030年,仅亚洲基建投资需求就高达26万亿美元。单纯依靠政府性资金显然难以满足资金需求。特别是在前期的建设阶段,租赁公司可以有效弥补传统融资渠道的不足。

目前,中国建筑服务公司已经在世界范围内取得了非常好的成绩。全球十大建筑服务商中,7家在中国。通过加强合作,租赁公司可以帮助这些公司解决项目建设阶段的资金缺口。随着"一带一路"基础设施项目在更大范围内的推进,这会成为中国租赁公司深度参与"一带一路"建设的重要方式。

4. 跨境业务的风险控制

当然,开展跨境业务,风险控制必不可少。民生金融租赁从第一单境外业务到现在已经有七年时间了,七年来我们和境外一些企业打交道,在这个过程当中我们积累了很多经验,同时也看到了风险控制是非常重要的环节。跨境业务确实是一个很好的机遇,但是如果不能控制好风险,是要付出很沉重的学费和代价的。

对于租赁公司来说,可以在以下三方面进一步强化风险控制能力:

一是依托租赁优势,实现专业化资产管理及处置。租赁公司的天然优势就是控制租赁物,一旦出现问题,可以通过租赁物的取回降低风险,减少损失。就民生金融租赁来说,我们境外业务主要是飞机和船舶,到目前为止境外业务没有一单是不良的,也没有产生任何的欠息、欠租,风险控制做得非常好。这其中的体会是,我们高度依托了自己对于飞机、船舶包括海工装备的专业管理能力,同时我们按照事业部体制开展飞机和船舶业务,目的是更好地进行资产经营和管理,如果客户出现潜在风险或者有违约的可能性,我们的团队能够第一时间很快作出判断,采取措施。

二是加强与大型厂商、大型承包商的合作。这些企业有多年的本土化经营经验,对当地的政策环境、经营环境、劳工标准、环保要求等更为熟悉。通过深入合作,租赁公司可以在打开市场的同时,依托厂商和承包商的专业能力,实现对租赁资产的全程管理和实时管理,大大提升自身的风险控制能力。这既是依托优势实现双方共赢,又是控制风险的重要手段。

三是加强与银行、保险、证券等机构合作。随着业务涉及国家和地区的不断增加,如何分散风险和对冲风险将会是租赁公司面临的重要课题。一方面,需要综合利用来自证券机构的股权资金、来自商业银行的主债资金,在资金层面实现风险的有效分散。另一方面,需要以信用保险作为风险对冲工具,特别是借助于中国信用保险公司为租赁业量身定制的租赁险,实现对于项目风险的控制,从而在相对陌生的市场环境中迅速打开局面。

5. 加大政策对租赁业的支持力度

随着"一带一路"战略的推进,中国企业"走出去"步伐的加快,租赁作为重要的金融服务工具,将迎来更大的发展空间。

结合当前中国租赁业面临的问题,就政策对租赁业的支持,我提两点建议:

一是融资支持。它实际上包括两个方面,一方面是租赁公司能获得资金,另一方面是能有成本优势的资金,这两个因素对租赁公司来说都不可缺少。租赁项目普遍周期较长,而租赁公司的资金来源相对来说期限比较短,普遍以同业拆借为主。如果用这种所谓的期限错配资金去做境外业务,风险比较大。因此,要解决期限错配,防范流动性风险。譬如,民生金融租赁现在做飞机、船舶、海工业务,面对的都是世界一流的租赁公司,毫无疑问谁有成本优势,谁就会有更大的空间和余地。因此,中国租赁公司在做境外业务的时候,和很多国际同行的竞争很大程度上是在拼谁的成本低。

其实在这方面我们国家有非常好的优势,比如说外汇储备,我们国家有近 4 万亿的外汇储备,如果这些资金能够支持中国租赁业"走出去",同时能很好地控制风险,那么将有助于加快实施国家战略。再比如说保险资金,非常适合对接租赁业。还有开放性金融也有很多的长期性资金可以通过租赁支持"一带一路"项目。

建议国家有关部门能够在融资支持方面为中国租赁业进一步"走出去"创造一个更好的条件。

二是外部环境的支持。中国租赁业要"走出去",除了要练好自身内功、控制风险以外,还需要良好的外部环境。中国租赁业发展到今天,已经到了一个新的发展阶段,尤其是国家推出"一带一路"、京津冀一体化、长江经济带、中国制造 2025 等重大战略,中国租赁业面临非常好的发展机遇。要想把握这些机遇,首先最重要的是要提升自己的核心竞争力,练好内功,提升专业化能力;其次是要改善税收环境、政策环境等各种外部条件,需要有综合配套措施来支持租赁公司的发展。

中国租赁业发展到今天,已经到了转型的关键时点。而把握"一带一路"战略机遇,提升自身核心竞争力,成为国家经济战略中的重要组成部分,则需要全行业的通力协作。希望中国租赁业苦练内功,提升自己的专业化能力,牢牢抓住"一带一路"战略机遇,迈上新台阶。

附录

附录1 金融租赁公司名录[①]

公司名称	注册地	法定代表人	注册资本	成立时间
国银金融租赁股份有限公司	广东	王学东	1264238	1984-12-25
工银金融租赁有限公司	天津	赵桂才	1100000	2007-11-26
建信金融租赁有限公司	北京	胡昌苗	800000	2007-12-26
昆仑金融租赁有限责任公司	重庆	桂王来	796123	2010-7-21
交银金融租赁有限责任公司	上海	陈敏	750000	2007-12-20
兴业金融租赁有限责任公司	天津	薛鹤峰	700000	2010-8-30
招银金融租赁有限公司	上海	连柏林	600000	2008-3-28
华融金融租赁股份有限公司	浙江	李鹏	592676	2001-12-28
民生金融租赁股份有限公司	天津	周巍	509500	2008-4-2
太平石化金融租赁有限责任公司	上海	陈锦魁	500000	2014-10-14
锦银金融租赁有限责任公司	辽宁	刘文忠	490000	2015-12-1
皖江金融租赁股份有限公司	安徽	李铁民	460000	2011-12-31
长城国兴金融租赁有限公司	新疆	张希荣	400000	1996-2-2
中信金融租赁有限公司	天津	杨毓	400000	2015-3-31
光大金融租赁股份有限公司	湖北	张华宇	370000	2010-5-19
中国外贸金融租赁有限公司	北京	高红飞	350766	2008-1-28
信达金融租赁有限公司	甘肃	朱金叶	350525	1996-12-28
北银金融租赁有限公司	北京	闫冰竹	310000	2014-1-20
邦银金融租赁股份有限公司	天津	李剑飞	300000	2013-8-16
航天科工金融租赁有限公司	湖北	李东峰	300000	2017-4-18
河北省金融租赁有限公司	河北	徐敏俊	300000	1995-12-11
湖北金融租赁股份有限公司	湖北	湛赞雄	300000	2015-6-24
华夏金融租赁有限公司	云南	任永光	300000	2013-4-28
农银金融租赁有限公司	上海	高克勤	300000	2010-9-7
苏银金融租赁股份有限公司	江苏	夏平	300000	2015-5-13
西藏金融租赁有限公司	西藏	李兆廷	300000	2015-5-25
浙江浙银金融租赁股份有限公司	浙江	徐仁艳	300000	2017-1-18

---

① 按注册资本降序排列。

续表

公司名称	注册地	法定代表人	注册资本	成立时间
重庆鈊渝金融租赁股份有限公司	重庆	周文锋	300000	2017-3-23
浦银金融租赁股份有限公司	上海	楼戈飞	295000	2012-4-20
渝农商金融租赁有限责任公司	重庆	梁萍	250000	2014-9-11
中铁建金融租赁有限公司	天津	王秀明	240000	2016-6-27
江苏金融租赁股份有限公司	江苏	熊先根	234665	1988-4-23
佛山海晟金融租赁股份有限公司	广东	赵国俊	200000	2016-6-28
贵阳贵银金融租赁有限责任公司	贵州	杨琪	200000	2016-7-15
哈银金融租赁有限责任公司	黑龙江	高淑珍	200000	2014-6-11
河南九鼎金融租赁股份有限公司	河南	白效锋	200000	2016-3-23
横琴华通金融租赁有限公司	广东	谢伟	200000	2015-10-12
徽银金融租赁有限公司	安徽	吴学民	200000	2015-4-29
冀银金融租赁股份有限公司	河北	乔志强	200000	2015-12-25
山东汇通金融租赁有限公司	山东	王茂昌	200000	2015-12-10
天津国泰金融租赁有限责任公司	天津	周鸿	200000	2017-11-3
长江联合金融租赁有限公司	上海	顾贤斌	200000	2015-6-18
中国金融租赁有限公司	天津	李波	200000	2013-6-6
天银金融租赁有限公司	天津	刘永浩	170000	2016-10-14
洛银金融租赁股份有限公司	河南	王建甫	160000	2014-12-18
前海兴邦金融租赁有限责任公司	广东	何本奎	150000	2017-5-16
苏州金融租赁股份有限公司	江苏	王兰凤	150000	2015-12-15
徐州恒鑫金融租赁股份有限公司	江苏	束兰根	150000	2016-10-14
北部湾金融租赁有限公司	广西	李华生	100000	2012-9-17
广东粤财金融租赁股份有限公司	广东	曾忠生	100000	2017-6-8
华运金融租赁股份有限公司	天津	罗兴平	100000	2015-4-21
江南金融租赁有限公司	江苏	陆诗俊	100000	2015-5-29
江西金融租赁股份有限公司	江西	陈晓明	100000	2015-11-24
青岛青银金融租赁有限公司	山东	杨长德	100000	2017-2-15
山东通达金融租赁有限公司	山东	赛志毅	100000	2016-6-6
四川天府金融租赁股份有限公司	四川	邢敏	100000	2016-12-8
永赢金融租赁有限公司	浙江	许继朋	100000	2015-5-26

续表

公司名称	注册地	法定代表人	注册资本	成立时间
浙江稠州金融租赁有限公司	浙江	赵海华	100000	2016－9－14
珠江金融租赁有限公司	广东	王继康	100000	2014－12－11
中煤科工金融租赁股份有限公司	天津	刘林泉	98000	2017－9－30
厦门金融租赁有限公司	厦门	王晓健	79000	2017－11－15
福建海西金融租赁有限责任公司	福建	庄海波	70000	2016－9－9
甘肃兰银金融租赁股份有限公司	甘肃	张俊良	50000	2016－12－9
广融达金融租赁有限公司	上海	丁建勇	50000	2016－6－15
吉林九银金融租赁股份有限公司	吉林	孙国富	50000	2017－2－20
山西金融租赁有限公司	山西	李江雷	50000	1993－3－12

附录2 内资试点融资租赁公司名录①

公司名称	注册地	法定代表人	注册资本	成立时间
天津渤海租赁有限公司	天津	任卫东	2210085	2007-12-4
浦航租赁有限公司	上海	陈曦	1268340	2009-10-26
长江租赁有限公司	天津	任卫东	1079000	2000-6-9
中航国际租赁有限公司	上海	周勇	746591	1993-11-5
中远海运租赁有限公司	上海	陈易明	350000	2013-8-29
中车投资租赁有限公司	北京	王日钢	330000	1999-4-26
国泰租赁有限公司	山东	尹鹏	300000	2007-2-12
上海电气租赁有限公司	上海	秦怿	300000	2005-8-18
中交融资租赁(广州)有限公司	广东	钱镕	300000	2016-8-8
中民投健康产业融资租赁有限公司	天津	赵尚恒	300000	2017-2-21
庞大乐业租赁有限公司	河北	刘振洪	291667	2009-4-30
中建投租赁股份有限公司	北京	陈有钧	266800	2015-10-22
浙江物产融资租赁有限公司	浙江	王竞天	241668	2012-5-14
汇通信诚租赁有限公司	新疆	周育	216000	2011-12-1
天津国资租赁有限公司	天津	王建东	193000	2017-6-20
招商局融资租赁(天津)有限公司	天津	杨皓	167000	2017-4-26
中联重科融资租赁(北京)有限公司	北京	方明华	150200	2002-2-4
天津华铁融资租赁有限公司	天津	胡丹锋	150000	2016-5-12
重庆银海融资租赁有限公司	重庆	庞先威	120000	2005-12-31
安吉租赁有限公司	上海	沈根伟	116400	1993-4-20
山重融资租赁有限公司	北京	申传东	110000	2009-3-27
北京京能源深融资租赁有限公司	北京	郭明星	105000	2011-10-17
德银融资租赁有限公司	上海	王建斌	105000	2011-11-24
中国电建集团租赁有限公司	北京	许贺龙	104484	2004-8-30
天津大通融汇租赁有限公司	天津	李占通	104176	2014-8-19
首汽租赁有限责任公司	北京	周红	100751	2002-4-28
安徽华通租赁有限公司	安徽	苏信斌	100000	2013-6-9

① 按注册资本降序排列。

续表

公司名称	注册地	法定代表人	注册资本	成立时间
安徽兴泰融资租赁有限责任公司	安徽	孙泉	100000	2004-3-10
安徽正奇融资租赁有限公司	安徽	俞能宏	100000	2012-11-28
北车投资租赁有限公司①	北京	董伦云	100000	2008-1-11
德海租赁有限公司	北京	王小敏	100000	2012-11-15
广东一创恒健融资租赁有限公司	广东	刘明	100000	2014-12-18
广州知骏融资租赁有限公司	广东	张雯	100000	2017-3-8
国投建恒融资租赁股份有限公司	天津	许研	100000	2017-7-14
吉运集团股份有限公司	北京	赵六栋	100000	1995-12-18
辽宁融川融资租赁股份有限公司	辽宁	梁忠国	100000	2012-11-2
临港港融租赁(天津)有限公司	天津	王敏	100000	2016-12-12
青海昆仑租赁有限责任公司	青海	张小明	100000	2003-5-15
天津城投创展租赁有限公司	天津	景婉莹	100000	2016-1-13
天津佳永租赁有限公司	天津	孙广顺	100000	2012-4-27
天津天保租赁有限公司	天津	任强	100000	2011-10-26
天津信汇融资租赁有限公司	天津	沈晓玲	100000	2016-4-13
天津星河鼎兴融资租赁有限公司	天津	李海宁	100000	2017-6-5
武汉光谷融资租赁有限公司	湖北	周昕	100000	2012-4-26
中关村科技租赁有限公司	北京	张哲	100000	2012-11-27
中航租(天津)租赁有限公司	天津	李智军	100000	2017-6-19
中建投租赁(天津)有限责任公司	天津	秦群	100000	2016-5-5
中远海发(天津)租赁有限公司	天津	郭定伟	100000	2016-11-23
重庆市交通设备融资租赁有限公司	重庆	王成	100000	2008-3-6
山东地矿租赁有限公司	山东	王英南	99276	2013-12-20
珠海恒源融资租赁有限公司	广东	张平	91697	2012-8-13
河北融投租赁有限公司	河北	王景宏	90000	2011-5-10
赣州发展融资租赁有限责任公司	江西	陈圣霖	87500	2013-5-30
上海国金租赁有限公司	上海	刘益朋	85209	2011-10-26
四川金石租赁有限责任公司	四川	李云忠	85200	2014-1-16
宝新融资租赁有限公司	广东	王波	80000	2016-6-21

① 该公司已注销。

续表

公司名称	注册地	法定代表人	注册资本	成立时间
江苏徐工工程机械租赁有限公司	江苏	杨勇	80000	2007－8－13
联通租赁集团有限公司	北京	陈顺会	76000	1996－5－16
芜湖亚夏融资租赁有限公司	安徽	周夏耘	76000	2013－5－31
浙江中大元通融资租赁有限公司	浙江	李永成	75717	1996－10－28
成都工投融资租赁有限公司	四川	龚民	75359	2005－10－10
安徽德润融资租赁股份有限公司	安徽	徐立新	75000	2013－5－6
厦门海翼融资租赁有限公司	福建	陈月华	70000	2008－6－10
东森海润租赁有限公司	北京	张道山	62800	2010－7－6
内蒙古融资租赁有限责任公司	内蒙古	侯向东	60000	2014－12－1
一汽租赁有限公司	天津	张影	60000	2016－2－22
中程租赁有限公司	天津	盛雪莲	60000	1999－7－7
新疆鼎源融资租赁股份有限公司	新疆	徐延平	56600	2010－12－13
上海地铁融资租赁有限公司	上海	顾诚	56000	2013－10－30
国农租赁有限公司	山东	袁敦华	51000	2011－11－14
融信租赁股份有限公司	福建	王丁辉	50350	2007－3－5
安徽合泰融资租赁有限公司	安徽	徐琳	50000	2013－5－29
安徽皖新融资租赁有限公司	安徽	吴文胜	50000	2014－2－14
安徽中财租赁有限责任公司	安徽	于敏	50000	2014－1－17
安徽众信融资租赁有限公司	安徽	卢堆仓	50000	2013－5－29
北京中煤融资租赁有限责任公司	北京	黄春江	50000	2012－11－28
广州广汽租赁有限公司	广东	蒋华	50000	2004－2－24
汇银融资租赁有限公司	山东	王桂民	50000	2009－9－22
金鼎租赁有限公司	北京	杨进军	50000	2011－1－10
神铁租赁（天津）有限公司	天津	王志全	50000	2017－7－24
世欣合汇融资租赁有限公司	北京	潘蓉	50000	2014－1－14
天津滨海新区建投租赁有限公司	天津	苏少朕	50000	2016－8－5
天津南车融资租赁有限公司	天津	王日钢	50000	2014－12－12
天津融鑫融资租赁有限公司	天津	尹强	50000	2013－2－25
天士力融资租赁有限公司	天津	闫凯境	50000	2014－1－20
浙江融丰汇设备租赁有限公司	浙江	闻伟婷	50000	2017－8－11

续表

公司名称	注册地	法定代表人	注册资本	成立时间
正奇租赁(天津)有限公司	天津	俞能宏	50000	2017-2-20
中船重工海疆(天津)融资租赁有限公司	天津	冯雄雅	50000	2016-10-21
中核建银融资租赁股份有限公司	广东	黄祖义	50000	2008-4-17
中联浦融租赁有限公司	天津	司马郡平	50000	2016-4-12
青岛中投融资租赁有限公司	山东	王仁宝	45000	2012-5-9
河南国控租赁股份有限公司	河南	刘洪涛	42974	1994-12-17
福建宏顺租赁有限公司	福建	王传桂	41600	2000-3-17
福建海峡融资租赁有限责任公司	福建	陈建武	40000	2002-4-11
上海云城融资租赁有限公司	上海	林涛	40000	1997-10-21
天津汇融通达租赁有限公司	天津	李俊锋	40000	2016-11-2
长城融资租赁有限责任公司	山东	张发军	37000	1997-1-28
台金融资租赁(天津)有限责任公司	天津	叶未亮	35000	2016-8-24
福建喜相逢汽车服务股份有限公司	福建	黄伟	34106	2007-9-7
湖北华康远达融资租赁有限公司	湖北	蒋岚	32000	2012-11-6
浙江香溢租赁有限责任公司	浙江	邱樟海	32000	2008-2-27
大盛融资租赁有限公司	浙江	郑新宪	31000	2014-1-17
天津传化融资租赁有限公司	天津	郑磊	30497	2016-5-16
北京农投融资租赁有限公司	北京	张国平	30000	2012-9-28
华宝千祺租赁(深圳)有限公司	广东	熊卿	30000	2014-1-13
经开租赁有限公司	广东	周世义	30000	2013-10-15
辽宁方大融资租赁有限公司	辽宁	马忆波	30000	2014-4-17
南京华虹融资租赁有限公司	江苏	陆永新	30000	2014-12-19
南通国润融资租赁有限公司	江苏	陈大鹏	30000	2013-8-16
庆汇租赁有限公司	辽宁	刘悦	30000	2001-7-6
上海摩恩融资租赁股份有限公司	上海	问泽鸿	30000	2012-1-13
天津财信汇通融资租赁有限公司	天津	王梦琪	30000	2014-12-15
天津合盛融资租赁有限公司	天津	蔡立	30000	2015-4-30
万向租赁有限公司	浙江	冯立民	30000	1996-2-2
维租(天津)租赁有限公司	天津	李永军	30000	2013-11-28

续表

公司名称	注册地	法定代表人	注册资本	成立时间
浙江舟贸融资租赁有限公司	浙江	虞英强	30000	2017-7-24
江西省鄱阳湖融资租赁有限公司	江西	肖国华	28000	2011-10-12
沈阳恒信租赁有限公司	辽宁	王英臣	27436	1998-2-25
山东山工租赁有限公司	山东	赵沂斌	27000	2001-11-12
重庆鸿晔锦盛融资租赁有限公司	重庆	何春华	27000	2014-12-10
东方圣城租赁有限公司	山东	李莉	25000	2014-1-10
联通物产租赁有限公司	北京	雒芳	25000	1999-2-10
上海益流融资租赁有限公司	上海	瞿坤章	25000	2011-5-31
芯鑫融资租赁(天津)有限责任公司	天津	杜洋	25000	2016-8-15
新疆新能融资租赁有限公司	新疆	李均钢	24800	2001-6-11
四川孚临融资租赁有限公司	四川	杨弟	24000	2012-9-19
山东融世华租赁有限公司	山东	孙红	22947	1996-6-24
华晟融资租赁股份有限公司	江苏	王顺娣	21000	2013-5-29
佳汇(天津)租赁有限公司	天津	宋金榜	21000	2013-11-28
海瀛(福建)融资租赁有限公司	福建	陈璐玺	20600	2008-5-12
湖北金控融资租赁有限公司	湖北	黄骏飞	20500	2014-11-27
青岛青建租赁有限公司	山东	李富军	20500	2011-6-23
尚邦租赁有限公司	天津	苏新建	20466	2008-7-24
北京鼎泰鑫融资租赁有限公司	北京	矫良田	20300	2012-12-20
四川荷福融资租赁有限公司	四川	施浩	20050	2014-9-4
北京绿能融资租赁有限公司	北京	柳伟东	20027	2002-7-30
成都华明融资租赁有限公司	四川	朱德荣	20010	2005-6-10
北京中车信融资租赁有限公司	北京	巩月琼	20000	2012-4-25
常熟市德盛融资租赁有限公司	江苏	高德康	20000	2014-1-23
城发集团(青岛)融资租赁有限公司	山东	法竞	20000	2013-10-31
广东华赣融资租赁有限责任公司	广东	温治明	20000	2017-2-23
广州海印融资租赁有限公司	广东	邵建明	20000	2016-6-23
贵州黔贵融资租赁有限公司	贵州	罗洪波	20000	2012-5-16
国元汇富融资租赁(天津)有限公司	天津	程晓炜	20000	2016-5-25
国运租赁(天津)股份有限公司	天津	张晓林	20000	2016-12-30

续表

公司名称	注册地	法定代表人	注册资本	成立时间
恒华融资租赁有限公司	浙江	郑晓光	20000	2001-8-16
湖北华融嘉和融资租赁有限公司	湖北	张崇南	20000	2014-9-16
湖北骆驼融资租赁有限公司	湖北	路明占	20000	2015-5-29
湖北万民融资租赁有限公司	湖北	徐峰	20000	1970-1-1
华远租赁有限公司	北京	王文全	20000	1999-4-13
江苏宝涵租赁有限公司	江苏	徐卫球	20000	2012-8-3
江苏凤凰文贸融资租赁有限公司	江苏	田锋	20000	2014-3-4
江苏国鑫融资租赁有限公司	江苏	尹跃	20000	2014-7-18
江苏淮海融资租赁有限公司	江苏	范晓路	20000	2014-1-22
江西省海济融资租赁股份有限公司	江西	柳习聪	20000	2006-1-5
锦港(天津)租赁有限公司	天津	郭晓倩	20000	2017-7-17
临沂华盛江泉租赁有限公司	山东	张玉涛	20000	2014-12-26
民商融资租赁有限公司	重庆	王金山	20000	2014-7-30
南京隆安租赁有限公司	江苏	刘振华	20000	2012-11-15
南京民生租赁股份有限公司	江苏	李树红	20000	1996-5-30
宁波东银融资租赁有限责任公司	浙江	胡小雁	20000	2014-1-9
荣达租赁有限公司	北京	高玉章	20000	2011-7-8
融鑫汇(天津)租赁有限公司	天津	张云集	20000	2011-8-26
山东融越融资租赁有限公司	山东	朱国祥	20000	2003-1-3
上海鼎策融资租赁有限公司	上海	许树根	20000	2016-6-21
上海金易达融资租赁有限公司	上海	叶国营	20000	2010-7-30
上海中兴融资租赁有限公司	上海	李伟民	20000	2010-5-13
石家庄宝德融资租赁有限公司	河北	李翔宇	20000	2010-3-9
四川盘古设备租赁有限公司	四川	罗永胜	20000	2014-1-2
苏州融华租赁有限公司	江苏	盛刚	20000	2012-11-26
天津联动融资租赁有限公司	天津	徐卫晖	20000	2016-12-26
天津泰达租赁有限公司	天津	马杰	20000	2011-10-25
天津潍莱岛融资租赁有限公司	天津	魏洪彬	20000	2016-5-20
天津中融恒泰国际融资租赁有限公司	天津	卢宗俊	20000	2016-7-4

续表

公司名称	注册地	法定代表人	注册资本	成立时间
通和租赁股份有限公司	北京	李冬	20000	2012-9-26
武汉中泰和融资租赁有限公司	湖北	李健	20000	2014-1-20
西北租赁有限公司	陕西	吴畏	20000	1970-1-1
银丰租赁有限公司	北京	郭珊珊	20000	2010-8-25
银河融资租赁有限公司	上海	桂国杰	20000	2013-9-3
云投旺世融资租赁有限公司	北京	刘勇	20000	2009-9-24
浙江车家佳汽车租赁有限公司	浙江	陈灯红	20000	2017-8-22
浙江省铁投融资租赁有限公司	浙江	高文尧	20000	2012-5-10
浙江万融融资租赁有限公司	浙江	黄河清	20000	2012-10-17
浙江兴长设备租赁有限责任公司	浙江	王佳平	20000	2017-8-1
浙江浙能融资租赁有限公司	浙江	夏晶寒	20000	2013-5-27
浙旅盛景租赁有限公司	浙江	张健	20000	2017-8-25
中安金控(舟山)租赁有限公司	浙江	谭建平	20000	2017-8-11
中电科融资租赁有限公司	天津	陈永红	20000	2016-12-8
中鼎泰成(天津)融资租赁有限公司	天津	刘长江	20000	2017-4-20
中鼎信融资租赁集团股份有限公司	黑龙江	刘德余	20000	2013-5-30
浙江康安融资租赁股份有限公司	浙江	范水荣	19000	2003-11-13
新疆生产建设兵团第十三师天元融资租赁有限公司	新疆	张朝安	18712	2012-12-14
海航思福租赁股份有限公司	海南	杨爱国	18400	2003-9-16
宝利德融资租赁有限公司	浙江	余海军	18000	2013-12-20
杭州中小企业融资租赁有限公司	浙江	卓文贤	18000	2014-5-7
泰康消防化工集团融资租赁有限责任公司	云南	林希嘉	17040	2014-5-5
中浩环球租赁(福建)有限公司	福建	王斌	17003	2011-10-24
安徽津安融资租赁有限公司	安徽	潘军	17000	2014-10-24
昌乐英轩设备租赁有限公司	山东	李世勇	17000	2012-11-9
成都汇银融资租赁有限公司	四川	梁强	17000	2003-7-24
东风南方融资租赁有限公司	广东	李军	17000	2013-10-25
福建润创租赁有限公司	福建	陈杰	17000	2010-11-17

续表

公司名称	注册地	法定代表人	注册资本	成立时间
国信租赁有限公司	辽宁	李春梅	17000	2014-1-13
邯郸市美食林租赁有限公司	河北	赵江平	17000	2014-1-21
杭州城投租赁有限公司	浙江	金兴平	17000	2012-11-1
河北卓邦华琦融资租赁有限公司	河北	赵云川	17000	2012-10-19
河南广通汽车租赁有限公司	河南	刘峰	17000	2012-7-31
湖北永盛融资租赁有限公司	湖北	胡广宏	17000	2013-6-4
环宇租赁(天津)有限公司	天津	冈部裕弥	17000	2010-6-25
汇鼎租赁有限公司	辽宁	王练光	17000	2014-9-4
嘉丰租赁有限公司	辽宁	朱伟红	17000	2012-5-30
晋盛租赁有限公司	山西	蒋丽君	17000	2012-5-4
陇易通国际租赁(天津)有限公司	天津	许应恺	17000	2017-2-27
南京天元租赁有限公司	江苏	武鑫	17000	2012-12-3
宁夏三实融资租赁有限公司	宁夏	高小平	17000	2014-12-29
泉州市闽侨融资租赁有限公司	福建	林卫民	17000	2011-6-14
荣信租赁有限公司	辽宁	朴文星	17000	2014-8-12
融丰租赁有限公司	吉林	陈莹莹	17000	2013-4-16
融兴融资租赁有限公司	福建	刘小康	17000	2009-3-27
融钰华通(天津)融资租赁有限公司	天津	蔡晓熙	17000	2016-11-17
山东恒顺融资租赁有限公司	山东	顾怀亮	17000	2014-1-30
上海万方融资租赁有限公司	上海	李多珠	17000	2012-11-28
四川海特融资租赁有限公司	四川	李飚	17000	2013-7-26
四川御丰泰融资租赁有限公司	四川	徐伟	17000	2013-8-1
苏宁租赁(天津)有限公司	天津	杨兴菊	17000	2016-9-14
天津露笑融资租赁有限公司	天津	金君	17000	2017-2-10
天津市良好投资发展有限公司	天津	王颖	17000	2000-4-12
新疆亚中机电销售租赁股份有限公司	新疆	唐平	17000	2003-12-1
英利小溪租赁有限公司	天津	韩旭	17000	2012-5-15
元泰融资租赁(天津)有限公司	天津	常宇飞	17000	2017-3-22
远中租赁股份有限公司	辽宁	乔华	17000	2000-7-6

续表

公司名称	注册地	法定代表人	注册资本	成立时间
浙江台金设备租赁有限公司	浙江	蒋洪	17000	2017-8-18
中弘租赁有限公司	辽宁	赵春鹏	17000	2013-4-2
中商国控(天津)融资租赁有限公司	天津	高晓荣	17000	2016-8-23
中盛租赁有限公司	辽宁	孙鹏	17000	2013-12-12
中水电融通租赁有限公司	天津	彭顺海	17000	2010-12-17
上海融联租赁股份有限公司	上海	金敏	10000	1997-11-10
天津津投租赁有限公司	天津	张英杰	8200	1996-4-9
河南中原融资租赁有限公司	河南	杜陵	6400	2013-1-24
长行汽车租赁有限公司	浙江	何宇星	5070	1994-2-18
丰汇租赁有限公司	辽宁	姜文辉	5000	1999-9-15
新纪元租赁有限公司	北京	王成	5000	2007-6-19
中能融资租赁有限公司	天津	刘成坤	5000	2001-4-29
江苏烟草金丝利租赁有限公司	江苏	王亚	4000	1996-10-11

附录3 中国融资租赁法律政策目录

政策名称	文件号	发布时间
最高人民法院关于为自由贸易试验区建设提供司法保障的意见	法发〔2016〕34号	2016-12-30
中华人民共和国船舶登记办法	交通运输部令2016年第85号	2016-12-13
《最高人民法院关于审理融资租赁合同纠纷案件适用法律问题的解释》	法释〔2014〕3号	2014-2-24
《关于审理动产权属争议案件涉及登记公示问题的指导意见(试行)》	津高法发〔2014〕1号	2014-1-9
《天津市高级人民法院关于审理融资租赁物权属争议案件的指导意见(试行)》	津高法〔2011〕288号	2011-11-11
《中华人民共和国合同法》(第十四章 融资租赁合同)	主席令第十五号	1999-3-15
《中华人民共和国民用航空法》(第三章第四节 民用航空器租赁)	主席令第五十六号	1995-10-30

附录 4 中国融资租赁监管政策目录

适用范围	政策名称	发布时间	文件号
全国	《商务部 税务总局关于辽宁等 7 个自由贸易试验区内资租赁企业从事融资租赁业务有关问题的通知》	2017-6-6	(商流通函〔2017〕270号)
全国	关于金融类企业挂牌融资有关事项的通知	2016-5-27	股转系统公告〔2016〕36号
乌鲁木齐	乌鲁木齐市加快融资租赁业发展实施意见	2017-9-29	
深圳	深圳市人民政府关于印发扶持 金融业发展若干措施的通知	2017-9-25	深府规〔2017〕2号
广州	广州市商务发展专项资金融资租赁产业发展事项实施细则	2017-8-4	
浙江	关于中国(浙江)自由贸易试验区内资租赁企业从事融资租赁业务有关事项的通知	2017-7-7	
全国	中国人民银行 发展改革委 财政部 环境保护部 银监会 证监会 保监会关于印发《新疆维吾尔自治区哈密市、昌吉州和克拉玛依市建设绿色金融改革创新试验区总体方案》的通知	2017-6-23	银发〔2017〕155号
安徽	关于印发《安徽省制造业中小企业设备融资租赁业务补贴专项资金管理暂行办法》的通知	2017-6-21	皖经信中小融资〔2017〕161号
东莞	东莞市人民政府关于加快培育发展新兴金融业态推动实体经济发展的实施意见	2017-6-15	东府〔2017〕48号
北京	北京市商务委员会等12个部门关于印发《关于加快融资租赁业发展的实施意见》的通知	2017-6-5	京商务交字〔2017〕121号
全国	关于加快构建政策体系培育新型农业经营主体的意见	2017-5-31	
全国	关于坚决制止地方以政府购买服务名义违法违规融资的通知	2017-5-28	财预〔2017〕87号

续表

适用范围	政策名称	发布时间	文件号
上海	上海市人民政府印发《关于创新驱动发展巩固提升实体经济能级的若干意见》的通知	2017-5-27	沪府发〔2017〕36号
全国	商务部办公厅关于开展融资租赁业风险排查工作的通知	2017-5-8	
新疆	新疆维吾尔自治区出台加快融资租赁业发展的实施意见	2017-4-21	新政办发〔2017〕41号
郑州	郑州市人民政府办公厅 关于加快金融租赁行业发展的实施意见	2017-3-31	
全国	《关于金融支持制造强国建设的指导意见》	2017-3-28	银发〔2017〕58号
湖北	国务院关于印发中国（湖北）自由贸易试验区总体方案的通知	2017-3-15	国发〔2017〕18号
东莞	东莞市人民政府办公室关于印发《进一步加快融资租赁业发展工作方案》的通知	2017-2-20	东府办〔2017〕19号
阳江	阳江市人民政府办公室关于印发阳江市推进融资租赁业发展实施方案的通知	2016-10-31	阳府办〔2016〕25号
贵州	《关于降低企业融资成本的若干措施》	2016-10-23	黔府金发〔2016〕20号
河南	《河南省人民政府办公厅发布关于促进融资租赁业发展的实施意见》	2016-10-13	豫政办〔2016〕181号
浙江	浙江省人民政府办公厅关于加快融资租赁业发展的实施意见	2016-9-9	浙政办发〔2016〕112号
上海	上海市政府办公厅关于加快本市融资租赁业发展的实施意见	2016-8-15	沪府办发〔2016〕32号
广州	《关于印发〈广州市融资租赁业发展专项资金管理办法〉的通知》	2016-6-30	穗商务特商〔2016〕33号
西安	《西安市人民政府办公厅关于加快融资租赁业发展的实施意见》	2016-6-30	市政办发〔2016〕42号
河南	《河南省人民政府办公厅关于促进金融租赁行业健康发展的实施意见》	2016-6-8	豫政办〔2016〕97号

续表

适用范围	政策名称	发布时间	文件号
沈阳	《沈阳市人民政府办公厅关于印发沈阳市加快推进融资租赁业发展实施方案（2016—2020年）的通知》	2016-6-3	沈政办发〔2016〕66号
沈阳	沈阳市人民政府办公厅关于印发沈阳市加快推进融资租赁业发展实施方案（2016—2020年）的通知	2016-6-1	沈政办发〔2016〕66号
福建	《福建省人民政府办公厅关于促进融资租赁业发展的意见》	2016-5-17	闽政办〔2016〕77号
江苏	江苏省出台加快融资租赁业发展的实施意见	2016-4-8	苏政办发〔2016〕32号
湖北	《省人民政府关于加快融资租赁业发展的实施意见》	2016-4-6	鄂政发〔2016〕12号
全国	《商务部 税务总局关于天津等4个自由贸易试验区内资租赁企业从事融资租赁业务有关问题的通知》	2016-3-17	商流通函〔2016〕90号
山东	《关于贯彻国办发〔2015〕68号文件加快融资租赁业发展的实施意见》	2016-2-19	鲁政办发〔2016〕7号
吉林	《吉林省人民政府办公厅关于加快融资租赁业发展的实施意见》	2016-2-17	吉政办发〔2016〕7号
全国	《国务院关于促进金融租赁行业健康发展的指导意见》	2015-9-8	国办发〔2015〕69号
全国	《国务院办公厅关于加快融资租赁业发展的指导意见》	2015-8-31	国办发〔2015〕68号
陕西	《西安经济技术开发区关于融资租赁行业发展扶持办法（暂行）》	2015-6-13	
河北	《河北省人民政府关于加快发展服务贸易的实施意见》	2015-5-28	
福建	《福建省发展和改革委员会关于印发〈福建省中长期国际商业贷款管理改革试点工作方案〉的通知》	2015-5-20	闽发改外经〔2015〕307号
山东	《山东省人民政府办公厅关于印发山东省推广上海自贸试验区可复制改革试点经验工作方案的通知》	2015-5-6	鲁政办发〔2015〕21号

续表

适用范围	政策名称	发布时间	文件号
内蒙古	《内蒙古自治区人民政府关于加快发展生产性服务业促进产业结构调整升级的实施意见》	2015-5-4	内政发〔2015〕52号
海南	《海南省财政厅 海南省政府金融工作办公室关于印发〈海南省金融发展专项资金管理暂行办法〉的通知》	2015-4-24	琼财债〔2015〕546号
天津	《天津自贸区内海关特殊监管区域的企业开展融资租赁业务相关事宜公告》	2015-4-22	
全国	《关于加强对工商资本租赁农地监管和风险防范的意见》	2015-4-14	
上海	《国务院关于印发进一步深化中国(上海)自由贸易试验区改革开放方案的通知》	2015-4-8	国发〔2015〕21号
深圳	《中共深圳市委办公厅 深圳市人民政府办公厅关于印发〈深圳市2015年改革计划〉的通知》	2015-3-27	深办发〔2015〕6号
湖北	《省商务厅关于做好2015年融资租赁行业管理有关工作的通知》	2015-3-24	
安徽	《安徽省人民政府办公厅关于加快融资租赁和典当行业发展的实施意见》	2015-3-1	皖政办〔2015〕74号
海南	《海南省商务厅关于开展典当、拍卖、融资租赁等行业非法集资风险排查的通知》	2015-1-30	
天津	《天津市人民政府办公厅关于加快我市融资租赁业发展的实施意见》	2015-1-28	
陕西	《陕西省商务厅关于开展典当融资租赁等行业非法集资风险排查工作的通知》	2015-1-19	
陕西	《陕西省人民政府办公厅关于促进融资租赁业发展的实施意见》	2014-12-8	陕政办发〔2015〕94号
浙江	浙江省发布《关于在海宁市等4个县(市)开展中小企业融资租赁试点工作的通知》	2014-7-18	
全国	中国银监会发布"金融租赁公司专业子公司管理暂行规定"	2014-7-14	银监办发〔2014〕198号

续表

适用范围	政策名称	发布时间	文件号
全国	《国家外汇管理局关于境内居民通过特殊目的公司投融资及返程投资外汇管理有关问题的通知》	2014-7-9	汇发〔2014〕37号
上海	《上海市商业保理试点暂行管理办法》	2014-7-8	
全国	《全面建设服务体系促进中小商贸流通企业健康发展的指导意见(征求意见稿)》	2014-6-24	
全国	关于开展京津冀海关区域通关一体化改革的公告	2014-6-23	海关总署公告2014年第45号
全国	关于贯彻落实《国务院办公厅关于支持外贸稳定增长的若干意见》的指导意见	2014-6-11	
全国	国家发展改革委关于飞机租赁企业订购国外飞机报备的通知	2014-6-4	发改基础〔2014〕1156号
全国	《国务院办公厅关于支持外贸稳定增长的若干意见》	2014-5-4	国办发〔2014〕19号
全国	五部委联合印发关于规范金融机构同业业务的通知	2014-4-24	银发〔2014〕127号
福建	福建省人民政府关于加强企业融资服务八条措施的通知	2014-4-21	闽政〔2014〕17号
全国	国务院办公厅关于金融服务"三农"发展的若干意见	2014-4-20	国办发〔2014〕17号
天津	关于天津市融资租赁登记和查询有关工作的重要通知	2014-4-18	
全国	银监会发布《商业银行保理业务管理暂行办法》	2014-4-10	中国银监会令2014年第5号
山东	山东省人民政府办公厅关于贯彻国办发〔2013〕108号文件加快我省飞机租赁业发展的意见	2014-3-27	鲁政办发〔2014〕16号
全国	关于使用融资租赁登记系统进行融资租赁交易查询的通知	2014-3-26	银发〔2014〕93号
广东	关于广东横琴新区福建平潭综合实验区、深圳前海深港现代化服务业合作区企业所得税优惠政策及优惠目录的通知	2014-3-25	

续表

适用范围	政策名称	发布时间	文件号
全国	中国银监会令2014年第3号金融租赁公司管理办法	2014-3-13	
天津	天津市食品药品监督管理局关于《医疗器械经营企业许可证》审批事项的补充通知	2014-3-10	津食药监流通〔2014〕77号
浙江	《浙江省人民政府办公厅关于加快融资租赁业发展的意见》(征求意见稿)	2014-3-6	
全国	《国务院关于推广中国(上海)自由贸易试验区可复制改革试点经验的通知》	2014-2-21	国发〔2014〕65号
上海	《关于支持中国(上海)自由贸易试验区扩大人民币跨境使用的通知》	2014-2-21	银总部发〔2014〕22号
上海	《中国(上海)自由贸易试验区商业保理业务管理暂行办法》	2014-2-21	中(沪)自贸管〔2014〕26号
上海	《关于上海市支付机构开展跨境人民币支付业务的实施意见》	2014-2-18	银总部发〔2014〕20号
全国	《商务部关于利用全国融资租赁企业管理信息系统进行租赁物登记查询等有关问题的公告》	2014-2-4	
上海	《中国(上海)自由贸易试验区国际船舶登记制度试点方案》	2014-1-21	
深圳	《关于推进前海湾保税港区开展融资租赁业务的试点意见》	2014-1-21	深府金发〔2014〕3号
天津	《关于审理动产权属纠纷案件涉及登记公示问题的指导意见(试行)》	2014-1-9	
深圳	《深圳市人民政府关于充分发挥市场决定性作用 全面深化金融改革创新的若干意见》	2014-1-6	深府〔2014〕1号
上海	《国务院关于印发中国(上海)自由贸易试验区总体方案的通知》	2013-9-27	国发〔2013〕38号
全国	《融资租赁企业监督管理办法》	2013-9-18	商流通发〔2013〕337号
河南	《河南省融资租赁业"十二五"发展规划》	2013-9-12	豫商建〔2013〕101号
全国	《商务部办公厅关于加强和改善外商投资融资租赁公司审批与管理工作的通知》	2013-7-11	

续表

适用范围	政策名称	发布时间	文件号
东莞	《东莞市加快融资租赁业发展实施意见》	2013-4-15	东府办〔2013〕50号
深圳	《深圳市国家税务局关于更新增值税 消费税税收优惠管理办法的公告》	2013-2-24	深圳市国家税务局公告2013年第22号
上海	《关于金融支持中国（上海）自由贸易试验区建设的意见》	2013-2-2	银发〔2013〕11号
宁波	《关于加快我市融资租赁业发展的若干意见》	2012-9-24	甬政发〔2012〕96号
北京	《中关村国家自主创新示范区融资租赁支持资金管理办法》	2012-9-21	中科园发〔2012〕48号
天津	《天津东疆保税港区融资租赁货物出口退税管理办法》	2012-8-10	国家税务总局公告2012年第39号
天津	《关于落实融资机构向天津市小型微型企业提供融资服务财政奖励政策的通知》	2012-7-30	津财金〔2012〕13号
上海	《关于印发浦东新区促进金融业发展财政扶持办法的通知》	2012-7-26	浦府〔2012〕202号
天津	《关于在天津东疆保税港区试行融资租赁货物出口退税政策的通知》	2012-7-26	
深圳	国务院关于支持深圳前海深港现代服务业合作区开发开放有关政策的批复	2012-6-27	国函〔2012〕58号
北京	《关于中关村国家自主创新示范区促进融资租赁发展的意见》	2012-6-19	中科园发〔2012〕33号
天津	《天津市促进科技和金融结合试点城市建设意见的通知》	2012-5-9	津政办发〔2012〕50号
南京	《关于印发全市加快人才科技资金向现代农业园区集聚的实施意见的通知》	2012-3-30	宁政发〔2012〕78号
天津	《关于明确滨海新区各区域功能定位及产业发展重点的指导意见》	2012-3-26	
山东	《关于开展合同能源管理和设备融资租赁试点工作的通知》	2012-3-21	鲁中小企业办函〔2012〕18号

续表

适用范围	政策名称	发布时间	文件号
天津	《天津市促进现代服务业发展财税优惠政策》	2012-2-28	津财金〔2012〕24号
宁波	《关于全市金融支持实体经济发展的若干意见》	2012-2-28	甬政发〔2012〕27号
上海	《关于同意上海海事局在洋山保税港区开展船舶登记工作的批复》	2012-2-21	
天津	《天津市商业保理业试点管理办法》	2012-2-17	津政办发〔2012〕143号
晋江	《关于促进融资租赁业发展的若干意见》	2012-1-28	晋政文〔2012〕350号
上海	《关于印发浦东新区促进航运业发展财政扶持办法的通知》	2012-1-7	浦府〔2012〕4号
上海	《关于印发浦东新区促进金融业发展财政扶持办法实施细则的通知》	2012-1-6	沪浦金融管理〔2012〕93号
天津	《天津市关于印发天津北方国际航运中心核心功能区建设工作方案的通知》	2011-9-21	津政办发〔2011〕101号
天津	《关于促进我市贸易融资发展工作意见的通知》	2011-9-4	津政办发〔2011〕94号
北京	《北京市"十二五"时期中关村国家自主创新示范区发展建设规划》	2011-8-22	京政发〔2011〕44号
武汉	《武汉市人民政府办公厅关于印发促进资本特区融资租赁业发展实施办法的通知》	2011-6-22	武政办〔2011〕111号
天津	发改委《关于天津北方国际航运中心核心功能区建设方案》的通知	2011-5-19	发改基础〔2011〕1051号
上海	《关于本市鼓励和引导民间投资健康发展的实施意见》	2011/2/8	沪府发〔2011〕89号
天津	《关于审理融资租赁物权属争议案件的指导意见》	2011-1-30	
广州	《广州市人民政府关于促进我市国有经济又好又快发展的实施意见》	2011-1-24	穗府〔2011〕26号
辽宁	《辽宁省促进装备制造业发展规定》	2011-1-18	辽宁省人民政府令(第262号)

续表

适用范围	政策名称	发布时间	文件号
天津	《关于做好融资租赁登记和查询工作的通知》	2011-1-3	津金融办〔2011〕87号
深圳	《前海深港现代服务业合作区总体发展规划》	2010-8-26	发改地区（2010）2415号
上海	《关于浦东新区促进融资租赁业发展的意见的通知》	2010-7-9	浦府〔2010〕248号
天津	《国家工商行政管理总局关于进一步支持天津滨海新区开发开放的意见》	2010-6-22	工商办字〔2010〕122号
重庆	《重庆市交通委员会关于同意使用水运发展专项资金的批复》	2010-4-21	渝交委财〔2010〕28号
天津	《财政部 海关总署 国家税务总局关于在天津市开展融资租赁船舶出口退税试点的通知》	2010-3-30	财税〔2010〕24号
天津	关于在天津市开展融资租赁船舶出口退税试点的通知	2010-3-30	
上海	《关于推进杨浦国家创新型试点城区建设指导意见的通知》	2010-2-10	沪府办发〔2010〕44号
天津	《关于促进我市租赁业发展的意见》	2009-12-21	津政发〔2010〕39号
上海	《上海市人民政府贯彻国务院关于进一步推进长江三角洲地区改革开放和经济社会发展指导意见的实施意见》	2009-7-4	沪府发〔2009〕33号
上海	《上海市推进国际金融中心建设条例》	2009-6-25	上海市人民代表大会常务委员会公告（第13号）
上海	《上海市人民政府贯彻国务院关于推进上海加快发展现代服务业和先进制造业建设国际金融中心和国际航运中心意见的实施意见》	2009-5-8	沪府发〔2009〕25号
上海	《国务院关于推进上海加快发展现代服务业和先进制造业建设国际金融中心和国际航运中心的意见》	2009-4-14	国发（2009）19号
北京	《北京市人民政府关于金融促进首都经济发展的意见》	2009-3-21	京政发〔2009〕7号

续表

适用范围	政策名称	发布时间	文件号
广州	《珠江三角洲地区改革发展规划纲要(2008—2020年)》	2009-1-8	
北京	《关于促进首都金融业发展的意见》	2008-4-30	京发〔2008〕8号
全国	《汽车金融公司管理办法》第十九条	2008-1-24	中国银行业监督管理委员会令2008年第1号
全国	《金融租赁公司管理办法》(中国银行业监督管理委员会令2007年第1号)	2007-1-23	
天津	《国务院关于推进天津滨海新区开发开放有关问题的意见》	2006-5-26	国发〔2006〕20号
全国	《商务部、国家税务总局关于加强内资融资租赁试点监管工作的通知》	2006-4-12	商建〔2006〕160号
上海	《关于加强本市内资融资租赁试点管理工作的通知》	2006-4-12	
全国	《关于融资租赁医疗器械监管问题的答复意见》	2005-6-1	国食药监市〔2005〕250号
上海	《关于印发浦东新区促进现代服务业发展的财政扶持意见的通知》	2005-2-28	浦府〔2005〕294号
全国	《外商投资租赁业管理办法》	2005-2-3	商务部令2005年第5号
全国	《商务部、国家税务总局关于从事融资租赁业务有关问题的通知》	2003-12-22	商建发〔2004〕560号

附录 5　中国融资租赁税收政策名录

政策名称	文件号	发布时间
关于明确金融 房地产开发 教育辅助服务等增值税政策的通知	财税[2016]140号	2016-12-21
阳江市人民政府办公室关于印发阳江市推进融资租赁业发展实施方案的通知	阳府办[2016]25号	2016-10-31
《沈阳市人民政府办公厅关于印发沈阳市加快推进融资租赁业发展实施方案(2016—2020年)的通知》	沈政办发[2016]66号	2016-6-3
《福建省人民政府办公厅关于促进融资租赁业发展的意见》	闽政办[2016]77号	2016-5-17
《江苏省人民政府关于加快融资租赁业发展实施意见》	苏政办发[2016]32号	2016-4-8
《湖北省人民政府关于加快融资租赁业发展的实施意见》	鄂政发[2016]12号	2016-4-6
《财政部、国家税务总局关于全面推开营业税改征增值税试点的通知》	财税[2016]36号	2016-3-24
《关于贯彻国办发[2015]68号文件 加快融资租赁业发展的实施意见》	鲁政办发[2016]7号	2016-2-19
《吉林省人民政府办公厅关于加快融资租赁业发展的实施意见》	吉政办发[2016]7号	2016-2-17
《天津市人民政府办公厅关于印发支持企业通过融资租赁加快装备改造升级实施方案及配套文件的通知》	津政办发[2016]14号	2016-2-7
《海关总署发布关于修订飞机经营性租赁审定完税价格的公告》		2016-1-29
《安徽省人民政府办公厅关于加快融资租赁和典当行业发展的实施意见》	皖政办[2015]74号	2015-12-29
《关于融资租赁合同有关印花税政策的通知》	财税[2015]144号	2015-12-24
《陕西省人民政府关于促进融资租赁业发展的实施意见》	陕政办发[2015]94号	2015-10-8
《天津市人民政府办公厅关于加快我市融资租赁业发展的实施意见》		2015-1-28
《关于金融企业贷款损失准备金企业所得税税前扣除有关政策的通知》	财税[2015]9号	2015-1-15
《关于进一步扶持小微企业加快发展七条措施的通知》	闽政办[2015]1号	2015-1-1

续表

政策名称	文件号	发布时间
《融资租赁货物出口退税管理办法》	国家税务总局公告2014年第56号	2014-10-8
《关于加快推进融资租赁业发展的实施意见》	穗府办[2014]52号	2014-9-10
《关于在全国开展融资租赁货物出口退税政策试点的通知》	财税[2014]62号	2014-9-1
《关于印发〈横琴新区促进融资租赁业发展试行办法〉的通知》		2014-8-26
《关于公布〈上海市税务系统行政审批事项公开目录〉的通知》	沪国税法[2014]16号	2014-8-8
《武汉市中小工业企业融资租赁项目补贴暂行办法》		2014-7-28
《厦门市经济发展局贯彻落实促进民营经济健康发展若干意见的实施方案》		2014-7-17
《广州市加快新业态发展三年行动方案》		2014-5-29
《宿迁市政府关于促进融资租赁业发展的意见》		2014-5-28
《关于加强企业融资服务措施的通知》	莆政综[2014]59号	2014-5-16
《关于租赁企业进口飞机有关税收政策的通知》		2014-5-13
《国务院办公厅关于支持外贸稳定增长的若干意见》	国办发[2014]19号	2014-5-4
《关于贯彻国办发[2013]108号文件加快我省飞机租赁业发展的意见》	鲁政办发[2014]16号	2014-3-27
《关于〈浙江省人民政府办公厅关于加快融资租赁业发展的意见〉(征求意见稿)公开征求意见的通知》		2014-3-6
《关于飞机租赁企业有关印花税政策的通知》	财税[2014]18号	2014-3-3
《铁路运输企业增值税征收管理暂行办法》	国家税务总局公告2014年第6号	2014-1-20
《关于铁路运输和邮政业营业税改征增值税试点有关政策的补充通知》	财税[2013]121号	2013-12-30
财政部、国家税务总局《关于铁路运输和邮政业营业税改增值税试点有关政策的补充通知》	财税[2013]121号文	2013-12-30
财政部、国家税务总局《关于将铁路运输和邮政业纳入营业税改增值税试点的通知》(附加2、3)	财税[2013]106号	2013-12-12

续表

政策名称	文件号	发布时间
《财政部、国家税务总局关于在全国开展交通运输业和部分现代服务业营业税改征增值税试点税收政策的通知》	财税[2013]37号	2013-5-24
《关于中央财政补贴增值税有关问题的公告》	国家税务总局公告2013年第3号	2013-1-8
《关于印发〈天津市促进现代服务业发展财税优惠政策〉的通知》	津财金[2012]24号	2012-12-28
《财政部、国家税务总局关于企业以售后回租方式进行融资等有关契税政策的通知》	财税[2012]82号	2012-12-6
《财政部、国家税务总局关于交通运输业和部分现代服务业营业税改征增值税试点应税服务范围等若干税收政策的补充通知》	财税[2012]86号	2012-12-4
《市财政局、市国家税务局、市地方税务局关于开展营业税改征增值税试点过渡性财政扶持资金管理工作的通知》	京财税[2012]2163号	2012-9-18
《交通运输业和部分现代服务业营业税改征增值税试点若干税收政策的补充通知》	财税[2012]53号	2012-6-29
《财政部、国家税务总局关于应税服务适用增值税零税率和免税政策的通知》	财税[2011]131号	2011-12-29
《国家税务总局关于营业税改征增值税试点有关税收征收管理问题的公告》	国家税务总局公告2011年第77号	2011-12-26
《关于在上海市开展交通运输业和部分现代服务业营业税改征增值税试点的通知》	财税[2011]111号	2011-11-16
《关于调整增值税即征即退优惠政策管理措施有关问题的公告》	国家税务总局公告[2011]60号	2011-11-14
《国家税务总局关于融资性售后回租业务中承租方出售资产行为有关税收问题的公告》	国家税务总局公告[2010]13号	2010-9-8
《国家税务总局关于印发〈融资租赁船舶出口退税管理办法〉的通知》	国税发[2010]52号	2010-5-18
《财政部、海关总署、国家税务总局关于在天津市开展融资租赁船舶出口退税试点的通知》	财税[2010]24号	2010-3-30
《财政部、国家税务总局关于房产税城镇土地使用税有关问题的通知》	财税[2009]128号	2009-11-22

续表

政策名称	文件号	发布时间
《财政部、国家税务总局关于执行企业所得税优惠政策若干问题的通知》第十条	财税[2009]69号	2009-4-24
《国家税务总局关于融资租赁项下固定资产加速折旧政策的答复意见》		2003-11-27
《财政部、国家税务总局关于营业税若干政策问题的通知》	财税[2003]16号	2003-1-15
《国家税务总局关于融资租赁业务征收流转税问题的补充通知》	国税函[2000]909号	2000-11-15
《国家税务总局关于融资租赁业务征收流转税问题的通知》	国税函[2000]514号	2000-7-7
《财政部、国家税务总局关于转发〈国务院关于调整金融保险业税收政策有关问题的通知〉的通知》	财税字[1997]45号	1997-3-14
《国家税务总局关于融资租赁业务征收营业税问题的通知》	国税函发[1995]656号	1995-12-12
《国家税务总局关于营业税若干问题的通知》	国税发[1995]76号	1995-4-26